Antologia do teatro brasileiro
séc. XIX — comédia

Organização de
ALEXANDRE MATE
PEDRO M. SCHWARCZ

Introdução de
JOÃO ROBERTO FARIA

Cronologia, notas e biografias de
ELIZABETH AZEVEDO

PENGUIN
COMPANHIA DAS LETRAS

Grafia atualizada segundo o Acordo Ortográfico da Língua Portuguesa de 1990, que entrou em vigor no Brasil em 2009.

Published by Companhia das Letras in association with Penguin Group (USA) Inc.

PROJETO GRÁFICO PENGUIN-COMPANHIA
Raul Loureiro, Claudia Warrak

PREPARAÇÃO
Alexandre Boide

REVISÃO
Huendel Viana
Marise Leal

Dados Internacionais de Catalogação na Publicação (CIP)
(Câmara Brasileira do Livro, SP, Brasil)

Antologia do teatro brasileiro / organização de Alexandre Mate e Pedro Moritz Schwarcz; introdução de João Roberto Faria; cronologia, notas e biografias de Elizabeth Azevedo. — 1ª ed. — São Paulo: Penguin Classics Companhia das Letras, 2012.

Vários autores.
ISBN 978-85-63560-45-2

1. Romantismo — Brasil 2. Teatro brasileiro — Coletâneas. I. Mate, Alexandre. II. Schwarcz, Pedro Moritz. III. Faria, João Roberto. IV. Azevedo, Elizabeth.

12-04573 CDD-869.923

Índices para catálogo sistemático:
1. Período romântico: Teatro: Literatura brasileira 869.923
2. Teatro: Período romântico: Literatura brasileira 869.923

[2012]

EDITORA SCHWARCZ S.A.
Rua Bandeira Paulista, 702, cj. 32
04532-002 — São Paulo — SP
Telefone: (11) 3707-3500 Fax: (11) 3707-3501
www.penguincompanhia.com.br
www.blogdacompanhia.com.br
www.companhiadasletras.com.br

PENGUIN
COMPANHIA DAS LETRAS

Antologia do teatro brasileiro

ALEXANDRE MATE é mestre em Teatro pela ECA/USP e doutor em História Social pela FFLCH/USP. Professor do Instituto de Artes da Unesp e pesquisador do Núcleo Paulistano de Teatro de Grupo, é também editor das revistas *Rebento — Revista de Artes do Espetáculo* e *Arte e Resistência nas Ruas*.

PEDRO MORITZ SCHWARCZ é ator, formado no curso profissionalizante do Teatro Escola Célia Helena, e coordenador dos Clubes de Leitura Penguin-Companhia. Trabalhou nos espetáculos *Querô, uma reportagem maldita*, de Plínio Marcos, com o Grupo Folias, dirigido por Marco Antonio Rodrigues; *Medida por medida*, de William Shakespeare, também com o Grupo Folias, dirigido por Val Pires, entre outros.

JOÃO ROBERTO FARIA é professor titular de literatura brasileira na USP, pesquisador do CNPq e coordenador da coleção Dramaturgos do Brasil, da editora Martins Fontes, para a qual preparou vários volumes. É autor dos seguintes livros: *José de Alencar e o teatro* (Perspectiva/Edusp, 1987); *O teatro realista no Brasil: 1855-1865* (Perspectiva/ Edusp, 1993); *O teatro na estante* (Ateliê, 1998) e *Ideias teatrais: o século XIX no Brasil* (Perspectiva/ Fapesp, 2001). Em colaboração com Flávio Aguiar e Vilma Arêas, publicou *Décio de Almeida Prado: um homem de teatro* (Edusp/ Fapesp, 1997); com J. Guinsburg e Mariângela Alves de Lima, coordenou o *Dicionário do teatro brasileiro: temas, formas e conceitos* (Perspectiva/ Sesc, 2006). Organizou ainda o livro *Do teatro: textos críticos e escritos diversos* (Perspectiva, 2008), no qual reuniu a produção crítica de Machado de Assis sobre teatro.

ELIZABETH F. C. RIBEIRO AZEVEDO é bacharel em história pela USP, mestre e doutora pelo Departamento de Artes Cênicas da ECA/USP. É autora dos livros *Um palco sob as arcadas*, sobre o teatro dos estudantes da Faculdade de Direito do Largo de São Francisco, em São Paulo, no século XIX (Annablume, 2000), e *Recursos estilísticos na obra de Jorge Andrade* (no prelo), além de artigos e ensaios em revistas. Em 1997, recebeu a Bolsa Vitae de Artes para a realização de pesquisa sobre o grupo paulistano de teatro amador da década de 1950 Lotte Sievers. Desde 2003, é professora de teatro brasileiro no Departamento de Artes Cênicas da ECA/USP e coordenadora do centro de documentação teatral LIM CAC.

Sumário

Introdução*

JOÃO ROBERTO FARIA

O teatro brasileiro, entendido como um sistema integrado por escritores, artistas, obras dramáticas e público, constituiu-se apenas no período romântico, quando os nossos poetas, romancistas, dramaturgos e intelectuais, estimulados pela independência pátria e pelo fervor nacionalista, dedicaram-se à criação de uma literatura própria, autônoma em relação à de Portugal. A poesia, o romance e as peças teatrais "vestiram-se com as cores do país", poderíamos dizer, lembrando palavras de Machado de Assis.[1] A vida brasileira, em seus mais variados aspectos — passado histórico, contato do índio com o branco, costumes urbanos e rurais, algo da escravidão, natureza exuberante —, inspirou os nossos escritores nesse momento de afirmação da nacionalidade recém-conquistada.

O primeiro passo importante para a formação do teatro brasileiro foi um feliz encontro de um ator e dois escritores, em 1838. A 13 de março, João Caetano interpretou o papel principal da tragédia *Antônio José ou O poeta e a inquisição*, de Gonçalves de Magalhães, acontecimento que mereceu dos historiadores de nossa literatura uma atenção especial. Com o espetáculo, que fez muito

* Os leitores ainda não familiarizados com as peças aqui reunidas devem levam em conta que detalhes de seus enredos serão revelados nesta introdução. (N. E.)

sucesso, nascia o teatro nacional, como sugere a avaliação de José Veríssimo: "atores brasileiros ou abrasileirados, num teatro brasileiro, representavam diante de uma plateia brasileira entusiasmada e comovida o autor brasileiro de uma peça cujo protagonista era também brasileiro e que explícita e implicitamente lhe falava do Brasil".[2]

Não mereceu a mesma consideração o segundo autor teatral encenado pela companhia de João Caetano, alguns meses depois. A comédia em um ato *O juiz de paz da roça*, de Martins Pena, estreou a 4 de outubro, e não teve uma plateia "entusiasmada" como a de *Antônio José*. Os contemporâneos do jovem comediógrafo não viram nada de mais na pecinha que complementava o espetáculo da noite e não lhe atribuíram muito valor. Nem sequer desconfiaram de que se iniciava com aquele texto despretensioso — que divertia o espectador com a ação centrada na luta de um casal de namorados contra os obstáculos a sua união, ao mesmo tempo que apresentava com sincero realismo o funcionamento precário da justiça na roça — a única tradição forte do teatro brasileiro do século XIX: a da comédia de costumes.

Martins Pena e a criação da comédia nacional

Martins Pena continuou a escrever comédias, mas não sem antes tentar o gênero sério, que dava mais prestígio. O repertório das companhias dramáticas na época alternava tragédias neoclássicas, dramas românticos e melodramas, buscados geralmente na França e em Portugal. Os poucos autores brasileiros que surgiram, incentivados pelo exemplo de Gonçalves de Magalhães, preferiram nessa altura as formas da tragédia e do melodrama, deixando de lado o gênero cômico, em especial as pequenas comédias e as farsas, que os intelectuais dos tempos românticos não viam como manifestações de um espírito superior. João Caetano, diga-se de passagem, não se dava ao trabalho de interpretar as personagens cômicas desse tipo de texto. Tais fatos talvez expliquem as tentativas frustradas de Martins Pena para se fazer reconhecido como dramaturgo, e não apenas como comediógrafo, à época da encenação de *O juiz de paz da roça*. Entre 1837 e 1841, ele escreveu cinco melodramas, todos de pouco valor artístico. Nenhum foi publicado na época e apenas um, *Vitiza ou O Nero de Espanha*, foi encenado uma ou outra vez, sem grande sucesso. Por outro lado, mais uma pequena comédia do autor pôde ser apreciada e aplaudida pelo público fluminense: *A família e a festa na roça*, em 1840.

Diante desse quadro, é de se crer que Martins Pena tenha refletido sobre suas possibilidades como escritor teatral. Acertadamente, decidiu-se pelo gênero cômico e em apenas três anos consolidou sua carreira fazendo representar, entre 1844 e 1847, nada menos que quinze comédias, a maioria em um ato. Ao longo do século XIX, essas comédias foram encenadas nos teatros de várias cidades brasileiras, merecendo sempre o aplauso popular. Já entre os intelectuais o autor foi censurado por ter lançado mão dos recursos cômicos típicos da farsa. José de Alencar, por exemplo, afirmou que Martins Pena tinha talento como observador dos costumes, mas que os pintava sem ter em mente um alcance crítico: "visava antes ao efeito cômico do que ao efeito moral; as suas obras são antes uma sátira dialogada do que uma comédia".[3] Além disso, "o desejo dos aplausos fáceis influiu no seu espírito, e o escritor sacrificou talvez as suas ideias ao gosto pouco apurado da época".[4]

Não é muito diferente o julgamento de Machado de Assis. No dia 13 de fevereiro de 1866, na conclusão do texto "O teatro nacional", publicado no *Diário do Rio de Janeiro*, anuncia que vai escrever sobre os nossos principais escritores dramáticos. De fato, nos três meses seguintes o jornal publica longos ensaios de sua autoria sobre as peças teatrais de Gonçalves de Magalhães, José de Alencar e Joaquim Manuel de Macedo. É muito provável que, por não gostar de farsas e abominar os recursos do baixo cômico, Machado tenha deixado de lado as comédias de Martins Pena. Em seus escritos críticos há poucas referências ao autor. Reconhecia-lhe o "talento sincero e original" e a "boa veia cômica", alimentada pelas "tradições da farsa portuguesa", mas lamentava que tivesse vivido pouco, que não tivesse tido tempo de "aperfeiçoar-se e empreender obras de maior vulto".[5]

Alencar e Machado viam o teatro como literatura, acreditando na hierarquia dos gêneros, ao gosto do Classicismo. Para ambos, Martins Pena teria alcançado outro patamar se tivesse se dedicado à alta comédia. A farsa, a baixa comédia, o burlesco ficavam no último degrau da escala de valores levada em conta pelos dois escritores.

A crítica do século XX, mais aberta às formas populares do teatro, não ratificou esse julgamento e recolocou o comediógrafo no seu devido lugar — o de criador da comédia brasileira. Com critérios menos dogmáticos, podemos e devemos valorizar a sua obra, destacando principalmente dois aspectos que a tornam digna de atenção ainda hoje: o que diz respeito à observação, descrição e crítica dos costumes e o que se refere à carpintaria teatral propriamente dita.

No primeiro caso, trata-se de referendar uma opinião tradicional da crítica, que vê o autor como um fotógrafo dos costumes de seu tempo. É bastante conhecida a avaliação positiva de Sílvio Romero, que no final do século XIX fez uma afirmação bastante lembrada pelos estudiosos de Martins Pena: "Se se perdessem todas as leis, escritos, memória da história brasileira dos primeiros cinquenta anos deste século XIX, que está a findar, e nos ficassem somente as comédias de Pena, era possível reconstituir por elas a fisionomia moral de toda essa época".[6]

De fato, não há como negar tal qualidade. O universo pintado pelo comediógrafo no conjunto de suas peças é um vasto painel dos costumes da roça e da cidade do Rio de Janeiro dos anos 1830 e 1840, com seus tipos mais diversos apreendidos pelo prisma do realismo, por um lado, e da estilização cômica, por outro. Assim, são bastante verdadeiros os lavradores, os meirinhos, os irmãos das almas, os noviços, os escravos, os guardas nacionais, os estrangeiros golpistas, as mocinhas namoradeiras, as mocinhas casadoiras, os estudantes, os frades, os empregados públicos, os pedestres (homens que perseguiam os escravos fugidos), os melômanos, os moedeiros falsos, os traficantes de escravos etc. Mas quando estão em cena, individualizados, tipificados, tornam-se risíveis por força dos exageros que cometem, das situações em que se colocam, das intrigas em que se envolvem, das confusões em que se metem, da hipocrisia ou da desonestidade que tentam ocultar, da ingenuidade que os torna vítimas de espertalhões — tudo para que a engrenagem da comicidade funcione com perfeição. Ainda hoje lemos ou vemos em cena com prazer comédias como *O Judas em sábado de Aleluia*, *Os dois ou O inglês maquinista*, *O diletante*, *Os irmãos das almas* e *As desgraças de uma criança*.

A habilidade de Martins Pena para conciliar a descrição dos costumes e o enredo amparado por recursos cômicos da farsa — esconderijos, pancadaria, disfarces, quiproquós, apartes etc. — é notável, e pode ser avaliada nas duas comédias incluídas no presente volume. Em *Os ciúmes de um pedestre*, os traços característicos da personagem estão no título: sua profissão revela o aspecto degradante da sociedade escravista; a comicidade fica por conta do ciumento que tranca esposa e filha em casa, que as esconde dos outros homens, que se enrijece e torna mecânico o seu comportamento.[7] Martins Pena pode ter se inspirado em Molière para criar o ponto de partida da comédia. Em *L'école des femmes*, Sganarelle prende Isabelle em casa e não a deixa ver ninguém. O mesmo faz Arnolphe em *L'école des maris*, com Agnès. Ambos, mais velhos que as mocinhas, se preparam para o casamento e têm medo de ser cornos — tema forte em Molière —, mas acabam enganados pela esperteza das jovens e dos namorados que as ajudam.

Em *Os ciúmes de um pedestre*, é menos pela esperteza dos jovens e mais pela obtusidade do protagonista que a comicidade se instaura. Como André João impede que a esposa Anacleta e a filha Balbina saiam, os rapazes interessados nelas dão um jeito de entrar em sua casa. Paulino, pelo telhado; Alexandre, disfarçado de escravo fugido, preso pelo próprio pedestre.

A situação cômica está armada, com todos os personagens no mesmo espaço. Cenas no escuro, apartes, quiproquós, cartas interceptadas, disfarces, esconderijos, mortes falsas — todos os recursos do baixo cômico garantem agilidade e graça ao enredo. Num outro nível, Martins Pena faz rir também pela paródia. André João, na sétima cena — a comédia tem dezoito —, fala da dimensão do seu ciúme, que é maior que o de Otelo, que ele viu muitas vezes no teatro. A partir desse momento, é impossível não considerar o pedestre como uma versão cômica possível do personagem Otelo — não o de Shakespeare, mas o de François Ducis, que os fluminenses conheciam bem, pois era um dos principais papéis de João Caetano. Quer dizer, a paródia era primeiramente textual, mas os diálogos e as rubricas sugeriam também uma paródia satírica ao estilo de interpretação de João Caetano, grandiloquente e melodramático. Foi o que entendeu um dos censores do Conservatório Dramático ao negar a licença para a comédia ser representada. Martins Pena viu-se obrigado a fazer emendas para obter a suspensão da censura.[8]

As complicações do enredo culminam com um desfecho que concilia o melhor da farsa e certa moralidade:

vendo-se enganado pela mulher e pela filha, pensando ter matado Anacleta e Paulino, o pedestre enlouquece e vai para um convento. Alexandre se casará com Balbina, claro, mas Paulino não pode ficar com Anacleta, que é casada. Martins Pena o faz passar por tantas e boas que ele mesmo acaba desistindo de conquistar a vizinha. Ela, por sua vez, só lhe dera um pouco de atenção porque o marido a tratava mal. O que a comédia reserva para Anacleta é surpreendente: ela fora deixada na roda dos enjeitados pelo pai e criada como órfã. O viúvo André João se casara com ela interessado apenas no dote que ganharia. Eis que no desfecho o pai da mocinha reaparece e conta sua história, típica dos melodramas que infestavam os palcos nacionais: fora obrigado a abandonar Anacleta, dezoito anos antes, e depois de muitas privações e trabalho duro na África, voltava com enorme fortuna para resgatar a filha.

Se a interpretação do ciumento André João pede o registro melodramático para se tornar cômica — quanto mais ele se leva a sério, mais engraçado fica, com seus exageros de linguagem e ênfase nas exclamações —, a retórica do gênero aparece também nas falas de Roberto, no relato de sua trajetória de homem virtuoso perseguido e enfim recompensado.

A paródia ao melodrama aparece também em *O noviço*, a comédia mais popular de Martins Pena. Boa parte da comicidade está centrada no vilão Ambrósio, casado com a ingênua viúva Florência, convencida por ele a colocar no convento a filha Emília, o filho Juca e Carlos, o sobrinho criado por ela. A cobiça já o havia levado ao altar no Ceará, de onde fugiu com o dinheiro da esposa. Agora, dá o segundo golpe, tramando tirar do caminho os herdeiros de Florência. No plano do enredo, a comédia mostra que Ambrósio, nas primeiras cenas, é um hipócrita — como o Tartufo, de Molière — que finge ser religioso e bom homem. Em monólogos e apartes, deixa claras as intenções que o movem. Impossível não rir quando define o mundo com a retórica do melodrama e de maneira mecânica, com frases decoradas, para mostrar a Florência que a filha deve ir para o convento para ficar protegida: "O que é este mundo? Um pélago de enganos e traições, um escolho em que naufragam a felicidade e as doces ilusões da vida. E o que é o convento? Porto de salvação e ventura, asilo da virtude, único abrigo da inocência e verdadeira felicidade".

A comicidade ganha corpo quando surge em cena o noviço Carlos, fugido do convento. Disposto a enfrentar Ambrósio, pois quer se casar com Emília, tem a sorte de estar na sala da casa quando chega Rosa, do Ceará, à procura do marido que a abandonou. A partir desse momento, conhecendo o segredo de Ambrósio, Carlos passa a ter vantagem sobre o vilão, ameaçando contar tudo a Florência. O ritmo da comédia se acelera, as confusões se multiplicam, as perseguições se sucedem no palco, até porque os frades vêm à procura de Carlos. Os recursos cômicos empregados são os da farsa: não faltam os disfarces (Carlos disfarçado de Rosa; Rosa, de frade; Ambrósio, de frade), as correrias em cena, a pancadaria (Florência e Rosa, no desfecho, dão uma surra em Ambrósio com cabos de vassoura), os esconderijos e até mesmo certo espírito lúdico (Carlos, embaixo da cama, escondido, puxa o vestido de Emília, enquanto ela conversa com a mãe).

Martins Pena constrói a comédia com pleno domínio das regras do gênero: sabe como armar o enredo e pôr em pé os personagens, bem como provocar o riso no espectador, conciliando a comicidade burlesca com a crítica aos costumes de seu tempo. Aqui, parece preocupado em mostrar o perigo dos casamentos por interesse, as mulheres como vítimas de espertalhões. Além disso, critica, nas falas de Carlos, na cena VII, a imposição de profissões aos jovens, por parte dos pais. A certa altura, depois de mostrar como isso cria profissionais infelizes e incompetentes, Carlos defende que "não se constranja ninguém, que se estudem os homens e que haja uma bem entendida e esclarecida proteção, e que, sobretudo, se despreze o patronato, que assenta o jumento nas bancas das academias e amarra o homem de talento à manjedoura".

A comédia de costumes de Martins Pena, apesar de pouco valorizada a princípio, ou por causa dos preconceitos de escritores românticos e intelectuais do período em relação ao uso dos recursos do baixo cômico, ou porque ocupava posição secundária nos espetáculos da época, tornou-se modelo para um bom número de dramaturgos dos séculos XIX e XX. As formas populares de comicidade continuaram a ser aproveitadas e, por meio delas, várias facetas da vida brasileira ganharam expressão teatral.

Joaquim Manuel de Macedo e a comicidade burlesca

É muito provável que Joaquim Manuel de Macedo tenha visto algumas comédias de Martins Pena nos teatros do Rio de Janeiro. Afinal, depois de publicar *A moreninha*, em 1844, tornou-se escritor conhecido e devia circular pelos teatros, como provam a iniciativa de fazer representar uma adaptação do bem-sucedido romance em 1848 e, no ano seguinte, a estreia do drama em verso *O cego*. A aproximação com o gênero cômico se dá logo em 1851, ano em que é encenada com bastante sucesso a "ópera em três atos" *O fantasma branco*. A designação dada pelo autor pode ser explicada pelo fato de se tratar de uma comédia em que há partes cantadas pelas personagens; porém, dado o predomínio dos diálogos, o mais adequado seria classificá-la como "comédia-vaudeville", associando-a ao modelo criado por Scribe na primeira metade do século XIX. Esse comediógrafo francês trouxe para o primeiro plano a complicação do enredo, típica da comédia de intriga, por meio de quiproquós e inúmeros recursos da comicidade popular, acrescentando à fórmula a descrição e a sátira de tipos e costumes. E, claro, mantendo as partes cantadas.

O leitor de *O fantasma branco* perceberá que Macedo faz a crítica do velho costume do casamento arranjado, imposto sobretudo às moças; cria tipos ridículos, como o velho militar covarde, característica herdada pelos seus dois filhos; e faz o enredo caminhar com o auxílio da música. Além disso, para fazer o jovem casal que se ama vencer todos os obstáculos, lança mão de recursos cômicos que não são diferentes daqueles utilizados por Martins Pena: esconderijos, disfarces — a começar pelo fantasma que dá título à comédia —, espírito lúdico, quiproquós, pancadaria e esperteza dos moços. Também está presente na comédia a rigidez de caráter, que faz dos irmãos Galateia e Basílio dois briguentos engraçados, e a comicidade de palavras. Macedo sabe como provocar o riso no leitor/espectador. Mas, além disso, preocupa-se em dar lições morais, construindo um desfecho em que a jovem protagonista, embora apaixonada, recusa-se a fugir com o amado, buscando apoio na religião. Para o nosso gosto, hoje, as cenas finais parecem piegas, mas em 1851 garantiram boa acolhida à comédia.

Em 1855, uma nova "ópera em dois atos" comprova a veia cômica do escritor. A 12 de abril, *O primo da Califórnia* inaugura o Teatro Ginásio Dramático no Rio de Janeiro. Mais uma vez, trata-se de uma "comédia-vaudeville", em dois atos, centrada nas complicações do enredo e na crítica de alguns costumes e tipos sociais, com uma parte cantada. Anunciada pelo autor como "imitação do francês", a comédia é provavelmente calcada em *L'oncle d'Amérique*, de Scribe, uma "comédia-vaudeville" em um ato, representada pela primeira vez no Gymnase Dramatique de Paris, em 14 de março de 1826.

Macedo não se inspira no enredo, mas na ideia da comédia de Scribe: a invenção de um tio rico que deixaria uma herança para uma personagem pobre. Na peça francesa a burla tem um motivo nobre, que é o amor. Sabendo que Estelle não se casaria com ele por ser pobre, Dersan a convence de que ela tem um tio milionário na América e que logo terá fortuna semelhante à dele. Dersan contrata os serviços de um conhecido, que se passa pelo tio, mas este é reconhecido como tio verdadeiro por Barthélemy, primo de Estelle. Como uma bola de neve que desce um penhasco, as mentiras se avolumam e os quiproquós garantem a exuberante comicidade do começo ao fim da peça, que evidentemente acaba bem, com os equívocos esclarecidos e a união dos jovens enamorados.

Em *O primo da Califórina* estamos diante de uma estudantada. O protagonista é Adriano, um jovem professor de música (em *L'oncle da Amérique*, Estelle é uma jovem pintora) que enfrenta dificuldades econômicas: está em dívida com a criada Beatriz, que lhe faz serviços domésticos; há três meses não consegue pagar o aluguel ao sr. Pantaleão; os credores vivem batendo à porta, especialmente o alfaiate Felisberto. Não estaria nessa situação se estivesse empregado na orquestra do Teatro São Pedro, se o Teatro Provisório lhe comprasse uma ópera, se seu editor concordasse em imprimir suas composições... A seu lado apenas a amada Celestina, moça pobre como ele, que vive à custa do próprio trabalho.

Todo o primeiro ato explora uma situação que nada tem de engraçado, não fossem os malabarismos de Adriano, sua habilidade para fugir aos constrangimentos, sua retórica afiada. Acompanhamos seu calvário, as negativas que recebe, as tentativas infrutíferas que faz para conseguir algum dinheiro com o seu trabalho. O último bem, um relógio herdado da mãe, é penhorado para financiar o pagamento de uma aposta infeliz: Adriano dá uma festa a uns poucos amigos que não param de falar de suas fortunas e heranças. Embebedado, para se mostrar igual, ele afirma ter um primo rico, na Califórnia, de quem herdará imensa fortuna. Mas, ao adormecer, acaba por revelar que se trata de uma mentira. Os amigos, brincalhões, resolvem levar a história adiante e escrevem uma carta que enviam para um jornal, na qual se diz que a morte de um brasileiro, na Califórnia, fez de Adriano um homem milionário.

O segundo ato é evidentemente mais cômico do que o primeiro, porque se baseia num recurso infalível: a inversão da situação do protagonista, que, antes destratado por todos, passa a merecer deferências exageradas por parte da criada, de Felisberto e de Pantaleão. Toda a cidade acredita na notícia do jornal. Chovem cartões de visitas, de deputados, frades, cabeleireiros... Todos querem ser amigos de Adriano, que recebe propostas vantajosas de seu editor, do Teatro São Pedro e do Teatro Provisório. A sátira de Macedo a uma sociedade refém do dinheiro é direta e contundente. O talento do jovem músico não havia sido notado quando era pobre. Agora, terá as composições editadas, fará parte da orquestra do Teatro São Pedro e terá uma ópera montada no Teatro Provisório. As propostas chegam como contratos que só precisam ser assinados por Adriano. Assim, quando os amigos revelam que tudo não passou de uma brincadeira, o protagonista está a salvo da miséria. Terá emprego e poderá desenvolver-se como músico. Terá também de imediato dinheiro no bolso e roupas novas, porque os espertalhões que quiseram ser os primeiros a aproveitar-se de Adriano, Felisberto e Pantaleão serão vítimas de uma situação criada por eles mesmos. De olho no dinheiro do rapaz, oferecem-lhe vantagens com as quais pretendiam ganhar mais — com a especulação imobiliária, no caso do primeiro, ou com o monopólio ilegal de toucinho e carne fresca, no caso do segundo. Quando a verdade vem à tona, os velhacos que queriam trapacear são trapaceados, e tal reversão da situação é garantia de comicidade. São muitas as farsas em que uma personagem arma um plano para enredar outra e acaba vítima desse mesmo plano. O enganador que é enganado sempre fará rir. No caso de Pantaleão, sua ânsia de lucrar o faz confundir as palavras, gerando mais um tipo de comicidade. Ao propor que Adriano se case com a filha e lhe compre a casa, diz Pantaleão que são dois bons negócios:

> uma mulher excelente... uma propriedade que não o é menos... ainda jovem e formosa... Vossa senhoria a fará rebocar... a propriedade é deliciosa... cheia de talentos e de graças: e que nariz, senhor!!! a rapariga então é um portento! é toda feita de pedras de talha... ótimas madeiras... e finalmente... sim, amigo do coração, adeus!

Confira o leitor: Macedo sabe como amarrar os fios de *O primo da Califórnia*. Não falta nem mesmo, ao lado do enredo cômico e dos tipos caricaturados, o romantismo do par amoroso. Celestina não é uma personagem cômica; seu amor é sério e honesto, como comprovam suas palavras e seu comportamento. Ela não dá a menor importância à fortuna do amado quando lê a notícia no jornal. Os alvos da sátira são os negociantes ambiciosos e inescrupulosos. Já Adriano, por um momento, desvia-se do bom caminho, quando parece acreditar que de fato herdou uma fortuna e fala com dubiedade a Celestina. Mas logo percebe que a moça encarna a virtude que também lhe é necessária. Ambos farão o contraponto à sociedade que só valoriza o dinheiro e desmerece o homem pobre.

Nos vinte anos que se seguiram à estreia de *O primo da Califórnia*, Macedo dedicou-se bastante ao teatro, como atestam as encenações de peças pertencentes a diversos gêneros: o drama indianista *Cobé*, o drama sacro *O sacrifício de Isaac*, o drama patriótico *Amor e pátria*, a comédia realista *Luxo e vaidade*, o drama realista *Lusbela*, a burleta *Antonica da Silva*, as comédias em cinco atos *Romance de uma velha*, *Remissão de pecados* e *Cincinato quebra-louça*.

Na linha da comédia farsesca de costumes, o destaque fica para *O novo Otelo* e *A torre em concurso*. Na primeira, Macedo faz uma paródia respeitosa à interpretação dada por João Caetano ao *Otelo* de Ducis. A graça da comédia está no tipo que vive exageradamente sua paixão pelo teatro, não em um possível desrespeito ao ator, ao contrário do que possibilitavam algumas cenas de *Os ciúmes de um pedestre*, de Martins Pena. Em *A torre em concurso*, o autor nos dá uma farsa de costumes que toca em assunto caro aos românticos: o nacionalismo. Numa pequena cidade do interior, as autoridades querem que a torre da igreja seja construída por um inglês. O ridículo da situação é explorado ao máximo, em cenas com bom rendimento cômico, porque dois malandros sem eira nem beira se passam por ingleses e levam a cidade a se dividir em dois partidos. É muito barulho por nada, pois serão desmascarados e um jovem brasileiro, engenheiro, nascido na localidade, será o responsável pela construção da torre. A lição moral fica clara: nem tudo que é estrangeiro é melhor que o produto nacional. Além disso, os partidos formados em torno dos farsantes e a votação fraudulenta remetiam à própria situação política do país, reforçando o alcance satírico da peça.

Como dramaturgo, Macedo experimentou o sucesso em várias oportunidades. Não se prendendo a nenhuma estética determinada, escreveu ao sabor do momento, mostrando versatilidade nos altos e baixos de sua produção. Machado de Assis, em 1866, fez uma avaliação de suas peças em quatro artigos, nos quais dirigiu elogios aos dramas e severas restrições às comédias.[9] A seu ver, Macedo buscou apenas o aplauso popular, abusando do burlesco e do elemento satírico. Assim, não teria atingido a altitude da verdadeira comédia, limitado que ficou pelos recursos do baixo cômico. Reconheça-se aqui a mesma crítica feita a Martins Pena, o mesmo parâmetro de julgamento, ditado por uma concepção estética que hierarquiza os gêneros literários. Macedo até tentou a alta comédia em *Luxo e vaidade*, mas mesmo nessa peça há lugar para o burlesco, observou Machado, lembrando algumas cenas do primeiro ato.

José de Alencar: "fazer rir, sem fazer corar"

José de Alencar também não tinha apreço pela baixa comédia, pela licenciosidade da farsa. Ele conta que certa vez estava no teatro e notou que as mulheres riam e coravam quando viam cenas ou ouviam palavras que afrontavam uma moral mais rígida. Perguntou-se: "Não será possível fazer rir, sem fazer corar?".[10]

Que cenas poderiam provocar tais reações nas mulheres? Certamente, cenas das farsas, estrangeiras ou brasileiras, que divertiam as espectadoras com o risco de chocá-las. Não era incomum certa brejeirice nos palcos brasileiros de meados do século XIX, como podemos notar em duas cenas escritas pelos autores que precedem Alencar neste estudo introdutório. É de Martins Pena este diálogo de *Os dois ou O inglês maquinista*:

CLEMÊNCIA É muito bom colégio. Júlia, cumprimenta aqui o senhor em francês.
JÚLIA Ora, mamã.
CLEMÊNCIA Faça-se de tola!
JÚLIA *Bon jour, Monsieur, comment vous portez-vous? Je suis votre serviteur.*
JOÃO *Oui*. Está muito adiantada.
EUFRÁSIA É verdade.

CLEMÊNCIA (*para Júlia*) Como é mesa em francês?
JÚLIA *Table.*
CLEMÊNCIA Braço?
JÚLIA *Bras.*
CLEMÊNCIA Pescoço?
JÚLIA *Cou.*
CLEMÊNCIA Menina!
JÚLIA É *cou* mesmo, mamã; não é, primo? Não é *cou* que significa?
CLEMÊNCIA Está bom, basta.
EUFRÁSIA Estes franceses são muito porcos. Ora veja, chamar o pescoço, que está ao pé da cara, com este nome tão feio.[11]

Também Macedo deve ter feito as mocinhas corarem na 11ª cena do primeiro ato de *O fantasma branco*. Enquanto Francisco faz declarações de amor a Maria, José repete o final de suas frases, como se fosse efeito do eco:

FRANCISCO (*a Maria, com ternura*) Minha prima, quando procuro falar-lhe, sempre infelizmente me esbarro... (*José ronca enquanto ele fala*)
JOSÉ Barro!
FRANCISCO (*olhando para Antônio*) Ah! insolente! (*a Maria*) me esbarro com meu irmão... por isso já embirro... (*José ronca enquanto ele fala*)
JOSÉ Birro!
FRANCISCO (*olhando para Antônio*) Estou quase saltando-lhe em cima! (*a Maria*) Embirro contra o tal meu irmão: minha prima, a paixão que me devora...
JOSÉ Ora!...
FRANCISCO É tão forte...
JOSÉ Orte!...
FRANCISCO Furibunda!
JOSÉ Bunda![12]

Alencar escreve sua primeira comédia, *O Rio de Janeiro, verso e reverso*, em 1857, e, poucos dias depois da estreia, que ocorreu a 28 de outubro no Teatro Ginásio Dramático, afirma que conseguiu realizar o seu intento: "O público, que ouve de bom humor, diz que consegui o primeiro fim, o de fazer rir; os homens os mais severos em matéria de moralidade não acham aí uma só palavra, uma frase, que possa fazer corar uma menina de quinze anos".[13]

De fato, não há na comédia de Alencar qualquer cena semelhante às transcritas acima. "Fazer rir, sem fazer corar" significa, antes de tudo, banir os recursos do baixo cômico do palco, todos aqueles que sacodem a plateia, provocando ruidosas gargalhadas. Consequentemente, o autor deve se contentar com o sorriso do espectador, que pode ser despertado por um dito espirituoso, por alguma observação delicada, por uma réplica bem humorada. É a alta comédia que Alencar tem em mente quando abraça a carreira de dramaturgo, logo após a publicação do romance *O guarani*, nas páginas do *Diário do Rio de Janeiro*, entre janeiro e abril de 1857.

Verso e reverso é uma primeira tentativa, ainda modesta em seus dois atos e ação singela, uma preparação para as comédias escritas em seguida, mais extensas e cheias de intenções edificantes. O que a difere das peças de Martins Pena e Macedo é a comicidade leve e discreta, sem apelo a correrias ou pancadarias em cena, disfarces e esconderijos. Tudo se resume em fazer o sentimento amoroso mudar as opiniões ou a percepção que o estudante paulista Ernesto tem do Rio de Janeiro num período de férias. Assim, no *verso* está a visão negativa da cidade, e no *reverso* a positiva. Essa inversão, de um ato para outro, nos faz rir, porque a personagem passa a ver como qualidades todos os defeitos que apontara. E mais: as mesmas palavras que serviram para criticar servem depois para fazer o elogio do Rio de Janeiro. É um recurso cômico simples, mas funciona.

Em torno do casal protagonista, os primos Ernesto e Júlia, gira uma galeria de tipos que Alencar provavelmente colheu em suas caminhadas pela rua do Ouvidor. A estilização cômica os tornou um tanto exagerados e caricatos, mas o público do Ginásio Dramático certamente conhecia o politiqueiro aposentado, a falsa mendiga, o corretor de ações, os vendedores ambulantes, o cambista de loterias, o rapaz elegante que vende bilhetes teatrais em benefício de algum artista, o menino vendedor de fósforos, a menina do realejo, o poeta à cata de assinaturas para financiar a publicação de seus livros.

São essas as personagens que assediam Ernesto em seus primeiros dias de férias. E os vemos em ação numa loja chique da rua do Ouvidor, ao longo do primeiro ato. São personagens evidentemente engraçadas, cuja função não é apenas a de provocar o riso no espectador, mas também a de formar um quadro de alguns costumes urbanos do Rio de Janeiro de meados do século XIX. Ernesto, que morria de curiosidade de conhecer a corte, está decepcionado com tudo — as pessoas, a lama, a poeira, até mesmo as moças... — e pretende abreviar as férias, voltando para São Paulo.

O tio do rapaz, pai de Júlia, intervém providencialmente e o obriga a ficar no Rio de Janeiro, levando-o do Centro, onde estava hospedado, para sua casa em Laranjeiras. Ao final do primeiro ato, além do retrato bem humorado de uma cidade de vida palpitante, uma ponta de enredo amoroso se anuncia: Ernesto e a prima não escondem a inclinação que sentem um pelo outro.

O segundo ato se passa três meses depois, e toda a graça está na transformação de Ernesto. Apaixonado por Júlia, passa a considerar o Rio de Janeiro "um paraíso, um céu na terra". A cidade, objetivamente, é a mesma, com suas ruas cheias de lama e poeira, sua agitação e seus tipos inoportunos. Mas o amor é um filtro mágico que modifica e embeleza a paisagem em redor. Observe-

-se como os diálogos travados entre Ernesto e Júlia são espirituosos, de comicidade comedida e elegante. Alencar até desafia a verossimilhança, fazendo o rapaz ganhar na loteria, mas mesmo esse fato inesperado tem a ver com o recurso cômico da inversão: os inoportunos do primeiro ato, no segundo, acabam por ajudar Ernesto ou a namorar a prima, ou a resolver problemas financeiros, ou mesmo a fazer o pai de Júlia saber que se amam.

Verso e reverso é uma comédia agradável, bem escrita, com mais qualidades que defeitos. Se por um lado não é uma composição de grande fôlego, se não aprofunda a crítica social no desenho de seus tipos, por outro ganha em comunicabilidade e leveza, com seus diálogos bem construídos, seu enredo sem complicações, suas personagens divertidas e ao mesmo tempo representativas da vida cotidiana do Rio de Janeiro.

Alencar, porém, não queria apenas divertir o espectador com comédias polidas, mas sim educá-lo por meio de peças que trouxessem lições edificantes e moralizadoras e que abordassem assuntos de interesse da sociedade. Assim, no mesmo ano de 1857, escreveu três comédias que inauguraram uma nova tendência no teatro brasileiro: o realismo teatral. *O demônio familiar*, *O crédito* e *As asas de um anjo* são encenadas no Ginásio Dramático e consolidam o prestígio do escritor na seara do teatro. Mas, ao mesmo tempo que conhece o sucesso, ele experimenta o fracasso e sofre uma proibição da polícia.

O demônio familiar é a peça mais bem-sucedida de Alencar, uma alta comédia que trata da escravidão doméstica e que discute as relações entre o amor, o dinheiro e o casamento. A comicidade fica por conta das estripulias do escravo doméstico Pedro e das frases espirituosas das personagens, tudo em obediência aos dois pressupostos básicos que guiaram o autor: a naturalidade na construção da ação dramática e a preocupação com a moralidade. *O crédito* é uma peça infeliz, sobre o papel do dinheiro na vida social; os diálogos são pesados, longos, e o enredo se arrasta sem despertar qualquer interesse. Em *As asas de um anjo*, Alencar tocou num assunto escorregadio: a prostituição. E pagou um preço alto pela ousadia de pôr em cena uma prostituta que se regenera por amor — à maneira da heroína de *A dama das camélias*, de Alexandre Dumas Filho — e que é punida por um casamento branco, isto é, sem sexo. Os diálogos e as cenas fortes a tiraram do palco, proibida pela polícia e acusada de imoral.

Convenhamos que a esta altura não parecemos mais tratar de comédias. Mas a comédia realista — Alencar ainda escreveria outras duas e mais dois dramas — de origem francesa tinha essa singularidade de ser uma peça séria, muito próxima do drama. Seu objetivo era pintar os costumes, não fazer rir. Daí a preocupação com a moralidade ficar em primeiro plano, ao lado da naturalidade na descrição da vida social contemporânea. Nem lhe faltava o *raisonneur*, personagem que exprime o ponto do vista do autor nas questões que são debatidas enquanto o enredo se desenrola.

Esse tipo de peça começou a ser representada no palco do Teatro Ginásio Dramático a partir de 1855, em traduções que acabaram servindo de modelo não só para Alencar, mas para toda a geração de dramaturgos que surgiu naquele momento. Peças como *As mulheres de mármore*, de Théodore Barrière e Lambert Thiboust; *O mundo equívoco*, de Alexandre Dumas Filho; *A crise*, de Octave Feuillet; *O genro do sr. Pereira*, de Émile Augier, entre outras, apresentavam os costumes da burguesia francesa numa perspectiva positiva, em cenas que revelavam uma sociedade civilizada e moralizada. Como faziam sucesso em Paris, logo estrearam no Rio de Janeiro, tornando-se o Ginásio Dramático o local em que o realismo teatral se colocou como uma alternativa para o público cansado dos dramas, melodramas e das tragédias interpretadas pelo ator romântico João Caetano.

Alencar viu nas peças de Alexandre Dumas Filho o melhor modelo para nacionalizar a comédia realista. Aboliu os recursos do baixo cômico porque não lhe interessava trazer ao palco o ridículo das classes populares, mas sim o bom gosto, o refinamento e os valores éticos da burguesia ascendente no país, como o trabalho, o casamento e a família. Em *O Rio de Janeiro, verso e reverso* esses valores já estão presentes, mas a estrutura da comédia não é ainda a da comédia realista. As personagens centrais são igualmente colhidas na burguesia — daí nenhuma delas sofrer qualquer tipo de rebaixamento —, mas não há oposição entre bons e maus burgueses, como nas comédias realistas escritas em seguida. Logo, as lições moralizadoras são desnecessárias, o que torna essa pequena comédia mais engraçada e menos sentenciosa.

A comédia elegante de Machado de Assis

Machado de Assis tinha vinte anos de idade quando assumiu a coluna de crítica teatral do jornal *O Espelho*, no segundo semestre de 1859. Pelo teor dos seus comentários, é lícito supor que vinha frequentando os teatros desde os dezessete ou dezoito anos. Isso significa que acompanhou de perto a renovação teatral do Ginásio Dramático e que pôde tomar uma posição em relação ao que viu no palco desse teatro e no do Teatro São Pedro de Alcântara. A leitura dos textos publicados em *O Espelho* não deixa dúvida: Machado preferiu o realismo teatral, colocando-se ao lado dos que na imprensa censuravam o repertório anacrônico e o modo de interpretação grandiloquente de João Caetano. Tinha ideias claras a respeito do teatro, que considerava não apenas uma arte, mas também um instrumento civilizador. Daí defender a finalidade educativa dessa forma artística, o palco transformado em tribuna para o debate de questões sociais. Seu entusiasmo pelo realismo teatral era tão grande que afirmou, a 11 de setembro, ao comentar a encenação do drama *O asno morto*, adaptação do romance homônimo de Jules Janin: "*O asno morto* pertence à escola romântica e foi ousado pisando a cena em que tem reinado a escola realista. Pertenço a esta última por mais sensata, mais natural, e de mais iniciativa moralizadora e civilizadora."[14] No mesmo texto, as referências ao "desfecho sanguinolento" e "nada conforme com o gosto dramático moderno" do drama *Cobé*, de Joaquim Manuel de Macedo, representado no Teatro São Pedro de Alcântara, evidenciavam ainda mais a sua inclinação pelo repertório realista.

Raras vezes Machado dirigiu elogios a João Caetano ou às peças por ele representadas. Reconhecia o talento do famoso ator, a seu ver inigualável na tragédia e no drama, mas não lhe perdoava o repertório envelhecido, a falta de iniciativa para se atualizar como artista. Preferia o português Furtado Coelho, que se radicou no Brasil e foi o principal artífice do realismo cênico não só como intérprete, mas também como ensaiador. Sua atriz preferida era Gabriela da Cunha — heroína de várias peças francesas, entre elas *A dama das camélias* —, que se firmou no Ginásio Dramático, que o jovem crítico chamava de "querido Ginásio", pela seguinte razão: "Em sua vida laboriosa ele nos tem dado horas aprazíveis, acontecimentos notáveis para a arte. Iniciou ao público da capital, então sufocado na poeira do romantismo, a nova transformação da arte — que invadia então a esfera social".[15]

Machado pôs sua pena a serviço da renovação do teatro brasileiro e escreveu muitos folhetins na primeira metade dos anos 1860, nos quais amenizou a militância dos primeiros textos, mas sem deixar de considerar que o modelo da comédia realista francesa era o mais adequado para a dramaturgia brasileira da época. Por isso, em sua crítica teatral foi enfático nos elogios a peças de José de

Alencar, Quintino Bocaiúva, Pinheiro Guimarães, Sizenando Barreto Nabuco de Araújo, Maria Ribeiro e vários outros dramaturgos encenados no Ginásio Dramático.

O envolvimento de Machado com a dramaturgia, nessa altura de sua vida, é muito grande. Nada mais natural que tenha escrito suas próprias peças, estimulado pelos amigos e pelas leituras e idas ao teatro. O que surpreende, diante das considerações acima, é que não tenha seguido o modelo da comédia realista que tanto apreciava. Sua primeira peça, em um ato, escrita em 1860, é uma "imitação" de uma comédia francesa — *Chasse au lion*, de Gustave Vattier e Émile de Najac —, a qual intitulou *Hoje avental, amanhã luva*. Não há notícia de que tenha sido encenada, como também não foi a peça seguinte, de 1861, *Desencantos*, também em um ato. Em ambas, encontramos um exercício bem realizado de comicidade elegante, de bom gosto, centrada no jogo que se estabelece entre as personagens, com suas falas e réplicas espirituosas. Mas é principalmente na segunda que se esboça o universo que estará presente na maioria das comédias do escritor: o da alta sociedade brasileira de seu tempo, constituída pela burguesia emergente. Aí ele vai colher sugestões para os enredos e tipos como viúvas ainda em idade de se casar, homens ricos que veraneiam em Petrópolis, negociantes, diplomatas, políticos, advogados, rapazes e mocinhas bem educados.

Em setembro de 1862, Machado teve a satisfação de ver no palco do Ateneu Dramático a montagem de *O caminho da porta*, comédia em um ato muito representativa de sua produção para o teatro. O leitor poderá perceber como a comicidade buscada pelo escritor dialoga com *Verso e reverso*, de Alencar, e se afasta daquela que se encontra nas comédias de Martins Pena e Macedo. Machado abomina os exageros da farsa e os recursos do baixo cômico, preferindo provocar o riso com personagens que sabem como usar a ironia, os chistes, as tiradas espirituosas. *O caminho da porta* é, portanto, uma comédia centrada na comicidade de linguagem. Seu enredo não apresenta grandes conflitos e pode ser resumido em poucas palavras: uma jovem viúva, Carlota, tem dois pretendentes, Valentim e Inocêncio, que lhe fazem a corte, e não se decide por nenhum. Ambos vêm a sua casa, derretem-se por ela, fazem declarações ridículas ou bombásticas, presos que estão em sua teia armada com charme, inteligência e alguma malícia. Penélope sem juízo, como a chama o doutor Cornélio — o terceiro personagem masculino da comédia, que também já esteve a seus pés —, Carlota é uma encantadora viúva namoradeira. Mas estica tanto a corda da paciência de seus pretendentes, que eles acabam tomando o caminho da porta, já que não encontram o caminho do seu coração.

A graça da comédia está nos diálogos, nos quais percebemos uma espécie de hierarquia fundamental para a construção da comicidade. Quando conversa com Valentim e Inocêncio, Carlota coloca-se em posição de superioridade, pois é mais inteligente do que eles, apaixonados que não evitam um comportamento ridículo. Quando conversa com o doutor Cornélio, o duelo se dá em pé de igualdade. Ele é tão inteligente quanto ela e não está apaixonado. As cenas protagonizadas pelos dois são as melhores de *O caminho da porta*. Leia-se especialmente a quinta cena da comédia. Lá está tudo o que Machado mais valorizava como procedimentos para agradar a uma plateia de pessoas educadas e refinadas. Observem-se, entre outras características, a presença de espírito das personagens, a guerra lúdica que travam, a elegância do vocabulário, os chistes, o cinismo maroto, a ironia, as alusões inteligentes, a graça das réplicas e o próprio ritmo das falas. Tudo é extremamente ágil, agradável e de bom gosto, como deve ser uma autêntica comédia de linguagem.

Após a estreia de *O caminho da porta*, os críticos teatrais do Rio de Janeiro perceberam de imediato a filiação estética da comédia. Apesar do apreço ao realismo teatral, Machado preferiu o modelo dos provérbios dramáticos de Alfred de Musset para iniciar-se como dramaturgo.[16] De fato, não há como negar que tenha se inspirado em *É preciso que uma porta esteja aberta ou fechada*, do escritor francês, para escrever *O caminho da porta*. Mas, enquanto Musset faz o conde encontrar o caminho do coração da marquesa, ao final de um diálogo ao qual não faltam brilho, leveza e atmosfera poética, os personagens Inocêncio e Valentim procuram em vão esse caminho, pois o provérbio a ser ilustrado pela ação da comédia é outro: "Quando não se pode atinar com o caminho do coração toma-se o caminho da porta".

Ao publicar *O caminho da porta* em 1863, num volume que trazia também a comédia *O protocolo*, Machado explicou em carta a Quintino Bocaiúva que em um futuro próximo pretendia escrever comédias "de maior alcance, onde o estudo dos caracteres seja consciencioso e acurado, onde a observação da sociedade se case ao conhecimento prático das condições do gênero".[17] Provavelmente se considerava muito jovem e inexperiente para se aventurar no terreno do realismo teatral, preferindo, modestamente, começar com comédias curtas, mas afinadas com o propósito de levar à cena costumes e valores da burguesia em ascensão.

Quintino Bocaiúva, convidado a prefaciar o livro, considerou as duas comédias um "ensaio", uma "ginástica de estilo". Eram bem escritas — "um brinco de espírito" —, tinham valor literário, inspiravam simpatia, mas não apresentavam ideias. Sem isso, eram "frias e insensíveis", não podiam sensibilizar ou atingir o espectador. Era preciso, pois, ousar, ir além dos resultados já obtidos: "Já fizeste esboços, atira-te à grande pintura".[18] Como se vê, o parâmetro de julgamento é a comédia realista, de alcance edificante e moralizador.

Não se pode negar que Machado tenha conseguido

estabelecer um diálogo com a dramaturgia hegemônica àquela altura, pondo igualmente em cena personagens e costumes colhidos na alta sociedade. A escolha do provérbio dramático significava também um esforço para superar a comédia de costumes de traços farsescos que Martins Pena havia criado e à qual Joaquim Manuel de Macedo havia dado continuidade. Suas pequenas comédias foram aliadas importantes na luta pelo bom gosto, pela vitória do novo repertório, que se contrapunha ao teatro concebido como pura diversão, às comédias construídas com recursos do baixo cômico.

Depois de *O caminho da porta* e *O protocolo*, Machado escreveu muitas comédias curtas e por fim desistiu da comédia realista. Até o final dos anos 1860, dedicou-se bastante ao teatro, conciliando as atividades de comediógrafo, tradutor, crítico e censor do Conservatório Dramático. São desse período *As forcas caudinas*, *Quase ministro*, *Os deuses de casaca* e *Uma ode de Anacreonte*. Mais tarde, o autor se tornaria o principal romancista e contista de seu tempo, mas sem nunca se distanciar completamente do teatro. Na maturidade, escreveu uma pequena joia literária, *Tu só, tu, puro amor*, representada em 1880, e dois provérbios dramáticos, *Não consultes médico*, em 1896, e *Lição de botânica*, em 1905.

Machado não imprimiu às suas comédias a mesma densidade que se encontra nos contos e romances da maturidade, nos quais dissecou como ninguém a natureza humana e os mecanismos sociais da vida brasileira de seu tempo. Mesmo depois de consagrado, quando já abraçara o seu tão evidente ceticismo em relação ao ser humano, não se afastou do modelo do provérbio dramático, da comédia curta e elegante, que requer leveza e comicidade espirituosa. *Lição de botânica*, por exemplo, retoma os motivos de *É preciso que uma porta esteja aberta ou fechada*, de Musset. O teatro foi o gênero que permitiu ao autor exercitar a fantasia e o bom gosto literário, fosse na criação dos enredos e personagens, fosse na construção da linguagem dramática, à qual deu brilho, refinamento e vivacidade. Em outras palavras: Machado não quis, ou não pôde, ou não viu sentido — porque o teatro cômico-musicado era absolutamente hegemônico — em transportar para a forma dramática os universos complexos de romances como *Memórias póstumas de Brás Cubas* ou *Dom Casmurro*.

A sátira mordente de França Júnior

Entre os anos de 1855 e 1865, a hegemonia do realismo teatral nos palcos brasileiros motivou vários jovens a escreverem peças teatrais de acordo com o modelo oferecido por Alexandre Dumas Filho e nacionalizado por José de Alencar. Em 1860, Joaquim José da França Júnior, acadêmico da Faculdade de Direito de São Paulo, estava em férias no Rio de Janeiro quando assistiu à encenação de *Onfália*, de Quintino Bocaiúva. Era uma peça que abordava o tema da prostituição elegante, retratando a sociedade carioca e deixando lições moralizadoras ao espectador, de modo a deixar claro o pensamento crítico do dramaturgo em relação a esse problema social. França Júnior conta em uma de suas crônicas que ficou impressionado com o espetáculo e que desejou escrever peças do mesmo teor. Como não conseguiu de imediato — tinha apenas 22 anos de idade —, exercitou-se com duas comédias curtas que retratam costumes acadêmicos, *Meia hora de cinismo* e *República modelo*. Mas já em fevereiro de 1862 o jovem comediógrafo tem a sua primeira comédia em três atos, *Tipos da atualidade*, representada no Teatro Ginásio Dramático.

O desejo de dialogar com o repertório realista é bastante claro. França Júnior criou um enredo centrado na questão do casamento por dinheiro, tema que já havia sido discutido em peças francesas e brasileiras. O conflito, instaurado no primeiro ato, coloca de um lado d. Ana, mulher intransigente que quer casar a filha com o endinheirado e bronco barão da Cutia, e Carlos, médico recém-formado e sem muitos recursos. Não é preciso dizer que os jovens que se amam ficarão juntos no final, o que é uma convenção de toda boa comédia, mas é preciso ressaltar que apenas em parte *Tipos da atualidade* realiza o pressuposto básico do realismo teatral, de conciliar a naturalidade da ação dramática e as lições moralizadoras.

França Júnior observa a sociedade de seu tempo, mas não consegue retratá-la com a objetividade que requer a comédia de costumes burgueses. O desejo de satirizar fala mais alto, e ele inclui na peça personagens caricatos e recursos cômicos farsescos. Assim, ao lado de d. Ana, Carlos e Mariquinhas, que são "naturais" em cena, o barão da Cutia, Gasparino e Porfíria são exageradas deformações caricaturais.

Essa dicotomia provoca um desequilíbrio em *Tipos da atualidade*. Quando o primeiro grupo de personagens contracena, a peça adquire a naturalidade da comédia realista e incorpora inclusive as tiradas moralizantes contra o casamento por dinheiro. Já ao segundo grupo são reservadas as situações hilariantes e a comicidade farsesca, que fica em primeiro plano, contrariando os princípios do realismo teatral. Aliás, registre-se que a comédia obteve sucesso extraordinário por conta de sua verve satírica, tendo sido representada em todo o Brasil com outro título, mais revelador de seus traços predominantes: *O barão da Cutia*.

França Júnior deve ter ponderado que sua vocação não tinha nada a ver com o realismo teatral e abandonou a ideia de escrever peças com discussões sérias sobre problemas da sociedade e repletas de lições edificantes. A facilidade de criar enredos movimentados e tipos engraçados, com base na caricatura e no deboche farsesco, o levou a retomar a tradição iniciada por Martins Pena. Assim, entre 1864 e 1889, o autor escreveu cerca de vinte comédias de costumes, buscando nos recursos do baixo cômico o seu instrumento de análise crítica da vida social e política da época. Ou seja, em sua carpintaria teatral proliferam os apartes, os estrangeiros e brasileiros broncos estropiando o português, as pancadarias, os disfarces, os esconderijos, as paródias, as coincidências por vezes inverossímeis, os quiproquós, os tipos enrijecidos, as caricaturas — tudo em função do intuito satírico e do ritmo cômico que caracteriza a farsa.

Algumas das comédias do autor são evidentemente mais simples, construídas por vezes em torno de uma única ideia ou de um único tipo cômico, como *Entrei para o clube Jácome*, que explora a obsessão de um homem por cavalos, ou *O tipo brasileiro*, que satiriza o costume nativo de valorizar somente o que é estrangeiro, tema já presente em Martins Pena, Macedo e mesmo no Alencar de *O demônio familiar*. França Júnior nem sempre acertou a mão — parecem-me inferiores *Ingleses na costa*, *Amor com amor se paga* e *Dois proveitos em um saco* —, mas é inegável que entre as comédias curtas que escreveu há pelo menos uma pequena obra-prima, que o leitor desta antologia poderá conhecer: *Maldita parentela*.

Também nessa comédia a questão do casamento por dinheiro aparece, como que para dar sustentação ao enredo, que quase inexiste, posto em segundo plano pela força da comicidade rasgada, centrada nos contrastes entre os membros de uma mesma família. A ação se passa no Rio de Janeiro, em 1871, na casa elegante de Damião Teixeira, que dá um baile para a nata da sociedade e especialmente para o negociante Guimarães, um quarentão sem qualquer refinamento, mas muito rico, com quem quer casar a filha. Já nas primeiras cenas sabemos que a mocinha gosta do jovem advogado Aurélio, que Damião classifica como "um valdevinos sem fortuna e sem família".

Não vemos aqui os jovens protagonizarem a ação da comédia para impor a sua vontade. O centro do palco vai ser ocupado pela "maldita parentela", isto é, pelos parentes pobres ou remediados da esposa de Damião: o mano Basílio e as filhas Laurindinha e Cocota; os primos Cassiano Vilasboas e Hermenegilda Taquaruçu de Miranda, filhos de Desidério José de Miranda. São todos tipos cômicos, personagens espalhafatosos, sem modos, que vêm estragar o brilho da festa e envergonhar o anfitrião, mais ridículo do que os simplórios personagens quando consideramos sua mania de grandeza, suas manobras para afastar os convidados ricos dos parentes da esposa, sua violência para com uma escrava.

França Júnior revela extraordinária capacidade de provocar o riso no leitor/espectador. Impossível não rir com a cena da entrada de Cassiano, que vai cumprimentar os presentes e, desastrado, derruba e quebra objetos com a ponta do guarda-chuva. A comicidade de linguagem nos diverte quando está em cena Hermenegilda, uma "preciosa ridícula" descendente de Molière, capaz de pérolas como esta: "Pensei que não nos apropinquássemos mais às avenidas deste palácio, todo por dentro e por fora iluminado, como diz Alexandre Heculano (*sic*) no *Otelo*".

A paródia do melodrama também se faz presente. Na cena XVIII, Basílio e Aurélio conversam, e o primeiro conta as estripulias que fez em São Paulo, na juventude. Ao relembrar um caso amoroso, deu detalhes que possibilitaram a Aurélio acusá-lo de ter atirado "no caminho da perdição uma mulher pura e inocente que devia mais tarde lançar ao mundo um desgraçado". Essa incrível coincidência deve ser encenada com toda a gestualidade da interpretação melodramática, como indicam as rubricas. Trata-se de uma cena de reconhecimento em que pai e filho vivem emoções fortes, com direito a choro e risos, abraços, perdões e paternidade assumida.

No plano do enredo, a comicidade atinge diretamente

Damião, que se vê logrado por Miranda e a filha Hermenegilda. Ambos criam situações para que a moça, solteira aos trinta anos, conquiste Guimarães. Ele não compreende muito bem o que ela fala — os diálogos entre os dois são hilários —, mas se sente atraído e deixa o terreno livre para Marianinha se casar com Aurélio, que afinal é seu primo.

O quadro criado na comédia é um atestado da capacidade de França Júnior de retratar e satirizar certos hábitos e valores da sociedade, como o culto às aparências e o casamento por dinheiro. Mas não há em *Maldita parentela* qualquer preocupação de inserir lições moralizadoras. O ridículo das situações se apresenta por si só, e cabe ao leitor/espectador tirar as conclusões acerca do que leu ou viu, divertindo-se em primeiro lugar.

As comédias curtas de França Júnior foram importantes para que seu nome se tornasse conhecido no meio teatral. Porém, foram as comédias longas que o consagraram. *Direito por linhas tortas*, encenada em 1870, tem uma movimentada comicidade farsesca, a partir das cenas iniciais, que se passam numa casa em que o marido não tem voz e a mulher manda em tudo, com a ajuda da mãe, a típica sogra execrável.

Mais bem realizadas são *Como se fazia um deputado* e *Caiu o ministério*, representadas em 1882. Ainda no registro da farsa, são corrosivas sátiras de costumes políticos que alcançam um efeito cômico mais crítico, em função da abrangência do assunto abordado. Na primeira é todo o sistema eleitoral do Império que surge retratado com as cores da corrupção e da desonestidade. Na segunda, a sátira atinge a formação dos gabinetes, o apadrinhamento político e o clientelismo.

A última comédia importante de França Júnior intitula-se *As doutoras*. Encenada em 1889, apresentava ao público um tema novo, nascido de transformações no âmbito da família e da sociedade. As primeiras mulheres brasileiras estavam se formando em universidades e logo passariam a competir com os homens na busca de empregos. França Júnior põe em cena um médico e uma médica recém-formados, que se casam. Como não defendem as mesmas teorias, as discussões científicas entre ambos são frequentes, e as brigas culminam num processo de separação. A segunda doutora da peça é uma advogada, que também compete profissionalmente com o marido. As situações cômicas criadas pelas personagens — as mulheres são um tanto exageradamente profissionais — movimentam o enredo com eficiência, mas o desfecho é bastante conservador, pois as doutoras engravidam e abandonam a profissão. Se isso nos decepciona um pouco, ressalte-se que do ponto de vista estritamente teatral o rendimento cômico é extraordinário, razão talvez do enorme sucesso que a comédia obteve em seu tempo.

A respeito de França Júnior há um consenso entre os críticos e historiadores do nosso teatro: foi ele quem consolidou a comédia de costumes, dando continuidade e força à tradição iniciada por Martins Pena. Afinal, o comediógrafo não teve receio de adotar a concepção de um teatro popular, que lança mão dos recursos cômicos farsescos, estimulando outros autores a seguirem o seu exemplo.

Artur Azevedo: o teatro como entretenimento

Em 1873, vindo de São Luís do Maranhão, chegava ao Rio de Janeiro, com dezoito anos de idade, Artur Azevedo, que logo se tornaria o mais importante comediógrafo do país. Trazia na bagagem uma pequena comédia em um ato, publicada em 1879. Uma breve nota do autor explicava que *Amor por anexins* era seu primeiro trabalho teatral, escrito mais de sete anos antes e já representado em várias cidades brasileiras e até mesmo em Portugal. Sem saber ao certo como classificar o texto, denominou-o entreato cômico, farsa e entremez.

A pista para melhor entender a natureza da comédia, incluída nesta antologia, está numa fala da personagem Inês, quando pergunta a Isaías se ele já havia visto no teatro a representação de *As pragas do capitão*. Ao receber resposta negativa, explica: "Era um militar que praguejava muito. A senhora que ele amava deu-lhe a mão de esposa, mas depois de estabelecer-lhe a condição de não praguejar durante meia hora."

Artur Azevedo faz a personagem sugerir que na verdade sua comédia é uma "imitação". É claro que, pela sua brevidade, pode ser considerada um entreato cômico ou um entremez. E que em certa medida a comicidade tem algo da farsa, mas sem a complicação do enredo ou recursos como esconderijos, disfarces, pancadaria em cena. Em suma: *Amor por anexins* é uma imitação de *As pragas do capitão*, peça francesa de Pierre Berton, que no original se intitula *Les jurons de Cadillac*. Cadillac é um capitão da marinha, de ascendência nobre — é marquês —, mas com o péssimo hábito de praguejar o tempo todo. Representada pela primeira vez no Gymnase Dramatique de Paris em abril de 1865, a pequena comédia explora a comicidade do linguajar de Cadillac e da situação criada pela condessa, uma viúva de 32 anos que promete se casar com ele caso consiga ficar uma hora — não apenas meia hora, como diz a personagem de Artur Azevedo — sem praguejar. Seu esforço por si só é o elemento cômico, e Pierre Berton faz o diálogo se alongar para que percebamos, em apartes, o quanto a tarefa parece impossível de ser cumprida. Cadillac vai vencendo o desafio, mas ao final de um relato emocionado de uma batalha em que vê morrer um amigo de infância, volta a praguejar. Nessa altura, porém, a condessa, já inclinada ao casamento, o libera do desafio e ela mesma solta um impropério no desfecho da comédia, o que o leva a dar um grito de alegria e beijar-lhe a mão.

Um ou dois anos depois da estreia em Paris, Luís Guimarães Júnior traduziu a comédia, com algumas adaptações, e deu-lhe o título *As pragas do coronel*, tornando-a conhecida em todo o país. Artur Azevedo então apropriou-se da ideia de criar uma personagem que só consegue exprimir-se por meio de um único tipo de expressão. Essa incapacidade — ou "rigidez", como ensina Henri Bergson, já citado alguns passos atrás — é garantia de comicidade. Assim, Isaías é o solteirão que, em vez de praguejar, insere provérbios em todas as frases que constrói. Não deixa de ser admirável a habilidade com que o comediógrafo brasileiro sustenta os diálogos, pois as réplicas de Isaías às falas de Inês são perfeitas, isto é, os provérbios são sempre adequados às situações ou aos assuntos em questão.

No que diz respeito ao enredo, Artur Azevedo segue Pierre Berton de perto, mas com algumas diferenças — afinal, uma imitação não é uma cópia. Inês também é uma jovem viúva, embora nas cenas iniciais não esteja interessada no solteirão Isaías. Deplora o "homem dos anexins" e ao dialogar com ele fala de outros pretendentes que batem à sua porta. Na verdade, havia apenas um, que lhe envia uma carta desistindo da intenção, porque conseguiu um casamento mais vantajoso. Como mais vale um pássaro na mão do que dois voando, ela acaba aceitando o pedido de Isaías, mas não sem antes submetê-lo à mesma prova do apaixonado de *As pragas do capitão*. A diferença em relação à peça francesa é que Artur Azevedo não alonga o diálogo em que Isaías deve conversar com Inês sem citar provérbios. Em compensação, cria outro efeito cômico, fazendo a viúva assumir o linguajar do solteirão, que se desespera ao ouvir vários provérbios sem poder responder da mesma maneira. E mais: ao contrário de Cadillac, Isaías vence o desafio, ou pelo menos é liberado antes de perder. Inês percebe que ele a ama e se sensibiliza com o esforço verdadeiramente hercúleo que estava fazendo: "Diga o quiser! Abra a torneira dos anexins, ditados, rifões, sentenças, adágios e provérbios...".

Outras diferenças em relação a *Les jurons de Cadillac* são o desfecho à maneira da comédia latina — com o pedido de aplausos para o autor e os atores — e as partes cantadas. Artur Azevedo incluiu números de canto, coplas e até mesmo um recitativo. O que explica isso é provavelmente a força e o prestígio que o teatro musicado havia adquirido na época. Embora vivesse em São Luís do Maranhão quando escreveu *Amor por anexins*, o escritor sabia muito bem que a voga da opereta tomara conta do Rio de Janeiro, desde que *Orphéé aux enfers*, de Offenbach, fora encenada em francês no Alcazar Lyrique, em 1865, e que as comédias cada vez mais incluíam a música.

Quando o autor chegou ao Rio de Janeiro, o público já estava conquistado pelo teatro cômico e musicado. Mas não só pelas operetas francesas. Os autores brasileiros já haviam descoberto um novo filão: a paródia da opereta, espécie de "imitação" em que, além da música, o enredo original era mantido, mas adaptado aos costumes brasileiros. O melhor exemplo desse procedimento é *Orfeu na roça*, do ator Vasques, uma paródia de *Orphée aux enfers*, representada com grande sucesso em 1868. Artur Azevedo, já em 1876, mostrou-se à vontade nesse gênero, transformando *La fille de Mme. Angot*, de Siraudin, Clairville e Koning, música de Lecocq, em *A filha de Maria Angu*. O sucesso foi extraordinário, com mais de cem representações. Seguiram-se outras paródias, como a divertida *Abel e Helena*, escrita a partir de *La belle Hélène*, de Meilhac e Halévy, música de Offenbach. Em seguida, porém, o autor escreveu operetas originais, como *Os noivos* e *A princesa dos cajueiros*, representadas em 1880, com música de Sá Noronha.

Embora fizesse grande sucesso com as paródias e as operetas, o desejo de Artur era fazer o público aceitar também as suas comédias de costumes, sem música e com qualidade literária, como *A almanjarra*, *A joia* e *O badejo*, entre outras. Num desabafo, ele revelou ter tentado até mesmo o drama — *O escravocrata*, em parceira com Urbano Duarte —, mas todas as suas tentativas de fazer um teatro mais sério, com rigor artístico e sem apelo popular, só lhe renderam "censuras, apodos, injustiças e tudo isso a seco", ao passo que, "enveredando pela bambochata", não lhe faltaram "elogios, festas, aplausos e proventos".[19]

Sempre solicitado pelos empresários a divertir o público, o escritor rendeu-se ao teatro musicado, sendo responsável pela popularidade de um novo gênero a partir de 1884: a revista de ano. A primeira, *O Rio de Janeiro em 1877*, escrita sem o pleno domínio da carpintaria teatral exigida, não fizera sucesso. Mas uma viagem providencial à Europa entre 1882 e 1883 colocou Artur Azevedo em contato com o modelo francês da revista. Em janeiro de 1884, estreava no Rio de Janeiro *O mandarim*, revista dos acontecimentos de 1883, escrita em parceria com Moreira Sampaio. O sucesso foi tão grande que nos anos que se seguiram Artur Azevedo e vários outros autores brasileiros escreveram a cada ano uma revista, gênero que caiu no gosto do público, pois fazia o retrospecto dos acontecimentos do ano em chave cômica, com forte apelo à caricatura e com muita música, bom humor, espírito satírico, deboche e brejeirice. Artur escreveu um total de dezenove revistas que marcaram época, como *O bilontra*, *Cocota*, *O homem*, *O major* e *O tribofe*.

O teatro de entretenimento tomou conta dos palcos brasileiros nos três últimos decênios do século XIX.[20] Artur Azevedo foi sua figura central, como comediógrafo, tradutor e crítico teatral. Em seis grossos volumes publicados pelo Instituto Nacional de Artes Cênicas, entre 1983 e 1995, contendo cerca de sessenta peças, podemos conhecer sua obra e admirar seu talento para se exprimir em vários gêneros cômicos: a comédia curta em prosa ou verso, a comédia em três atos, os entreatos, os sainetes, os monólogos, os diálogos cômicos, as farsas, as cenas cômicas, as paródias, as operetas, as óperas-cômicas, as revistas de ano e as burletas.

Diante de tamanha variedade, sendo impossível comentar aqui a enorme produção do autor, talvez valha a pena destacar do conjunto uma das suas melhores peças, na qual se pode ver uma síntese do teatro cômico e musicado da época. Refiro-me a *A capital federal*, uma comédia em três atos — escrita a partir da revista de ano *O tribofe* —, com música de Nicolino Milano, Assis Pacheco e Luís Moreira, encenada em 1897.

Embora Artur Azevedo a tenha denominado "comédia-opereta de costumes brasileiros", os críticos preferem considerá-la uma burleta, como outras peças semelhantes do autor, pela dificuldade de enquadrá-las num gênero convencional. Na verdade, a burleta é um gênero misto, que acomoda quase todos os temas e as formas do teatro cômico e musicado então em voga. Assim, em *A capital federal*, o enredo, as características das personagens, o desenho dos costumes rurais e urbanos são inspirados pela comédia de costumes típica de Martins Pena, bem como alguns recursos de comicidade farsesca — os apartes, o português estropiado pelos personagens da roça, a correria em cena, os quiproquós e os disfarces. Já a opereta oferece a música, a dança e a comicidade da malícia, dos trocadilhos picantes e do senso paródico. E da revista de ano — e até mesmo da mágica, a *féerie* francesa também muito presente nos palcos do Rio de Janeiro, com seus truques cênicos que enchiam os olhos do espectador — o autor decalcou a grandiosidade do cenário: o hall luxuoso do Grande Hotel da Capital Federal, os arcos da Lapa com o bonde passando por cima e a apoteose final.

Do ponto de vista do enredo, *A capital federal* repete a situação criada em *O tribofe*: uma família da roça vem ao Rio de Janeiro à procura do noivo de Quinota. De imediato, estabelece-se o contraponto entre o mundo rural, que é puro, simples, ingênuo e autêntico, e o mundo urbano, que é degradado, imoral, falso, de aparências. O enredo tratará de mostrar qual é melhor. Inicialmente, claro, os costumes degradados da cidade são vitoriosos: a família da roça — com exceção da mãe e da filha — aos poucos perde os padrões morais, em cenas, aliás, que são hilárias. A competência com que o comediógrafo mostra a perdição de Eusébio nos braços da prostituta Lola e os esforços de Figueiredo para transformar a mulata Benvinda em *cocotte* francesa são verdadeiras lições para quem queira escrever comédias. Além disso, o enredo de perseguição à maneira do *vaudeville*, a deliciosa paródia ao decadentismo (os versos do jovem poeta Duquinha), a presença forte da *cocotte* Lola manipulando os homens da peça, a caricatura de Benvinda e do gigolô nacionalista Figueiredo — tudo aponta para a extraordinária qualidade teatral de *A capital federal*. Artur Azevedo escreveu-a com o amor que tinha pelo teatro, o mesmo que o fez nos dar outra burleta excelente, *O mambembe*, em 1904, pouco antes de morrer.

A comédia sem juízo de Qorpo-Santo

Até 1966, os compêndios de história do teatro brasileiro não fazem qualquer menção ao dramaturgo gaúcho José Joaquim de Campos Leão, autocognominado Qorpo-Santo. Apenas nesse ano, em Porto Alegre, foram encenadas três de suas comédias, escritas cem anos antes, exatamente em 1866: *As relações naturais*, *Mateus e Mateusa* e *Eu sou vida; eu não sou morte*. Com um novo espetáculo, agora no Rio de Janeiro, em 1968, sob a direção de Luiz Carlos Maciel, a repercussão foi maior, e a reação de críticos e intelectuais não se fez esperar: Qorpo-Santo foi saudado como um legítimo precursor do Teatro do Absurdo, um dramaturgo que teria antecipado procedimentos de Alfred Jarry, Ionesco, Beckett e Harold Pinter, entre outros. A estruturação caótica dos enredos desprovidos de linearidade, as cenas desarticuladas e fragmentadas, a despreocupação com a coerência psicológica das personagens, o *nonsense*, a linguagem agressiva, o humor baseado no grotesco, tudo isso pareceu surpreendentemente moderno.

De fato, não se pode negar a presença de aspectos vanguardísticos na obra do "Ionesco dos pampas", como alguém o chamou. Mas é claro que há enormes diferenças entre as peças de Qorpo-Santo e dos autores ligados ao Teatro do Absurdo. Nestes predominam a racionalidade, o intelectualismo, a análise detida da realidade do pós-guerra, o pessimismo em relação à existência. O *nonsense* é, pois, construído conscientemente pelo artista. Já as comédias do escritor gaúcho — dezessete no total — foram escritas em momentos alternados de lucidez e loucura, com incrível rapidez, entre 31 de janeiro e 16 de maio de 1866. Algumas, em um dia ou mesmo em poucas horas. E nunca mereceram revisão do autor, que as publicou num dos volumes de sua *Ensiqlopèdia ou seis mezes de huma enfermidade*, na grafia particular que inventou.[21] O absurdo nasce então espontaneamente, por obra do descontrole sobre ações, situações, enredos e personagens. Daí porque também o Surrealismo foi trazido a campo para explicar o processo de criação de Qorpo-Santo, uma vez que ele teria se valido do automatismo psíquico, ou coisa parecida, um estado de excitação mental, por exemplo, em sua escrita compulsiva e sem domínio da razão.

O fato é que as peças do escritor, em sua originalidade desconcertante, permitem essas aproximações. A fragmentação e a descontinuidade as tornam obras abertas e polissêmicas, possibilitando múltiplas leituras no palco. Além disso, os conteúdos que abordam são surpreendentes: sexualidade exacerbada, adultério, prostituição, desagregação da família, corrupção das autoridades, burocracia ineficiente, metempsicose, homossexualismo (especificamente em *A separação de dois esposos*) e mancebia, entre outros. Curiosamente, parece haver nesse universo, em que não faltam extravagâncias, uma tentativa de moralização da vida em família e em sociedade que lembra o teatro realista, como apontou Flávio Aguiar: "Como os realistas (José de Alencar, Quintino Bocaiúva, Pinheiro Guimarães), Qorpo-Santo valeu-se dos temas ligados à família, ao casamento, ao sexo, como pretexto para longas perorações e discussões sobre a natureza moral da sociedade. Como eles, trouxe para o palco o tema da prostituição, e a discussão sobre as causas sociais do adultério".[22]

Do ponto de vista formal, porém, o comediógrafo lançou mão dos recursos do baixo cômico — agressões físicas e verbais, rebaixamento do corpo, cenas de pancadaria, exageros de todo tipo, caricatura —, puxando para o registro da farsa os assuntos que deveriam ser tratados, em princípio, com a seriedade da retórica realista. Essa desarmonia, que poderia ser desastrosa nas mãos de um dramaturgo convencional, gera um estranhamento e uma ambiguidade extremamente positivos, pois as comédias podem ser lidas como sátiras ou paródias, uma vez que a retórica das peças realistas fica ridícula quando exagerada. Um bom exemplo desse procedimento é o desfecho de *Eu sou vida; eu não sou morte.* Lindo e Linda são amantes e ao longo da comédia dessacralizam o romantismo, fazendo declarações de amor um para o outro, mas com quebras de tonalidade intencionais. Esse jogo amoroso em que tudo é brincadeira e comédia culmina com a morte de Lindo pelo marido traído, que, ao justificar seu ato, condena o adultério e faz a defesa da ordem. O problema é que a linguagem empregada é tão exagerada que se torna quase impossível não compreendê-la como paródia dos discursos moralizadores das comédias realistas:

> O RAPAZ Pois como as vontades são livres e cada qual faz o que quer; como não há leis, ordem, moral, religião!... Eu também farei o que quero! E porque esta mulher não me pode pertencer enquanto tu existires — varo-te com esta espada! (*atravessando-o com a espada; há aparência de sangue*) Jorra o teu sangue em borbotões. Exausto o corpo, exausta a vida! e com ela todas as tuas futuras pretensões e ambições! Morre (*gritando e arrancando a espada*), cruel! e a tua morte será um novo exemplo — para os Governos; e para todos os que ignoram que as espadas se cingem; que as bandas se atam; que os galões se pregam; não para calcar, mas para defender a honra, o brio, a dignidade, e o interesse das Famílias! A honra, o brio, a dignidade, a integridade Nacional.[23]

A personagem fala como se fosse um *raisonneur* destrambelhado, cujas palavras podem ser entendidas em seu avesso. Qorpo-Santo observou na última rubrica dessa peça que ela mais parecia uma tragédia do que uma comédia. Talvez não tenha percebido a subversão que provocou com a retórica inflamada da personagem: a intenção didática e moralizante desmanchou-se por completo.

O mesmo efeito encontra-se em outras peças, especialmente em *As relações naturais*, que aborda com incrível dose de liberdade a questão do prazer e sua repressão pelas conveniências sociais. Ainda que no desfecho prevaleça a defesa das instituições e a repulsa das chamadas relações naturais — relações sexuais fora do casamento —, a impressão mais forte é de irreverente sátira dos costumes relacionados à prostituição ou à vida sexual da nossa pequena burguesia de meados do século XIX. Acrescente-se que a comédia, no terceiro ato, inclui uma cena ousada e ambígua, sugerindo incesto entre pai e filha.

Farsa, paródia, sátira, eis alguns pontos de referência importantes para se compreender a obra de Qorpo-Santo. As duas comédias incluídas nesta antologia são bons exemplos de sua comicidade por vezes extravagante, com a qual fez críticas à sociedade de seu tempo. *O credor da fazenda nacional* é uma deliciosa sátira à burocracia, na qual o protagonista assume a identidade do próprio autor. O credor que não consegue receber o dinheiro a que tem direito, porque é preciso "uma dúzia de requerimentos para se obter um despacho", identifica-se no balcão como "José Joaqim de Qampos Leão, Qorpo-Santo".

Observe-se a rubrica da cena final. Ela revela que o autor gostaria de ver suas comédias encenadas. Se o incêndio da repartição por um credor que não suporta mais a burocracia não for conveniente em uma montagem, a última cena pode ser a "entrada do inspetor; repreendendo a todos pelo mal que cumprem seus deveres; e terminando por atirarem com livros e penas; atracações e descomposturas etc". O final alternativo é tão farsesco quanto o outro. A surpresa fica por conta da inexistência de um inspetor na comédia, um lapso delicioso de Qorpo-Santo, que mostra como escrevia com rapidez, sem fazer revisões. Registre-se que as sugestões para a representação de algumas cenas estão presentes em outras peças, o que indica a preocupação do autor com o espetáculo teatral.

Se *O credor da fazenda nacional* é uma comédia de fácil compreensão, já que seus dois atos completam uma única ação — a ida de uma personagem a uma repartição pública —, *O marinheiro escritor* apresenta uma estrutura complexa, na qual os atos, ou quadros, se sucedem sem que haja ligação entre eles. Para se ter uma ideia da radicalidade do processo, vale notar que as personagens do primeiro ato não estão presentes no segundo. Logo, não há um enredo a ser acompanhado pelo leitor/espectador. Cada ato é autônomo, com assuntos diferentes, como se fossem quadros apenas justapostos. Essa mesma estrutura se faz presente em *O marido extremoso ou O pai cuidadoso*, *Dois irmãos* e *A impossibilidade da santificação ou A santificação transformada*.

O primeiro ato de *O marinheiro escritor* apresenta uma sucessão de pequenas cenas em que as personagens vivem situações absurdas como se fossem normais. Duas mulheres aplicam um clister — felizmente no nariz — do hortelão e escritor Rapivalho; três personagens morrem — ou aparentam morrer — e ressuscitam para contar o que viram no além; um outro acredita estar grávido; do nada, aparece Isolino, fazendo declarações de amor e pedindo em casamento uma mulher casada, para depois perceber que se declarou à mulher errada, atirando-se aos braços da vizinha que entra. Cada cena pode ser lida como uma pequena paródia ou sátira dos assuntos abordados.

No segundo ato, há um diálogo principal entre Enciclopédio e Miguelítico — Qorpo-Santo dá nomes inusitados e engraçados às suas personagens —, no qual simplesmente discutem sobre o desejo sexual, as vantagens e desvantagens de recorrer a prostitutas. Em seguida, com a entrada de Marquinfálio e da criada e parteira Findinga, uma cena de farsa rasgada envolve a todos, com agressão física, gravidez masculina fingida, correria e desfalecimento. Nos três quadros seguintes, um novo assunto e novas situações vividas por outras personagens. Qorpo-Santo volta a satirizar a burocracia e a ineficiência dos serviços públicos, a novela dos requerimentos que não dão em nada. Se em *O credor da fazenda nacional* o autor entra em cena anunciando o nome inteiro, agora é a personagem Leão — apenas uma parte de seu nome — que procura receber dinheiro a que tem direito em repartições incompetentes. O final é semelhante ao da outra peça. No último quadro, é Enciclopédio quem pune um meirinho, um juiz e um escrivão, chicoteando--os por não fazerem o seu trabalho e deixando a lição moralizadora da sátira: "Eis o prêmio que tarde ou cedo esperar sempre devem os criminosos".

Como situar Qorpo-Santo no interior da tradição cômica brasileira? Sua obra pertence ao século XIX ou ao século XX, que o resgatou do esquecimento? Creio que o fato de se identificar com a cena moderna e contemporânea diz muito. Qorpo-Santo é um dramaturgo do nosso tempo, por permitir releituras no palco num nível de experimentalismo incomum. Por outro lado, é inegável que ele dialogou com as tendências dramatúrgicas que conhecia como leitor ou espectador. Assim, apesar de abordar conteúdos que faziam parte do universo da comédia realista, afastou-se da polidez de Alencar, ou da comédia refinada de Machado de Assis. Suas peças abusam dos recursos do baixo cômico: são farsescas, paródicas, satíricas, o que permite situá-lo no interior da tradição da comédia popular iniciada por Martins Pena, que passa por Macedo, França Júnior e culmina em Artur Azevedo. Assinalem-se, porém, as diferenças quanto aos princípios de construção. Os demais comediógrafos brasileiros obedecem à lógica interna dos enredos, que têm começo, meio e fim, isto é, uma situação, um problema ou um tema são expostos, desenvolvidos e concluídos. Qorpo-Santo, como se viu, não se preocupa com a linearidade do enredo, cria quadros quase sempre autônomos e escreve peças em que predominam o caos e a fragmentação.

Os autores reunidos nesta antologia são os mais representativos da comédia brasileira do século XIX. Juntos, escreveram dezenas de peças, lançando mão dos mais diversificados gêneros cômicos e formas de comicidade. Aprenderam seu ofício com base em modelos europeus, sobretudo franceses, que souberam nacionalizar. Com exceção de Qorpo-Santo, foram encenados e aplaudidos em seu tempo, ainda que por vezes não tenham acertado a mão, experimentando o fracasso. Apesar da necessária estilização cômica na criação das personagens, na construção dos enredos e no tratamento dos temas abordados, conseguiram trazer para o palco alguns aspectos da vida em família e em sociedade dos nossos antepassados. Afinal, o ponto de partida de todos eles sempre foi a observação da realidade à sua volta. De um modo geral, mais uma vez com exceção de Qorpo-Santo, escreveram suas peças com base no que oferecia aos seus olhos a paisagem urbana do Rio de Janeiro. Daí a descrição, seguida de crítica ou sátira, dos costumes, tanto das pessoas mais simples — a gente do povo, na cidade e na roça, que era próxima —, quanto das mais sofisticadas, em especial a burguesia que se formou no Rio de Janeiro a partir dos anos 1850, quando a interrupção do tráfico de escravos provocou o incremento das atividades urbanas. Igualmente são aproveitados como temas, entre vários outros, a vida política, o cotidiano de dificuldades de todo tipo enfrentadas pela população da então capital do Brasil, as transformações dos costumes nas últimas duas décadas do século XIX, a modernização trazida ao transporte público com os bondes elétricos e as primeiras reformas na paisagem da cidade, que seriam intensificadas com o "bota-abaixo" do prefeito Pereira Passos na primeira década do século XX.

O que se tem no presente volume é uma pequena mas significativa amostra do talento e da criatividade de sete escritores brasileiros no terreno da comédia. Ao leitor, espero, fica o estímulo para ir além das nove peças aqui reunidas, ampliando sua formação cultural com a leitura de outras obras desses escritores canônicos, tarefa obrigatória para quem queira conhecer em profundidade o nosso teatro do século XIX.

NOTAS

1 Machado de Assis, "Notícia da atual literatura brasileira — Instinto de nacionalidade", em *O jornal e o livro*. São Paulo: Penguin/Companhia das Letras, 2011, p. 13.

2 José Veríssimo, *História da literatura brasileira*, 5ª ed., Rio de Janeiro: José Olympio, 1969, p. 253.

3 José de Alencar, "A comédia brasileira", em João Roberto Faria, *Ideias teatrais*. São Paulo: Perspectiva/ Fapesp, 2001, p. 470.

4 Idem.

5 Machado de Assis, *Do teatro: textos críticos e escritos diversos*. São Paulo: Perspectiva, 2008, pp. 412 e 532.

6 Sílvio Romero, *Martins Pena*. Porto: Chardron, 1901, pp. 86-7.

7 Cf. Henri Bergson, *O riso*. Trad. de Nathanael C. Caixeiro, Rio de Janeiro: Zahar, 1980, p. 25, para a comicidade que resulta do "mecânico funcionando por trás do vivo".

8 Cf. Raimundo Magalhães Júnior, *Martins Pena e sua época*. 2ª ed., São Paulo: LISA/ INL, 1972, pp. 161-70.

9 Machado de Assis, *Do teatro*, op. cit., pp. 429-59.

10 José de Alencar, "A comédia brasileira", op. cit., p. 468.

11 Martins Pena, *Comédias (1833-1844)*. São Paulo: WMF Martins Fontes, 2007, pp. 177-9.

12 Joaquim Manuel de Macedo, *Teatro completo* 2. Rio de Janeiro: MEC/ SNT, 1979, p. 194.

13 José de Alencar, "A comédia brasileira", op. cit., p. 468.

14 Machado de Assis, *Do teatro*, op. cit., p. 119.

15 Idem, p. 125.

16 "Em sua forma original, o provérbio dramático era quase um jogo, praticado nos salões aristocráticos franceses no final do século XVII. Cabia aos espectadores adivinhar qual o provérbio embutido no enredo da peça representada. Posteriormente, com Carmontelle, no século XVIII, Théodore Leclerc, Alfred de Musset e Ocatave Feuillet no século XIX, o provérbio aparece no final da peça ou mesmo no título, ilustrando uma ação geralmente cômica, irônica ou satírica, e muito excepcionalmente trágica. Em sua forma mais característica, o pro-

vérbio dramático é uma pequena comédia elegante, que evita todo tipo de vulgaridade ou comicidade farsesca e que tira partido da vivacidade dos diálogos e da espirituosidade das personagens." Cf. J. Guinsburg, João Roberto Faria e Mariângela Alves de Lima (orgs.), *Dicionário do teatro brasileiro: temas, formas e conceitos*, 2ª ed., São Paulo: Perspectiva/ Sesc, 2009, pp. 280-1.

17 Machado de Assis, *Do teatro*, op. cit., p. 312.

18 Idem, pp. 313-4.

19 Artur Azevedo, "Em defesa", em João Roberto Faria, *Ideias teatrais*, pp. 607-8.

20 Cf. Décio de Almeida Prado, "Os três gêneros do teatro musicado" e "A passagem do século: a burleta", em *História concisa do teatro brasileiro: 1570-1908*. São Paulo: Edusp, 1999, pp. 87-113 e 139-166.

21 No final da década de 1870, Qorpo-Santo imprimiu nove volumes de sua curiosa *Ensiqlopèdia ou seis mezes de huma enfermidade*, dos quais seis são conhecidos. Não há critério seletivo nos volumes, afirma Eudinyr Fraga: "Poemas, reflexões sobre política, moral, ética jornalística, anúncios, bilhetes, máximas, confissões autobiográficas, peças teatrais, projetos literários, interpretações dos Evangelhos amontoam-se, sem preocupação de organicidade". Cf. Qorpo-Santo, *Teatro completo*. São Paulo: Iluminuras, 2001, p. 8. Mais adiante, o mesmo estudioso explica que Qorpo-Santo elaborou uma curiosa reforma ortográfica para tornar mais fonético o português. Queria eliminar as "letras inúteis", como o *y*, o *w*, o *c* cedilhado, eliminar o *h* de palavras em que tal letra não é audível, como *honesto* ou *humano*, trocar o *x* pelo *q* em palavras como sexo (*seqso*) etc.

22 Flávio Aguiar, *Os homens precários*. Porto Alegre: A Nação/ Insituto Estadual do Livro, 1975, p. 93.

23 Qorpo-Santo, *Teatro completo*. Rio de Janeiro: SNT, 1980, p. 133-4.

Antologia do teatro brasileiro
séc. XIX — comédia

MARTINS PENA

O noviço

COMÉDIA EM TRÊS ATOS[1]

PERSONAGENS

Ambrósio
Florência, sua mulher
Emília, sua filha
Juca, nove anos, dito
Carlos, noviço da Ordem de São Bento
Rosa, provinciana,[2] primeira mulher de Ambrósio
Padre-mestre dos noviços
Jorge
José, criado
Um meirinho,[3] que fala
Dois ditos, que não falam
Soldados de Permanentes[4] etc. etc.

A cena passa-se no Rio de Janeiro.

Ato primeiro

Sala ricamente adornada: mesa, consolos, mangas de vidro,[5] *jarras com flores, cortinas etc. etc. No fundo, porta de saída, uma janela etc. etc.*

Cena I

AMBRÓSIO (*só, de calça preta e chambre*) No mundo a fortuna é para quem sabe adquiri-la. Pintam-na cega... Que simplicidade! Cego é aquele que não tem inteligência para vê-la e a alcançar. Todo homem pode ser rico, se atinar com o verdadeiro caminho da fortuna. Vontade forte, perseverança e pertinácia são poderosos auxiliares. Qual o homem que, resolvido a empregar todos os meios, não consegue enriquecer-se? Em mim se vê o exemplo. Há oito anos, era eu pobre e miserável, e hoje sou rico, e mais ainda serei. O como não importa; no bom resultado está o mérito... Mas um dia pode tudo mudar. Oh, que temo eu? Se em algum tempo tiver de responder pelos meus atos, o ouro me justificará e serei limpo de culpa. As leis criminais fizeram-se para os pobres...

Cena II

Entra Florência vestida de preto, como quem vai a uma festa.

FLORÊNCIA (*entrando*) Ainda despido, senhor Ambrósio?

AMBRÓSIO É cedo. (*vendo o relógio*) São nove horas, e o ofício de Ramos principia às dez e meia.

FLORÊNCIA É preciso ir mais cedo para tomarmos lugar.

AMBRÓSIO Para tudo há tempo. Ora dize-me, minha bela Florência...

FLORÊNCIA O quê, meu Ambrosinho?

AMBRÓSIO O que pensa tua filha do nosso projeto?

FLORÊNCIA O que pensa não sei eu, nem disso se me dá; quero eu — e basta. E é seu dever obedecer.

AMBRÓSIO Assim é; estimo que tenhas caráter enérgico.

FLORÊNCIA Energia tenho eu.

AMBRÓSIO E atrativos, feiticeira...

FLORÊNCIA Ai, amorzinho! (*à parte*) Que marido!

AMBRÓSIO Escuta-me, Florência, e dá-me atenção. Crê que ponho todo o meu pensamento em fazer-te feliz...

FLORÊNCIA Toda eu sou atenção.

AMBRÓSIO Dois filhos te ficaram do teu primeiro matrimônio. Teu marido foi um digno homem e de muito juízo; deixou-te herdeira de avultado cabedal. Grande mérito é esse...

FLORÊNCIA Pobre homem!

AMBRÓSIO Quando eu te vi pela primeira vez, não sabia que eras viúva rica. (*à parte*) Se o sabia! (*alto*) Amei-te por simpatia.

FLORÊNCIA Sei disso, vidinha.

AMBRÓSIO E não foi o interesse que me obrigou a casar contigo.

FLORÊNCIA Foi o amor que nos uniu.

AMBRÓSIO Foi, foi, mas agora que me acho casado contigo, é de meu dever zelar essa fortuna que sempre desprezei.

FLORÊNCIA (*à parte*) Que marido!

AMBRÓSIO (*à parte*) Que tola! (*alto*) Até o presente tens gozado dessa fortuna em plena liberdade e a teu bel-prazer; mas daqui em diante, talvez assim não seja.

FLORÊNCIA E por quê?

AMBRÓSIO Tua filha está moça e em estado de casar-se. Irá se casar, e terás um genro que exigirá a legítima[6] de sua mulher, e desse dia principiarão as amofinações para ti, e intermináveis demandas. Bem sabes que ainda não fizeste inventário.

FLORÊNCIA Não tenho tido tempo, e custa-me tanto aturar procuradores!

AMBRÓSIO Teu filho também vai a crescer todos os dias e será preciso por fim dar-lhe a sua legítima... Novas demandas.

FLORÊNCIA Não, não quero demandas.

AMBRÓSIO É o que eu também digo; mas como preveni-las?

FLORÊNCIA Faze o que entenderes, meu amorzinho.

AMBRÓSIO Eu já te disse há mais de três meses o que era preciso fazermos para atalhar esse mal. Amas a tua filha, o que é muito natural, mas amas ainda mais a ti mesma...

FLORÊNCIA O que também é muito natural...

AMBRÓSIO Que dúvida! E eu julgo que podes conciliar esses dois pontos, fazendo Emília professar em um convento. Sim, que seja freira. Não terás nesse caso de dar legítima alguma, apenas um insignificante dote — e farás ação meritória.

FLORÊNCIA Coitadinha! Sempre tenho pena dela; o convento é tão triste!

AMBRÓSIO É essa compaixão mal-entendida! O que é este mundo? Um pélago de enganos e traições, um escolho em que naufragam a felicidade e as doces ilusões da vida. E o que é o convento? Porto de salvação e ventura, asilo da virtude, único abrigo da inocência e verdadeira felicidade... E deve uma mãe carinhosa hesitar na escolha entre o mundo e o convento?

FLORÊNCIA Não, por certo...

AMBRÓSIO A mocidade é inexperiente, não sabe o que lhe convém. Tua filha se lamentará, chorará desesperada, não importa; obriga-a e dá tempo ao tempo. Depois que estiver no convento e acalmar-se esse primeiro fogo, abençoará o teu nome e, junto ao altar, no êxtase de sua tranquilidade e verdadeira felicidade, rogará a Deus por ti. (*à parte*) E a legítima ficará em casa...

FLORÊNCIA Tens razão, meu Ambrosinho, ela será freira.

AMBRÓSIO A respeito de teu filho direi o mesmo. Tem ele nove anos e será prudente o criarmos desde já para frade.

FLORÊNCIA Já ontem comprei-lhe o hábito com que andará vestido daqui em diante.

AMBRÓSIO Assim não estranhará quando chegar à idade de entrar no convento; será frade feliz. (*à parte*) E a legítima também ficará em casa...

FLORÊNCIA Que sacrifícios não farei eu para ventura de meus filhos!

Cena III

Entra Juca, vestido de frade, com chapéu desabado, tocando um assobio.[7]

FLORÊNCIA Anda cá, filhinho. Como estás galante com esse hábito!

AMBRÓSIO Juquinha, gostas desta roupa?

JUCA Não, não me deixa correr, é preciso levantar assim... (*arregaça o hábito*)

AMBRÓSIO Logo te acostumarás.

FLORÊNCIA Filhinho, hás de ser um fradinho muito bonito.

JUCA (*chorando*) Não quero ser frade!

FLORÊNCIA Então, o que é isso?

JUCA Hi, hi, hi... Não quero ser frade!

FLORÊNCIA Menino!

AMBRÓSIO Pois não te darei o carrinho que te prometi, todo bordado de prata, com cavalos de ouro.

JUCA (*rindo-se*) Onde está o carrinho?

AMBRÓSIO Já o encomendei; é coisa muito bonita: os arreios todos enfeitados de fitas e veludo.

JUCA Os cavalos são de ouro?

AMBRÓSIO Pois não, de ouro com os olhos de brilhantes.

JUCA E andam sozinhos?

AMBRÓSIO Se andam! De marcha e passo.

JUCA Andam, mamãe?

FLORÊNCIA Correm, filhinho.

JUCA (*saltando de contente*) Como é bonito! E o carrinho tem rodas, capim para os cavalos, uma moça bem enfeitada?

AMBRÓSIO Não lhe falta nada.

JUCA E quando vem?

AMBRÓSIO Assim que estiver pronto.

JUCA (*saltando e cantando*) Eu quero ser frade, eu quero ser frade... (*etc.*)

AMBRÓSIO (*para Florência*) Assim o iremos acostumando...

FLORÊNCIA Coitadinho, é preciso comprar-lhe o carrinho!

AMBRÓSIO (*rindo-se*) Com cavalos de ouro?

FLORÊNCIA Não.

AMBRÓSIO Basta que se compre uma caixinha com soldados de chumbo.

JUCA (*saltando pela sala*) Eu quero ser frade!

FLORÊNCIA Está bom, Juquinha, serás frade; mas não grites tanto. Vai lá para dentro.

JUCA (*sai cantando*) Eu quero ser frade... (*etc.*)

FLORÊNCIA Estas crianças...

AMBRÓSIO Este levaremos com facilidade... De pequenino se torce o pepino... Cuidado me dá o teu sobrinho Carlos.

FLORÊNCIA Já vai para seis meses que ele entrou como noviço no convento.

AMBRÓSIO E queira Deus que decorra o ano inteiro para professar,[8] que só assim ficaremos tranquilos.

FLORÊNCIA E se fugir do convento?

AMBRÓSIO Lá isso não temo eu... Está bem recomendado. É preciso empregarmos toda nossa autoridade para obrigá-lo a professar. O motivo, bem o sabes...

FLORÊNCIA Mas olha que Carlos é da pele,[9] é endiabrado.

AMBRÓSIO Outros tenho eu domado... Vão sendo horas de sairmos, vou-me vestir. (*sai pela esquerda*)

Cena IV

FLORÊNCIA (*só*) Se não fosse este homem com quem casei-me segunda vez, não teria agora quem zelasse com tanto desinteresse a minha fortuna. É uma bela pessoa... Rodeia-me de cuidados e carinhos. Ora, digam lá que uma mulher não deve casar-se pela segunda vez... Se eu soubesse que havia de ser sempre tão feliz, me casaria cinquenta.

Cena V

Entra Emília, vestida de preto, como querendo atravessar a sala.

FLORÊNCIA Emília, vem cá.

EMÍLIA Senhora?

FLORÊNCIA Chega aqui. Ó menina, não deixarás este ar triste e lagrimoso em que andas?

EMÍLIA Minha mãe, eu não estou triste. (*limpa os olhos com o lenço*)

FLORÊNCIA Aí tem! Não digo? A chorar. De que chora?

EMÍLIA De nada, não, senhora.

FLORÊNCIA Ora, isto é insuportável! Mata-se e amofina-se uma mãe extremosa para fazer a felicidade de sua filha, e como agradece esta? Arrepelando-se e chorando. Ora, sejam lá mãe e tenham filhos desobedientes...

EMÍLIA Não sou desobediente. Farei sua vontade; mas não posso deixar de chorar e sentir. (*aqui aparece, à porta por onde saiu, Ambrósio em mangas de camisa, para observar*)

FLORÊNCIA E por que tanto chora a menina, por quê?

EMÍLIA Minha mãe...

FLORÊNCIA O que tem de mau a vida de freira?

EMÍLIA Será muito boa, mas é que não tenho inclinação nenhuma para ela.

FLORÊNCIA Inclinação, inclinação! O que quer dizer inclinação? Terás, sem dúvida, por algum francelho[10] frequentador de bailes e passeios, jogador do *écarté*[11] e dançador de polca? Essas inclinações é que perdem a muitas meninas. Esta cabecinha ainda está muito leve; eu é que sei o que te convém: serás freira.

EMÍLIA Serei freira, minha mãe, serei! Assim como estou certa que hei de ser desgraçada.

FLORÊNCIA Histórias! Sabes tu o que é mundo? O mundo é... é... (*à parte*) Já não me recordo o que me disse o senhor Ambrósio que era o mundo. (*alto*) O mundo é... um... é... (*à parte*) E esta? (*vendo Ambrósio junto da porta*) Ah, Ambrósio, dize aqui a esta estonteada o que é o mundo.

AMBRÓSIO (*adiantando-se*) O mundo é um pélago de enganos e traições, um escolho em que naufragam a felicidade e as doces ilusões da vida... E o convento é porto de salvação e ventura, único abrigo da inocência e verdadeira felicidade... Onde está minha casaca?

FLORÊNCIA Lá em cima no sótão. (*Ambrósio sai pela direita; Florência, para Emília*) Ouviste o que é o mundo, e o convento? Não sejas pateta, vem acabar de vestir-te, que são mais que horas. (*sai pela direita*)

Cena VI

Emília e depois Carlos.

EMÍLIA É minha mãe, devo-lhe obediência, mas este homem, meu padrasto, como o detesto! Estou certa que foi ele quem persuadiu a minha mãe que me metesse no convento. Ser freira? Oh, não, não! E Carlos, que tanto amo? Pobre Carlos, também te perseguem! E por que nos perseguem assim? Não sei. Como tudo mudou nesta casa, depois que minha mãe casou-se com este homem! Então não pensou ela na felicidade de seus filhos. Ai, ai!

Cena VII

Carlos, com hábito de noviço, entra assustado e fecha a porta.

EMÍLIA (*assustando-se*) Ah, quem é? Carlos!

CARLOS Cala-te!

EMÍLIA Meu Deus, o que tens, por que estás tão assustado? O que foi?

CARLOS Onde está minha tia, e o teu padrasto?

EMÍLIA Lá em cima. Mas o que tens?

CARLOS Fugi do convento, e aí vêm eles atrás de mim.

EMÍLIA Fugiste? E por que motivo?

CARLOS Por que motivo? Pois faltam motivos para se fugir de um convento? O último foi o jejum em que vivo há sete dias... Vê como tenho esta barriga, vai a sumir-se. Desde sexta-feira passada que não mastigo pedaço que valha a pena.

EMÍLIA Coitado!

CARLOS Hoje, já não podendo, questionei com o dom Abade. Palavras puxam palavras; dize tu, direi eu, e por fim de contas arrumei-lhe uma cabeçada, que o atirei por esses ares.

EMÍLIA O que fizeste, louco?

CARLOS E que culpa tenho eu, se tenho a cabeça esquentada? Para que querem violentar minhas inclinações? Não nasci para frade, não tenho jeito nenhum para estar horas inteiras no coro a rezar com os braços encruzados. Não me vai o gosto para aí... Não posso jejuar: tenho, pelo menos três vezes ao dia, uma fome de todos os diabos. Militar é o que eu quisera ser; para aí chama-me a inclinação. Bordoadas, espadeiradas, rusgas é que me regalam; esse é o meu gênio. Gosto de teatro, e lá ninguém vai ao teatro, à exceção de frei Maurício, que frequenta a plateia de casaca e cabeleira, para esconder a coroa.

EMÍLIA Pobre Carlos, como terás passado estes seis meses de noviciado!

CARLOS Seis meses de martírio! Não que a vida de frade seja má; boa é ela para quem a sabe gozar e que para ela nasceu; mas eu, priminha, eu que tenho para a tal vidinha negação completa, não posso!

EMÍLIA E os nossos parentes, quando nos obrigam a seguir uma carreira para a qual não temos inclinação alguma, dizem que o tempo nos acostumará.

CARLOS O tempo acostumar! Eis aí porque vemos entre nós tantos absurdos e disparates. Este tem jeito para sapateiro; pois vá estudar medicina... Excelente médico! Aquele tem inclinação para cômico: pois não, senhor, será político... Ora, ainda isso vá. Este outro só tem jeito para caiador ou borrador:[12] nada, é ofício que não presta... Seja diplomata, que borra tudo quanto faz. Aquele outro chama-lhe toda a propensão para a ladroeira; manda o bom senso que se corrija o sujeitinho, mas isso não se faz: seja tesoureiro de repartição fiscal, e lá se vão os cofres da nação à garra... Esse outro tem uma grande carga de preguiça e indolência e só serviria para leigo de convento,[13] no entanto vemos o bom do mandrião empregado público, comendo com as mãos encruzadas sobre a pança o pingue ordenado da nação.

EMÍLIA Tens muita razão; assim é.

CARLOS Este nasceu para poeta ou escritor, com uma imaginação fogosa e independente, capaz de grandes coisas, mas não pode seguir a sua inclinação, porque poetas e escritores morrem de miséria, no Brasil... E assim o obriga a necessidade a ser o mais somenos amanuense[14] em uma repartição pública e a copiar cinco horas por dia os mais soníferos papéis. O que acontece? Em breve matam-lhe a inteligência e fazem do homem pensante máquina estúpida, e assim se gasta uma vida! É preciso, já é tempo que alguém olhe para isso, e alguém que possa.

EMÍLIA Quem pode nem sempre sabe o que se passa entre nós, para poder remediar; é preciso falar.

CARLOS O respeito e a modéstia prendem muitas línguas, mas lá vem um dia que a voz da razão se faz ouvir, e tanto mais forte quanto mais comprimida.

EMÍLIA Mas, Carlos, hoje te estou desconhecendo...

CARLOS A contradição em que vivo tem-me exasperado! E como queres tu que eu não fale quando vejo, aqui, um péssimo cirurgião que poderia ser bom alveitar;[15] ali, um ignorante general que poderia ser excelente enfermeiro; acolá, um periodiqueiro que só serviria para arrieiro, tão desbocado e insolente é etc. etc. Tudo está fora de seus eixos...

EMÍLIA Mas que queres tu que se faça?

CARLOS Que não se constranja ninguém, que se estudem os homens e que haja uma bem entendida e esclarecida proteção, e que, sobretudo, se despreze o patronato,[16] que assenta o jumento nas bancas das academias e amarra o homem de talento à manjedoura. Eu, que quisera viver com uma espada à cinta e à frente do meu batalhão, conduzi-lo ao inimigo através da metralha, bradando: "Marcha... (*manobrando pela sala, entusiasmado*) Camaradas, coragem, calar baionetas! Marche, marche! Firmeza, avança! O inimigo fraqueia... (*seguindo Emília, que recua, espantada*) Avança!"

EMÍLIA Primo, primo, que é isso? Fique quieto!

CARLOS (*entusiasmado*) "Avançai, bravos companheiros, viva a Pátria! Viva!" — e voltar vitorioso, coberto de sangue e poeira... Em vez desta vida de agitação e glória, hei de ser frade, revestir-me de paciência e humildade, encomendar defuntos... (*cantando*) *Requiescat in pace...*[17] *a porta inferi! amen...*[18] O que seguirá disto? O ser eu péssimo frade, descrédito do convento e vergonha do hábito que visto. Falta-me a paciência.

EMÍLIA Paciência, Carlos, preciso eu também ter, e muita. Minha mãe declarou-me positivamente que eu hei de ser freira.

CARLOS Tu, freira? Também te perseguem?

EMÍLIA E meu padrasto ameaça-me.

CARLOS Emília, aos cinco anos estava eu órfão, e tua mãe, minha tia, foi nomeada por meu pai sua testamenteira e minha tutora. Contigo cresci nesta casa, e à amizade de criança seguiu-se inclinação mais forte... Eu te amei, Emília, e tu também me amaste.

EMÍLIA Carlos!

CARLOS Vivíamos felizes, esperando que um dia nos uniríamos. Nesses planos estávamos, quando apareceu este homem, não sei donde, e que soube a tal ponto iludir tua mãe, que a fez esquecer-se de seus filhos que tanto amava, de seus interesses e contrair segundas núpcias.

EMÍLIA Desde então nossa vida tem sido tormentosa...

CARLOS Obrigaram-me a ser noviço, e não contentes com isso, querem-te fazer freira. Emília, há muito tempo que eu observo este teu padrasto. E sabes qual tem sido o resultado de minhas observações?

EMÍLIA Não.

CARLOS Que ele é um rematadíssimo velhaco.

EMÍLIA Oh, estás bem certo disso?

CARLOS Certíssimo! Esta resolução que tomaram, de fazerem-te freira, confirma a minha opinião.

EMÍLIA Explica-te.

CARLOS Teu padrasto persuadia a minha tia que me obrigasse a ser frade para assim roubar-me, impunemente, a herança que meu pai deixou-me. Um frade não põe demandas...

EMÍLIA É possível?

CARLOS Ainda mais; querem que tu sejas freira para não te darem dote, se te casares.

EMÍLIA Carlos, quem te disse isso? Minha mãe não é capaz!

CARLOS Tua mãe vive iludida. Oh, que não possa eu desmascarar este tratante!...

EMÍLIA Fala baixo!

Cena VIII

Entra Juca.

JUCA Mana, mamãe pergunta por você.

CARLOS De hábito? Também ele? Ah!...

JUCA (*correndo para Carlos*) Primo Carlos!

CARLOS (*tomando-o no colo*) Juquinha! Então, prima, tenho ou não razão? Há ou não plano?

JUCA Primo, você também é frade? Já lhe deram também um carrinho de prata com cavalos de ouro?

CARLOS O que dizes?

JUCA Mamãe disse que havia de me dar um muito dourado quando eu fosse frade. (*cantando*) Eu quero ser frade... (*etc. etc.*)

CARLOS (*para Emília*) Ainda duvidas? Vê como enganam esta inocente criança!

JUCA Não enganam, não, primo; os cavalos andam sozinhos.

CARLOS (*para Emília*) Então?

EMÍLIA Meu Deus!

CARLOS Deixa o caso por minha conta. Hei de fazer uma estralada de todos os diabos, verão...

EMÍLIA Prudência!

CARLOS Deixa-os comigo. Adeus, Juquinha, vai para dentro com tua irmã. (*bota-o no chão*)

JUCA Vamos, mana. (*sai cantando*) Eu quero ser frade... (*Emília o segue*)

Cena IX

CARLOS (*só*) Hei de descobrir algum meio... Oh, se hei de! Hei de ensinar a este patife, que se casou com minha tia para comer não só a sua fortuna, como a de seus filhos. Que belo padrasto!... Mas por ora tratemos de mim; sem dúvida no convento anda tudo em polvorosa... Foi boa cabeçada! O dom Abade deu um salto de trampolim... (*batem à porta*) Batem? Mau! Serão eles? (*batem*) Espreitemos pelo buraco da fechadura. (*vai espreitar*) E uma mulher... (*abre a porta*)

Cena X

Rosa e Carlos.

ROSA Dá licença?

CARLOS Entre.

ROSA (*entrando*) Uma serva de vossa reverendíssima.

CARLOS Com quem tenho o prazer de falar?

ROSA Eu, reverendíssimo senhor, sou uma pobre mulher. Ai, estou muito cansada...

CARLOS Pois sente-se, senhora. (*à parte*) Quem será?

ROSA (*sentando-se*) Eu chamo-me Rosa. Há uma hora que cheguei do Ceará no vapor *Paquete do Norte*.

CARLOS Deixou aquilo por lá tranquilo?

ROSA Muito tranquilo, reverendíssimo. Houve apenas no mês passado vinte e cinco mortes.

CARLOS São Brás! Vinte e cinco mortes! E chama a isso tranquilidade?

ROSA Se vossa reverendíssima soubesse o que por lá vai, não se admiraria. Mas, meu senhor, isto são cousas que nos não pertencem; deixe lá morrer quem morre, que ninguém se importa com isso. Vossa reverendíssima é cá da casa?

CARLOS Sim, senhora.

ROSA Então é parente de meu homem?

CARLOS De seu homem?

ROSA Sim, senhor.

CARLOS E quem é seu homem?

ROSA O senhor Ambrósio Nunes.

CARLOS O senhor Ambrósio Nunes!...

ROSA Somos casados há oito anos.

CARLOS A senhora é casada com o senhor Ambrósio Nunes, e isto há oito anos?

ROSA Sim, senhor.

CARLOS Sabe o que está dizendo?

ROSA Essa é boa!

CARLOS Está em seu perfeito juízo?
ROSA O reverendíssimo ofende-me...
CARLOS Com a fortuna! Conte-me isso, conte-me — como se casou, quando, como, em que lugar?
ROSA O lugar foi na igreja.
CARLOS Está visto.
ROSA Quando, já disse; há oito anos.
CARLOS Mas onde?
ROSA (*levanta-se*) Eu digo a vossa reverendíssima. Sou filha do Ceará. Tinha eu meus quinze anos quando lá apareceu, vindo do Maranhão, o senhor Ambrósio. Foi morar na nossa vizinhança. Vossa reverendíssima bem sabe o que são vizinhanças... Eu o via todos os dias, ele também via-me; eu gostei, ele gostou e nos casamos.
CARLOS Isso foi anda mão, fia dedo...[19] E tem documentos que provem o que diz?
ROSA Sim, senhor, trago comigo a certidão do vigário que nos casou, assinada pelas testemunhas, e pedi logo duas, por causa das dúvidas. Podia perder uma...
CARLOS Continue.
ROSA Vivi dois anos com meu marido muito bem. Passado esse tempo, morreu minha mãe. O senhor Ambrósio tomou conta de nossos bens, vendeu-os e partiu para Montevidéu a fim de empregar o dinheiro em um negócio, no qual, segundo dizia, havíamos de ganhar muito. Vai isto para seis anos, mas desde então, reverendíssimo senhor, não soube mais notícias dele.
CARLOS Oh!
ROSA Escrevi-lhe sempre, mas nada de receber resposta. Muito chorei, porque pensei que ele havia morrido.
CARLOS A história vai interessando-me, continue.
ROSA Eu já estava desenganada, quando um sujeito que foi aqui do Rio disse-me que meu marido ainda vivia e que habitava na Corte.
CARLOS E nada mais lhe disse?

ROSA Vossa reverendíssima vai espantar-se do que eu disser...

CARLOS Não me espanto, diga.

ROSA O sujeito acrescentou que meu marido tinha-se casado com outra mulher.

CARLOS Ah, disse-lhe isso?

ROSA E muito chorei eu, reverendíssimo; mas depois pensei que era impossível, pois um homem pode lá casar-se tendo a mulher viva? Não é verdade, reverendíssimo?

CARLOS A bigamia é um grande crime; o Código é muito claro.

ROSA Mas, na dúvida, tirei as certidões do meu casamento, parti para o Rio, e assim que desembarquei, indaguei onde ele morava. Ensinaram-me e venho eu mesma perguntar-lhe que histórias são essas de casamentos.

CARLOS Pobre mulher, Deus se compadeça de ti!

ROSA Então é verdade?

CARLOS Filha, a resignação é uma grande virtude. Quer fiar-se em mim, seguir meus conselhos?

ROSA Sim, senhor, mas que tenho eu a temer? Meu marido está com efeito casado?

CARLOS Dê-me cá uma das certidões.

ROSA Mas...

CARLOS Fia-se ou não em mim?

ROSA Aqui está. (*dá-lhe uma das certidões*)

AMBRÓSIO (*dentro*) Desçam, desçam, que passam as horas.

CARLOS Aí vem ele.

ROSA Meu Deus!

CARLOS Tomo-a debaixo da minha proteção. Venha cá; entre neste quarto.

ROSA Mas, reverendíssimo...

CARLOS Entre, entre, senão abandono-a. (*Rosa entra no quarto à esquerda e Carlos cerra a porta*)

Cena XI

CARLOS (*só*) Que ventura, ou antes, que patifaria! Que tal? Casado com duas mulheres! Oh, mas o Código é muito claro... Agora verás como se rouba e se obriga a ser frade...

Cena XII

Entra Ambrósio de casaca, seguido de Florência e Emília, ambas de véu de renda preta sobre a cabeça.

AMBRÓSIO (*entrando*) Andem, andem! Irra, essas mulheres a vestirem-se fazem perder a paciência!
FLORÊNCIA (*entrando*) Estamos prontas.
AMBRÓSIO (*vendo Carlos*) Oh, que fazes aqui?
CARLOS (*principia a passear pela sala de um para outro lado*) Não vê? Estou passeando; divirto-me.
AMBRÓSIO Como é lá isso?
CARLOS (*do mesmo modo*) Não é da sua conta.
FLORÊNCIA Carlos, que modos são esses?
CARLOS Que modos são? São os meus.
EMÍLIA (*à parte*) Ele se perde!
FLORÊNCIA Estás doido?
CARLOS Doido estava alguém quando... Não me faça falar...
FLORÊNCIA Hem?
AMBRÓSIO Deixe-o comigo. (*para Carlos*) Por que saíste do convento?
CARLOS Porque quis. Então não tenho vontade?
AMBRÓSIO Isso veremos. Já para o convento!
CARLOS (*rindo-se com força*) Ah, ah, ah!
AMBRÓSIO Ri-se?
FLORÊNCIA (*ao mesmo tempo*) Carlos!
EMÍLIA Primo!

CARLOS Ah, ah, ah!

AMBRÓSIO (*enfurecido*) Ainda uma vez, obedece-me, ou...

CARLOS Que cara! Ah, ah! (*Ambrósio corre para cima de Carlos*)

FLORÊNCIA (*metendo-se no meio*) Ambrosinho!

AMBRÓSIO Deixe-me ensinar a este malcriado...

CARLOS Largue-o, tia, não tenha medo.

EMÍLIA Carlos!

FLORÊNCIA Sobrinho, o que é isso?

CARLOS Está bom, não se amofinem tanto, voltarei para o convento.

AMBRÓSIO Ah, já?

CARLOS Já, sim, senhor, quero mostrar a minha obediência.

AMBRÓSIO E que não fosse...

CARLOS Incorreria no seu desagrado? Forte desgraça!...

FLORÊNCIA Principias?

CARLOS Não, senhora, quero dar uma prova de submissão ao senhor meu tio... É, meu tio, é... Casado com minha tia pela segunda vez... Quero dizer, minha tia é que se casou segunda vez.

AMBRÓSIO (*assustando-se, à parte*) O que diz ele?

CARLOS (*que o observa*) Não há dúvida...

FLORÊNCIA (*para Emília*) O que tem hoje este rapaz?

CARLOS Não é assim, senhor meu tio? Venha cá, faça-me o favor, senhor meu tio. (*travando-lhe pelo braço*)

AMBRÓSIO Tira as mãos.

CARLOS Ora, faça-me o favor, senhor meu tio, quero-lhe mostrar uma coisa; depois farei o que quiser. (*levando-o para a porta do quarto*)

FLORÊNCIA O que é isto?

AMBRÓSIO Deixa-me!

CARLOS Um instante. (*retendo Ambrósio com uma das mãos, com a outra empurra a porta e aponta para dentro*) Vê!

AMBRÓSIO (*afirmando a vista*) Oh! (*volta para junto de

Florência e de Emília, e as toma convulsivo pelo braço) Vamos, vamos, são horas!

FLORÊNCIA O que é?

AMBRÓSIO (*forcejando por sair e levá-las consigo*) Vamos, vamos!

FLORÊNCIA Sem chapéu?

AMBRÓSIO Vamos, vamos! (*sai, levando-as*)

CARLOS Então, senhor meu tio? Já não quer que eu vá para o convento? (*depois que ele sai*) Senhor meu tio, senhor meu tio? (*vai à porta, gritando*)

Cena XIII

Carlos, só, e depois Rosa.

CARLOS (*rindo-se*) Ah, ah, ah, agora veremos, e me pagarás... E minha tia também há de pagá-lo, para não se casar na sua idade e ser tão assanhada. E o menino, que não se contentava com uma!...

ROSA (*entrando*) Então, reverendíssimo?

CARLOS Então?

ROSA Eu vi meu marido um instante e fugiu. Ouvi vozes de mulheres...

CARLOS Ah, ouviu? Muito estimo. E sabe de quem eram essas vozes?

ROSA Eu tremo de adivinhar...

CARLOS Pois adivinhe logo de uma assentada... Eram da mulher de seu marido.

ROSA É então verdade? Pérfido, traidor! Ah, desgraçada! (*vai a cair desmaiada e Carlos a sustém nos braços*)

CARLOS Desmaiada! Senhora dona Rosa? Fi-la bonita! Esta é mesmo de frade... Senhora, torne a si, deixe desses faniquitos! Olhe que aqui não há quem a socorra. Nada! E esta? Ó Juquinha? Juquinha? (*Juca entra, trazendo em uma mão um assobio de palha e tocando em outro*) Deixa esses assobios sobre a mesa e vai lá dentro buscar alguma coisa para esta moça cheirar.

JUCA Mas o quê, primo?

CARLOS A primeira coisa que encontrares. (*Juca larga os assobios na mesa e sai correndo*) Isto está muito bonito! Um frade com uma moça desmaiada nos braços. Valha-me, santo Antônio! O que diriam, se assim me vissem? (*gritando-lhe ao ouvido*) Olá! — Nada.

JUCA (*entra montado a cavalo em um arco de pipa,*[20] *trazendo um galheteiro*) Vim a cavalo para chegar mais depressa. Está o que achei.

CARLOS Um galheteiro, menino?

JUCA Não achei mais nada.

CARLOS Está bom, dá cá o vinagre. (*toma o vinagre e o chega ao nariz de Rosa*) Não serve; está na mesma. Toma... Vejamos se o azeite faz mais efeito. Isto parece-me salada... Azeite e vinagre. Ainda está mal temperada; venha a pimenta da Índia. Agora creio que não falta nada. Pior é essa; a salada ainda não está boa! Ai, que não tem sal. Bravo, está temperada! Venha mais sal... Agora sim.

ROSA (*tornando a si*) Onde estou eu?

CARLOS Nos meus braços.

ROSA (*afastando-se*) Ah, reverendíssimo!

CARLOS Não se assuste. (*para Juca*) Vai para dentro. (*Juca sai*)

ROSA Agora me recordo... Pérfido, ingrato!

CARLOS Não torne a desmaiar, que já não posso.

ROSA Assim enganar-me! Não há leis, não há justiça?...

CARLOS Há tudo isso, e de sobra. O que não há é quem as execute. (*rumor na rua*)

ROSA (*assustando-se*) Ah!

CARLOS O que será isto? (*vai à janela*) Ah, com são Pedro! (*à parte*) O mestre de noviços seguido de meirinhos que me procuram... Não escapo...

ROSA O que é, reverendíssimo? De que se assusta?

CARLOS Não é nada. (*à parte*) Estou arranjado! (*chega à janela*) Estão indagando na vizinhança... O que farei?

ROSA Mas o que é? O quê?

CARLOS (*batendo na testa*) Oh, só assim... (*para Rosa*) Sabe o que é isto?

ROSA Diga.

CARLOS É um poder de soldados e meirinhos que vem prendê-la por ordem de seu marido.

ROSA Jesus! Salve-me, salve-me!

CARLOS Hei de salvá-la; mas faça o que eu lhe disser.

ROSA Estou pronta.

CARLOS Os meirinhos entrarão aqui e hão de levar por força alguma coisa — esse é o seu costume. O que é preciso é enganá-los.

ROSA E como?

CARLOS Vestindo a senhora o meu hábito, e eu o seu vestido.

ROSA Oh!

CARLOS Me levarão preso; terá a senhora tempo de fugir.

ROSA Mas...

CARLOS Tá, tá, tá... Ande, deixe-me fazer uma obra de caridade; para isso é que somos frades. Entre para este quarto, dispa lá o seu vestido e mande-me, assim como a touca e o xale. Ó Juca? Juca? (*empurrando Rosa*) Não se demore. (*entra Juca*) Juca, acompanha esta senhora e faze o que ela te mandar. Ande, senhora, com mil diabos! (*Rosa entra no quarto à esquerda, empurrada por Carlos*)

Cena XIV

CARLOS (*só*) Bravo, esta é de mestre! (*chegando à janela*) Lá estão eles conversando com o vizinho do armarinho. Não tardarão a dar com o rato na ratoeira, mas o rato é esperto e os logrará. Então, vem o vestido?

ROSA (*dentro*) Já vai.

CARLOS Depressa! O que me vale é ser o mestre de noviços catacego e trazer óculos. Cairá na esparrela. (*gritando*) Vem ou não?

JUCA (*traz o vestido, a touca e o xale*) Está.

CARLOS Bom. (*despe o hábito*) Ora vá, senhor hábito. Bem se diz que o hábito não faz o monge. (*dá o hábito e o chapéu a Juca*) Toma, leva à moça. (*Juca sai*) Agora é que são elas... Isto são mangas? Diabo, por onde se enfia esta geringonça? Creio que é por aqui... Bravo, acertei. Belíssimo! Agora a touca. (*põe a touca*) Vamos ao xale... Estou guapo; creio que farei a minha parte de mulher excelentemente. (*batem na porta*) São eles. (*com voz de mulher*) Quem bate?

MESTRE (*dentro*) Um servo de Deus.

CARLOS (*com a mesma voz*) Pode entrar quem é.

Cena XV

Carlos, o mestre de noviços e três meirinhos.

MESTRE Deus esteja nesta casa.

CARLOS Humilde serva de vossa reverendíssima...

MESTRE Minha senhora, terá a bondade de perdoar-me pelo incômodo que lhe damos, mas nosso dever...

CARLOS Incômodos, reverendíssimo senhor?

MESTRE Vossa senhoria há de permitir que lhe pergunte se o noviço Carlos, que fugiu do convento...

CARLOS Psiu, caluda![21]

MESTRE Hem?

CARLOS Está ali...

MESTRE Quem?

CARLOS O noviço...

MESTRE Ah!

CARLOS É preciso surpreendê-lo...

MESTRE Estes senhores oficiais de justiça nos ajudarão.

CARLOS Muito cuidado. Este meu sobrinho dá-me um trabalho...

MESTRE Ah, a senhora é sua tia?

CARLOS Uma sua criada.

MESTRE Tenho muita satisfação.

CARLOS Não percamos tempo. Fiquem os senhores aqui do lado da porta, muito calados; eu chamarei o sobrinho. Assim que ele sair, não lhe deem tempo de fugir; lancem-se de improviso sobre ele e levem-no à força.

MESTRE Muito bem.

CARLOS Diga ele o que disser, grite como gritar, não façam caso, arrastem-no.

MESTRE Vamos a isso.

CARLOS Fiquem aqui. (*coloca-os junto à porta da esquerda*) Atenção. (*chamando para dentro*) Psiu! Psiu! Saia cá para fora, devagarinho! (*prevenção*)[22]

Cena XVI

Os mesmos e Rosa, vestida de frade e chapéu na cabeça.

ROSA (*entrando*) Já se foram? (*assim que ela aparece, o Mestre e os meirinhos se lançam sobre ela e procuram carregar até fora*)

MESTRE Está preso. Há de ir. É inútil resistir. Assim não se foge... (*etc.*)

ROSA (*lutando sempre*) Ai, ai, acudam-me! Deixem-me! Quem me socorre? (*etc. etc.*)

CARLOS Levem-no, levem-no. (*algazarra de vozes; todos falam ao mesmo tempo etc. Carlos, para aumentar o ruído, toma um assobio que está sobre a mesa e toca. Juca também entra nessa ocasião etc. Execução*)

FIM DO PRIMEIRO ATO

Ato segundo

A mesma sala do primeiro ato.

Cena I

Carlos, ainda vestido de mulher, está sentado, e Juca, à janela.

CARLOS Juca, toma sentido; assim que avistares teu padrasto lá no fim da rua, avisa-me.

JUCA Sim, primo.

CARLOS No que dará tudo isto? Qual será a sorte de minha tia? Que lição! Desanda tudo em muita pancadaria. E a outra, que foi para o convento?... Ah, ah, ah, agora é que me lembro dessa! Que confusão entre os frades, quando ela se der a conhecer! (*levantando-se*) Ah, ah, ah, parece-me que estou vendo o dom Abade horrorizado, o mestre de noviços limpando os óculos de boca aberta, frei Maurício, o folgazão, a rir-se às gargalhadas, frei Sinfrônio, o austero, levantando os olhos para o céu abismado, e os noviços todos fazendo roda, coçando o cachaço.[23] Ah, que festa perco eu! Enquanto eu lá estive ninguém lembrou-se de dar-me semelhante divertimento. Estúpidos! Mas, o fim de tudo isto? O fim?...

JUCA (*da janela*) Primo, aí vem ele!

CARLOS Já? (*chega à janela*) É verdade. E com que pressa! (*para Juca*) Vai tu para dentro. (*Juca sai*) E eu ainda deste modo, com este vestido... Se eu sei o que hei de fazer?... Sobe a escada... Dê no que der... (*entra no quarto onde esteve Rosa*)

Cena II

Entra Ambrósio; mostra no semblante alguma agitação.

AMBRÓSIO Lá as deixei no Carmo.[24] Entretidas com o ofício, não darão falta de mim. É preciso, e quanto antes, que eu fale com esta mulher. É ela, não há dúvida... Mas como soube que eu aqui estava? Quem lhe disse? Quem a trouxe? Foi o diabo, para a minha perdição. Em um momento pode tudo mudar; não se perca tempo. (*chega à porta do quarto*) Senhora, queira ter a bondade de sair cá para fora.

Cena III

Entra Carlos, cobrindo o rosto com um lenço. Ambrósio encaminha-se para o meio da sala, sem olhar para ele, e assim lhe fala.

AMBRÓSIO Senhora, muito bem conheço as vossas intenções; porém previno-vos que muito vos enganastes.

CARLOS (*suspirando*) Ai, ai!

AMBRÓSIO Há seis anos que vos deixei; tive para isso motivos muito poderosos...

CARLOS (*à parte*) Que tratante!

AMBRÓSIO E o meu silêncio, depois desse tempo, devia ter-vos feito conhecer que nada mais existe de comum entre nós.

CARLOS (*fingindo que chora*) Hi, hi, hi...

AMBRÓSIO O pranto não me comove. Jamais podemos viver juntos... Fomos casados, é verdade, mas que importa?

CARLOS (*no mesmo*) Hi, hi, hi...

AMBRÓSIO Estou resolvido a viver separado de vós.

CARLOS (*à parte*) E eu também...

AMBRÓSIO E para esse fim, empreguei todos os meios, todos, entendeis-me? (*Carlos cai de joelhos aos pés de Ambrósio, e agarra-se às pernas dele, chorando*) Não valem súplicas. Hoje mesmo deixarás esta cidade; senão, serei capaz de um grande crime. O sangue não me aterra, e ai de quem me resiste! Levantai-vos e parti. (*Carlos puxa as pernas de Ambrósio, dá com ele no chão e levanta-se, rindo-se*) Ai!

CARLOS Ah, ah, ah!

AMBRÓSIO (*levanta-se muito devagar, olhando muito admirado para Carlos, que se ri*) Carlos! Carlos!

CARLOS Senhor meu tio! Ah, ah, ah!

AMBRÓSIO Mas então, o que é isto?

CARLOS Ah, ah, ah!

AMBRÓSIO Como te achas aqui assim vestido?

CARLOS Este vestido, senhor meu tio... Ah, ah!

AMBRÓSIO Maroto!

CARLOS Tenha-se lá! Olhe que eu chamo por ela.

AMBRÓSIO Ela quem, brejeiro?

CARLOS Sua primeira mulher.

AMBRÓSIO Minha primeira mulher? É falso.

CARLOS É falso?

AMBRÓSIO É.

CARLOS E será também falsa esta certidão do vigário da freguesia de... (*olhando para a certidão*) Maranguape, no Ceará, em que se prova que o senhor meu tio recebeu-se... (*lendo*) em santo matrimônio, à face da Igreja, com dona Rosa Escolástica, filha de Antônio Lemos etc. etc.? Sendo testemunhas etc.

AMBRÓSIO Dá-me esse papel!

CARLOS Devagar...
AMBRÓSIO Dá-me esse papel!
CARLOS Ah, o senhor meu tio encrespa-se. Olhe que a tia não está em casa, e eu sou capaz de lhe fazer o mesmo que fiz ao dom Abade.
AMBRÓSIO Onde está ela?
CARLOS Em lugar que aparecerá quando eu ordenar.
AMBRÓSIO Ainda está naquele quarto; não teve tempo de sair.
CARLOS Pois vá ver. (*Ambrósio sai apressado*)

Cena IV

CARLOS (*só*) Procure bem. Deixa estar, meu espertalhão, que agora te hei de eu apertar a corda na garganta. Estais em meu poder; queres roubar-nos... (*gritando*) Procure bem; talvez esteja dentro das gavetinhas do espelho. Então? Não acha?

Cena V

O mesmo e Ambrósio.

AMBRÓSIO (*entrando*) Estou perdido!
CARLOS Não achou?
AMBRÓSIO O que será de mim?
CARLOS Talvez se escondesse em algum buraquinho de rato.
AMBRÓSIO (*caindo sentado*) Estou perdido, perdido! Em um momento tudo se transtornou. Perdido para sempre!
CARLOS Ainda não, porque eu posso salvá-lo.
AMBRÓSIO Tu?
CARLOS Eu, sim.
AMBRÓSIO Carlinho!

CARLOS Já?

AMBRÓSIO Carlinho!

CARLOS Ora vejam como está terno!

AMBRÓSIO Por tua vida, salvai-me!

CARLOS Eu salvarei, mas debaixo de certas condições...

AMBRÓSIO E quais são elas?

CARLOS Nem eu nem o primo Juca queremos ser frades...

AMBRÓSIO Não serão.

CARLOS Quero casar-me com minha prima...

AMBRÓSIO Casarás.

CARLOS Quero a minha legítima...

AMBRÓSIO Terás a tua legítima.

CARLOS Muito bem.

AMBRÓSIO E tu me prometes que nada dirás à tua tia do que sabes?

CARLOS Quanto a isso pode estar certo. (*à parte*) Veremos...

AMBRÓSIO Agora dize-me, onde ela está?

CARLOS Não posso, o segredo não é meu.

AMBRÓSIO Mas dá-me a tua palavra de honra que ela saiu desta casa?

CARLOS Já saiu, palavra de mulher honrada.

AMBRÓSIO E que nunca mais voltará?

CARLOS Nunca mais. (*à parte*) Isto é, se quiserem ficar com ela lá no convento, em meu lugar.

AMBRÓSIO Agora dá-me esse papel.

CARLOS Espere lá; o negócio não vai assim. Primeiro hão de cumprir-se as condições.

AMBRÓSIO Carlinho, dá-me esse papel!

CARLOS Não pode ser.

AMBRÓSIO Dá-me, por quem és!

CARLOS Pior é a seca.

AMBRÓSIO Eis-me a teus pés. (*ajoelha-se; nesse mesmo tempo aparece à porta Florência e Emília, as quais caminham para ele pé ante pé*)

CARLOS Isso é teima; levante-se!

AMBRÓSIO Não me levantarei enquanto me não deres. Para que o queres tu? Farei tudo quanto quiseres, nada me custará para servir-te. Minha mulher fará tudo quanto ordenares; dispõe dela.

FLORÊNCIA A senhora pode dispor de mim, pois não...

AMBRÓSIO Ah! (*levanta-se espavorido*)

CARLOS (*à parte*) Temo-la!...

FLORÊNCIA (*para Ambrósio*) Que patifaria é essa? Em minha casa e às minhas barbas, aos pés de uma mulher! Muito bem!

AMBRÓSIO Florência!

FLORÊNCIA Um dardo que te parta! (*voltando-se para Carlos*) E quem é a senhora?

CARLOS (*com a cara baixa*) Sou uma desgraçada!

FLORÊNCIA Ah, é uma desgraçada... Seduzindo um homem casado! Não sabe que... (*Carlos que encara com ela, que rapidamente tem suspendido a palavra e, como assombrada, principia a olhar para ele, que ri-se*) Carlos! Meu sobrinho!

EMÍLIA O primo!

CARLOS Sim, tiazinha; sim, priminha.

FLORÊNCIA Que mascarada[25] é essa?

CARLOS É uma comédia que ensaiávamos para sábado de Aleluia.

FLORÊNCIA Uma comédia?

AMBRÓSIO Sim, era uma comédia, um divertimento, uma surpresa. Eu e o sobrinho arranjávamos isso... Bagatela, não é assim, Carlinho? Mas então vocês não ouviram o ofício até o fim? Quem pregou?

FLORÊNCIA (*à parte*) Isto não é natural... Aqui há cousa.

AMBRÓSIO A nossa comédia era mesmo sobre isso.

FLORÊNCIA O que está o senhor a dizer?

CARLOS (*à parte*) Perdeu a cabeça. (*para Florência*) Tia, basta que saiba que era uma comédia. E antes de principiar o ensaio o tio deu-me a sua palavra que eu não seria frade. Não é verdade, tio?

AMBRÓSIO É verdade. O rapaz não tem inclinação, e para que obrigá-lo? Seria crueldade.

FLORÊNCIA Ah!

CARLOS E que a prima não seria também freira, e que se casaria comigo.

FLORÊNCIA É verdade, senhor Ambrósio?

AMBRÓSIO Sim, para que constranger estas duas almas? Nasceram um para o outro; amam-se. É tão bonito ver um tão lindo par!

FLORÊNCIA Mas, senhor Ambrósio, e o mundo, que o senhor dizia que era um pélago, um sorvedouro e não sei o que mais?

AMBRÓSIO Oh, então eu não sabia que estes dois pombinhos se amavam, mas agora que o sei, seria horrível barbaridade. Quando se fecham as portas de um convento sobre um homem, ou sobre uma mulher que leva dentro do peito uma paixão como ressentem estes dois inocentes, torna-se o convento abismo incomensurável de acerbos males, fonte perene de horríssonas desgraças, perdição do corpo e da alma; e o mundo, se nele ficassem, jardim ameno, suave encanto da vida, tranquila paz da inocência, paraíso terrestre. E assim sendo, mulher, quererias tu que sacrificasse tua filha e teu sobrinho?

FLORÊNCIA Oh, não, não.

CARLOS (*à parte*) Que grande patife!

AMBRÓSIO Tua filha, que faz parte de ti?

FLORÊNCIA Não falemos mais nisso. O que fizeste está muito bem feito.

CARLOS E em reconhecimento de tanta bondade, faço cessão de metade dos meus bens em favor do senhor meu tio e aqui lhe dou a escritura. (*dá-lhe a certidão de Rosa*)

AMBRÓSIO (*saltando para tomar a certidão*) Caro sobrinho! (*abraça-o*) E eu, para mostrar o meu desinteresse, rasgo esta escritura. (*rasga, e à parte*) Respiro!

FLORÊNCIA Homem generoso! (*abraça-o*)
AMBRÓSIO (*abraçando-a e à parte*) Mulher toleirona![26]
CARLOS (*abraçando Emília*) Isto vai de roda...[27]
EMÍLIA Primo!
CARLOS Priminha, seremos felizes!
FLORÊNCIA Abençoada seja a hora em que eu te escolhi para meu esposo! Meus caros filhos, aprendei comigo a guiar-vos com prudência na vida. Dois anos estive viúva e não me faltaram pretendentes. Viúva rica... Ah, são vinte cães a um osso. Mas eu tive juízo e critério; soube distinguir o amante interesseiro do amante sincero. Meu coração falou por este homem honrado e probo.
CARLOS Acertadíssima escolha!
FLORÊNCIA Chega-te para cá, Ambrosinho, não te envergonhes; mereces os elogios que te faço.
AMBRÓSIO (*à parte*) Estou em brasas...
CARLOS Não se envergonhe, tio. Os elogios são merecidos. (*à parte*) Está em talas...[28]
FLORÊNCIA Ouves o que diz o sobrinho? Tens modéstia? É mais uma qualidade. Como sou feliz!
AMBRÓSIO Acabemos com isso. Os elogios assim à queima-roupa perturbam-me.
FLORÊNCIA Se os mereces...
AMBRÓSIO Embora.
CARLOS Oh, o tio os merece, pois não. Olhe, tia, aposto eu que o tio Ambrósio em toda a sua vida só tem amado a tia...
AMBRÓSIO Decerto! (*à parte*) Quer fazer-me alguma.
FLORÊNCIA Ai, vida da minha alma!
AMBRÓSIO (*à parte*) O patife é muito capaz...
CARLOS Mas nós, os homens, somos tão falsos — assim dizem as mulheres —, que não admira que o tio...
AMBRÓSIO (*interrompendo-o*) Carlos, tratemos da promessa que te fiz.
CARLOS É verdade; tratemos da promessa. (*à parte*) Tem medo, que se pela!

AMBRÓSIO Irei hoje mesmo ao convento falar ao dom Abade, e direi que temos mudado de resolução a teu respeito. E de hoje a quinze dias, senhora, espero ver esta sala brilhantemente iluminada e cheia de alegres convidados para celebrarem o casamento de nosso sobrinho Carlos com minha cara enteada. (*aqui entra pelo fundo o mestre dos noviços, seguido dos meirinhos e permanentes, encaminhando-se para a frente do teatro*)

CARLOS Enquanto assim praticardes, tereis em mim um amigo.

EMÍLIA Senhor, ainda que não possa explicar a razão de tão súbita mudança, aceito a felicidade que me propondes, sem raciocinar. Darei a minha mão a Carlos, não só para obedecer a minha mãe, como porque muito o amo.

CARLOS Cara priminha, quem será capaz agora de arrancar-me de teus braços?

MESTRE (*batendo-lhe no ombro*) Estais preso. (*espanto dos que estão em cena*)

Cena VI

CARLOS O que é lá isso? (*debatendo-se logo que o agarram*)

MESTRE Levai-o.

CARLOS Deixem-me!

FLORÊNCIA Reverendíssimo, meu sobrinho...

MESTRE Paciência, senhora. Levem-no.

CARLOS (*debatendo-se*) Larguem-me, com todos os diabos!

EMÍLIA Primo!

MESTRE Arrastem-no.

AMBRÓSIO Mas, senhor...

MESTRE Um instante... Para o convento, para o convento.

CARLOS Minha tia, tio Ambrósio! (*sai arrastado; Emília cai sentada em uma cadeira; o padre-mestre fica em cena*)

Cena VII

Ambrósio, mestre de noviços, Florência e Emília.

FLORÊNCIA Mas senhor, isto é uma violência!
MESTRE Paciência...
FLORÊNCIA Paciência, paciência? Creio que tenho tido bastante. Ver assim arrastar meu sobrinho, como se fosse um criminoso?
AMBRÓSIO Espera, Florência, ouçamos o reverendíssimo. Foi, sem dúvida, por ordem do senhor dom Abade que vossa reverendíssima veio prender nosso sobrinho?
MESTRE Não tomara sobre mim tal trabalho, se não fora por expressa ordem do dom Abade, a quem devemos todos obediência. Vá ouvindo como esse moço zombou de seu mestre. Disse-me a tal senhora, pois tal a supunha eu... Ora, fácil foi enganar-me... Além de ter má vista, tenho muito pouca prática de senhoras...
AMBRÓSIO Sabemos disso.
MESTRE Disse-me a tal senhora que o noviço Carlos estava naquele quarto.
AMBRÓSIO Naquele quarto?
MESTRE Sim, senhor, e ali mandou-nos esperar em silêncio. Chamou pelo noviço, e assim que ele saiu lançamo-nos sobre ele e à força o arrastamos para o convento.
AMBRÓSIO (*assustado*) Mas a quem, senhor, a quem?
MESTRE A quem?
FLORÊNCIA Que trapalhada é essa?
AMBRÓSIO Depressa!
MESTRE Cheguei ao convento, apresentei-me diante do dom Abade, com o noviço prisioneiro, e então... Ah!
AMBRÓSIO Por Deus, mais depressa!
MESTRE Ainda me coro de vergonha. Então conheci que tinha sido vilmente enganado.

AMBRÓSIO Mas quem era o noviço preso?

MESTRE Uma mulher vestida de frade.

FLORÊNCIA Uma mulher?

AMBRÓSIO (*à parte*) É ela!

MESTRE Que vergonha, que escândalo!

AMBRÓSIO Mas onde está essa mulher? Para onde foi? O que disse? Onde está? Responda!

MESTRE Tende paciência. Pintar-vos a confusão em que por alguns instantes esteve o convento, é quase impossível. O dom Abade, ao conhecer que o noviço preso era uma mulher, pelos longos cabelos que ao tirar o chapéu lhe caíram sobre os ombros, deu um grito de horror. Toda a comunidade acorreu e grande foi então a confusão. Um gritava: Sacrilégio! Profanação! Outro ria-se; este interrogava; aquele respondia ao acaso... Em menos de dois segundos a notícia percorreu todo o convento, mas alterada e aumentada. No refeitório dizia-se que o diabo estava no coro, dentro dos canudos do órgão; na cozinha julgava-se que o fogo lavrava nos quatro ângulos do edifício; qual, pensava que dom Abade tinha caído da torre abaixo; qual, que fora arrebatado para o céu. Os sineiros, correndo para as torres, puxavam como energúmenos pelas cordas dos sinos; os porteiros fecharam as portas com horrível estrondo: os responsos soaram de todos os lados, e a algazarra dos noviços dominava esse ruído infernal, causado por uma única mulher. Oh, mulheres!

AMBRÓSIO Vossa reverendíssima faz o seu dever; estou disso bem certo.

FLORÊNCIA Mas julgamos necessário declarar a vossa reverendíssima que estamos resolvidos a tirar nosso sobrinho do convento.

MESTRE Nada tenho eu com essa resolução. Vossa senhoria irá se entender a esse respeito com o dom Abade.

FLORÊNCIA O rapaz não tem inclinação nenhuma para frade.

AMBRÓSIO E seria uma crueldade violentar-lhe o gênio.

MESTRE O dia em que o senhor Carlos sair do convento será para mim dia de descanso. Há doze anos que sou mestre de noviços e ainda não tive para doutrinar rapaz mais endiabrado. Não se passa um só dia em que se não tenha de lamentar alguma travessura desse moço. Os noviços, seus companheiros, os irmãos leigos e os domésticos do convento temem-no como se teme a um touro bravo. Com todos moteja e a todos espanca.

FLORÊNCIA Foi sempre assim, desde pequeno.

MESTRE E se o conheciam, senhores, para que o obrigaram a entrar no convento, a seguir uma vida em que se requer tranquilidade de gênio?

FLORÊNCIA Oh, não foi por meu gosto; meu marido é que me persuadiu.

AMBRÓSIO (*com hipocrisia*) Julguei assim fazer um serviço agradável a Deus.

MESTRE Deus, senhores, não se compraz com sacrifícios alheios. Sirva-o cada um com seu corpo e alma, porque cada um responderá pelas suas obras.

AMBRÓSIO (*com hipocrisia*) Pequei, reverendíssimo, pequei; humilde peço perdão.

MESTRE Esse moço foi violentamente constrangido e o resultado é a confusão em que está a casa de Deus.

FLORÊNCIA Mil perdões, reverendíssimo, pelo incômodo que lhe temos dado.

MESTRE Incômodos? Para eles nascemos nós... passam desapercebidos, e demais, ficam de muros para dentro. Mas hoje houve escândalo, e escândalo público.

AMBRÓSIO Escândalo público?

FLORÊNCIA Como assim?

MESTRE O noviço Carlos, depois de uma contenda com o dom Abade, deu-lhe uma cabeçada e o lançou por terra.

FLORÊNCIA Jesus, Maria, José!

AMBRÓSIO Que sacrilégio!

MESTRE E fugiu ao merecido castigo. Fui mandado em seu alcance... Requisitei força pública, e aqui chegando, encontrei uma senhora.

FLORÊNCIA Aqui, uma senhora?

MESTRE E que se dizia sua tia.

FLORÊNCIA Ai!

AMBRÓSIO Era ele mesmo.

FLORÊNCIA Que confusão, meu Deus!

AMBRÓSIO Mas essa mulher, essa mulher? O que é feito dela?

MESTRE Uma hora depois, que tanto foi preciso para acalmar a agitação, o dom Abade perguntou-lhe como ela ali se achava vestida com o hábito da Ordem.

AMBRÓSIO E ela, que disse?

MESTRE Que tinha sido traída por um frade, que debaixo do pretexto de a salvar, trocara o seu vestido pelo hábito que trazia.

AMBRÓSIO E nada mais?

MESTRE Nada mais; e fui encarregado de prender de novo a todo o custo o noviço Carlos. E tenho cumprido a minha missão. O que ordenam a este servo de Deus?

AMBRÓSIO Espere, reverendíssimo, essa mulher já saiu do convento?

MESTRE No convento não se demoram mulheres.

AMBRÓSIO Que caminho tomou? Para onde foi? O que disse ao sair?

MESTRE Nada sei.

AMBRÓSIO (*à parte*) O que me espera?

FLORÊNCIA (*à parte*) Aqui há segredo...

MESTRE Às vossas determinações...

FLORÊNCIA Uma serva de vossa reverendíssima.

MESTRE (*para Florência*) Quanto à saída de seu sobrinho do convento, com o dom Abade se entenderá.

FLORÊNCIA Nós o procuraremos. (*o mestre sai e Florência acompanha-o até à porta; Ambrósio está como abismado*)

Cena VIII

Emília, Ambrósio e Florência.

EMÍLIA (*à parte*) Carlos, Carlos, o que será de ti e de mim?

AMBRÓSIO (*à parte*) Se ela agora aparece! Se Florência desconfia... Estou metido em boas! Como evitar, como? Oh, decididamente estou perdido. Se a pudesse encontrar... Talvez súplicas, ameaças, quem sabe? Já não tenho cabeça. Que farei? De uma hora para outra aparece-me ela... (*Florência bate-lhe no ombro*) Ei-la! (*assustando-se*)

FLORÊNCIA Agora nós. (*para Emília*) Menina, vai para dentro. (*vai-se Emília*)

Cena IX

Ambrósio e Florência.

AMBRÓSIO (à *parte*) Temos trovoada grossa...

FLORÊNCIA Quem era a mulher que estava naquele quarto?

AMBRÓSIO Não sei.

FLORÊNCIA Senhor Ambrósio, quem era a mulher que estava naquele quarto?

AMBRÓSIO Florência, já te disse, não sei. São coisas de Carlos.

FLORÊNCIA Senhor Ambrósio, quem era a mulher que estava naquele quarto?

AMBRÓSIO Como queres que eu te diga, Florencinha?

FLORÊNCIA Ah, não sabe? Pois bem, então explique-me: por que razão mostrou-se tão espantado, quando Carlos o levou à porta daquele quarto e mostrou-lhe quem estava dentro?

AMBRÓSIO Pois eu espantei-me?

FLORÊNCIA A ponto de levar-me quase de rastos para a igreja, sem chapéu, lá deixar-me e voltar para casa apressado.

AMBRÓSIO Qual! Foi por...

FLORÊNCIA Não estude uma mentira, diga depressa.

AMBRÓSIO Pois bem, direi. Eu conheço essa mulher.

FLORÊNCIA Ah! E então quem é ela?

AMBRÓSIO Queres saber quem é ela? É muito justo, mas aí é que está o segredo.

FLORÊNCIA Segredos comigo?

AMBRÓSIO Oh, contigo não pode haver segredo, és a minha mulherzinha. (*quer abraçá-la*)

FLORÊNCIA Tenha-se lá; quem era a mulher?

AMBRÓSIO (*à parte*) Não sei o que lhe diga...

FLORÊNCIA Vamos!

AMBRÓSIO Essa mulher... Sim, essa mulher que há pouco estava naquele quarto foi amada por mim.

FLORÊNCIA Por ti?

AMBRÓSIO Mas nota que digo: foi amada; e o que foi, já não é.

FLORÊNCIA Seu nome?

AMBRÓSIO Seu nome? Que importa o nome? O nome é uma voz com que se dão a conhecer as coisas... Nada vale; o indivíduo é tudo... Tratemos do indivíduo. (*à parte*) Não sei como continuar.

FLORÊNCIA Então, e que mais?

AMBRÓSIO Amei a essa mulher. Amei, sim, amei. Essa mulher foi por mim amada, mas então ainda não te conhecia. Oh, e quem ousará criminar a um homem por embelezar-se de uma estrela antes de ver a lua, quem? Ela era a estrela e tu és a lua. Sim, minha Florencinha, tu és a minha lua cheia e eu sou teu satélite.

FLORÊNCIA Oh, não me convence assim...

AMBRÓSIO (*à parte*) O diabo que convença a uma mulher! (*alto*) Florencinha, encanto da minha vida, estou diante de ti como diante do confessionário, com uma mão sobre o coração e com a outra... Onde queres que ponha a outra?

FLORÊNCIA Ponha lá onde quiser...

AMBRÓSIO Pois bem, com ambas sobre o coração, te direi: só tu és o meu único amor, minhas delícias, minha vida... (*à parte*) e minha burra!

FLORÊNCIA Se eu pudesse acreditar!...

AMBRÓSIO Não podes porque não queres. Basta um bocado de boa vontade. Se fiquei aterrorizado ao ver essa mulher, foi por prever os desgostos que terias, se aí a visses.

FLORÊNCIA Se teme que eu a veja, é porque ainda a ama.

AMBRÓSIO Amá-la, eu? Ah, desejava que ela estivesse mais longe de mim do que o cometa que apareceu no ano passado.

FLORÊNCIA Oh, meu Deus, se eu pudesse crer!

AMBRÓSIO (*à parte*) Está quase convencida...

FLORÊNCIA Se eu o pudesse crer! (*Rosa entra vestida de frade, pelo fundo, para e observa*)

AMBRÓSIO (*com animação*) Estes raios brilhantes e aveludados de teus olhos ofuscam o seu olhar acanhado e esgateado. Estes negros e finos cabelos varrem da minha ideia as suas emaranhadas melenas cor de fogo. Esta mãozinha torneada (*pega-lhe na mão*), este colo gentil, esta cintura flexível e delicada fazem-me esquecer os grosseiros encantos dessa mulher que... (*nesse momento dá com os olhos em Rosa; vai recuando pouco a pouco*)

FLORÊNCIA O que tens? De que te espantas?

ROSA (*adiantando-se*) Senhora, este homem pertence-me.

FLORÊNCIA E quem é vossa reverendíssima?

ROSA (*tirando o chapéu, que faz cair os cabelos*) Sua primeira mulher.

FLORÊNCIA Sua primeira mulher?

ROSA (*dando-lhe a certidão*) Leia. (*para Ambrósio*) Conheceis-me, senhor? Há seis anos que nos não vemos, e quem diria que assim nos encontraríamos? Nobre foi o vosso proceder!... Oh, para que não enviastes um assassino para esgotar o sangue destas veias e arrancar a alma deste corpo? Assim devíeis ter feito, porque então eu não estaria aqui para vingar-me, traidor!

AMBRÓSIO (*à parte*) O melhor é deitar a fugir. (*corre para o fundo; prevenção*)

ROSA Não o deixem fugir! (*aparecem à porta meirinhos, os quais prendem Ambrósio*)

MEIRINHO Está preso!

AMBRÓSIO Ai! (*corre por toda a casa, etc. Enquanto isto se passa, Florência tem lido a certidão*)

FLORÊNCIA Desgraçada de mim, estou traída! Quem me socorre? (*vai para sair, encontra-se com Rosa*) Ah, para longe, para longe de mim! (*recuando*)

ROSA Senhora, a quem pertencerá ele? (*execução*)

FIM DO SEGUNDO ATO

Ato terceiro

Quarto em casa de Florência: mesa, cadeiras etc. etc., armário, uma cama grande com cortinados, uma mesa pequena com um castiçal com vela acesa. É noite.

Cena I

Florência deitada, Emília sentada junto dela, Juca vestido de calça, brincando com um carrinho pela sala.

FLORÊNCIA Meu Deus, meu Deus, que bulha faz este menino!

EMÍLIA Maninho, estais fazendo muita bulha a mamãe...

FLORÊNCIA Minha cabeça! Vai correr lá para dentro...

EMÍLIA Anda, vai para dentro, vai para o quintal. (*Juca sai com o carrinho*)

FLORÊNCIA Parece que me estala a cabeça... São umas marteladas aqui nas fontes. Ai, que não posso! Morro desta!...

EMÍLIA Minha mãe, não diga isso, seu incômodo passará.

FLORÊNCIA Passará? Morro, morro... (*chorando*) *Hi...* (*etc.*)

EMÍLIA Minha mãe!

FLORÊNCIA (*chorando*) Ser assim traída, enganada! Meu Deus, quem pode resistir? Hi, hi!

EMÍLIA Para que tanto se aflige? Que remédio? Ter paciência e resignação.

FLORÊNCIA Um homem em quem havia posto toda a minha confiança, que eu tanto amava... Emília, eu o amava muito!

EMÍLIA (*à parte*) Coitada!

FLORÊNCIA Enganar-me deste modo! Tão indignamente, casado com outra mulher. Ah, não sei como não arrebento...

EMÍLIA Tranquilize-se, minha mãe.

FLORÊNCIA Que eu supunha desinteressado... Entregar-lhe todos os meus bens, assim iludir-me... Que malvado, que malvado!

EMÍLIA São horas de tomar o remédio. (*toma uma garrafa de remédio, deita-o em uma xícara e dá a Florência*)

FLORÊNCIA Como os homens são falsos! Uma mulher não era capaz de cometer ação tão indigna. O que é isso?

EMÍLIA O cozimento que o doutor receitou.

FLORÊNCIA Dá cá. (*bebe*) Ora, de que servem esses remédios? Não fico boa; a ferida é no coração...

EMÍLIA Há de curar-se.

FLORÊNCIA Olha, filha, quando eu vi diante de mim essa mulher, senti uma revolução que não sei te explicar... um atordoamento, uma zoada, que há oito dias me tem pregado nesta cama.

EMÍLIA Eu estava no meu quarto, quando ouvi gritos na sala. Saí apressada e no corredor encontrei-me com meu padrasto...

FLORÊNCIA Teu padrasto?

EMÍLIA ...que, passando como uma flecha por diante de mim, dirigiu-se para o quintal, e saltando o muro, desapareceu. Corri para a sala...

FLORÊNCIA E aí encontraste-me banhada em lágrimas. Ela já tinha saído, depois de ameaçar-me. Ah, mas eu hei de ficar boa para vingar-me!

EMÍLIA Sim, é preciso ficar boa, para vingar-se.

FLORÊNCIA Hei de ficar. Não vale a pena morrer por um traste daquele!
EMÍLIA Que dúvida!
FLORÊNCIA O meu procurador disse-me que o tratante está escondido, mas que já há mandado de prisão contra ele. Deixa estar. Enganar-me, obrigar-me a que te fizesse freira, constranger a inclinação de Carlos...
EMÍLIA Oh, minha mãe, tenha pena do primo... O que não terá ele sofrido, coitado!
FLORÊNCIA Já esta manhã mandei falar ao dom Abade por pessoa de consideração, e além disso, tenho uma carta que lhe quero remeter, pedindo-lhe que me faça o obséquio de aqui mandar um frade respeitável para de viva voz tratar comigo este negócio.
EMÍLIA Sim, minha boa mãezinha.
FLORÊNCIA Chama o José.
EMÍLIA (*chamando*) José? José? E a mamãe julga que o primo poderá estar em casa hoje?
FLORÊNCIA És muito impaciente... Chama o José.
EMÍLIA José?

Cena II

As mesmas e José.

JOSÉ Minha senhora...
FLORÊNCIA José, leva esta carta ao convento. Onde está o senhor Carlos, sabes?
JOSÉ Sei, minha senhora.
FLORÊNCIA Procura pelo senhor dom Abade, e lhe entrega isto de minha parte.
JOSÉ Sim, minha senhora.
EMÍLIA Depressa! (*sai José*)
FLORÊNCIA Ai, ai!
EMÍLIA Tomara vê-lo já!

FLORÊNCIA Emília, amanhã lembra-me para pagar as soldadas[29] que devemos ao José e despedi-lo do nosso serviço. Foi metido aqui em casa pelo tratante, e só por esse fato já desconfio dele... Lé com lé, cré com cré... Nada; pode ser algum espião que tenhamos em casa...

EMÍLIA Ele parece-me bom moço.

FLORÊNCIA Também o outro parecia-me bom homem. Já não me fio em aparências.

EMÍLIA Tudo pode ser.

FLORÊNCIA Vai ver aquilo lá por dentro como anda, que minhas escravas pilhando-me de cama fazem mil diabruras.

EMÍLIA E fica só?

FLORÊNCIA Agora estou melhor, e se precisar de alguma cousa, tocarei a campainha. (*sai Emília*)

Cena III

FLORÊNCIA (*só*) Depois que mudei a cama para este quarto que foi do sobrinho Carlos, passo melhor... No meu, todos os objetos faziam-me recordar aquele pérfido. Ora, os homens são capazes de tudo, até de terem duas mulheres... E três, e quatro, e duas dúzias... Que demônios! Há oito dias que estou nesta cama; antes tivesse morrido. E ela, essa mulher infame, onde estará? E outra que tal... Oh, mas que culpa tem ela? Mais tenho eu, já que fui tão tola, tão tola, que me casei sem indagar quem ele era. Queira Deus que este exemplo aproveite a muitas incautas! Patife, agora anda escondido... Ai, estou cansada... (*deita-se*) Mas não escapará da cadeia... seis anos de cadeia... assim me disse o procurador. Ai, minha cabeça! Se eu pudesse dormir um pouco. Ai, ai, as mulheres neste mundo... estão sujeitas... a... muito... ah! (*dorme*)

Cena IV

Carlos entra pelo fundo, apressado; traz o hábito roto e sujo.

CARLOS Não há grades que me prendam, nem muros que me retenham. Arrombei grades, saltei muros e eis-me aqui de novo. E lá deixei parte do hábito, esfolei os joelhos e as mãos. Estou em belo estado! Ora, para que ateiam comigo? Por fim, lanço fogo ao convento e morrem todos os frades assados, e depois queixem-se. Estou no meu antigo quarto, ninguém me viu entrar. Ah, que cama é esta? É da tia... Estará... Ah, é ela... e dorme... Mudou de quarto? O que se terá passado nesta casa há oito dias? Estive preso, incomunicável, a pão e água. Ah, frades! Nada sei. O que será feito da primeira mulher do senhor meu tio, desse grande patife? Onde estará a prima? Como dorme! Ronca que é um regalo! (*batem palmas*) Batem! Serão eles, não tem dúvida. Eu acabo por matar um frade...

MESTRE (*dentro*) Deus esteja nesta casa.

CARLOS É o padre-mestre! Já deram pela minha fugida...

MESTRE (*dentro*) Dá licença?

CARLOS Não sou eu decerto que hei de te dar. Escondamo-nos, mas de modo que ouça o que ele diz... Debaixo da cama... (*esconde-se*)

MESTRE (*dentro, batendo com força*) Dá licença?

FLORÊNCIA (*acordando*) Quem é? Quem é?

MESTRE (*dentro*) Um servo de Deus.

FLORÊNCIA Emília? Emília? (*toca a campainha*)

Cena V

Entra Emília.

EMÍLIA Minha mãe...

FLORÊNCIA Lá dentro estão todos surdos? Vai ver quem está na escada batendo. (*Emília sai pelo fundo*) Acordei sobressaltada... Estava sonhando que o meu primeiro marido enforcava o segundo, e era muito bem enforcado...

Cena VI

Entra Emília com o padre-mestre.

EMÍLIA Minha mãe, é o senhor padre-mestre. (*à parte:*) Ave de agouro!

FLORÊNCIA Ah!

MESTRE Desculpe-me, minha senhora.

FLORÊNCIA O padre-mestre é que me há de desculpar se assim o recebo. (*senta-se na cama*)

MESTRE Oh, esteja a seu gosto. Já por lá sabe-se dos seus incômodos. Toda a cidade o sabe. Tribulações deste mundo...

FLORÊNCIA Emília, oferece uma cadeira ao reverendíssimo.

MESTRE Sem incômodo. (*senta-se*)

FLORÊNCIA O padre-mestre veio falar comigo por mandado do senhor dom Abade?

MESTRE Não, minha senhora.

FLORÊNCIA Não? Pois eu lhe escrevi.

MESTRE Aqui venho pelo mesmo motivo que já vim duas vezes.

FLORÊNCIA Como assim?

MESTRE Em procura do noviço Carlos. Ah, que rapaz!

FLORÊNCIA Pois tornou a fugir?

MESTRE Se tornou! É indomável! Foi metido no cárcere a pão e água.

EMÍLIA Desgraçado!

MESTRE Ah, a menina lastima-o? Já me não admira que ele faça o que faz.

FLORÊNCIA O padre-mestre dizia...

MESTRE Que estava no cárcere a pão e água, mas o endemoninhado arrombou as grades, saltou na horta, vingou o muro da cerca que deita para a rua e pôs-se a panos.

FLORÊNCIA Que doido! E para onde foi?

MESTRE Não sabemos, mas julgamos que para aqui se dirigiu.

FLORÊNCIA Posso afiançar a vossa reverendíssima que por cá ainda não apareceu. (*Carlos bota a cabeça de fora e puxa pelo vestido de Emília*)

EMÍLIA (*assustando-se*) Ai!

FLORÊNCIA O que é, menina?

MESTRE (*levantando-se*) O que foi?

EMÍLIA (*vendo Carlos*) Não foi nada, não, senhora... Um jeito que dei no pé.

FLORÊNCIA Tem cuidado. Assente-se, reverendíssimo. Mas como lhe dizia, o meu sobrinho cá não apareceu; desde o dia que o padre-mestre o levou preso ainda o não vi. Não sou capaz de faltar à verdade.

MESTRE Oh, nem tal suponho. E ademais, vossa senhoria, como boa parenta que é, deve contribuir para a sua correção. Esse moço tem revolucionado todo o convento, e é preciso um castigo exemplar.

FLORÊNCIA Tem muita razão; mas eu já mandei falar ao senhor dom Abade para que meu sobrinho saísse do convento.

MESTRE E o dom Abade está a isso resolvido. Nós todos nos temos empenhado. O senhor Carlos faz-nos loucos... Sairá do convento; porém antes será castigado.

CARLOS Veremos...

FLORÊNCIA (*para Emília*) O que é?

EMÍLIA Nada, não, senhora.

MESTRE Não por ele, que estou certo que não se emendará, mas para exemplo dos que lá ficam. Do contrário, todo o convento abalava.

FLORÊNCIA Como estão resolvidos a despedir meu sobrinho do convento, e o castigo que lhe querem impor é tão somente exemplar, e ele precisa um pouco, dou minha palavra a vossa reverendíssima que assim que ele aqui aparecer, mandarei agarrá-lo e levar para o convento.

CARLOS Isso tem mais que se lhe diga...

MESTRE (*levantando-se*) Mil graças, minha senhora.

FLORÊNCIA Isto mesmo terá a bondade de dizer ao senhor dom Abade, a cujas orações me recomendo.

MESTRE Serei fiel cumpridor. Dê-me as suas determinações.

FLORÊNCIA Emília, conduz o padre-mestre.

MESTRE (*para Emília*) Minha menina, muito cuidado com o senhor seu primo. Não se fie nele; julgo capaz de tudo. (*sai*)

EMÍLIA (*voltando*) Vá encomendar defuntos!

Cena VII

Emília, Florência, e Carlos debaixo da cama.

FLORÊNCIA Então, que te parece teu primo Carlos? É a terceira fugida que faz. Isto assim não é bonito.

EMÍLIA E para que o prendem?

FLORÊNCIA Prendem-no porque ele foge.

EMÍLIA E ele foge porque o prendem.

FLORÊNCIA Belo argumento! É mesmo dessa cabeça. (*Carlos puxa pelo vestido de Emília*) Mas o que tens tu?

EMÍLIA Nada, não, senhora.

FLORÊNCIA Se ele aqui aparecer hoje, há de ter paciência, irá para o convento, ainda que seja amarrado. É preciso quebrar-lhe o gênio. Estás a mexer-te?

EMÍLIA Não, senhora.

FLORÊNCIA Queira Deus que ele se emende... Mas que tens tu, Emília, tão inquieta?

EMÍLIA São cócegas na sola dos pés.

FLORÊNCIA Ah, isso são cãibras. Bate com o pé, assim ficarás melhor.

EMÍLIA Vai passando.

FLORÊNCIA O sobrinho é estouvado, mas nunca te dará os desgostos que me deu o Ambró... — nem quero pronunciar o nome. E tu não te aquietas? Bate com o pé.

EMÍLIA (*afastando-se da cama*) Não posso estar quieta no mesmo lugar. (*à parte*) Que louco!

FLORÊNCIA Estou arrependida de ter escrito. (*entra José*) Quem vem aí?

Cena VIII

Os mesmos e José.

EMÍLIA É o José.

FLORÊNCIA Entregaste a carta?

JOSÉ Sim, minha senhora, e o senhor dom Abade mandou comigo um reverendíssimo, que ficou na sala à espera.

FLORÊNCIA Fá-lo entrar. (*sai o criado*) Emília, vai para dentro. Já que um reverendíssimo teve o incômodo de cá vir, quero aproveitar a ocasião e confessar-me. Posso morrer...

EMÍLIA Ah!

FLORÊNCIA Anda, vai para dentro e não te assustes. (*sai Emília*)

Cena IX

FLORÊNCIA (*só*) A ingratidão daquele monstro assassinou-me. Bom é ficar tranquila com a minha consciência.

Cena X

Ambrósio, com hábito de frade, entra seguindo José.

CRIADO Aqui está a senhora.
AMBRÓSIO (*à parte*) Retira-te e fecha a porta. (*dá-lhe dinheiro*)
CRIADO (*à parte*) Que lá se avenham... A paga cá está.

Cena XI

FLORÊNCIA Vossa reverendíssima pode aproximar-se. Queira assentar-se. (*senta-se*)
AMBRÓSIO (*fingindo que tosse*) Hum, hum, hum... (*Carlos espreita debaixo da cama*)
FLORÊNCIA Escrevi para que viesse uma pessoa falar-me e vossa reverendíssima quis ter a bondade de vir.
AMBRÓSIO Hum, hum, hum...
CARLOS (*à parte*) O diabo do frade está endefluxado.[30]
FLORÊNCIA E era para tratarmos do meu sobrinho Carlos, mas já não é preciso. Aqui esteve o padre-mestre; sobre isso falamos; está tudo justo, e sem dúvida vossa reverendíssima já está informado.
AMBRÓSIO (*o mesmo*) Hum, hum, hum...
FLORÊNCIA Vossa reverendíssima está constipado; talvez o frio da noite...
AMBRÓSIO (*disfarçando a voz*) Sim, sim...
FLORÊNCIA Muito bem.
CARLOS (*à parte*) Não conheci esta voz no convento...
FLORÊNCIA Mas para que vossa reverendíssima não perdesse de todo o seu tempo, se quisesse ter a bondade de ouvir-me em confissão...
AMBRÓSIO Ah! (*vai fechar as portas*)
FLORÊNCIA Que faz, senhor? Fecha a porta? Ninguém nos ouve.

CARLOS (*à parte*) O frade tem más intenções...

AMBRÓSIO (*disfarçando a voz*) Por cautela.

FLORÊNCIA Assente-se. (*à parte*) Não gosto muito disto... (*alto*) Reverendíssimo, antes de principiarmos a confissão, julgo necessário informar-lhe que eu fui casada duas vezes; a primeira, com um santo homem, e a segunda, com um demônio.

AMBRÓSIO Hum, hum, hum...

FLORÊNCIA Um homem sem honra e sem fé em Deus, um malvado. Casou-se comigo quando ainda tinha mulher viva! Não é verdade, reverendíssimo, que esse homem vai direitinho para o inferno?

AMBRÓSIO Hum, hum, hum...

FLORÊNCIA Oh, mas enquanto não vai para o inferno, há de pagar nesta vida. Há uma ordem de prisão contra ele e o malvado não ousa aparecer.

AMBRÓSIO (*levantando-se e tirando o capuz*) E quem vos disse que ele não ousa aparecer?

FLORÊNCIA (*fugindo da cama*) Ah!

CARLOS (*à parte*) O senhor meu tio!

AMBRÓSIO Podeis gritar, as portas estão fechadas. Preciso de dinheiro e muito dinheiro para fugir desta cidade, e me dai, senão...

FLORÊNCIA Deixai-me! Eu chamo por socorro!

AMBRÓSIO Que me importa? Sou criminoso; serei punido. Pois bem, cometerei outro crime, que me pode salvar. Dai-me tudo quanto possuis: dinheiro, joias, tudo! E desgraçada de vós, se não me obedeceis! A morte!...

FLORÊNCIA (*corre por toda a cena, gritando*) Socorro, socorro! Ladrão, ladrão! Socorro! (*escuro*)

AMBRÓSIO (*seguindo-a*) Silêncio, silêncio, mulher!

CARLOS O caso está sério! (*vai saindo debaixo da cama no momento que Florência atira com a mesa no chão. Ouvem-se gritos fora: "Abra, abra!". Florência, achando-se só e no escuro, senta-se no chão, encolhe-se e cobre-se com uma colcha*)

AMBRÓSIO (*procurando*) Para onde foi? Nada vejo. Batem nas portas! O que farei?

CARLOS (*à parte*) A tia calou-se e ele aqui está.

AMBRÓSIO (*encontra-se com Carlos e agarra-lhe no hábito*) Ah, mulher, estais em meu poder. Estas portas não tardarão a ceder; salvai-me, ou mato-te!

CARLOS (*dando-lhe uma bofetada*) Tome lá, senhor meu tio!

AMBRÓSIO Ah! (*cai no chão*)

CARLOS (*à parte*) Outra vez para a concha. (*mete-se debaixo da cama*)

AMBRÓSIO (*levantando-se*) Que mão! Continuam a bater. Onde esconder-me? Que escuro! Deste lado vi um armário... Ei-lo! (*mete-se dentro*)

Cena XII

Entram pelo fundo quatro homens armados, Jorge trazendo uma vela acesa. Claro.

JORGE (*entrando*) Vizinha, vizinha, o que é? O que foi? Não vejo ninguém... (*dá com Florência no canto*) Quem está aqui?

FLORÊNCIA Ai, ai!

JORGE Vizinha, somos nós...

EMÍLIA (*dentro*) Minha mãe, minha mãe! (*entra*)

FLORÊNCIA Ah, é o vizinho Jorge! E estes senhores? (*levantando-se ajudada por Jorge*)

EMÍLIA Minha mãe, o que foi?

FLORÊNCIA Filha!

JORGE Estava na porta de minha loja, quando ouvi gritar: Socorro, socorro! Conheci a voz da vizinha e acudi com estes quatro amigos.

FLORÊNCIA Muito obrigado, vizinho; ele já se foi.

JORGE Ele quem?

FLORÊNCIA O ladrão.

TODOS O ladrão!

FLORÊNCIA Sim, um ladrão vestido de frade, que me queria roubar e assassinar.

EMÍLIA (*para Florência*) Minha mãe!

JORGE Mas ele não teve tempo de sair. Procuremos.

FLORÊNCIA Espere, vizinho, deixe-me sair primeiro. Se o encontrarem, deem-lhe uma boa arrochada e levem-no preso. (*à parte*) Há de me pagar! Vamos, menina.

EMÍLIA (*para Florência*) É Carlos, minha mãe, é o primo!

FLORÊNCIA (*para Emília*) Qual o primo! É ele, teu padrasto.

EMÍLIA É o primo!

FLORÊNCIA É ele, é ele. Vem. Procurem-no bem, vizinhos, e pau nele. Anda, anda. (*sai com Emília*)

Cena XIII

JORGE Amigos, cuidado! Procuremos tudo; o ladrão ainda não saiu daqui. Venham atrás de mim. Assim que ele aparecer, uma boa maçada de pau, e depois pés e mãos amarradas, e guarda do Tesouro com ele... Sigam-me. Aqui não está; vejamos atrás do armário. (*vê*) Nada. Onde se esconderia? Talvez debaixo da cama. (*levantando o rodapé*)[31] Oh, cá está ele! (*dão bordoadas*)

CARLOS (*gritando*) Ai, ai, não sou eu, não sou ladrão, ai, ai!

JORGE (*dando*) Salta para fora, ladrão, salta (*Carlos sai para fora, gritando*) Não sou ladrão, sou de casa!

JORGE A ele, amigos! (*perseguem Carlos de bordoadas por toda a cena. Por fim, mete-se atrás do armário e atira com ele no chão. Gritos: "Ladrão!".*)

Cena XIV

Jorge só; depois Florência e Emília.

JORGE Eles que o sigam; eu já não posso. O diabo esfolou-me a canela com o armário. (*batendo na porta*) Ó vizinha, vizinha?

FLORÊNCIA (*entrando*) Então, vizinho?

JORGE Estava escondido debaixo da cama.

EMÍLIA Não lhe disse?

JORGE Demos-lhe uma boa maçada de pau e fugiu por aquela porta, mas os amigos foram-lhe no alcance.

FLORÊNCIA Muito obrigada, vizinho, Deus lhe pague.

JORGE Estimo que a vizinha não tivesse maior incômodo.

FLORÊNCIA Obrigada. Deus lhe pague, Deus lhe pague.

JORGE Boa noite, vizinha; mande levantar o armário que caiu.

FLORÊNCIA Sim, senhor. Boa noite. (*sai Jorge*)

Cena XV

Florência e Emília.

FLORÊNCIA Pagou-me!

EMÍLIA (*chorando*) Então, minha mãe, não lhe disse que era o primo Carlos?

FLORÊNCIA E continuas a teimar?

EMÍLIA Se eu o vi atrás da cama!

FLORÊNCIA Ai, pior, era teu padrasto.

EMÍLIA Se eu o vi!

FLORÊNCIA Se eu lhe falei!... É boa teima!

Cena XVI

JUCA (*entrando*) Mamãe, aquela mulher do papá quer-lhe falar.

FLORÊNCIA O que quer essa mulher comigo, o que quer? (*resoluta*) Diga que entre. (*sai Juca*)

EMÍLIA A mamãe vai afligir-se no estado em que está?

FLORÊNCIA Bota aqui duas cadeiras. Ela não tem culpa. (*Emília chega uma cadeira. Florência, sentando-se*) Vejamos o que quer. Chega mais esta outra cadeira para aqui. Bem, vai para dentro.

EMÍLIA Mas, se...

FLORÊNCIA Anda; uma menina não deve ouvir a conversa que vamos ter. Farei tudo para persegui-lo! (*Emília sai*)

Cena XVII

Entra Rosa. Já vem de vestido.

ROSA Dá licença?

FLORÊNCIA Pode entrar. Queira ter a bondade de sentar-se. (*senta-se*)

ROSA Minha senhora, a nossa posição é bem extraordinária...

FLORÊNCIA E desagradável no último ponto.

ROSA Ambas casadas com o mesmo homem...

FLORÊNCIA E ambas com igual direito.

ROSA Perdoe-me, minha senhora, nossos direitos não são iguais, sendo eu a primeira mulher...

FLORÊNCIA Oh, não falo desse direito, não o contesto. Direito de persegui-lo quero eu dizer.

ROSA Nisso estou de acordo.

FLORÊNCIA Fui vilmente atraiçoada...

ROSA E eu indignamente insultada...

FLORÊNCIA Atormentei meus filhos...

ROSA Contribuí para a morte de minha mãe...

FLORÊNCIA Estragou grande parte de minha fortuna...

ROSA Roubou-me todos os meus bens...

FLORÊNCIA Oh, mas hei de vingar-me!

ROSA (*levantando-se*) Havemos de vingarmo-nos, senhora, e para isso aqui me acho.

FLORÊNCIA (*levantando-se*) Explique-se.

ROSA Ambas fomos traídas pelo mesmo homem, ambas servimos de degrau à sua ambição. E porventura somos disso culpadas?

FLORÊNCIA Não.

ROSA Quando lhe dei eu a minha mão, poderia prever que ele seria um traidor? E vós, senhora, quando lhe destes a vossa, que vos uníeis a um infame?

FLORÊNCIA Oh, não!

ROSA E nós, suas desgraçadas vítimas, nos odiaremos mutuamente, em vez de ligarmo-nos, para de comum acordo perseguirmos o traidor?

FLORÊNCIA Senhora, nem eu nem vós temos culpa do que se tem passado. Quisera viver longe de vós; vossa presença aviva meus desgostos, porém farei um esforço — aceito o vosso oferecimento — unamo-nos e mostraremos ao monstro o que podem duas fracas mulheres quando se querem vingar.

ROSA Eu contava convosco.

FLORÊNCIA Agradeço a vossa confiança.

ROSA Sou provinciana, não possuo talvez a polidez da Corte, mas tenho paixões violentas e resoluções prontas. Aqui trago uma ordem de prisão contra o pérfido, mas ele se esconde. Os oficiais de justiça andam em sua procura.

FLORÊNCIA Aqui esteve há pouco.

ROSA Quem?

FLORÊNCIA O traidor.

ROSA Aqui? Em vossa casa? E não vos assegurastes dele?

FLORÊNCIA E como?

ROSA Ah, se eu aqui estivesse...
FLORÊNCIA Fugiu, mas levou uma maçada de pau.
ROSA E onde estará ele agora, aonde?
AMBRÓSIO (*arrebenta uma tábua do armário, põe a cabeça de fora*) Ai, que abafo!
FLORÊNCIA e ROSA (*assustadas*) É ele!
AMBRÓSIO (*com a cabeça de fora*) Oh, diabo, cá estão elas!
FLORÊNCIA É ele! Como te achas aí?
ROSA Estava espreitando-nos!
AMBRÓSIO Qual espreitando! Tenham a bondade de levantar este armário.
FLORÊNCIA Para quê?
AMBRÓSIO Quero sair... Já não posso... Abafo, morro!
ROSA Ah, não podes sair? Melhor.
AMBRÓSIO Melhor?
ROSA Sim, melhor, porque estás em nosso poder.
FLORÊNCIA Sabes que estávamos ajustando o meio de nos vingarmos de ti, maroto?
ROSA E tu mesmo te entregaste... Mas como?...
FLORÊNCIA Agora já entendo. Bem dizia Emília; foi Carlos quem levou as bordoadas. Ah, patife, mais essa!
ROSA Pagará tudo por junto.
AMBRÓSIO Mulheres, vejam lá o que fazem!
FLORÊNCIA Não me metes medo, grandíssimo mariola!
ROSA Sabes que papel é este? É uma ordem de prisão contra ti que vai ser executada. Foge agora!
AMBRÓSIO Minha Rosinha, tira-me daqui!
FLORÊNCIA O que é lá?
AMBRÓSIO Florencinha, tem compaixão de mim!
ROSA Ainda falas, patife?
AMBRÓSIO Ai, que grito! Ai, ai!
FLORÊNCIA Podes gritar. Espera um bocado. (*sai*)
ROSA A justiça de Deus te castiga.
AMBRÓSIO Escuta-me, Rosinha, enquanto aquele diabo

está lá dentro: tu és a minha cara mulher; tira-me daqui que eu te prometo...

ROSA Promessas tuas? Queres que eu acredite nelas? (*entra Florência trazendo um pau de vassoura*)

AMBRÓSIO Mas eu juro que desta vez...

ROSA Juras? E tu tens fé em Deus para jurares?

AMBRÓSIO Rosinha de minha vida, olha que...

FLORÊNCIA (*levanta o pau e dá-lhe na cabeça*) Toma, maroto!

AMBRÓSIO (*escondendo a cabeça*) Ai!

ROSA (*rindo-se*) Ah, ah, ah!

FLORÊNCIA Ah, pensavas que o caso havia de ficar assim? Anda, bota a cabeça de fora!

AMBRÓSIO (*principia a gritar*) Ai! (*etc.*)

ROSA (*procura pela casa um pau*) Não acho também um pau...

FLORÊNCIA Grita, grita, que eu já chorei muito. Mas agora hei de arrebentar-te esta cabeça. Bota essa cara sem-vergonha de fora!

ROSA (*tira o travesseiro da cama*) Isto serve?

FLORÊNCIA Patife! Homem desalmado!

ROSA Zombaste, agora pagarás.

AMBRÓSIO (*botando a cabeça de fora*) Ai, que morro! (*dão-lhe*)

ROSA Toma lá!

AMBRÓSIO (*escondendo a cabeça*) Diabos!

ROSA Chegou nossa vez.

FLORÊNCIA Verás como se vingam duas mulheres...

ROSA Traídas...

FLORÊNCIA Enganadas...

ROSA Por um tratante...

FLORÊNCIA Digno da forca.

ROSA Anda, bota a cabeça de fora!

FLORÊNCIA Pensavas que havíamos de chorar sempre?

AMBRÓSIO (*bota a cabeça de fora*) Já não posso! (*dão-lhe*) Ai, que me matam! (*esconde-se*)

ROSA É para teu ensino.

FLORÊNCIA (*fazendo sinais para Rosa*) Está bom, basta, deixa-lo. Vamos chamar os oficiais de justiça.

ROSA Nada! Primeiro hei de lhe arrebentar a cabeça. Bota a cabeça de fora. Não queres?

FLORÊNCIA (*fazendo sinais*) Não, minha amiga, por nossas mãos já nos vingamos. Agora, a Justiça.

ROSA Pois vamos. Um instantinho, meu olho,[32] já voltamos.

FLORÊNCIA Se quiser, pode sair e passear. Podemos sair, que ele não foge. (*colocam-se junto do armário, silenciosas*)

AMBRÓSIO (*botando a cabeça de fora*) As fúrias[33] já se foram. Escangalharam-me a cabeça! Se eu pudesse fugir... (*Florência* e *Rosa dão-lhe*)

FLORÊNCIA Por que não foges?

ROSA Pode muito bem.

AMBRÓSIO Demônios! (*esconde-se*)

FLORÊNCIA Só assim teria vontade de rir. Ah, ah!

ROSA Há seis anos que me não rio de tão boa vontade!

FLORÊNCIA Então, maridinho?

ROSA Vidinha, não queres ver tua mulher?

AMBRÓSIO (*dentro*) Demônios, fúrias, centopeias! Diabos! Corujas! Ai, ai! (*gritando sempre*)

Cena XVIII

Os mesmos e Emília.

EMÍLIA (*entrando*) O que é? Riem-se?

FLORÊNCIA Vem cá, menina, vem ver como se deve ensinar aos homens.

Cena XIX

Entra Carlos preso por soldados etc., seguido de Jorge.

JORGE (*entrando adiante*) Vizinha, o ladrão foi apanhado.

CARLOS (*entre os soldados*) Tia!

FLORÊNCIA Carlos!

EMÍLIA O primo! (*Ambrósio bota a cabeça de fora e espia*)

JORGE É o ladrão.

FLORÊNCIA Vizinho, este é meu sobrinho Carlos.

JORGE Seu sobrinho? Pois foi quem levou a coça.

CARLOS Ainda cá sinto...

FLORÊNCIA Coitado! Foi um engano, vizinho.

JORGE (*para os meirinhos*) Podem largá-lo.

CARLOS Obrigado. Priminha! (*indo para ela*)

EMÍLIA Pobre primo!

FLORÊNCIA (*para Jorge*) Nós já sabemos como foi o engano, neste armário; depois lhe explicarei. (*Ambrósio esconde-se*)

JORGE (*para os soldados*) Sinto o trabalho que tiveram... E como não é mais preciso, podem se retirar.

ROSA Queiram ter a bondade de esperar. Senhores oficiais de justiça, aqui lhes apresento este mandado de prisão, lavrado contra um homem que se oculta dentro daquele armário.

TODOS Naquele armário!

MEIRINHO (*que tem lido o mandado*) O mandado está em forma.

ROSA Tenham a bondade de levantar o armário. (*os oficiais de justiça e os quatro homens levantam o armário*)

FLORÊNCIA Abram. (*Ambrósio sai muito pálido, depois de abrirem o armário*)

CARLOS O senhor meu tio!

EMÍLIA Meu padrasto!

JORGE O senhor Ambrósio!

MEIRINHO Estais preso.

ROSA Levai-o.

FLORÊNCIA Para a cadeia.

AMBRÓSIO Um momento. Estou preso, vou passar seis anos na cadeia... Exultai, senhoras. Eu me deveria lembrar antes de me casar com duas mulheres que basta só uma para fazer o homem desgraçado. O que diremos de duas? Reduzem-no ao estado em que me vejo. Mas não sairei daqui sem ao menos vingar-me em alguém. (*para os meirinhos*) Senhores, aquele moço fugiu do convento depois de assassinar um frade.

CARLOS O que é lá isso? (*mestre de noviços entra pelo fundo*)

AMBRÓSIO Senhores, denuncio-vos um criminoso.

MEIRINHO É verdade que tenho aqui uma ordem contra um noviço...

MESTRE ... Que já de nada vale. (*prevenção*)

TODOS O padre-mestre!

MESTRE (*para Carlos*) Carlos, o dom Abade julgou mais prudente que lá não voltasses. Aqui tens a permissão por ele assinada para saíres do convento.

CARLOS (*abraçando-o*) Meu bom padre mestre, este ato reconcilia-me com os frades.

MESTRE E vós, senhoras, esperai da justiça dos homens o castigo deste malvado. (*para Carlos e Emília*) E vós, meus filhos, sede felizes, que eu pedirei para todos (*ao público*) indulgência!

AMBRÓSIO Oh, mulheres, mulheres! (*execução*)

FIM

NOTAS

1 Das vinte peças que Martins Pena escreveu, apenas *O noviço* (1845), *As casadas solteiras* (1845) e *O usuário* (1846) têm três atos. Todas as demais são em um ato.

2 Na época do Império, o Brasil era dividido em províncias. Portanto, uma provinciana era alguém originária da província, isto é, de fora da corte. A palavra também pode ter o sentido pejorativo de atrasado, de mau gosto, superado, sem elegância e sofisticação.

3 Antigo oficial de justiça.

4 Antigos soldados da Guarda Nacional.

5 Peça tubular, de vidro ou de cristal, que protege a luz nos lampiões e candeeiros ou nos braços de lustres e candelabros.

6 Parte da herança destinada por lei aos herdeiros ascendentes ou descendentes, correspondente à metade dos bens do espólio e da qual não se pode dispor.

7 Apito.

8 Proferir votos solenes ligando-se a uma ordem religiosa.

9 Da expressão "da pele do diabo" ou "da pele do Judas"; pessoa de mau gênio.

10 Indivíduo elegante da corte portuguesa do final do século XVIII. Aqui, no sentido de indivíduo com gosto exagerado pelas coisas francesas ou alguém tagarela.

11 Jogo de cartas.

12 Um mau pintor, ou no máximo pintor de paredes.

13 Pessoa ligada à religião, mas que não pertence ao corpo de sacerdotes.

14 Funcionário público que copiava ou registrava documentos e tratava da correspondência.

15 Indivíduo, geralmente um ferrador de montarias, que trata das doenças dos animais de maneira instintiva, sem os devidos conhecimentos de veterinária.

16 Sistema informal de favorecimentos e indicações para cargos e ocupações no serviço público ou do setor privado.

17 Expressão latina que significa "descanse em paz", e aparece no ofício dos mortos.

18 "Descanse em paz... à porta do inferno... amém..."

19 Expressão usada para descrever algo feito rapidamente, sem perda de tempo.

20 Tradicional brincadeira em que as crianças, com auxílio de uma pequena haste de ponta retorcida, fazem rolar um arco de pipa ou barril.

21 Palavra usada para pedir silêncio.

22 Sinal emitido pelo ponto através de uma sirene, avisando o pessoal técnico do espetáculo sobre determinada ação, que poderia ser a mudança de um cenário, a execução de um efeito mecânico ou o abaixar da cortina no final do ato. O sinal de execução vinha logo depois. Quanto ao ponto, era a pessoa da companhia teatral encarregada de dizer baixinho para os artistas, durante o espetáculo, partes do texto quando eles não conheciam ou não se lembravam bem. Era ele também quem dava os sinais necessários para o pessoal técnico realizar alguma ação relacionada ao andamento do espetáculo. O ponto ficava no proscênio do palco, escondido da visão do público por uma concha ou anteparo.

23 A parte posterior da cabeça.

24 Provavelmente a igreja de Nossa Senhora do Carmo da Lapa — local para onde a Ordem das Carmelitas se mudou depois da transferência da corte portuguesa para o Rio de Janeiro, em 1808.

25 Festa ou espetáculo antigos no qual se usavam máscaras. Aqui, usada no sentido de farsa, brincadeira.

26 Tola.

27 Ir de vento em popa.

28 Em apuros.

29 Salários.

30 Entupido de catarro.

31 Espécie de cortina que cobre a cama desde a borda do colchão até o piso.

32 Expressão carinhosa, o que há de mais querido a alguém.

33 Na mitologia grega são chamadas Erínias (Fúrias em latim). Entidades femininas destinadas a punir os mortais pecadores. Têm aparência terrível, com asas e cabelos cheios de serpentes. Vivem no Hades. Geralmente aparecem em número de três: Alecto, Megaira e Tesífone.

MARTINS PENA

Os ciúmes de um pedestre[1] ou O terrível capitão do mato[2]

COMÉDIA EM 1 ATO

PERSONAGENS

André João, pedestre
Balbina, sua filha
Anacleta, sua mulher
Alexandre, amante[3] de Balbina
Paulino, amante de Anacleta
Roberto, pai de Anacleta
O cabo da patrulha
Soldados permanentes

A cena passa-se no Rio de Janeiro.

Ato único

Sala ordinária. Porta no fundo e laterais. No segundo plano, à direita, um armário, e à esquerda, uma escada de mão que se supõe conduzir a uma trapeira[4] *sobre o telhado. No alto de cada uma das portas laterais há um buraco. Sobre uma mesa, uma vela apagada. É noite.*

Cena I

Ao levantar do pano, estará a cena às escuras e só. Ouve-se dar meia-noite em um sino ao longe. Logo que tenha expirado a última badalada, aparece Paulino sobre a escada e principia a descer com precaução.

PAULINO (*ainda no alto da escada*) Meia-noite. São horas de descer... Ele saiu... Anda a estas horas em procura de negros fugidos... Que silêncio! O meu bem ainda estará acordado? A quanto me exponho por ela! Escorreguei no telhado e quase caí na rua. Estava arranjado! Mas, enfim, o telhado é o caminho dos gatos e dos amantes à polca... Mas cuidado com o resultado! (*neste tempo está nos últimos degraus da escada*) Ouço rumor...

Cena II

Balbina, da esquerda, metendo a cabeça no buraco da porta.

BALBINA (*chamando*) Minha madrasta? Minha madrasta?

PAULINO (*à parte*) Mau! A filha está acordada...

BALBINA (*no mesmo*) Dona Anacleta? Dona Anacleta?

ANACLETA (*da direita, metendo* o *cabeça no buraco da porta*) O que queres, Balbina?

PAULINO (*à parte*) É ela...

BALBINA Já deu meia-noite...

ANACLETA E foi só para me dizeres isso que me chamaste? Vai dormir, que eu não estou para conversar a estas horas e de poleiro... Adeus.

BALBINA Pelo amor de Deus, espere!

ANACLETA Para quê?

BALBINA Estou com medo...

ANACLETA Ora, não sejas criança. Vai dormir.

BALBINA Não posso... Eu estava cosendo; fui espevitar a vela e apaguei-a... Fiquei às escuras. Nisso deu meia-noite... Arrepiaram-se os meus cabelos... Levantei-me e ia meter-me na cama assim mesmo vestida, quando ouvi as tábuas do forro estalarem como se uma pessoa andasse sobre elas...

PAULINO (*à parte*) E não enganou-se...

ANACLETA O medo é que te fez crer isso.

BALBINA Não, não foi o medo, bem ouvi... E fiquei com tanto susto, que nem ousava respirar. Afinal, cobrei ânimo para chegar até aqui e chamar-lhe.

ANACLETA Quem pode a estas horas andar lá pelo forro?

PAULINO (*à parte*) Eu...

BALBINA Não sei.

ANACLETA Foi engano teu. As tábuas à noite estalam com o calor.

BALBINA Bem pode ser; mas tenho medo. Não posso ficar só às escuras, morrerei de susto. Se eu pudesse ir para lá…

ANACLETA Bem sabes que é impossível. Ambas estas portas estão fechadas e teu pai levou as chaves.

BALBINA Meu Deus! Mas fique aí conversando comigo, até que meu pai entre.

ANACLETA Isto é, queres que fiquemos aqui até de madrugada, que é a hora que ele volta?

PAULINO (*à parte*) Muito bem, não me enganei!

BALBINA Meu Deus, meu Deus, por que meu pai desconfia tanto de nós, que nos deixa assim fechadas cada uma no seu quarto? Se ao menos nos deixasse juntas!

ANACLETA Ele diz que uma mulher só é capaz de enganar ao diabo, e que duas juntas enganariam o inferno em peso.

PAULINO (*à parte*) Que tal o pedestre? E o mais é que não deixa de ter sua razãozinha…

BALBINA E por isso deixa-nos presas e separadas quando sai para suas diligências. Pois olhe: se meu pai continua a desconfiar assim e aperta comigo, eu prego-lhe alguma…

ANACLETA E eu também.

PAULINO (*à parte*) Bravo, é isso mesmo o que eu quero…

BALBINA Nunca lhe dei motivos para assim tratar-me.

ANACLETA E eu, que motivos lhe tenho dado? O remédio é ter paciência. Adeus.

BALBINA Não, não, espere!

ANACLETA Escuta. Vai à gavetinha da mesa que está aí no canto à esquerda, tira uma caixinha de fósforo que lá guardei esta manhã, e acende a tua vela.

BALBINA Pois sim, mas não saia daí enquanto eu procuro o fósforo.

ANACLETA Medrosa! Pois vai, que fico esperando.

BALBINA Pelo amor de Deus, não saia daí! (*desaparece do buraco*)

Cena III

[*Balbina,*] *Paulino, e Anacleta no buraco da porta.*

PAULINO (*à parte*) Vamo-nos aproximando... (*caminha com precaução para onde ouve a voz de Anacleta*)

ANACLETA Pensa meu marido que se guarda uma mulher prendendo-a debaixo de sete chaves! Simplório! Não sabe que quando elas não se guardam a si mesmas, nem quantas fechaduras e portas há são capazes de as reter. O pior às vezes é desconfiar.

PAULINO (*à parte, caminhando*) Não há dúvida, o pior é desconfiar.

ANACLETA Os ciúmes despropositados de alguns maridos fazem com que as mulheres pensem em coisas que nunca lhe passariam pela cabeça, se eles tivessem mais confiança.

PAULINO (*à parte*) Pobres maridos! Eu arrisco-me a falar-lhe...

ANACLETA Se o meu não me atormentasse com ciúmes, eu não teria de certo dado atenção ao meu vizinho...

PAULINO (*à parte*) Ai, que fala da pessoa!

ANACLETA Pois como desconfia de mim, hei de namorar o vizinho, ainda que não seja senão para vingar-me...

PAULINO (*alto*) Sim, sim, meu bem, vinga-te! Aqui estou eu para vingarmo-nos!

ANACLETA Ai, ai, ladrões! (*sai do buraco e continua a gritar dentro.*)

PAULINO (*assustado, batendo na porta*) Fi-la bonita! Espantei-a! Sou eu, sou eu! É o vizinho... Não sou ladrão, não grite... Olhe que sou eu... (*Anacleta continua a gritar*) Pior! Isto não vai bem... (*batendo na porta*) Sou eu, sou o vizinho amado... Tome esta cartinha... por baixo da porta... (*assim dizendo, mete uma carta por debaixo da porta; Balbina aparece no buraco da porta à direita*)

BALBINA O que é? Que gritos são estes?

PAULINO (*à parte*) Mal vai ela... Safemo-nos, há já uma de mais... (*encaminha-se para sair*)

BALBINA Minha madrasta? (*Paulino cai sobre uma cadeira*) Quem está aí?

PAULINO (*perdendo a cabeça*) Não é ninguém...

BALBINA (*sai do buraco e principia a gritar*) Ladrões, ladrões!

PAULINO (*só e assustado*) Mais esta! O melhor é safar-me... Como grita! Que goelas! Se chega o pedestre, estou arranjado! Namoro de telhado dá sempre nisto... Onde diabo está a escada? (*esbarrando-se no armário*) Isto é um armário... Estou desorientado... Calaram-se. A escada deve estar deste lado... Ouço passos! Meu Deus, será ele?

PEDESTRE (*dentro*) Anda para diante...

PAULINO Oh, diabo, é ele! Se aqui me pilha, mata-me... Ou ao menos leva-me para a Correção.[5] (*procura a escada com ansiedade*) Ah, enfim! (*vai a subir apressado e a escada rebenta pelo meio, e ele rola pela cena*) Ai, ai! (*levantando-se apressado*) Maldito namoro! Que hei de fazer? A escada quebrou-se! Abrem a porta! Jesus! (*procura o armário*) Ah! (*esconde-se no armário*)

Cena IV

Abre-se a porta do fundo e por ela entra o pedestre com uma lanterna de furta-fogo[6] na mão esquerda e trazendo preso, com a direita, pela gola da camisa, Alexandre, disfarçado em negro.

PEDESTRE Entra, paizinho...

ALEXANDRE Sim, sinhô... (*o pedestre, depois de entrar, fecha a porta por dentro*)

PEDESTRE Agora foge...

ALEXANDRE Não, sinhô... (*o pedestre acende uma vela que está sobre a mesa e apaga a lanterna*)

PEDESTRE (*enquanto acende a vela*) Quem é teu senhor?

ALEXANDRE Meu sinhô é sinhô Majó,[7] que mora na Tijuca.

PEDESTRE Ah! E que fazias tu à meia-noite na rua, cá na cidade?

ALEXANDRE Estava tomando fresco, sim, sinhô.

PEDESTRE Tomando fresco! Olha que patife... Estavas fugido...

ALEXANDRE Não, sinhô.

PEDESTRE Está bom, eu te mostrarei. Hei de te levar amarrado a teu senhor. (*à parte*) Mas há de ser daqui a quatro dias, para a paga ser melhor. (*para Alexandre*) Vem para cá. (*encaminha-se com Alexandre para a segunda porta à esquerda e quer abri-la*) É verdade, está fechada... E a chave está lá dentro do quarto de Balbina. (*para Alexandre*) Espera aí. Se dás um passo, dou-te um tiro.

ALEXANDRE He!

PEDESTRE He, hem? Vê lá! (*encaminha-se para a porta do quarto de Balbina, tira da algibeira uma chave e abre a porta. Balbina, ouvindo da parte de dentro abrirem a porta, principia a gritar*)

BALBINA (*dentro*) Ai, ai! Quem me socorre? Quem me socorre?

PEDESTRE Que é lá isso? Balbina, por que gritas? Sou eu. (*abre a porta e entra no quarto*) Que diabo!

Cena V

Alexandre, Paulino espiando da porta do armário e Anacleta espiando pelo buraco da porta.

ALEXANDRE (*com o seu falar natural*) Estou só... Tomei este disfarce, o único de que me podia servir para introduzir-me nesta casa, a fim de falar à minha querida Balbina... Com que vigilância a guarda o pai! Quem sabe como me sairei desta empresa... Quem sabe... Talvez muito mal; o pedestre é endiabrado... Coragem, agora nada de fraqueza...

PAULINO (*à parte, do armário*) Estou arranjado! Como sair daqui?

ANACLETA (*chegando ao buraco da porta*) Um negro! Meu marido já entrou... E o vizinho? A carta era dele... Sairia?

PAULINO (*vendo Anacleta no buraco*) É ela! Psiu...

ALEXANDRE (*voltando-se*) Quem chama? (*Paulino e Anacleta, vendo o negro voltar-se, desaparecem*) Aqui há gente... Mau, já não vou gostando... (*olhando espantado ao redor de si*)

Cena VI

Entra o pedestre e Balbina.

PEDESTRE Por que gritavas?

BALBINA Pensei que eram ladrões. Ouvi bulha aqui na sala...

ALEXANDRE (*à parte*) Como o meu coração bate! Prudência... (*principia a fazer sinais para Balbina*)

PEDESTRE Fui eu que entrei, e mais cedo do que costumo. Encontrei este tratante dormindo na calçada, aqui mesmo defronte da porta. Estava tomando fresco... Ladrões, dizes tu? Ladrões em casa de pedestre? Tão tolos não são eles. Aqui não há que roubar, e vinham entregar-se com a boca na botija, pois não?

BALBINA (*reconhecendo Alexandre*) Meu Deus!

PEDESTRE Hem?

BALBINA Nada, não, senhor. (*à parte*) Que loucura! (*neste tempo Alexandre tem na mão uma cartinha, que mostra a Balbina*)

PEDESTRE Anda, vai-te deitar, que estás sonhando. E tu... (*volta-se para Alexandre e o surpreende mostrando a carta a Balbina*) Ah! (*salta sobre ele e arranca-lhe a carta*)

BALBINA (à *parte*) Meu Deus!

PEDESTRE Ah, patife, tu trazes cartinhas! (*voltando-se para a filha*) E tu as recebes... Velhaca!

BALBINA (*recuando*) Meu pai!

PEDESTRE Vejamos quem te escreve, para depois castigar-te. (*abre a carta e lê*) "Meu amor... (*falando*) Ah, já és seu amor? (*continuando a ler*) Apesar das cautelas de teu pai, um estratagema me conduzirá junto de ti... (*falando*) Ah, um estratagema! (*olha receoso ao redor de si*) ...e arrancando-te à sua crueldade, serás minha esposa." (*falando*) Não tem assinatura... (*fica pensativo*)

BALBINA (*à parte*) Eu tremo!

ALEXANDRE (*à parte*) O que fará? Em boas meti-me!

PEDESTRE (*caminha para Alexandre sem dizer palavra e dá-lhe uma bofetada*) Principio por ti... (*Alexandre, esquecendo-se do caráter que representa, quer ir sobre o pedestre, mas vendo Balbina, que com as mãos postas pede-lhe que se modere, contém-se. Pedestre, agarrando Alexandre pela gola da camisa*) Quem mandou esta carta?

ALEXANDRE (*à parte*) Felizmente não me conhece...

PEDESTRE Quem mandou esta carta? Fala, ou eu...

ALEXANDRE Não sei, não, sinhô; foi um branco que me deu.

PEDESTRE Que branco?

ALEXANDRE Não sei, não, sinhô.

PEDESTRE Ah, não sabes? (*querendo puxar da espada*)

BALBINA Meu pai!

PEDESTRE Espera tu, que temos também que falar. (*para Alexandre*) Então? Quem é o branco?

ALEXANDRE Eu vou contá tudo. Um branco me disse: José, toma dez tostões; quando dé meia-noite vai para o Beco dos Aflitos[8] fazê negro fugido... E quando o pedestre que mora lá mesmo no Beco dos Aflitos sair, deixa ele prendê você e levá para casa... E entrega esta cartinha à sinhá Balbina... Está... Mas não sei quem é o branco... Foi para ganhar dez tostões...

PEDESTRE Hum, é assim? Que trama! Vem cá, negrinho da minha alma, tratante... Amanhã, hem? Correção, cabeça rapada[9] e... (*faz sinal de dar pancada*) Mas antes, hem? meu negrinho, hei de te dar uma reverendíssima maçada de pau bem repinicadinha. Vem cá, meu negrinho...

ALEXANDRE (*querendo resistir*) Mas sinhô...

PEDESTRE Vem cá, vem cá... (*vai levando-o para o segundo quarto à esquerda e mete a chave na fechadura, para abrir a porta*)

BALBINA (*à parte, enquanto o pedestre abre a porta*) Pobre Alexandre, a quanto se expõe ele por mim! Mas que loucura a sua, assim disfarçar-se!

PAULINO (*à parte, espiando do armário*) Isto principia muito mal... E acabará ainda pior!

PEDESTRE (*empurrando Alexandre para dentro do quarto*) Entra! (*fecha a porta e tira a chave*)

BALBINA (*à parte, a tremer de susto*) Ai de mim! Matai-me, meu Deus! (*pedestre encaminha-se para Balbina e, chegando junto dela, observa-a por alguns instantes, calado. Balbina treme de susto, enquanto o pai a observa. Pedestre, sem dizer palavra, volta-se, e abrindo a gaveta da mesa, dela tira uma palmatória. Balbina, vendo-o tirar a palmatória*) Ah!

PEDESTRE (*indo para ela*) Dá cá a mão!

BALBINA Meu pai!

PEDESTRE Dá cá a mão!

BALBINA Oh! (*recuando*)

PEDESTRE (*seguindo-a*) Dá cá a mão!

BALBINA (*escondendo as mãos atrás das costas*) Não sou criança para levar de palmatória!

PEDESTRE Não és criança... Mas és namoradeira, e eu cá ensino as namoradeiras a palmatória. Santo remédio! Venha!

BALBINA Meu pai, meu pai, pelo amor de Deus!

PEDESTRE Ah, a menina tem namorados, recebe cartinhas e quer casar-se contra minha vontade! Veremos... Venha, enquanto está quente... Venha!

BALBINA (*caindo de joelhos*) Por piedade!

PEDESTRE Só quatro dúzias, só quatro dúzias...

BALBINA Oh, não, não, meu pai! (*abraçando-lhe as pernas*) Meu pai, que lhe fiz eu? Que culpa tenho eu, se me escrevem? Posso eu impedir que me escrevam?

PEDESTRE Pode, pode! Não dê corda! Venha!

BALBINA Mas isso é uma injustiça! Eu não conheço ninguém, não vejo ninguém, vivo aqui fechada...

PEDESTRE Quanto mais se não vivesse...

BALBINA Que culpa tenho, se alguém se lembra de escrever-me? Não posso prevenir isso... Escrevem-me, mandam a carta por um negro... e sou eu quem pago, eu, que não tenho culpa nenhuma! Meu pai, perdoe-me! Indague quem foi a pessoa que escreveu-me e castiga-o... Mas eu? Oh, perdão, meu bom paizinho!

PEDESTRE Levanta-te. Olha, tu não levarás os bolos por esta, mas também não me hás de embaçar mais. Porém quero saber quem é o sujeitinho que quer armar o estratagema para lograr-me. Lograr-me! A mim, que sou macaco velho no ofício... Quero ver se é capaz de pôr o pé nesta casa ou se te fará dar um só passo daqui para fora. Então, não sabes ele quem é?

BALBINA Já lhe disse que não, meu pai.

PEDESTRE Está bem, chama tua madrasta. Toma a chave. Ela me dirá. (*Balbina vai abrir a porta e sai por ela*)

Cena VII

Pedestre, e Paulino no armário. Pedestre passeia, pensativo, de um para outro lado da sala.

PAULINO (*à parte, no armário*) No que diabo estará ele pensando!

PEDESTRE Estratagema! Qual será o estratagema? É preciso toda a cautela... Ora, eis aí está! Fecham-se, aferrolham-se estas mulheres e elas sempre acham uma abertazinha para nos pregarem mesmo na menina do olho... Ah, mas deixem-nas comigo... Só fica logrado aquele que as não conhece. Porta sempre fechada — e os melros que andem por fora da gaiola...

PAULINO (*à parte, no armário*) Dentro já estou eu...

ALEXANDRE (*à parte, no buraco da porta*) Eu cá estou de dentro...

PEDESTRE Veremos quem é capaz de lograr-me... Lograr André Camarão! Cá a menina, levarei a palmatória. Santa panaceia para namoros! E minha mulher... Oh, se lhe passar somente pela ponta dos cabelos a ideia de enganar-me, de se deixar seduzir... Ah, nem falar nisso, nem pensar! Eu seria um tigre, um leão, um elefante! A mataria, a enterraria, a esfolaria viva. Oh, já tremo de furor! Vi muitas vezes *Otelo*[10] no teatro, quando ia para a plateia por ordem superior.[11] O crime de Otelo é uma migalha, uma ninharia, uma nonada, comparado com o meu... Enganar-me! Enganar, ela! Ah, nem sei do que seria capaz! Amarrados ela e o seu amante, os mandaria de presente ao diabo, acabariam na ponta desta espada, nas unhas destas mãos, no talão destas botas! Nem quero dizer do que seria capaz.

PAULINO (*à parte, no armário*) Deus se compadeça de mim!

PEDESTRE Oh, mataria o gênero humano, se o gênero humano seduzisse minha mulher!

PAULINO (*à parte*) Quem me reza por alma?
PEDESTRE Ela que chega... E eu não me fio nela...

Cena VIII

Os mesmos, Anacleta e Balbina.

ANACLETA Mandou-me chamar?
PEDESTRE Sim, espere. E tu, (*para Balbina*) vai requentar uma xícara de café, que tenho a cabeça muito esquentada. (*Balbina sai*)
PAULINO (*à parte*) Atenção...
PEDESTRE (*para Anacleta*) Chegue-se para cá. (*assenta-se*)
ANACLETA (*aproximando-se*) Aqui me tem.
PEDESTRE Quem vem a esta casa quando eu estou fora?
PAULINO (*à parte*) Ninguém...
ANACLETA Zombas comigo? (*olhando ao redor de si*) Ele saiu...
PEDESTRE Responda ao que lhe pergunto. Quem vem a esta casa?
ANACLETA Quando sais não fechas todas as portas e não nos deixas presas cada uma de seu lado? Como queres que aqui venha alguém?
PEDESTRE (*levantando-se*) Portas fechadas! Que valem portas fechadas? As fechaduras não têm buraco?
ANACLETA (*à parte*) Com que homem casei-me eu!
PEDESTRE (*à parte*) Hei de ver se descubro umas fechaduras sem buraco... (*alto*) Anacleta, ouve bem o que te vou dizer. Tu me conheces, e sabes se sou capaz de fazer o que digo — e ainda mais. Sempre que saio deixo esta casa fechada, portas e janelas, e sempre que aqui estou tenho os olhos alerta. E apesar de todas estas cautelas, Balbina enganou-me.
ANACLETA Enganou-te?

PEDESTRE Tem um amante, recebe cartinhas e está fiada em um estratagema para lograr-me. (*olha ao redor de si*) Mas isso veremos. Mas onde diabo viu ela esse sujeito? Quando, como? Aqui está o que me amofina, o que derrota a minha finúria de pedestre e faz-me andar a cabeça à roda. Tantas cautelas, e por fim logrado! Ah, mulheres! Diabos! Vamos, tu deves saber quem é ele? Como se chama? Onde foi que Balbina o viu? Em que lugar? Por que buraco? Por que greta?

ANACLETA Nada sei.

PEDESTRE (*pegando-lhe no braço, furioso*) Nada sabes?

ANACLETA Não!

PEDESTRE Mulher!

ANACLETA Mata-me, porque deixarei de sofrer!

PEDESTRE Matar-te! Isso fica para quando o mereceres... Por ora, basta que eu seja mais cauteloso. Todas as portas, todas as janelas desta casa vão ser pregadas a prego... Um pequeno postigo naquela porta — quanto caiba meu corpo — será bastante para eu sair... E o postigo fechará como uma tampa de caxeta e aldrava[12] — nada de fechaduras com buraco! A luz virá pelo telhado... Não, não, os telhados andam também muito perigosos... Uma candeia de dia e de noite estará acesa aqui. Quero ver se assim me logram.

ANACLETA (*com muita tranquilidade*) Agora que te ouvi, ouve-me também. Fecha todas estas portas, prega-as, calafeta-as, rodeia-me de vigias e cautelas, que eu hei de achar uma ocasião para fugir!

PEDESTRE Tu? Oh!

ANACLETA Eu, sim! E irei direitinha daqui para o Recolhimento,[13] donde saí, depois de queixar-me às autoridades.

PEDESTRE Tu és capaz de fugir daqui?

ANACLETA Sou, sim!

PEDESTRE Meu Deus, como hei de fechar estes demônios, estas endiabradas?

ANACLETA Minha mãe — Deus a perdoe! — lançou-me na roda dos enjeitados. Na Santa Casa fui criada e educada...[14]

PEDESTRE Boa educação!...

ANACLETA Privada dos carinhos maternais, pobre e abandonada como eu era, encontrei nessa casa de misericórdia cristã amparo e proteção; nela cresci e nela aprendi a orar a Deus pelos meus benfeitores e por minha mãe, que me havia abandonado, minha mãe, de quem só possuo no mundo esta cruz que desde o berço me acompanha... (*assim dizendo, beija uma cruzinha que traz pendente ao pescoço*)

PEDESTRE Esta história eu já ouvi muitas vezes, e faz-me sono...

ANACLETA Pois dorme.

PEDESTRE Assim era eu tolo... Quem se casa não dorme, ou... Bem sei o que digo.

ANACLETA Então vai ouvindo. Como recolhida, tive quatrocentos mil-réis de dote... E tu te casaste comigo por causa desses quatrocentos mil-réis, e só por eles.

PEDESTRE Eu os daria agora a quem me livrasse da pensão de te guardar.

ANACLETA E deixei assim uma habitação de paz por este inferno em que vivo. Oh, mais estou resolvida, tomarei uma resolução. Fugirei desta casa, onde vivo como miserável escrava; irei ter com meus benfeitores, contarei o que tenho sofrido desde que os deixei. Pedirei justiça, para mim e para tua primeira vítima... Oh, recorda-te bem, André, que tua primeira mulher, a infeliz mãe de Balbina, morreu arrebentada de desgostos, e que teus loucos ciúmes abriram-lhe a sepultura...

PEDESTRE Morreu para minha tranquilidade; já não é preciso vigiá-la...

ANACLETA Oh, que monstro!

PEDESTRE Anacleta! Anacleta! Tu queres pregar-me alguma! Nunca te ouvi falar assim, e se agora o fazes, é que te sentes culpada...

ANACLETA Não, é que me sinto cansada; já não posso com esta vida; não quero morrer como ela.

PEDESTRE Até agora tenho-te tratado como um fidalgo, nada te tem faltado, a não ser a liberdade...

ANACLETA (*à parte*) É o necessário...

PEDESTRE Confiava em ti... porque tinha sempre a minha porta fechada. Mas minha filha enganou-me, apesar das portas fechadas, e tu também me enganarás...

ANACLETA Oh!

PEDESTRE (*com voz concentrada*) Se é que já não me enganaste!

ANACLETA Isto é muito!

PEDESTRE (*pegando-lhe pelo braço*) Mulher, se eu tivesse a mais pequena desconfiança, o menor indício que... Bem me entendes... Eu... eu... te mataria!

ANACLETA (*recuando, horrorizada*) Ah!

PEDESTRE (*caminhando para ela*) Sim, a minha afronta eu lavaria no teu sangue, e a minha... (*aqui vê ele no seio da mulher a ponta da carta que Paulino meteu por baixo da porta e que ela apanhou, e com rapidez a arrebata*)

ANACLETA Ah! (*à parte*) Estou perdida!

PEDESTRE (*com a carta na mão*) Uma carta! Hoje já são duas! Chovem cartas em minha casa, apesar das portas fechadas! Ela também! (*indo para Anacleta*) De quem é esta carta? Eu tremo de a ler!

ANACLETA Esta carta?

PEDESTRE Sim!

ANACLETA Não sei...

PEDESTRE Oh! (*abrindo a carta com furor e amarrotando-a nas mãos*) Ei-la! (*arredando-a dos olhos, todo trêmulo*)

ANACLETA (*suplicante*) André!

PEDESTRE A prova da minha desonra! (*tomando-a pelo*

braço, a conduz para junto da vela que está sobre a mesa)

ANACLETA Deixa-me! O que queres de mim?

PEDESTRE (*apresentando-lhe a carta à luz da vela*) Lê!

ANACLETA André, piedade! (*muito aterrorizada*)

PEDESTRE Lê comigo! (*lendo*) "Minha bela Anacleta...

ANACLETA (*repetindo*) Minha bela Anacleta...

PEDESTRE (*lendo*) ...Teu marido é um animal...

ANACLETA (*repetindo*) ...Teu marido é um animal...

PEDESTRE (*no mesmo*) ...e tu és um anjo.

ANACLETA (*no mesmo*) ...e tu és um anjo.

PEDESTRE (*no mesmo*) Esta noute irei ver-te...

ANACLETA (*no mesmo*) Esta noute irei ver-te...

PEDESTRE (*no mesmo*) ...e se não tiver a fortuna de encontrar-te...

ANACLETA (*no mesmo*) ...e se não tiver a fortuna de encontrar-te...

PEDESTRE (*no mesmo*) ...deixar-te-ei esta carta...

ANACLETA (*no mesmo*) ...deixar-te-ei esta carta...

PEDESTRE (*no mesmo*) ...para conheceres quanto te amo...

ANACLETA (*no mesmo*) ...para conheceres quanto te amo...

PEDESTRE (*no mesmo*) ...e quanto desprezo o burro do teu marido."

ANACLETA (*no mesmo*) ...e quanto desprezo o burro do teu marido.

PEDESTRE (*puxando-a para a frente do tablado, encruzando os braços e com grande tranquilidade*) Que tens que dizer?

ANACLETA Tudo me persegue...

PEDESTRE E te incrimina. (*mudando de voz*) Olha para mim! Reconheces-me?

ANACLETA Oh, para que deixei eu o Recolhimento para seguir este homem?

PEDESTRE Já fizeste as tuas orações?

ANACLETA Que queres tu dizer?

PEDESTRE Recomenda tua alma a Deus, que eu esperarei um instante. (*passeia*)

ANACLETA Oh, André, André, piedade! Escuta-me! (*aqui entra Balbina com uma xícara de café*)

BALBINA Está o café, meu pai. (*pedestre dá com a mão na xícara e a atira pelos ares*) Ah!

PEDESTRE (*voltando-se para Anacleta e desembainhando a espada*) Estás pronta?

ANACLETA (*agarrando-se com Balbina*) Balbina! Balbina!

BALBINA Ai, ai!

PEDESTRE (*puxa Anacleta pelo braço, a qual arrasta Balbina consigo*) Tu vais morrer, mulher infiel, traidora!

ANACLETA (*gritando*) Quem me socorre, quem me socorre?

BALBINA (*ao mesmo tempo*) Meu pai, meu pai!

PEDESTRE Ninguém agora te arrancaria de minhas mãos! Quero vingar-me! Morre!

ALEXANDRE (*do buraco da porta*) Tenha mão!

PEDESTRE (*ao ouvir esta voz, volta-se e deixa o braço de Anacleta*) Ah, negro, diabo!

ANACLETA (*vendo-se livre, corre para dentro*) Socorro!

PEDESTRE (*conhecendo que foi o negro quem falou, segue a Anacleta, furioso*) Espera, espera! (*saem ambos de cena*)

BALBINA Meu pai, meu pai!

ALEXANDRE (*do buraco da porta*) Psiu, psiu! Balbina, vem cá!

PAULINO (*do armário*) O que será de mim? Misericórdia, que mortandade!

BALBINA (*correndo para Alexandre*) Fuja, fuja; senão, mata-me também!

ALEXANDRE (*do buraco*) Abra a porta, que fugiremos juntos, Já não quero ficar aqui nem um instante.

BALBINA Ele tirou a chave!

PAULINO (*dentro do armário*) Olé, o negro quer fugir com a moça! Onde me meti eu!

ALEXANDRE Balbina, Balbina, o que há de ser de nós? Quem mandou-me cá vir? Mas eu te amo tanto!

PAULINO (*do armário*) O caso é esse, agora percebo: disfarçou-se, pintou-se de negro para cá entrar. Olhem que menino! Se eu não estivesse com tanto medo, ria-me do logro que levou o pedestre. (*ouve-se dentro gritos e bulha, como de uma pessoa que rola pelas escadas abaixo*)

BALBINA Meu Deus, ele matou-a!

ALEXANDRE (*do buraco*) Não é possível!

PAULINO (*no armário, fechando a porta*) Eu desmaio... Quem me acode?

ALEXANDRE Vai ver, vai ver, já não posso estar aqui... As pernas tremem-me... (*sai do buraco*)

Cena IX

Entra o pedestre, ainda com a espada na mão e muito pálido e assustado.

BALBINA Meu pai, meu pai, o que tem? Tão pálido! Responda! E minha madrasta?

PEDESTRE (*apontando para dentro, todo trêmulo*) Morta!

BALBINA Morta! Meu Deus! (*corre para dentro*)

PAULINO (*à parte, no armário*) Um assassinato! E eu sou a causa, oh!

PEDESTRE (*como assustado*) Ela me enganava... Está morta! Morta! E agora? Enterra-se... e fico descansado. Sim, descansado, tranquilo. Amanhã me perguntarão por ela e eu... Oh, talvez fizesse mal? Se ela estivesse inocente... Inocente... Oh! (*com ternura*) Anacleta, Anacleta! Mas ela traiu-me, fiz muito bem... O homem deve vingar-se... (*com ternura*) Anacleta! Vem gente...

BALBINA (*entrando*) Meu pai, meu pai, talvez ainda seja

tempo de a salvar! Ela rolou pelas escadas abaixo e lá está caída, fria e sem sentidos... Acuda-a!

PEDESTRE Não, ela traiu-me; esqueceu-se do meu nome, do meu amor e de minha confiança.

BALBINA Venha, ou vá chamar um médico!

PEDESTRE (*com voz terrível*) Não!

BALBINA Meu Deus, compadecei-vos de nós! (*sai*)

PEDESTRE Morta, morta, morta! Talvez não fosse culpada; talvez, quem sabe? Que abismo! Inocente! Mas a carta, a carta? Teu marido é um animal... Animal! Oh, se tivesse o indigno sedutor debaixo dos pés, se o visse tremendo, enfiado nesta espada, ah! seria feliz! Pérfida! Insultado, desonrado! Oh, quisera nadar em sangue! Pérfida! (*passeia agitado pela sala*) Esta escada quebrada... Desceria ele por aqui? Viria pelos telhados? Ah, (*vendo o boné*) um boné! Um boné em minha casa! Um boné! Querem-na mais clara? Mas um boné por si só é inocente, um boné nada vale... A cabeça que ele cobria é que é tudo. Procuremos a cabeça. (*principia a procurar pela sala, furioso*) Não me há de escapar. (*dirige-se para o armário e o abre*) Oh, cá está!

PAULINO Quem me acode? Quem me socorre?

PEDESTRE (*arrancando-o do armário e puxando-o para a frente da cena*) Oh, és tu? O algoz da minha honra, da minha tranquilidade!

PAULINO (*trêmulo de susto*) Eu não, senhor, não, senhor!

PEDESTRE (*pondo-lhe o boné na cabeça*) Este boné é teu... e esta cabeça é minha!

PAULINO Ai, ai, ai!

PEDESTRE (*furioso*) Ah, tu pensavas que havias de entrar no asilo conjugal pelo telhado, para roubares ao marido o seu bem! Ah, contastes com a minha fraqueza! Tu vais morrer na maré da noite!

PAULINO Ai, ai, quem me acode?

PEDESTRE Podes gritar. Tenho o direito de te matar. Vou arrancar-te esse coração... Grita... e morre!

PAULINO (*por um movimento rápido, desprende-se das mãos do pedestre e corre pela sala, gritando*) Ai, ai, quem me acode? Querem-me matar!

PEDESTRE (*o segue de perto*) Não me escaparás; hás de morrer! (*atira uma estocada em Paulino, pelas costas*) Morre!

PAULINO (*deixando-se cair ao chão de bruços, com os braços estendidos*) Ai, estou morto!

PEDESTRE (*parando repentinamente*) Morto! Também ele! Matei-o! (*deixa cair a espada, trêmulo, e vem assentar-se junto à mesa, e aí permanece por alguns instantes, silencioso. Paulino, enquanto o pedestre caminha para a mesa, e durante o tempo que aí demora-se sentado, levanta a cabeça e observa. Pedestre, depois de alguns momentos de silêncio*) Fiz o que devia.

PAULINO (*à parte*) E eu também...

PEDESTRE (*levantando-se, pensativo*) Nasce o homem tranquilo e inocente e depois faz duas mortes... Duas mortes! Fado e destino da humanidade! (*caminha para junto de Paulino, que se conserva imóvel*) Vil sedutor, cadáver aborrecido! (*empurra-o com o pé e ele rola*) Ressuscita outra vez, que te quero ainda matar de novo, cevar-me no teu sangue, arrancar tuas tripas! Oh, ressuscita outra vez!

PAULINO (*à parte*) Assim era eu tolo!

PEDESTRE Minha vingança está satisfeita; dormirei tranquilo... Tranquilo? Mas a forca? A forca! Oh, que nem dela me lembrava! Oh, por que levantou a justiça este horrível fantasma entre o homem e a sua legítima vingança? Oh, bem se vê que quem inventou o Código[15] e a forca não tinha mulher que o traísse... Que farei? Como ocultar estas duas mortes, como esconder estes dois corpos, que farei? Ah! (*como ferido de uma ideia repentina, corre para o quarto onde está Alexandre e sai*)

PAULINO (*levantando a cabeça com cautela e espian-*

do) Foi-se... O que iria fazer? Se a chave estivesse na porta, eu metia pernas... Mas o endemoninhado a tirou... O melhor é continuar a fingir-me de morto. Mas que diabo quererá ele fazer do meu corpo? Ora, é bem feito, para eu não me meter em camisas de onze varas,[16] saltar telhados; e bolir com as mulheres dos outros. Se escapar desta, podem todos os que têm mulheres dormir com as portas abertas, que eu *abrenuntio*...[17] Ele aí vem... Estou morto...

Cena X

Entra o pedestre, conduzindo por uma mão Alexandre e tendo na outra um saco.

PEDESTRE (*para Alexandre*) Nem uma palavra, e faze o que eu te mando; do contrário, mato-te como o matei... (*apontando*)

ALEXANDRE (*assustado, vendo Paulino*) Ah!

PEDESTRE Então?

ALEXANDRE (*à parte*) É alta noite, e eu só com este desalmado, em sua casa...

PEDESTRE Decide-te!

ALEXANDRE Sim, sinhô. (*à parte*) O melhor é obedecer-lhe e ver se me safo...

PEDESTRE Vem cá. É preciso metê-lo neste saco, ajuda-me. (*ambos principiam a meter Paulino dentro do saco. Durante esta operação, Paulino conserva toda a aparência de um corpo morto*) Anda mais depressa, não tremas. Ele ainda está quente... Patife! Assim metido no saco, tu o levarás às costas e o lançarás ao mar. (*tirando uma corda da algibeira*) Amarremos a boca do saco. (*amarram a boca do saco*) Eu te acompanharei até a praia; depois te darei a liberdade... Bom, está amarrado. Agora espera um instante, enquanto vou ver se alguma ronda se aproxima, ou se passa alguém pela rua. (*sai pelo fundo e fecha a porta por fora*)

Cena XI

Alexandre e Paulino metido no saco.

ALEXANDRE Fecha a porta... e deixa-me só com um homem morto! Mas quem é este homem? Por que o matou ele? Oh, tenho os cabelos arrepiados... Só com um cadáver! Que vim eu aqui fazer? Que horrível noite! E Balbina? Está junto da madrasta também morta... Oh, que terrível pedestre! O que farei, o que farei?

PAULINO (*dentro do saco, sentando-se*) Fugirmos...

ALEXANDRE (*recuando, espavorido*) Ah!

PAULINO (*no mesmo*) Não se assuste, que eu estou vivo...

ALEXANDRE Vivo!

PAULINO (*no mesmo*) Sim, sim. Pois não ouve que estou falando?

ALEXANDRE (*aproximando-se*) Ah!

PAULINO (*no mesmo*) Ele saiu... E eu espero que o senhor não me lance ao mar dentro deste saco. Ande, tire-me daqui. Eu bem sei por que o senhor também está cá; tudo tenho ouvido. Veio por uma e vim por outra... Ande, tire-me daqui e fujamos... Ande depressa, uf! (*Alexandre, que durante o tempo que Paulino fala está como pensativo, exclama, logo que ele tenha acabado: "Balbina, Balbina!" e sai pela direita, correndo*)

Cena XII

Paulino, só, dentro do saco.

PAULINO Então? Ó senhor? Foi-se... E esta! (*põe-se em*

pé) E deixou-me só, dentro do saco... Se eu pudesse arrebentá-lo! (*faz esforços*) Nada! Estou aviado, quero dizer, estou ensacado... Ó amigo? (*vai dar alguns passos, atrapalha-se no saco e cai*) Ai, que fiz um galo na testa. Quem me mandou cá vir? (*sentando-se*) Senhor Paulino, senhor Paulino, quem diria a vossa mercê que um dia se veria assim preso... (*ajoelhando-se*) Minha Nossa Senhora do Amparo, amparai-me nestes apertos, que eu vos prometo um saco de café, um saco de feijão e um saco de farinha! (*levantando-se*) Mas no entanto, esperando que a Senhora do Amparo se lembre de mim, não será mau que eu também faça alguns esforços para safar-me. A porta deve ser deste lado; o diabo é se encontro o meu assassino... Vamos a arriscar, e caminhemos à maneira do sapo; senão, arrebento as ventas. (*principia a caminhar pela cena, saltando de pés juntos*)

Cena XIII

Entra Alexandre e Balbina.

ALEXANDRE (*entrando*) Só assim nos salvaremos!

PAULINO (*parando*) Ouço vozes...

ALEXANDRE Tua madrasta já tornou a si; estava apenas atordoada pela queda que deu pela escada, fugindo de teu pai. Lá ficou deitada na sua cama. Está salva; agora, salvemo-nos também... E só o meio de que te falei... E uma vez fora daqui, tenho o meu plano...

BALBINA A ti me entrego. (*Alexandre beija-lhe a mão*)

ALEXANDRE (*para Paulino, que está imóvel*) Ah, senhor?

PAULINO (*ouvindo que falam com ele, salta apressado, fugindo*) Deixe-me, deixe-me, não me mate, senhor pedestre!

ALEXANDRE (*correndo atrás dele e segurando*) Não se assuste, sou eu...

PAULINO Ah, é o senhor?

ALEXANDRE Sim, sou eu. Quer sair deste saco?

PAULINO (*com presteza*) Sim, senhor!

ALEXANDRE Ver-se na rua...

PAULINO Sim, senhor!

ALEXANDRE Livre e desembaraçado?

PAULINO Sim, senhor!

ALEXANDRE Jura fazer o que eu lhe disser?

PAULINO Juro, sim, senhor!

ALEXANDRE Palavra de honra?

PAULINO Palavra de honra!

ALEXANDRE Muito bem. (*desata o saco*)

PAULINO (*botando a cabeça fora do saco*) Ah, enfim!

ALEXANDRE Tenho a sua palavra...

PAULINO Conte com ela. (*tendo saído do saco*)

ALEXANDRE (*para Balbina*) Balbina, vem, não tenhas medo. Este é o único modo, como te disse, de sairmos daqui. (*Alexandre põe o saco no chão, aberto, e Balbina, colocando-se sobre ele, deixa que Alexandre levante as bordas, e vê-se assim dentro do saco*)

PAULINO Que diabo é lá isso? Aqui nesta casa ensaca-se gente como farinha... E como hei de sair daqui?

ALEXANDRE (*amarrando a boca do saco*) Quer vir outra vez para o saco?

PAULINO Nada, quero saber como hei de sair desta caverna de assassinos.

ALEXANDRE Acompanhando-me quando eu sair com o pedestre, levando este saco às costas.

PAULINO Bravo, compreendo excelentemente! É melhor do que ser atirado ao mar. (*ouve-se bulir na fechadura*)

ALEXANDRE Ele aí vem... (*Paulino corre, apressado, e esconde-se no armário, e Alexandre põe Balbina dentro do saco ao ombro*)

Cena XIV

Entra o pedestre.

PEDESTRE Tudo está em silêncio, não passa ninguém... Fui até ao canto e não avistei vivalma. Vamos, com cuidado; depois virei buscar o outro corpo. Apaguemos a luz. (*apaga a vela e sai seguido de Alexandre, que leva Balbina às costas; tendo saído, fecha a porta por fora*)

Cena XV

Paulino, logo que o pedestre e Alexandre saem, abre a porta do armário e vai saindo com cautela.

PAULINO Creio que fecha a porta... Mau! E deixou-me no escuro. (*encaminha-se para a porta e conhece que está fechada*) Está fechada! Fechada! Oh, com mil diabos, estou ainda preso e em seu poder! Meu Deus, quando sairei eu desta maldita casa? Só, no escuro e com uma defunta... Ela está lá dentro morta e fui eu a causa da sua morte! Não tarda muito que venha sua alma por aí a pedir-me contas... Já tenho os cabelos todos arrepiados. Escapei de morrer apunhalado, afogado, mas de certo morrerei assombrado. Que noite, que noite! (*dá uma hora, ao longe*) Uma hora! É a hora das almas do outro mundo... E eu fechado sozinho com uma defunta! (*do buraco da primeira porta à esquerda salta em cena um gato; ao ruído que este faz, saltando, Paulino se assusta e cai de joelhos*) Ai, misericórdia, misericórdia! Padre nosso, que estais no céu, santificado seja vosso nome... santificado... venha a nós... que estás no céu... vosso nome... santificado... o pão nosso... santificado... que estás no céu... seja o vosso nome... as vossas dívidas... Creio que se foi embora... Nada ouço. (*levanta-se*) É a alma da desgraçada, que anda penando... Infeliz, Deus se compadeça de ti e por lá te tenha muito tempo sem mim... Ora, é célebre! Como eu perdi o amor a esta mulher, depois que ela morreu... Está-me parecendo que o medo que tenho rapado esta noite é que fez essa mudança. Ai, ai, eu daria o amor de todas as mulheres solteiras, casadas, viúvas e etc. só para me ver fora daqui e... (*aqui abrem a porta da direita*) Aí vem ela! É uma sombra branca... que vai até o teto... Ai, ai! (*cai de joelhos*)

Cena XVI

Anacleta entra pela direita.

ANACLETA (*entrando*) Deixaram-me só... fugiram todos... Que homem bárbaro! Como está escuro! Estou só, só e abandonada. Como tenho a cabeça abalada da horrível queda que dei... Talvez Balbina esteja no seu quarto; vejamos. Ela não teria coração de desemparar-me, fraca como estou.

PAULINO (*enquanto Anacleta tem este pequeno monólogo, reza em voz baixa*) Salve Rainha, que estais no céu... neste vale de lágrimas... perdoai o pão nosso... assim como nós na vida eterna... amém, Jesus... (*Anacleta, dirigindo-se para a esquerda, a fim de entrar no quarto de Balbina, esbarra-se em Paulino, que está de joelhos, e ambos se assustam*)

ANACLETA (*assustando-se e recuando*) Ai!

PAULINO (*caindo de bruços*) Misericórdia, misericórdia!

ANACLETA (*à parte*) Quem será?

PAULINO (*de bruços*) Senhora alma do outro mundo, tenha compaixão de mim! Quem a matou foi seu marido... Agarre-se com ele e leve-o para o inferno... Mas eu, senhora?

ANACLETA Ai, que é o vizinho que ainda está por cá e julga-me morta. (*dirigindo-se para Paulino*) Senhor...

PAULINO (*à parte*) Senhor! Esta alma é muito bem criada...

ANACLETA Sou eu, não se assuste, não tenha medo...

PAULINO (*à parte*) Parece-me boa pessoa, coitadinha!

ANACLETA Como se acha ainda aqui? Responda!

PAULINO Assim era eu tolo!

ANACLETA Meu marido que me julga morta...

PAULINO (*levantando-se pouco a pouco*) Que a julga morta?

ANACLETA Só porque, fugindo eu do seu furor, rolei pelas escadas e caí sem sentido.

PAULINO (*sentado*) Pois a senhora não está morta? Pois eu não estou falando com a sua alma?

ANACLETA Eu, morta! Talvez assim me julgassem, por isso me abandonaram. Mas graças a Deus ainda estou viva.

PAULINO (*levantando-se*) Ainda está viva! Eu também estou vivo... Também já estive morto. Ambos estamos vivos e fechados nesta casa... E foi ele quem nos fechou... ele mesmo, o marido... Oh, que pedestre estúpido!

ANACLETA Senhor!

PAULINO Não se assuste... Há uma hora que eu teria dado quanto possuo para estar como estou, só convosco. Mas as coisas mudaram; esta única hora tem-me envelhecido mais de cinquenta anos. Saltei pela minha janela, trepei no vosso telhado, escorreguei três vezes, desci pela vossa escada, quebrei-a, presenciei os furores de vosso marido, chorei a vossa morte, fui assassinado, metido em um saco, meu Deus! e tudo isto em uma hora! Não seria melhor que eu estivesse deitado em minha cama, roncando debaixo dos lençóis?

ANACLETA O senhor foi de tudo isso culpado e causa do que eu tenho sofrido.

PAULINO Serei eu o culpado de tudo, carregarei com mais essa — hoje estou pronto para tudo. Mas sempre vos direi que, se me tivésseis dado com as janelas na cara quando eu lá da minha vos namorava, não teria acontecido tudo isto...

ANACLETA Nunca lhe dei esperanças; conhecia os meus deveres. Se às vezes lhe dava atenção, era para distrair-me da insipidez em que vivia.

PAULINO (*furioso*) Para distrair, para distrair-se! E a tanto me arrisquei! Oh, grandississímo pateta, pedaço de asno! Camelo, camelório, que tanto te arriscaste por uma mulher que se divertia contigo! Arrebento!

ANACLETA Não grite tanto, que ele pode vir...

PAULINO Ele! Oh, agora é que minha morte é certa... E que morte? E por quem? Arreda, mulher, arreda! Eu agora preferia estar com tua alma... Sim, com tua alma, porque ainda não vi nenhum marido ter ciúmes da alma de sua mulher.

ANACLETA Senhor!

PAULINO Oh, estou capaz de te matar para ficar só com tua alma!

ANACLETA Meu Deus!

PAULINO Tudo está acabado, tudo! Amanhã estarei morto! Ó sol que me alumia, amanhã verás o meu enterro subindo pela Ladeira de Santo Antônio...[18] Não escapo, não posso escapar... Aqui encontrado, só com ela, morrerei às suas mãos. Oh!

ANACLETA Fujamos, fujamos!

PAULINO Fugir contigo! Oh, de ti fugiria eu, se a porta estivesse aberta. Fugir com uma mulher! Oh, leve o diabo todas as mulheres e quem acredita nelas e...

ANACLETA (*muito assustada*) Ele aí vem! (*dirige-se para a direita e sai*)

PAULINO (*assustado*) Aí vem! (*dirige-se para a esquerda e entra no quarto e fecha a porta*)

Cena XVII

Entra o pedestre, muito assustado.

PEDESTRE Estou perdido! O melhor é fugir enquanto é tempo... É preciso levar alguma coisa. (*dirige-se para a mesa e, abrindo a gaveta, tira uma caixinha de fósforo e acende a vela*) Ao dobrar a segunda esquina, esbarramos mesmo com uma patrulha... O negrinho meteu logo pernas com o saco às costas, e eu também. Pega, pega! gritava a patrulha, e eu do mesmo modo gritava: Pega, pega! para não desconfiarem de mim. Mas no primeiro canto furtei-lhe a volta e vim mais que depressa para casa... Ah, mas não posso escapar! O negrinho será preso com o corpo às costas; falará... Aqui virão, e o outro corpo... Está dito, nasci para morrer enforcado por causa das mulheres, que tantos trabalhos me têm dado. Vou ajuntar o pouco dinheiro que tenho e ponho-me ao fresco... Quem quiser que a enterre... Oh, diabo, deixei a porta aberta! (*dirige-se para fechar a porta do fundo*)

Cena XVIII

O pedestre, ao chegar à porta, recua por nela aparecer Roberto.

ROBERTO (*da porta*) Dá licença?
PEDESTRE (*recuando*) Ah! (*à parte*) Estou perdido!
ROBERTO (*entrando*) Desculpe-me, se a estas horas...

PEDESTRE (*à parte*) Toda hora é boa para se prender e enforcar um homem...

ROBERTO Só muito poderoso motivo me obrigaria a incomodá-lo a horas tão indevidas...

PEDESTRE Ai, que o homem não é o que eu pensei... Não me vem prender... Sem dúvida quer que eu lhe procure algum escravo fugido. (*alto*) Que ordena vossa senhoria?

ROBERTO Senhor, há apenas doze horas que desembarquei chegando da Índia...

PEDESTRE Ah, e ele já fugiu... Sem dúvida, ao desembarcar...

ROBERTO Ele quem?

PEDESTRE O seu escravo.

ROBERTO Não é de um escravo meu que lhe venho falar.

PEDESTRE Ah! (*à parte*) Que diabo será? (*alto*) Então faça-me o favor de dizer depressa o que quer. Bem vê que a estas horas... (*aqui Anacleta espreita pelo buraco da porta para a cena e nesse jogo continua*)

ROBERTO Direi o que quero, e peço que me desculpe. Há dezoito anos que um motivo, que é inútil agora dizer, obrigou-me a deixar o Rio de Janeiro, minha pátria. Parti para costa da África; mas antes, cruel e imperiosa necessidade obrigou-me a lançar na roda dos enjeitados minha querida filhinha. Com o coração partido de dor deixei esta terra, chorando a amante que o túmulo me roubara e a filha que deixava entregue a alheia caridade. Dezoito anos de exílio... Ah, mas à custa de privações e trabalhos conquistei uma fortuna de príncipe. (*o pedestre tira o boné que conservava na cabeça*) Uma fortuna colossal para oferecer à minha filha, que abandonada passara a sua mocidade... Esta manhã entrava eu pela barra; três navios preciosamente carregados seguiam-me... E estes três navios pertencem-me.

PEDESTRE Três navios!

ROBERTO Ao saltar em terra, apressado dirigi-me para a Santa Casa da Misericórdia, a fim de saber se minha filha ainda vivia. Como ia ansioso e trêmulo! Aí chegando, perguntei por essa inocente menina que havia dezoito anos dava-me forças para tanto sofrer e coragem para trabalhar... Dei os necessários sinais — uma cruz de ouro esmaltada, orlada de azul...

PEDESTRE (*espantado*) Uma cruz de ouro!

ANACLETA (*da porta, à parte*) Uma cruz de ouro!

ROBERTO Foi-me respondido que essa menina, não tendo sido reclamada, o Recolhimento a dotara e casara. Perguntei com quem; disseram-me que com um homem que ao depois se fizera pedestre.

ANACLETA (*da porta, à parte*) Meu Deus!

PEDESTRE (*assombrado, ao mesmo tempo*) É ela! Oh! (*aqui Paulino principia a espiar pelo buraco da porta à esquerda; com cautela, porém, para não ser visto*)

ROBERTO Com um pedestre! exclamei eu. Não importa. Se esse homem a tem feito feliz, se na pobreza a que seu estado o condena tem suavizado a sua sorte com os dotes de alma, se na vida doméstica a tem feito esquecer o abandono de sua mocidade, esse homem será meu genro. Amanhã terá um palácio magnífico, numerosos criados, ricas equipagens...

PEDESTRE (*à parte*) Oh, e eu a matei!

ROBERTO ...ouro em que se possa fartar, ouro em abundância para satisfazer seus menores caprichos.

PEDESTRE (*à parte*) E eu a matei!

ROBERTO Amanhã pisará o mais soberbo com a sua imensa riqueza e esmagará o mais rico com sua esplêndida ostentação.

PEDESTRE (*à parte*) Oh, e eu a matei!

ANACLETA (*à porta e à parte*) Meu Deus, é isto possível?

ROBERTO Os homens que me ouviam deixaram primeiro passar esta torrente de exaltação e depois ensinaram-me a casa de meu genro. Meti-me em uma carruagem e dirigi-me para vossa casa. E agora, senhor, vós que sois o seu marido, ah, dizei-me: minha filha?

PEDESTRE (*como alucinado*) Vossa filha?

ROBERTO Vive feliz? Não tem amaldiçoado seu pai?

PEDESTRE (*no mesmo*) Seu pai!

ROBERTO Onde está ela? Quero abraçá-la.

PEDESTRE (*no mesmo*) Abraçá-la, abraçá-la!

ROBERTO Sim, apertá-la contra o meu peito, fazê-la feliz... E a vós também, a vós que a tendes amparado. Oh, conduzi-me, conduzi-me para junto dela!

PEDESTRE (*com a fisionomia desfigurada e tomando Roberto pelo braço*) Vossa filha... está morta!

ROBERTO Morta!

PEDESTRE Sim, e fui eu, eu mesmo que a matei!

ROBERTO Oh, grande Deus, que tenho ouvido? (*neste tempo Anacleta tem saído do buraco da porta*)

PEDESTRE (*louco*) Ela me traiu... seu amante... matei-os, fiz muito bem! Portas fechadas... nada valeram... Enganou-me... matei-a... Está morta! Palácios, equipagens, ouro, muito ouro, tudo ela me fez perder... Por sua causa viverei na miséria!

ROBERTO (*como aniquilado*) Meu Deus!

PEDESTRE Oh, se ela não se deixasse matar, hoje tinha três navios, três! Diabos que me tentaram! Estava rico, rico, muito rico... Ah, mulher, o que me fizeste perder!

ROBERTO (*com energia*) Ah, sois o seu assassino? O assassino de minha filha? Ah, não saireis de minhas mãos!

PEDESTRE (*sem dar atenção a Roberto*) Mulher que me perdeste na vida e na morte, mulher que me danaste em vida e me arrumas na morte, mulher que me persegues ainda defunta, os diabos te levem!

ROBERTO Ah, chamarei pela justiça, clamarei vingança!

PEDESTRE (*como em confidência*) Escutai, escutai... em segredo... que ninguém nos ouça...

ROBERTO Assassino!

PEDESTRE (*no mesmo*) Escutai... eu vos darei um dos meus três navios para que lhe deis vida e eu possa assim ficar com os outros dois... Vinde, que ela ali está...

ROBERTO Ali!

PEDESTRE Sim, sim, está morta... Mas vós lhe dareis vida por um navio... vinde... silêncio... Vos darei um dos navios que ela me fez perder...

ROBERTO (*deixando-se conduzir pelo pedestre*) Oh!

PAULINO (*à parte, do buraco*) Atenção, agora é que são elas... (*logo que o pedestre e Roberto estão a dois passos da porta, esta abre-se repentinamente e Anacleta, que por ela sai, abraça-se com Roberto*)

ANACLETA (*abraçando Roberto*) Meu pai, meu pai!

ROBERTO (*surpreendido*) Ah!

PEDESTRE (*vendo Anacleta, recua espavorido até a extremidade esquerda e vem encontrar-se à porta em cujo buraco está Paulino*) Fantasma, fantasma!

ANACLETA (*nos braços de Roberto*) Sou eu, meu pai, sou sua filha, eis aqui a cruz... (*mostrando a cruz ao pai*)

ROBERTO (*abraçando-a*) Sim, sim, és minha filha! Filha, querida filha! Meu Deus!

ANACLETA (*ao mesmo tempo*) Meu pai, meu pai! (*enquanto Roberto abraça a filha e continua em uma cena muda de reconhecimento e expansão, o pedestre está aterrorizado, encostado à porta, tremendo*)

PEDESTRE É ela, é a sua alma! Deixai-me, deixai-me! (*diz isto ao mesmo tempo que Roberto fala com Anacleta*)

PAULINO (*do buraco da porta para o pedestre*) Olá, não tenha medo... Não trema tanto...

PEDESTRE (*ouvindo falar sobre a sua cabeça, olha, e vendo a cara de Paulino, diz com grande terror*) Oh, também o outro fantasma! (*precipita-se para a porta do fundo, a fim de fugir*)

PAULINO (*do buraco*) Espere... (*continua a cena muda entre Roberto e Anacleta; pedestre caminha para o fundo, e quando vai a sair encontra-se com Alexandre, que trazendo ainda às costas Balbina, dentro do saco, vem preso por uma patrulha; a esta inesperada visita, dá um grito e recua para a extremidade direita do proscênio,*[19] *e aí caindo de joelhos treme espavorido*)

CABO (*entrando acompanhado dos soldados e Alexandre*) Quem é o dono desta casa?

PAULINO (*do buraco*) Bravo, estamos todos reunidos!

ROBERTO Soldados! O que é isto?

CABO Quem é o dono desta casa?

ANACLETA (*para o cabo, apontando para o pedestre*) Ali está. Mas, senhor oficial...

CABO (*indo para o pedestre*) Senhor, levantai-vos. (*o pedestre levanta-se*) Aquele negro foi encontrado na rua com um saco às costas, dentro do qual está um cadáver...

ROBERTO Um cadáver!

ANACLETA (*ao mesmo tempo*) Um cadáver!

CABO Sim, que daqui saiu. E do mesmo modo o trouxe para se proceder ao corpo de delito.

ROBERTO Um cadáver!

PEDESTRE (*levantando-se*) Sim, um cadáver... (*apontando para Paulino, que se conserva no buraco da porta*) ...e ali está a sua alma!

PAULINO Ah, ah, ah!

TODOS Sua alma!

PEDESTRE Fui eu que o matei! Abram e verão... Fui eu que o matei, assim como matei esta mulher...

ANACLETA Eu estou viva, graças a Deus!

PAULINO (*do buraco*) E eu também...

ALEXANDRE (*que a este tempo tem posto o saco em pé no chão e desatado a boca e descoberto a cara de Balbina*) E esta também...

CABO Oh!

ROBERTO (*ao mesmo tempo*) Oh!

ANACLETA Balbina!

PEDESTRE Vivos! Todos vivos! Ressuscitaram! Oh! (*dirigindo-se para a mulher*) Mulher!

ANACLETA (*amparando-se com Roberto*) Meu pai, salvai-me!

ROBERTO (*para o pedestre*) Para longe!

PEDESTRE Mulher, eu te matei... Eu o matei também... (*apontando para Paulino*) E tu e ele ficaram vivos nesta casa, juntos, fechados... e fechados por mim, por mim próprio! Oh, de que me serviu trancar portas e fazer duas mortes? (*dirigindo-se para Balbina*) E tu te deixaste furtar por um negro, que eu mesmo conduzi para fora de casa... Oh, de que me serviram as fechaduras, os cuidados, os ciúmes, a palmatória? Oh, estou desenganado! (*dirigindo-se para Roberto*) Senhor, levai vossa filha, que já me não pertence... Eu a matei, estou viúvo... Dai-lhe todos os vossos navios e riquezas; ide morar com ela em um palácio, que eu não... Em um palácio! Oh, em um palácio, que tem tantas portas e janelas! Ah, esta casa só tinha uma porta, e assim mesmo... Não, não, levai-a... Não sei, não posso vigiar mulheres, estou desenganado, vou ser frade!

ANACLETA André!

PEDESTRE Arreda!

ROBERTO Filha! (*retendo-a*)

PEDESTRE (*para Balbina*) E tu, que tão indignamente me enganaste, casa-te com este negro, que estou vingado!

ALEXANDRE Aceito a vossa palavra. (*passa a mão no rosto e, limpando a face, mostra ao pedestre*)

PEDESTRE Oh, faltava-me esta! Minha resolução está tomada... (*para o cabo*) Senhor, prenda-me e leve-me para o convento; eu quero ser preso. (*dizendo estas palavras, agarra na gola da farda de um dos soldados e na do cabo*) Estou preso!

PAULINO (*do buraco*) Ah, ah, ah!

CABO Largue-me, largue-me!

PEDESTRE Não me deixem fugir...

ANACLETA André!

BALBINA (*ao mesmo tempo*) Meu pai!

PEDESTRE (*para as duas*) Deixem-me, estou preso pela polícia para ser frade! (*para o cabo*) Não me deixem fugir... Adeus, ó mundo, adeus, mulheres! Vamos! (*vai-se pelo fundo, levando cabo e soldado consigo*)

CABO (*levado à força*) Espere, espere!

ANACLETA Meu pai!

ROBERTO (*ao mesmo tempo*) Filha!

BALBINA (*ao mesmo tempo*) Alexandre!

ALEXANDRE (*ao mesmo tempo*) Serás minha!

PEDESTRE (*saindo pelo fundo*) Vou ser frade!

PAULINO (*do buraco*) E eu vou dormir, que já deu uma hora... (*Alexandre ajoelha-se aos pés de Balbina; Roberto abraça Anacleta. Cai o pano, ouvindo-se sempre a voz do pedestre, dentro*)

PEDESTRE (*dentro*) Quero ser frade, quero ser frade!

FIM

NOTAS

1 Posto mais baixo na hierarquia da polícia do Rio de Janeiro desse período. Havia dois tipos de policiais: os cavalarianos e os pedestres.

2 O longo título explica-se pelo fato de esta peça ter sido censurada pelo Conservatório Dramático Nacional, órgão que, paralelamente à polícia, tinha a incumbência de criticar e liberar os textos dramáticos. O Conservatório funcionou em dois períodos: entre 1843 e 1864 e entre 1871 e 1897. O próprio Martins Pena foi censor da instituição, o que não impediu que o texto *Os ciúmes de um pedestre* fosse proibido. O autor apelou da deci-

são e conseguiu a liberação alterando alguns trechos e o próprio título, que passou a ser *O terrível capitão do mato*, ou seja, um indivíduo que exerce função pública ou atividade particular de capturar escravos fugidos.

3 A palavra "amante", neste caso, tem o sentido mais antigo de "namorado" ou "apaixonado", não implicando, necessariamente, relações sexuais.

4 Janela ou fresta que se abre sobre um telhado.

5 Casa de Correção da Corte, penitenciária construída no Rio de Janeiro em 1834.

6 Lanterna portátil munida de dispositivo de fechamento que permite bloquear a luz sem que seja preciso apagar a chama.

7 Neste caso, referente a um posto na hierarquia da Guarda Nacional, força paramilitar criada em 1831, reorganizada diversas vezes a partir de 1850 e absorvida pelo Exército em 1918. A Guarda Nacional baseava-se no poder político das elites municipais que organizavam as tropas no município. Os postos da hierarquia conseguidos pelos poderosos locais, como os de major ou coronel, eram sinal de prestígio.

8 Transformado em rua em 1796. Seu nome foi dado em função de nela encontrar-se o Oratório Nosso Senhor dos Aflitos. Hoje chama-se rua Armando Salles de Oliveira.

9 Uma das muitas formas de punição dadas ao escravo que cometia algum delito.

10 Tragédia de Shakespeare, escrita por volta de 1603, sobre os ciúmes do general negro Otelo em relação à sua mulher branca, Desdêmona, a quem acaba assassinando por causa de intriga feita por seu subordinado Iago. Na época da elaboração da peça de Martins Pena, havia uma versão da peça de Shakespeare, escrita pelo autor francês Ducis, que costumava ser mais encenada do que o original inglês.

11 Relato de prática comum no século XIX, quando era tarefa da polícia enviar soldados aos teatros para zelar pela ordem pública durante os espetáculos.

12 Ferragem para trancar portas por dentro formada por arame em forma de gancho e outro em forma de argola.

13 Casa religiosa ou asilo.

14 A Casa dos Expostos foi fundada em 1738 na Santa Casa de Misericórdia do Rio de Janeiro para cuidar de órfãos. A roda dos expostos, ou roda dos enjeitados, era um sistema mecânico instalado em uma das paredes externas da Casa pelo qual era possível deixar anonimamente uma criança pequena, que era então recolhida e criada pela entidade religiosa.

15 O Código Penal.

16 Túnica usada pelos martirizados pelos autos da fé da Inquisição. Aqui, a expressão é usada no sentido de estar numa situação muito difícil.

17 Expressão similar a "credo", "sai, demônio", "Deus me livre". Neste caso, o significado é repudiar.

18 Ladeira localizada no morro de mesmo nome no Rio de Janeiro, próxima ao Largo da Carioca e ao Morro de Santa Teresa. O Morro de Santo Antônio foi destruído na década de 1950, para fornecer material para o aterro do Flamengo.

19 Parte anterior do palco, junto à ribalta (linha de luzes colocadas horizontalmente na beirada do palco para iluminar a cena).

JOAQUIM MANUEL DE MACEDO

O primo da Califórnia

ÓPERA EM DOIS ATOS[1]

FOI À CENA NA ABERTURA DO TEATRO GINÁSIO DRAMÁTICO,[2] EM 12 DE ABRIL DE 1855.

PERSONAGENS

Adriano Genipapo, jovem professor de música
Pantaleão, antigo taberneiro
Felisberto, alfaiate
Ernesto, amigo de Adriano
Eduardo, amigo de Adriano
Celestina
Beatriz, criada de Adriano
Dois amigos de Adriano

A cena passa-se no Rio de Janeiro.

Ato primeiro

O teatro representa uma sala modestamente ornada; uma mesa com gavetas; um piano, um violão, papéis de música etc.; uma porta ao fundo abrindo para a rua.

Cena I

BEATRIZ (*em pé, engraxando um botim*) Eis-me aqui pagando os meus pecados!... eu sou uma espécie de *verbi gratia*[3] das mudanças desta vida. No tempo do vice-rei chamavam-me a nenê da rua das Flores;[4] quando o rei chegou, já eu era conhecida por a formosa Beatriz: depois que me apareceu o primeiro cabelinho branco, tiveram o desaforo de tratar-me por tia Beatriz; felizmente ainda a sorte me deparou um soldado inválido que quis casar comigo; mas veio a febre amarela, que deu baixa eterna ao meu querido Pancrácio, e eu fiquei viúva, sem filha, e sem vintém! não tive remédio senão recorrer aos *Diários*, e anunciar uma criada para homem solteiro ou viúva: tive a esperança de me tornar meia-dona de casa; mas por fim de contas fiquei simples criada, e criada muito ordinária: isto é, criada de um músico!... Eis aqui portanto a bota de um músico engraxada pelas mãos da formosa Beatriz!... Oh! eu só conheço três coisas tão desprezíveis como as botas de um músico: uma barretina[5] de soldado, um capote de estudante, e uma casaca de meirinho! E eu sempre a engraxar estas botas, botas de um músico, de um músico que tem a pouca vergonha de me estar a dever cinco patacas[6] de despesas miúdas!... (*canta*)

No tempo da ventura
Chamavam-me formosa;
E agora nem airosa
Alguém, que eu sou, me diz!...

Engraxa, engraxa as botas,
Engraxa, Beatriz!

Meus olhos, minhas faces,
Cobriam de louvores;
E agora... adeus amores,
Já torcem-me o nariz!

Engraxa, engraxa as botas,
Engraxa, Beatriz!

Cena II

Beatriz e Celestina.

CELESTINA Bom dia, senhora Beatriz; o senhor Adriano não está em casa?...

BEATRIZ Sumiu-se logo depois do almoço: também é provável que não esperasse pela sua visita, porque a senhora tem passado dois dias sem aparecer.

CELESTINA Não me tem sido possível.

BEATRIZ Sim... sim... entendo isto às mil maravilhas! e, quanto a mim, minha menina, julgo que faz muito bem em ir pondo o anzol a outro peixinho.

CELESTINA O que quer dizer com isso, senhora Beatriz?...

BEATRIZ Eu nem de leve pretendo ofendê-la; minhas intenções são muito boas; e olhe, menina, tal como aqui me vê, já tive meus trinta e seis anos de idade, e então cometi a fraqueza de deixar o meu coração prender-me na patrona de um cabo-de-esquadra; oh! quanta sedução que tinha!...

CELESTINA O quê, senhora Beatriz?... a patrona?...

BEATRIZ Não, menina; o cabo-de-esquadra.

CELESTINA E deixou-se enganar por ele?...

BEATRIZ Também não, e a prova é que ele me desposou; mas passei uma vida de trabalho e pobreza, porque o triste Pancrácio apenas tinha de mais que os outros cabos-de-esquadra uma pequena pensão; mas também tinha de menos que os outros uma perna... era a direita; logo a direita!... a mais bonita de suas duas pernas!...

CELESTINA Mas eu não compreendo que relação...

BEATRIZ Não compreende?... mas, minha menina, a moral da história está mesmo saindo pela ponta dos dedos! em uma palavra, moça e bela, como a senhora é, não deve votar-se sem mais reflexão ao amor de um mancebo que não tem aquilo com que se compram os melões; olhe, o senhor Adriano padece a moléstia mais feia e mais terrível deste mundo... tem a tísica das algibeiras.[7]

CELESTINA Ah! era isso?... pois é precisamente porque Adriano é pobre que eu gosto, quero, e hei de amá-lo sempre e cada vez mais. (*canta*)

Minh'alma foi sempre rude,
Nunca aprendeu a contar;
Não serve pra guarda-livros;[8]
O que sabe é só amar!

O meu Adriano é pobre,
Mas não indigno de mim;

Eu amo a sua pobreza;
"Gosto bem de ser assim!"

BEATRIZ Sim... sim... ideias romanescas, poesias, e pensamentos generosos; mas o diabo me leve se a senhora for capaz de fazer ferver uma panela no fogo com um soneto, ou com uma ideia generosa.

CELESTINA Mas bem que o senhor Adriano não esteja em muito boa posição: o que prova que ele seja tão pobre, como a senhora o diz?...

BEATRIZ Quando se está devendo cinco patacas a sua criada, minha menina...

CELESTINA (*à parte*) Pobre moço!... (*a Beatriz*) Eis aí como se faz uma acusação injusta!... ele me havia encarregado de lhe entregar essa quantia, e eu não tendo vindo aqui há dois dias deixei de cumprir tal comissão. (*dá dinheiro*)

BEATRIZ (*recebendo*) É singular! ainda ontem falei-lhe nesta continha, e ele nada me disse.

CELESTINA Pode ter esquecido, ou não queria falar no meu nome.

BEATRIZ (*à parte*) Aqui há coisa! mas como já tenho nas unhas o meu dinheiro, fica o exame desta geringonça para depois.

CELESTINA E Adriano sem voltar!...

BEATRIZ Não pode tardar... foi dar lição de música à filha do senhor Pantaleão, o proprietário desta casa: isto basta para o fazer suar! a filha de um antigo taberneiro, ridículo, exigente, e vaidoso da sua fortuna! O ventas de mono não tem na boca senão — a sua fortuna!... — Porém... ouço os passos e a voz do senhor Adriano...

Cena III

Beatriz, Celestina e Adriano.

ADRIANO (*que vem cantando*)

Quem por não ter dinheiro
Não vive com prazer,
Não pode ter miolo,
Quer cedo envelhecer!

É tolo, é tolo, é tolo:
Eu não o quero ser.

Sou pobre como Job;[9]
Mas faço o que convém:
Amar, e rir-me busco,
E passo muito bem;

Patusco, e bom patusco,[10]
Como eu não há ninguém.

Bravo! oh! que boa companhia! linda Celestina... é verdade, senhora Beatriz, queira fazer-me o favor de ir ver se eu estou escondido em algum canto do seu quarto...

BEATRIZ E se não o encontrar lá?...

ADRIANO Terá a bondade de esconder-se atrás da porta para agarrar-me de improviso, quando eu lá entrar.

BEATRIZ Entendo... entendo... (*à parte*) Como é insuportável obedecer a um musicozinho de dó-ré-mi, quando já se foi mulher de um cabo-de-esquadra!

ADRIANO Então?... não julga conveniente ir procurar-me?...

BEATRIZ (*indo-se*) Sim, senhor; ponho-me ao fresco. (*à parte*) É um músico desafinado!

Cena IV

Celestina e Adriano.

ADRIANO Bem; agora que a velha bruxa nos deixou em paz, permite que eu beije essa mãozinha de anjo. (*beija-a*) Ah! que louco que sou! eu tinha assentado de pedra e cal que devia brigar contigo, e cometi a inconsequência de te beijar a mão... vejam só que tolo!

CELESTINA Brigar comigo?... e por quê?...

ADRIANO Porque de algum tempo a esta parte eu te vejo menos vezes.

CELESTINA Adriano, é preciso que eu te dê tempo para trabalhar.

ADRIANO Mas, amiga da minh'alma, eu só trabalho bem quando estás presente: teu olhar me inspira, o sorrir de teus lábios enche de fogo minha imaginação, teu falar meigo derrama doçura angélica em minhas melodias, teu coração me exala o suspiro, que quando estou só, procuro debalde... e se para completar um pensamento, ou pôr o remate em uma harmonia, uma nota me falta, acho-a sempre nas covinhas de tuas faces.

CELESTINA Sim... sim... mas também tu me abraças muitas vezes, e isso te faz perder o compasso.

ADRIANO É possível. Conversemos, porém, sobre outro assunto; por que motivo vejo eu em alta noite luz no teu quarto?...

CELESTINA Luz?...

ADRIANO Creio que não me enganei: dali descubro a tua janela; será que me deixas de noite para ir celebrar um comércio clandestino com espíritos e duendes?... haverá feitiçarias em teu quarto?... hem, Celestina?... Celestina, fala; tira-me deste labirinto em que me vejo perdido.

CELESTINA Ah!... sim... se tens visto luz no meu quarto... é... porque... eu tenho medo de estar só de noite no escuro, e conservo acesa uma lamparina.

ADRIANO Lamparina?... que má lembrança! tens medo de ficar só de noite?... por que então me não chamas para te fazer companhia?...

CELESTINA Que dizes, Adriano?... pois esqueces...

ADRIANO É verdade... é verdade... seria isso inconsequente... inconveniente... prejudicial, e muito próprio para dar que fazer às más línguas: eu não sou assaz licencioso, Celestina, para brigar contigo por este motivo; e se para ser teu inseparável companheiro não te ofereço já o meu nome, meus dois nomes até, Adriano Genipapo, é que não desejo que venhas partilhar comigo de pão mal amassado, o único que me concede este mundo patife!

CELESTINA Mas quando se ajuntam dois, ajuda um ao outro a carregar a pobreza e reúne-se o pouco que cada um ganha de sua parte.

ADRIANO Sim... é isso... não há dúvida nenhuma; mas quando desses dois um ganha somente — nada — e o outro de seu lado traz para o monte unicamente um — zero —, por mais que se somem as duas parcelas quinhentas vezes por dia, o resultado da operação dá sempre — coisa nenhuma — e isso é o diabo, Celestina!

CELESTINA (*suspirando*) Tens razão; é necessário esperar...

ADRIANO Esperar... esperar... é exatamente o que eu recomendo aos meus credores; desconfio, porém, que tanto lhes recomendarei que esperem, que acabarei por não ter quem me fie um pão e uma gota d'água!...

CELESTINA Coragem! Ninguém como eu tem mais direito a aconselhar a coragem: tu o sabes já; nasci no seio da riqueza; mas era filha natural, e quando meu bom pai morreu, os parentes dele e meus queimaram o testamento, e enxotaram-me para o meio da rua.

ADRIANO E a vítima foi olhada como uma criatura desprezível! e os larápios, que queimaram o testamento, transformaram-se com a rica herança, que roubaram, em homens de bem e de gravata lavada!... É preciso confessar que o maior maluco deste mundo é o próprio mundo!

CELESTINA Fecharam-se para mim todas as portas, e todos me repeliram; desanimava já, quando ouvi soar a meus ouvidos: "Eis uma mulher perdida!". Levantei a cabeça, e disse: "Não me perderei": corri a uma igreja, e rezei por meus pais, e por mim; quando saí da igreja, tinha já o coração cheio de esperança e de coragem; trabalhei... sabia bordar, bordei; sabia desenhar, desenhei; cosi, copiei manuscritos, e música, e finalmente vi que podia com o meu trabalho viver independente de todos, e pura aos olhos de Deus; hoje desprezo os meus verdugos, amo-te, Adriano; mas amo-te honesta, casta e virtuosa para ser digna de ti quando me deres a mão de esposo, se o nosso amor for abençoado por Deus. Assim pois, Adriano, coragem! coragem, e trabalho!

ADRIANO Oh! tu me animas sempre! e animemo-nos ainda mais agora, Celestina, porque aproxima-se o momento que deve realizar nossos sonhos de ventura.

CELESTINA Como então?...

ADRIANO Meu editor me espera daqui a pouco para ajustar comigo o preço de uma composição que ontem lhe enviei, e ao mesmo tempo espero vender uma ópera ao Teatro Provisório,[11] e conto com um lugar na orquestra do Teatro de São Pedro.[12]

CELESTINA Se tudo isso se pudesse realizar...

ADRIANO Irá se realizar, estou seguro; tenho todas as condições que se requerem. (*canta*)

A fortuna é qual moça galante,
Que nos traz em constante lidar;
Já provoca, já foge, e já volta,
Té que sempre se deixa apanhar.

E, contando já com o meu próximo adiantamento, receberei aqui visitas esta noite.

CELESTINA E que visitas?...

ADRIANO Alguns antigos camaradas de colégio: o que havia de ser, Celestina?... na última corrida de cavalos interessei-me por um maldito mouro[13] de crinas brancas e de cauda preta; tinha-me esquecido que de um mau mouro não se pode fazer bom cristão, e ainda mais era um diabo de cavalo que pertencia aos russos pelo pescoço, aos mouros pelo corpo, e aos escuros pela cauda: a cabeça pertencia a todos ao mesmo tempo, porque tinha todas as cores: era um cavalo que fazia furor, um cavalo da moda! apostei por ele e perdi! perdi um bolo inglês e doze garrafas de champanhe! Nunca mais confiarei em animais, que pertençam a todas as cores.

CELESTINA E portanto pagas hoje o bolo inglês e o champanhe?...

ADRIANO É verdade! faço esse obséquio aos meus amigos: também eles têm-me recebido tantas vezes em suas casas, que hoje por minha parte quero também recebê-los: o pior é que os meus amigos são ricos, e eu pobre; oh!... não é inveja, é orgulho: quando vejo que eles se deitam sobre bilhetes do banco, e eu não possuo coisa nenhuma, Celestina, daria sem hesitar tudo, absolutamente tudo quanto possuo, para ter uma renda de cem contos de réis.

CELESTINA Vou deixar-te em sossego para que te ocupes dos preparativos do teu bolo inglês; mas olha, toma cuidado em ti, Adriano; tu tens a cabeça muito fraca... não te adiantes muito pelo champanhe...

FELISBERTO (*entrando*) Ora graças, que uma vez o encontrei!...

Cena V

Adriano, que acompanha Celestina até a porta, e Felisberto.

ADRIANO Oh! caro e preclaro amigo Felisberto!... (*acompanha Celestina*)

FELISBERTO (*à parte*) Exatamente... a nova rua, que a Câmara Municipal projeta abrir, deve passar por aqui, e se eu consigo comprar esta casa, hei de vendê-la com um lucro de trezentos por cento, pois que tenho bons padrinhos.

ADRIANO Às ordens do meu amigo Felisberto!

FELISBERTO O senhor adivinha sem dúvida os motivos que me trazem aqui...

ADRIANO Oh! incomparável alfaiate! vem seguramente ver se tenho necessidade de alguma roupa; chega bem a propósito... a minha roupa mais nova mostra já os cordões diabolicamente, e exige a todo transe[14] uma reforma.

FELISBERTO E o senhor pensa...

ADRIANO Em lhe encomendar roupa nova... pois que dúvida?... tenho inteira confiança na sua tesoura magistral; o senhor é o alfaiate de minha confiança; não lhe posso retirar o meu voto.

FELISBERTO Eu o suponho: quando se é o alfaiate do corpo diplomático...

ADRIANO Ah!... então o senhor é o alfaiate dos diplomatas?... por que não me disse há mais tempo?

FELISBERTO Tenho essa honra; porém, voltemos ao que mais importa; o senhor diz que quer roupa nova?... bem; mas a respeito da velha, que lhe fiz...

ADRIANO Já não presta para nada, meu querido Felisberto!

FELISBERTO Estou por isso; é, porém, necessário que nos entendamos acerca de...

ADRIANO Da cor provavelmente?... é verdade: qual é a do último gosto?...

FELISBERTO Não há cor dominante agora; mas não é isso... o que eu quero é que...

ADRIANO Já lhe disse que o senhor é o alfaiate da minha

confiança; escolha portanto as fazendas, corte, cosa, vista-me! eu me entrego em suas mãos... Que mais pode desejar?...

FELISBERTO O que eu desejo é que finalmente falemos sobre...

ADRIANO Sobre os botões, não é isso?... meu amigo, prefiro os de metal, porque o metal...

FELISBERTO Exatamente é por causa do metal que eu aqui venho; o meu metal, meu senhor, é muito raro... não aparece nunca... o meu cobrador já cansou de o procurar, e agora venho eu próprio a ver se sou mais feliz: então?... (*canta*)

Está perdendo o seu tempo,
Se finge não me entender;
Pague já o que me deve,
Que eu tenho mais que fazer.

Não sou criado do povo;
Quem trabalha, quer comer;
Pague já o que me deve,
Que eu tenho mais que fazer.

ADRIANO Quê!... será possível que por alguns magros réis o alfaiate do corpo diplomático se rebaixasse a subir a um terceiro andar?... o alfaiate do corpo diplomático!... que miséria!... que miséria!...

FELISBERTO Mas é que o senhor chama magros réis a uma soma de...

ADRIANO Pare... pare... não pronuncie o total... lembre-se que sou músico, e que o som produzido por um total é capaz de esfolar-me os ouvidos!...

FELISBERTO Senhor, basta de gracejos; creio que devo ser pago, visto que não seria com o único fim de lhe obsequiar que há dois anos o tenho vestido dos pés à cabeça; lembre-se que está coberto com os meus panos!

ADRIANO Alfaiate do corpo diplomático! sabe música?...

FELISBERTO Não, senhor.

ADRIANO Em tal caso lhe farei ouvir uma composição que deve elevar-me à imortalidade! Compreendo perfeitamente que enquanto não chega a imortalidade é necessário ter de que viver; mas não é tarde... sim, caro, preclaro, e preclaríssimo Felisberto; eu vou estrear na minha arte... o senhor já estreou na sua... a única diferença está nas nossas divisas; o senhor tem a tesoura, e eu vou ter a batuta... o senhor entende isto suficientemente, não é assim?... eu sou um rapaz de consciência... O senhor deve ser um homem de paciência... eu... não pretendo enganar a pessoa alguma... oh! não... nunca!... porém, por ora... falemos sério... (*batendo nos bolsos*) Estou a tocar matinas!...[15] por consequência, caro e preclaro Felisberto! em suma... em uma palavra... em último resultado... para dizer tudo... agora?... não pode ser; amanhã... veremos, espere sempre; (à *parte*) é impossível... ninguém satisfaz um credor melhor do que eu!

FELISBERTO Senhor! se se acha em más circunstâncias, tanto pior para a sua pessoa; quanto a mim, nada tenho com isso, nem pretendo intrometer-me em negócios alheios.

ADRIANO Todavia convém que fique sabendo que me vão imprimir uma magnífica coleção de composições musicais.

FELISBERTO Faço ideia... algumas valsinhas...

ADRIANO Nada... nada... coisa mais alta: vou concluir o meu ajuste com o editor, e espero em breve pagar-lhe a insignificante continha, que o senhor teve a baixeza de julgar tão elevada.

FELISBERTO Porém, quando, senhor? quando?...

ADRIANO Mais cedo do que talvez espera.

FELISBERTO Juro que não será mais cedo do que desejo.

ADRIANO Oh! que semelhança em nossos pensamentos, caro e preclaro Felisberto!

FELISBERTO Adeus, senhor; como não nasci para andar toda a minha vida correndo atrás do seu dinheiro, cá lhe enviarei outra vez o meu cobrador.

ADRIANO Ele achará a porta da minha casa tão aberta e franca, como para o senhor o está sempre a porta do meu coração!

FELISBERTO

Preciso é pagar;
O triste credor
Não pode esperar;
Quem compra fiado,
E quer ser honrado,
De pagar os meios
Calcula e prevê;
Preciso é pagar,
Arranje com quê.

ADRIANO

Preciso é pagar?...
O duro credor
Não pode esperar?...
Eu comprei fiado,
Quero ser honrado;
Mas que os meios faltam,
O senhor bem vê;
Preciso é pagar?...
Não tenho com quê.

Cena VI

ADRIANO (*só*) Preciso é pagar... boa dúvida! que é preciso pagar, sei eu; mas como é que um homem sem dinheiro pode pagar suas dívidas? é o segredo que eles me deviam ensinar. Dinheiro... dinheiro... os diabos me levem se eu não o desejo mais do que eles: ora é boa! tenho eu culpa de não ter nada de meu?... a fortuna é uma rapariga a quem tenho namorado toda minha vida, e a ingrata teimando sempre em dar-me de tábua; mas agora espero ficar às boas com ela. Corramos à casa do meu editor... fica perto... ali defronte; e o bolo inglês?... ah! chamemos a impagável Beatriz... Ei-la que chega a propósito... senhora Beatriz! senhora Beatriz!...

Cena VII

Adriano e Beatriz.

BEATRIZ Aqui estou, senhor; mas por quem é, não me mande procurá-lo em parte nenhuma.

ADRIANO Esta noite reúno aqui os meus amigos: vá ao hotel de França e receba lá um bolo inglês, e algumas garrafas de vinho, que lhe entregarão, e durante a minha ausência disponha tudo o que é necessário para esta solenidade um pouco extraordinária em minha casa.

BEATRIZ O que é isto pois?... bolo inglês e vinho?... então o senhor tirou a sorte grande no vigésimo[16] que comprou no outro dia?

ADRIANO Sim, modelo das criadas!... (*canta*)

O diabo atrás da porta
Não devia sempre estar.

BEATRIZ Mas que fortuna foi essa?...

ADRIANO

Minha sorte vai mudar
Sinto já por tal ventura
O juízo a me voltar;
E a prova de que estou doido
É que chego a te abraçar!

BEATRIZ (*sem recuar*) Senhor Adriano, não comece com essas graças.

ADRIANO Não tenha receio... Oh! certamente deve confiar em si mesma... adeus... não esqueça nada. (*vai-se*)

Cena VIII

Beatriz, e depois Pantaleão.

BEATRIZ (*suspirando*) Sempre pensei que tivesse o atrevimento de me abraçar! também de que me servia o abraço de um musicozinho das dúzias?... se eu não recuo tão depressa... mas deixemos estas asneiras. Uma ceia!... ainda trabalho... e depois deita-se a gente tarde... perde-se a noite... e isto acontece à Beatriz a formosa, por causa de um músico de meia cara!... ora enfim vamos a ver o que se arranja. (*abre a gaveta*) Bem... copos cinco, exatamente, e cada qual de sua qualidade: pratos... nove, entrando dois rachados: aqui há de tudo, desde a louça da China, até...

PANTALEÃO Olhem lá em que ela se ocupa... dá de língua como deputado!... Velha resingueira, é assim que cumpres o nosso contrato?... eu te pago meia moeda por mês, fora os caídos,[17] para observares o procedimento da minha súcia de inquilinos, e entretanto um deles está pondo os trastes da porta para fora sem pagar o que legitimamente me deve, e eu nada sei do que se passa!... olha, que te suspendo o ordenado!

BEATRIZ E quem é que está fazendo esse desaforo?...

PANTALEÃO O locatário do terceiro andar, que acaba de fazer descer as escadas com dois enxergões[18] e uma esteira!...

BEATRIZ Já sei o seu destino, senhor; os enxergões vão se encher de novo e a esteira, que já está muito velha, mandaram-na atirar à praia.

PANTALEÃO Aceito a explicação; mas sustento o que disse: eu quero que não durmas, e que de dia e de noite observes o que se passa na minha propriedade: olha... põe-te alerta principalmente de madrugada: quando eu tinha as minhas duas vendas era de madrugada que fazia o melhor negócio com os pretinhos: aquilo, sim! hoje era um cordão de ouro por meia pataca, amanhã uma colher de prata por quatro vinténs, depois de amanhã um anel de brilhantes por um martelinho de infusão de gengibre, que eu chamava aguardente... oh! tudo isso sem bulha, sem matinada, e muito honradamente, muito honradamente!...

BEATRIZ Senhor Pantaleão, eu cumpro como posso as suas ordens; mas vossa senhoria bem sabe que sou também criada do musicozinho...

PANTALEÃO Tudo isto mudará, e principiarei hoje por mandar pôr os quartos na rua[19] a esse insuportável arranha-notas...

BEATRIZ Olhe, não hei de ser eu que me ponha diante dele para lhe impedir a retirada: pois o insolente não quis ainda há pouco dar-me um abraço?... e se eu não recuo tão depressa...

PANTALEÃO Enfim... devo proceder deste modo: pois o que é esse músico?... um habitante de um terceiro andar: somente farroupilhas moram em tais alturas: os terceiros andares deveriam ser proibidos... eles só servem para alojar inquilinos que nunca pagam ao senhorio.

BEATRIZ Eis aí o que é falar bem: cá eu sempre fui inimiga da canalha.

PANTALEÃO Sim... é isso mesmo: essa gente que não tem real de seu[20] é uma verdadeira canalha!... Mas agora deixa-me só, que ouço os passos do meu inquilino farroupilha: anda, vai-te!

BEATRIZ Eu sou uma criada sempre pronta a obedecer a vossa senhoria, por cuja felicidade rezo sempre nas minhas bentas contas! (*à parte*) é um jagodes[21] muito ordinário; mas é preciso fazer-lhe cortesias, porque dizem que tem dinheiro, como farinha! (*a Pantaleão*) Sou uma criada de vossa senhoria excelentíssima... (*vai-se*)

Cena IX

Pantaleão e Adriano, desesperado.

PANTALEÃO Usemos do meu direito de proprietário para tratar a este mequetrefe como convém.

ADRIANO (*atirando com o chapéu, e um rolo de músicas*) Estúpido editor! falta-me à palavra! recusa minhas músicas!... é necessário, diz ele, que eu tenha um nome... um nome!... um nome preciso eu para qualificar tão indigno procedimento!... e eu, que calculava com isto. (*sentidamente*) Obrigado a empenhar o meu relógio... a última lembrança de minha mãe! (*põe uma clareza*[22] *ou papel sobre a mesa*) Porém, ele está seguro, e apenas pude tirá-lo do Monte de Socorro...[23]

PANTALEÃO Penso que, enfim, o senhor se resolverá a prestar-me dois minutos de atenção!

ADRIANO Ah! é vossa senhoria, senhor Pantaleão?... perdoe-me, não o tinha visto... chegou muito a propósito...

PANTALEÃO A propósito?... então está de maré cheia?...

ADRIANO Sim; em maré cheia de tristeza... de angústias... de cólera... de...

PANTALEÃO É moeda que não corre em minhas propriedades.

ADRIANO Pois vejamos: o que quer o senhor de mim?...

PANTALEÃO Duas coisas muito simples: primeira, despedi-lo de inquilino de uma das minhas propriedades; segunda, despedi-lo de mestre de música de minha filha Efigênia Pantaleoa.

ADRIANO (*á parte*) Como vai tudo a melhor! Queda!... em cima de queda, coice... em cima de coice... um dardo, que atravesse a esta súcia toda! Estou bonito! estou mesmo a ver jurar testemunhas!...[24] (*a Pantaleão*) Suponho que tenho o direito de perguntar-lhe os motivos de duas despedidas tão súbitas como intempestivas.

PANTALEÃO Pois não! eu lhe satisfaço: não me convém que o senhor continue a dar lições de música à minha filha, porque vejo que ela nenhum progresso faz; gasto em sua educação seiscentos mil-réis por ano, e isto dura já há dez anos, o que perfaz a quantia de seis contos de réis, que com juros compostos ia muito longe, e minha filha se vai tornando muito cara!

ADRIANO E tenho eu a culpa de que dona Efigênia não tenha disposições para a música?...

PANTALEÃO Quê! pois a filha de um homem rico, de um homem que já teve duas vendas e que é hoje senhor de tantas propriedades, deixaria de ter disposições para a música?... ela tem habilidade... mesmo habilidade rara, o que lhe falta é um mestre de capacidade.

ADRIANO (*à parte*) E ature-se lá um estúpido destes! (*a Pantaleão*) Então é este o único motivo por que sou despedido?...

PANTALEÃO Além disso ela tem coração... esse coração tem suas fraquezas... e eu tenho reparado que minha filha quando olha para o senhor fica sempre vermelha como um camarão.

ADRIANO Sim?... talvez aperte muito o espartilho.

PANTALEÃO Em suas lições de desenho ela não faz um nariz, uma orelha, um olho, que eu não encontre o seu mesmo nariz, a sua mesmíssima orelha, e até o seu mesmíssimo olho!... em bom português: desconfio que minha filha está se apaixonando pelo senhor.

ADRIANO É possível... e realmente isso não me faz mal nenhum.

PANTALEÃO Mas a mim faz muito: eu, que já tive duas vendas, e que sou hoje senhor de tantas propriedades; eu que tenho uma certa posição, que sou capitão da Guarda Nacional, não havia de entregar minha linda filha a um pobre músico, que nem ao menos paga o aluguel da casa em que mora.

ADRIANO Não briguemos por isso: pagarei o aluguel desta casa...

PANTALEÃO Pagarei, pagarei, e pagarei, está o senhor a me dizer há três meses!... e eu devo afirmar-lhe que por este terceiro andar acabam de me oferecer mais quatro mil-réis por mês, além do que o senhor me devia pagar, e portanto...

ADRIANO Pois bem, eu cedo; dê-me um pequeno quarto, uma mansarda[25] qualquer em relação com os meus poucos meios, e amanhã mesmo estarei mudado; pode crer: dou-lhe palavra de honra que em menos de um quarto de hora mudarei toda a minha mobília... a minha louça... os meus trastes de luxo... enfim, tudo... tudo...

PANTALEÃO Deveras?... eis aí um corretivo ao mau procedimento que tem tido comigo: há aqui por cima deste sobrado um sótão em que o senhor se acomodará perfeitamente.

ADRIANO Ah! é num buraco que fica aqui por cima?... pois está tratado; serve-me às mil maravilhas... vou transformar-me em rato... Que bom agouro... os ratos, quando são grandes, são tão felizes e respeitados!...

PANTALEÃO Mas insisto sempre no que lhe disse a respeito de minha filha, e quero que me pague o que me deve: preciso de dinheiro, senhor, e de muito dinheiro: vou entrar em negociações importantes; o monopólio da carne fresca e do toucinho é uma mina aberta, e os homens de bem não devem perder a pechincha; vou portanto abrir de novo as minhas lojas, ou melhor dizendo, vendas, e tornar a viver entre as pipas e os paios, e sobre as mantas de carne seca!

ADRIANO (*à parte*) Donde nunca deveríeis ter saído, taberneiro de uma figa!

PANTALEÃO Não se esqueça do que acabo de lhe dizer; ficaremos amigos como dantes, logo que me pagar o que me deve; (*à parte*) minha filha apaixonada de um farroupilha: que humilhação!... (*a Adriano*) Jovem músico, locatário insolúvel, dinheiro quanto antes, e adeus... (*canta*)

Da carne fresca e toucinho
No monopólio me empenho;
Chore o povo muito embora,
Eu com isso nada tenho;
Quero dinheiro e depressa,
Que o monopólio começa.

ADRIANO

Da carne seca e toucinho
No monopólio se empenha;
Em tais biltres[26] é preciso
Que a polícia os olhos tenha;
  Polícia, acode depressa,
  Que o monopólio começa.

Cena X

Beatriz, e Adriano logo depois.

ADRIANO "É necessário pagar; eu quero o meu dinheiro!" Tal e qual como aquele indigno alfaiate: "Meu dinheiro!". Que gente estúpida! só tem na boca uma palavra, não sabe dizer, senão isto: "Meu dinheiro!". É fastidioso... maçante... diabólico... vai-te, miserável taberneiro.

BEATRIZ (*trazendo uma cesta e uma bandeja*) Senhor, eis aqui o que me entregaram no hotel... vim carregada como um preto do ganho.[27]

ADRIANO (*examinando*) Muito bem: bolo inglês... champanhe... vinho de Reno... madeira seco... Experimentemos este; afoguemos os pesares em copos de vinho (*bebe*); não está mau!...

BEATRIZ Mas como o vejo triste, senhor: ah! adivinho que já lhe deram a notícia...

ADRIANO Notícia de quê, mulher?...

BEATRIZ (*arranjando a mesa*) Eu sou discreta... porém, como não é mais um mistério... o senhor Juca do armarinho o tem publicado por todo o quarteirão.

ADRIANO O quê?... o quê! diga de uma vez, ande.

BEATRIZ Enfim, ele é suficientemente rico para fazer a fortuna de uma moça: olhe, só em consultas gratuitas, tem ganhado rios de dinheiro!

ADRIANO Mas então, o que há?... desembucha, velha dos meus pecados.

BEATRIZ (*à parte*) Velha! pois espera, que eu te curo. (*a Adriano*) Eu me explico: o doutor Oliveira, médico homeopata, que, como todos sabem, está muito rico, e que vende cada vidrinho das suas feitiçarias a cinco mil-réis, fez suas proposições à senhora dona Celestina, que depois de algumas dúvidas acabou por dizer que sim.

ADRIANO Celestina?!!! é uma ignóbil mentira!

BEATRIZ O senhor está no seu direito duvidando; mas a notícia é oficial; falta só aparecer no *Jornal do Commercio*, e nos fatos diversos[28] do jornal *Mercantil.*

ADRIANO Senhora Beatriz, retire-se, deixe-me!...

BEATRIZ Senhor!

ADRIANO Retire-se... retire-se... aliás...

BEATRIZ Está furioso: tal e qual como o meu defunto Pancrácio quando tinha ciúmes da sua formosa Beatriz! (*vai-se*)

Cena XI

Celestina, e logo Adriano.

ADRIANO Esta velha mente! mente por força! mas não... deve ser verdade... as desgraças hão de continuar a cair sobre mim... todos devem abandonar-me... aborrecer-me: eu sou o mais vil dos homens, isto é... sou pobre!

CELESTINA Meu Deus! que tens?... ah! eu o adivinho; o editor rejeitou tuas músicas.

ADRIANO Sim, Celestina, ele faltou à sua palavra: é muito mal feito faltar à palavra que se dá, não é assim?...

CELESTINA Sim, sim; é muito mal feito.

ADRIANO Não é verdade que, quando se tem feito uma promessa, essa promessa se deve cumprir?...

CELESTINA Sim, sempre; mas a que fim semelhantes perguntas?...

ADRIANO Ah! Celestina! é que tu te condenas por ti mesma; tu me fizeste uma promessa sagrada... juraste que serias minha mulher à face da igreja, e agora?... oh!... mas não... tens razão... era necessário esperar... sabe Deus quanto tempo!... e depois: que futuro te podia oferecer um simples artista, que jamais ganhará com que dar-te belos vestidos de seda... que só teria para ti profusão de amor, e de ternos cuidados?!!! pensas bem... é melhor um homem rico, que te encherá de brilhantes e de joias preciosas; que te levará ao teatro, aos espetáculos, aos passeios em seu vistoso carro!... tens razão, Celestina; aceita o homem rico, esquece o pobre músico; somente uma coisa te peço: quando correres pelas ruas em tua carruagem, se encontrares o mísero artista, recomenda ao teu cocheiro que o não salpique de lama... isso será um obséquio feito a quem morrerá pronunciando o teu nome.

CELESTINA (*chorando*) Adriano! que acabas de proferir?... ah! despedaçaste-me o coração.

ADRIANO (*cantando*)

Não chores; podem no rosto
Traços do pranto ficar,
E esses sinais de amargura
Teu novo amor desgostar.

Tem valor, porque bem cedo
Para ti vindo a riqueza,
Esquecerá, sem remorso,
Quem te adora na pobreza.

CELESTINA Ah!... Adriano... és muito cruel!

ADRIANO Como?... ainda em cima sou eu que não tenho razão?... ora não falta mais nada!... tuas ausências, essa luz que em horas mortas vejo em teu quarto... esse maldito homeopata, que te faz propostas sedutoras: tudo isso será um sonho de minha imaginação?...

CELESTINA Eu queria te ocultar a razão por que velo; mas, já que me acusas, falo, e provarei tua injustiça: essa luz que tens visto em horas mortas esclarece minhas vigílias; eu aprendo a gravar música... se não me acreditas, posso mostrar-te os meus trabalhos...

ADRIANO Celestina? é possível?...

CELESTINA O meu bom Adriano... disse eu a mim mesma, merece ser feliz, e é desgraçado! Bem... eu não lhe serei pesada... ele tem talento; porém, não querem aceitar suas produções... pois eu as gravarei... nós as espalharemos pelo mundo... finalmente lhe farão justiça, e eu terei feito alguma coisa para lhe chegar mais cedo a glória e a fortuna, que por força deve ter um dia.

ADRIANO Ah! Celestina! tu tens tantas virtudes, como aquela jovem mulher que outrora conduzia pela mão a Belisário cego![29] Mas esse indigno homeopata...

CELESTINA Ele quer casar comigo.

ADRIANO Casar contigo?...

CELESTINA (*dando uma carta*) Eis a minha resposta; eu lhe ia enviar; podes lê-la; a carta ainda não tem obreia.[30]

ADRIANO (*depois de ler*) Recusas, Celestina?... tu recusas um brilhante futuro?...

CELESTINA Sim; e queria também ocultar-te isso.

ADRIANO Ah! que eu não mereço um anjo, como tu és! quanto mais sobre mim pesa a pobreza, mais tu te prendes à minha má fortuna: ah! velha bruxa Beatriz de uma figa!

CELESTINA Não falemos mais nisso.

ADRIANO Ah! que eu não mereço um anjo, como tu és! julgado mal de ti, me oprime tão fortemente o coração, que me acho quase em termos de, por indisposto, transferir o bolo inglês que ofereci aos meus amigos.

CELESTINA Bolo inglês?... e o dinheiro?...

ADRIANO Eu ainda tenho... uns... dezessete mil-réis.

CELESTINA Sim?... e como os arranjaste?...

ADRIANO Como os arranjei?... sim... é verdade... foi... um caso muito engraçado; encontrei um amigo que me devia e que me pagou; o procedimento certo que é pouco usado; mas... esta senhora Beatriz... (*indo à porta*)

CELESTINA (*junto à mesa e vendo a clareza*) Uma clareza!... o seu relógio no Monte de Socorro!... ah! eu compreendo tudo agora! (*guarda a clareza*)

ADRIANO Sinto as pisadas da minha velha e insolente criada.

CELESTINA Eu te deixo.

ADRIANO Sem ressentimento, minha Celestina?...

CELESTINA Oh! sim! amando-te mais ainda!

ADRIANO (*cantando*)

Adeus, pois, o meu ciúme
Ofendeu teu coração;
Mas do amor, que me consagras,
Alcancei fácil perdão.

O ciúme é um pecado,
Que sempre de amor provém:
Sem ciúmes não se ama;
Só quem não ama os não tem.

Cena XII

Adriano e Beatriz, que acompanha Celestina até a porta.

BEATRIZ (*pondo no piano copos, pratos etc.*) Creio que esta sirigaitazinha olhou-me assim com um ar de desprezo... isto já me vai passando os limites da familiaridade!

ADRIANO (*voltando*) Senhora Beatriz, a senhora é uma velha Proserpina![31]

BEATRIZ Proserpina! Proserpina!... e o senhor é um... é um... é um Proserpino! (*à parte*) Entendo isto perfeitamente... a menina untou-lhe mel pelos beiços, e ele caiu como um patinho... como é crédulo, coitado!...

ADRIANO Então tudo está pronto?... mas faltam duas facas...

BEATRIZ Foram essas as únicas que encontrei na gaveta da mesa: e note que uma já está desconjuntada.

ADRIANO Não importa: os meus amigos são ricos, e estão acostumados ao luxo; é bom que vejam um dia e bem de perto como se passa na pobreza: irão se divertir ainda mais com isso.

BEATRIZ Devo, porém, dizer que o meu defunto Pancrácio era bem pobre, mas quando queria dar o seu banquete, mandava-me pedir louça emprestada à mulher do sargento Luizinho...

ADRIANO Silêncio! sinto que sobem os meus amigos: limite-se às suas funções; e que se não perceba que eu discuto com os meus criados.

BEATRIZ (*à parte*) Criados! vejam como é insolente este farroupilha.

Cena XIII

Ernesto, Eduardo, Adriano, Beatriz, e dois amigos. Adriano os recebe na porta.

OS AMIGOS

Eis-nos prontos para a súcia,
Pra comer, beber, folgar;
Queremos rir e brincar;
Eis-nos prontos, bem o vês:
Venha o vinho de Champanhe,
Venha o nosso bolo inglês.

ADRIANO

Bem vinda seja esta súcia,
Disposta a rir e folgar;
Eu também quero brincar,
E brincarei como três:
Eis aqui o bom champanhe,
Eis o nosso bolo inglês.

ERNESTO Bem vês que somos exatos!

ADRIANO Eu vos agradeço... vamos, tratemos de sentar-nos. Senhora Beatriz, por ora dispensamos os seus serviços; retire-se...

BEATRIZ (*à parte*) Há trinta anos passados esta súcia de brejeiros me convidaria a tomar parte na patuscada. (*vai-se*)

Cena XIV

Os mesmos, menos Beatriz.

ADRIANO Sirvamo-nos de bolo inglês!...

ERNESTO Proponho que se dê carta de naturalização a

este bolo; parece estar tão gostoso, que vale a pena fazer-se dele uma conquista nacional.

ADRIANO Os vossos copos, senhores...

EDUARDO Eu cá tenho um copo de meio quartilho.[32]

ERNESTO E eu um de lavores dourados!...[33]

ADRIANO Perdoai-me, senhores, o meu aparelho se acha um pouco desprovido...

EDUARDO Isto dobrará ainda o nosso prazer...

ADRIANO Misturemos o champanhe com o Reno e o madeira: viva quem mais beber! (*bebe*)

ERNESTO Excelente bolo!... mandarei o meu *groom*[34] aprender com Adriano a fazer bolo inglês.

EDUARDO Ah! tu tens um *groom*?...

ERNESTO Desta altura... (*fazendo sinal de pequeno tamanho*) inglês de puro sangue...

ADRIANO (*à parte*) E eu?... só tenho por *groom* a velha Beatriz!... nada... vou embebedar-me. (*bebe*)

ERNESTO (*a Eduardo*) A propósito: sabes que comprei um cabriolé?...[35] oh! coisa encantadora!

ADRIANO (*à parte*) E eu?!!! eu cá tenho os ônibus ou as gôndolas em lugar do cabriolé...[36] oh! sorte endemoninhada!...

EDUARDO Eu pretendo ter um carro magnífico, logo que herdar de meu tio, o conselheiro, trinta contos de réis de renda anual!... nada menos que isso.

ADRIANO Então tu tens um tio com trinta contos de réis de renda?... (*bebe*)

ERNESTO Eu conto que minhas tias me deixarão muito mais do que isso... Florindo e Júlio têm igualmente belas heranças em perspectiva... oh! que belo uso faremos de tanto dinheiro!...

ADRIANO (*à parte*) Todos eles têm parentes milionários... e eu?... eu tenho as algibeiras em trapos, e nunca me acontece cair-me o dinheiro por elas abaixo! nem passado, nem presente, nem futuro, sou um pinga[37] na extensão da palavra! ora isto faz ferver o sangue! (*bebe*)

ERNESTO E quem será tão desgraçado, que não tenha tios, ou tias ricas?...

ADRIANO Apoiado! qual será, qual esse desgraçado?

ERNESTO Então, tu também os tens?...

ADRIANO Ora seguramente! (*à parte*) É boa! então por que não posso ter também os meus parentes?

EDUARDO Onde mora teu tio?...

ADRIANO Eim?... (*bebe*)

EDUARDO Teu tio, onde existe?

ADRIANO Meu tio?... não é precisamente um tio... é um primo... oh! um parente de desempenho! (*à parte*) Que mentira tão miserável!

TODOS Um primo!...

ADRIANO Sim... um primo, que habita na Califórnia... Paulo... Cláudio... Genipapo... tal qual... e eu que sou o seu único herdeiro. (*à parte*) Todos eles têm tios ou tias, não é muito que eu arranje um primo para mim. (*bebe e, já meio tonto, aos outros*) Vocês bebem muito sofrivelmente!

ERNESTO (*aos outros*) Eis aqui um parente cuja existência me parece contestável: (*a Adriano*) então teu primo é muito rico?... o senhor Paulo... Cláudio... Genipapo?...

ADRIANO Oh! imensamente rico! foi há quatro anos para a Califórnia, e hoje possui nada menos que dois mil contos... cinco milhões. (*À parte*) Eu arranjo esta fortuna toda com a maior facilidade... é uma riqueza que não me custa nada.

ERNESTO E tu, sem dúvida, entreténs com ele a mais viva correspondência... Mostra-nos algumas de suas cartas.

ADRIANO Nada... ele não me escreve há muito tempo; simples delicadeza de sua parte... não quer arruinar-me com os portes do correio.

ERNESTO (*aos outros*) Vejam que desculpa! (*a Adriano*) Pode ser que teu primo já tenha morrido.

ADRIANO Qual! se ele tivesse morrido já me tinha mandado participar...

ERNESTO Pois então bebamos à sua saúde!...

ADRIANO (*bebendo*) Sim... bebamos! isto não pode fazer mal nenhum a meu primo.

ADRIANO

Sofrido tenho até hoje
As privações da pobreza;
Mas em breve irei gozar
Todo o luxo da riqueza.

TODOS

Oh! vem depressa,
Feliz herança!
Tu nos prometes
Grande folgança.

TODOS Viva! viva!

ERNESTO Oh! que soberbo futuro!...

ADRIANO (*enfraquecendo*) Sim... o futuro... é meu, não tem dúvida; eu sou muito amigo do futuro... oh! que belo primo!

EDUARDO À saúde das nossas namoradas!... viva!

TODOS Hip! hip! hip! urrha!

ADRIANO Viva... meu primo... oh! sim... meu rico primo...

ADRIANO

Morre já, querido primo,
E deixa-me o teu dinheiro;
Sobe p'ra o céu direitinho,
Mas que cu seja o teu herdeiro.

TODOS

Oh! vem depressa
Feliz herança!
Tu nos prometes
Grande folgança.

EDUARDO (*mostrando Adriano*) Oh! ei-lo adormecido!

ERNESTO Efeitos do champanhe! pobre rapaz, não está habituado.

ADRIANO (*balbuciando*) Excelente... oh!... o que eu tenho... é... o que eu não tenho... ah! ah! como é agradável estar a gente sem um real de seu!... Er... nesto... Edu... ardo... não os vejo mais... partiram... Ah! ah! como eles engoliram a história do primo da... Califórnia... ah!... ah!...

ERNESTO O que é que ele está dizendo?

EDUARDO Oh! eis aqui como é a grande herança do nosso pobre Adriano!...

ADRIANO Ah!... como é... doce... do... doce (*adormece*)

ERNESTO Meus amigos, uma ideia!

TODOS Qual?...

ERNESTO Vós sabeis que eu tenho amigos na redação de todos os jornais: pois bem, graças à imprensa, vou dar em um mesmo dia vida e morte a esse primo fantástico imaginado por Adriano; eu quero realizá-lo, a fim de o poder matar.

TODOS Excelente ideia!...

ERNESTO Amanhã Adriano contará com esta herança imaginária; essa riqueza lhe durará talvez um dia: nós nos divertiremos com a sua surpresa e com a sua alegria: ele pretendeu divertir-se à nossa custa; pois bem, seremos nós que nos divertiremos à custa dele!

TODOS Apoiado! apoiado!

ERNESTO Ele está profundamente adormecido: venha uma pena e papel... ides admirar a beleza do meu estilo. (*escreve*) "Uma carta da Califórnia, datada de 25 de outubro próximo passado, anuncia com certeza a morte de um brasileiro..." O nome e sobrenome do fabuloso primo?...

EDUARDO Paulo Cláudio Genipapo.

ERNESTO (*escrevendo*) "De nome Paulo Cláudio Genipapo, estabelecido na Califórnia há quatro anos: morreu sem deixar filhos, ficando único herdeiro de sua fortuna, que sobe a cinco milhões, um primo — Adriano Genipapo — jovem músico estabelecido no Rio de Janeiro."

TODOS Muito bem! muito bem!

ERNESTO Amanhã esta notícia aparecerá publicada nos três jornais diários da Corte.

TODOS Bravo!

ERNESTO Ah! meu pobre Adriano!

EDUARDO Ei-lo que abre a boca!

ERNESTO Ele sonha talvez com a sua pobreza; amanhã sonhará ainda, mas sonhará em completa vigília, e então terá um verdadeiro sonho de ouro!

EDUARDO Mais um copo de vinho!

ERNESTO Sim, à saúde de Adriano, e da sua riqueza! (*enchem os copos*)

ERNESTO

Em pobreza adormecido
Há de rico amanhecer;
Mas no fim de poucas horas
Pobre outra vez há de ser.

TODOS

Que viva o herdeiro
Dos cinco milhões,
Milhões que não valem
Nem cinco tostões!

TODOS Hip! hip! hip! — urrha!...

FIM DO ATO PRIMEIRO

Ato segundo

O teatro representa a saleta baixa, irregular e pobre de uma mansarda; os trastes e mobília da sala do primeiro ato estão em desordem.

Cena I

Adriano e Beatriz.

ADRIANO Eis-me aqui em uma mansarda! por cima de um terceiro andar! se vou neste subir continuado, em pouco tempo mandam-me morar nas montanhas da Lua! não pode haver dúvida nenhuma, eu me acho em uma alta posição! Brigam tanto por esse mundo por causa das altas posições... e eu me vejo sossegadamente de posse da que me concedeu o meu amigo do monopólio do toucinho!... Vamos, senhora Beatriz, acabemos com isto.

BEATRIZ É necessário não ter muita pressa; já estou bastante moída, e fique sabendo que se me não tivesse pago o mês adiantado, não era capaz de me obrigar a subir até este buraco.

ADRIANO Pois a viagem não é das mais longas... do terceiro andar a este meu novo palácio não há senão uma escada.

BEATRIZ Mas quando se tem já subido dez vezes!...

ADRIANO Sempre lhe acho de mau humor, senhora Beatriz!

BEATRIZ E queria que estivesse muito derretida?... é boa!... uma senhora que era no outro tempo chamada a formosa Beatriz, e que depois foi casada com um cabo-de-esquadra, ver-se enfim reduzida a representar o papel de criada de um músico!

ADRIANO (*à parte*) A maldita velha é mil vezes pior que uma maritaca! e eu forçado a sofrer seus maus modos, e suas insolências! oh! sorte de uma figa!...

BEATRIZ Toda vossa mobília se reduz a isto, ou tendes mais alguma coisa lá embaixo?...

ADRIANO Senhora Beatriz, no que diz respeito à mobília, *dixit!*[38] mas lá embaixo ainda está o que eu tenho de mais precioso, o meu violão e as minhas músicas.

BEATRIZ As músicas?... assim mesmo talvez que algum fogueteiro as quisesse comprar para fazer bombas, e desse por elas duas ou três patacas; e se além disso o senhor vendesse estes trastes a algum belchior,[39] poderia ser que...

ADRIANO Silêncio! a senhora parece haver prometido aos santos de sua maior devoção o não abrir a boca hoje que não seja para dizer parvoíces; fique pois grunhindo sozinha, que irei eu mesmo buscar aqueles inapreciáveis objetos. (*vai-se*)

Cena II

BEATRIZ (*sentando-se*) Havia de ter que ver, se eu me fatigasse por um músico tão ordinário: nada... vou ler o jornal que o barbeiro da esquina me emprestou; já há de estar desesperado por ele: quanto aos arranjos desta mansarda, o senhor musicozinho pode muito bem esperar. Vejamos. (*tira o jornal, põe os óculos e lê*) "Guerra do Oriente... os russos e os turcos..." Ah!

quem me dera ver esta súcia de turcos toda ela enforcada!... eu cá sou russa... russa até os cabelos!... não posso levar à paciência, que haja homens, cada um dos quais se case com cinquenta mulheres!... todas as senhoras devem ser russas. (*lê*) "Fala-se em mudança de ministério..." Que me importa?... para mim suba quem subir é sempre a mesma coisa! quem vê um, viu todos. (*lê*) "Ontem estiveram expostos durante todo dia no campo da Aclamação[40] um burro, dois cachorros, e três gatos mortos..." Ora, que asneira! pois o campo da Aclamação não é mesmo o lugar do despejo público?... (*lê*) "Uma carta da Califórnia, datada de 25 de outubro próximo passado, anuncia com certeza a morte de um brasileiro de nome Paulo Cláudio Genipapo..." Genipapo?... é o mesmo nome do tal musicozinho das dúzias. (*continua a ler baixo e espantada*) Oh! meu Deus!... será possível!... era seu primo!... e ele fica seu único herdeiro!... só se eu me engano... (*ergue-se, e esfrega os óculos*) Vejamos... vejamos... (*lê*) Não... está aqui!... impresso!... em letra redonda!... o senhor Adriano, milionário!... e eu a chamá-lo musicozinho... não, língua danada! é um musicozão, maior que Rossini, que Donizetti, e que toda essa gente da casa da ópera![41] é maior que... que... é maior que tudo enfim: o senhor Adriano, milionário, vai ter uma casa... criados... é bem capaz de me tomar para sua criada grave...[42] Que inconsequência havê-lo tratado sem o devido respeito... então eu... eu que sempre tive ao senhor Adriano a maior amizade... mesmo uma amizade que faria desconfiar, se eu já não fosse maior de cinquenta... vamos pois... zelo... cuidado... trabalhemos com boa vontade... (*arruma os trastes com ardor*)

Eu não sou velha enfezada,
Menos beata fingida;

Sou uma boa criada,
Que gosta da sua vida.

E o amorzinho que eu tenho
É bom como um serafim,
É uma joia, um tesouro,
Um cupido de alfenim.[43]

Cena III

Beatriz e Adriano, trazendo o violão e as músicas.

ADRIANO Finalmente, eis aqui tudo.

BEATRIZ (*correndo a ele*) Oh! senhor Adriano, meu amorzinho do coração da minha alma! para que tomou o trabalho de ir buscar tanta coisa lá embaixo?... era eu quem devia ir... eu tinha obrigação disso...

ADRIANO (*espantado*) O que é isto, senhora Beatriz?... a senhora está deveras falando comigo?...

BEATRIZ Certamente: por ventura não sou criada de vossa senhoria?

ADRIANO Senhoria?!!! senhora Beatriz, diga, está em seu perfeito juízo?...

BEATRIZ Nunca me senti melhor.

ADRIANO Nada... a senhora não está no seu estado normal.

BEATRIZ Sim, senhor... estou mesmo no natural da minha natureza!

ADRIANO Todavia... esta esquisita urbanidade... os obséquios que agora me está fazendo... esta mudança do preto para o cor-de-rosa operada em um instante... tudo, tudo é um fenômeno em nossas relações cotidianas.

BEATRIZ Talvez que, às vezes, eu me tenha achado de mau humor... é necessário perdoar os pesares internos que me atormentam: quando se tem recebido uma certa educação, e se chegou a ser...

ADRIANO Ah! sim... sim...

BEATRIZ É duro ver-se depois a gente reduzida a uma triste posição: tirando disto, eu não sou má, e, olhe, tive sempre por vossa senhoria a mais decidida predileção...

ADRIANO Senhoria outra vez!... enfim, seja como for, antes como está do que como estava.

Cena IV

Beatriz, Adriano e Celestina, trazendo manuscritos de música e chapas de cobre.[44]

CELESTINA Bom dia, Adriano; trago-te as minhas chapas de música, para que admires os meus progressos.

BEATRIZ Oh! que calamidade! mãos tão delicadas carregando semelhante peso! dê-me isso, senhora, dê-me... ande... sente-se... eis aqui uma caixa... descanse...

CELESTINA (*admirada*) Obrigada... agradecida... senhora Beatriz; (*a Adriano*) Adriano, como se explica isto?...

ADRIANO (*a Celestina*) Celestina, isto como se explica?...

CELESTINA Senhora Beatriz, olhe bem para mim: a senhora está bem certa de quem eu sou?

BEATRIZ Oh! se estou! a senhora é a moça mais bela, mais modesta e mais perfeita das vinte províncias do império do Brasil, e isto é o que eu tenho sempre dito e sustentado.

ADRIANO Senhora Beatriz, pois que enfim a senhora acaba de fazer ponto, concluindo a oração com um sentido perfeito; aproveito o ensejo para pedir-lhe que vá lá para baixo procurar por mim, e ver se me descobre escondido em algum canto.

BEATRIZ Pois não, meu senhor, eu deixo vossa senhoria em liberdade; (*à parte*) vou em um pulo dar a notícia ao senhor Pantaleão.

CELESTINA (*à parte, pondo uma caixa de relógio na gaveta*) Ele não está me olhando... aproveitemos o momento.

BEATRIZ Se vossa senhoria tiver necessidade de mim, basta um simples aceno; estou e estarei sempre pronta a servi-lo com gosto; (*a Celestina*) sua serva... (*a Adriano*) senhor... (*a Celestina*) senhora... (*a Adriano*) senhor... (*vai-se, fazendo mil cumprimentos e sem jamais dar as costas*)

Cena V

Adriano e Celestina.

CELESTINA Eu não posso compreender isto...

ADRIANO Consola-te comigo, minha amiga; é um prodígio, é um fenômeno estupendo para quem está no último apuro do infortúnio, como eu: sim... porque tudo estás vendo, é impossível que eu desça mais abaixo, porquanto estou morando quase em cima do telhado.

CELESTINA Fizeste algum presente à senhora Beatriz?

ADRIANO Qual! apesar do meu gênio um pouco extravagante, nunca me veio ao pensamento semelhante asneira; mas, enfim, deixemos a minha grotesca criada; dize: como achas o meu novo domicílio? ...

CELESTINA Excelente.

ADRIANO Muito pequeno, não é isso?

CELESTINA Não vejo razão para que te estejas lastimando. (*canta*)

No rico palácio
De outro fulgente

Nem sempre o vivente
Encontra o prazer.

Às vezes num rancho
De palha formado
Se vê como o fado
Dá grato viver.

Ah, sim, que se goza
O néctar mais puro,
Se no rancho escuro
Dois podem caber.

ADRIANO É assim, certamente que é assim; mas sempre com a condição de caberem dois no tal ranchinho: e este é o meu rancho... e se algumas economias me fossem possíveis, eu daria aqui mesmo um lugar a ti, como minha legítima mulher.

CELESTINA Isso é verdade, Adriano?... bem verdade?... Ah! tu não compreendes como esse pensamento é doce para o meu coração!

ADRIANO Não tenho te dito já, Celestina, que logo que as circunstâncias o permitam...

FELISBERTO (*dentro*) Mais acima?... obrigado.

ADRIANO Ainda este maçante alfaiate!...

CELESTINA Eu me retiro...

ADRIANO Não, pelo contrário, demora-te: talvez que a tua vista lhe diminua a ferocidade; ah! que demônios seriam os que inventaram os credores!!!

CELESTINA Sem dúvida, Adriano, foram os devedores.

Cena VI

Felisberto, Adriano e Celestina.

FELISBERTO Dá licença?...

ADRIANO Oh! pois não! (*à parte*) Entra, diabo.

FELISBERTO Eu estou desesperado por me ver obrigado a parecer importuno!

ADRIANO (*à parte*) Mais desesperado do que eu não está, certamente ele.

FELISBERTO Passando por acaso por diante desta casa...

ADRIANO (*à parte*) Os credores passam sempre casualmente por defronte da porta dos devedores.

FELISBERTO Meu caro amigo, ontem eu fui por demais apressado... não estava em mim... um negócio importante me preocupava tanto, que o deixei de repente e sem lhe tomar medida; ao acordar hoje, lembrei-me do meu bom amigo, como sempre me acontece, porque realmente eu lhe tributo verdadeira estima; lembrei-me, pois, e disse comigo mesmo: o meu caro Adriano precisa da minha tesoura e... eis-me aqui... (*desdobrando a medida*)

ADRIANO (*à parte*) Ora, esta agora ainda é melhor!... eu estou no mundo da lua!... (*a Felisberto*) Então o senhor diz...

FELISBERTO Vestido preto, completo, não é assim?...[45]

ADRIANO Senhor Felisberto... então eu... e o senhor... sim... o senhor e eu... como ontem... era ontem... e hoje... (*à parte*) Eu não sei mesmo o que lhe hei de dizer... isto é uma charada indecifrável!

FELISBERTO Mas o que pretende fazer-me entender?...

ADRIANO Eu?... pois se exatamente sou eu, que não entendo nada, homem!

FELISBERTO (*à parte*) Ainda não sabe... tanto melhor; isto me fará honra... (*a Adriano*) Nada há mais inteligível; quero tomar-lhe medida...

ADRIANO Contudo, ontem o senhor negou-se a isso, e creio mesmo que chegou a ameaçar-me.

FELISBERTO Eu?... eu?... como?... o senhor me confunde com outro: eu ameaçar ao meu maior amigo?... a aquele em cuja defesa eu me deixaria fazer em postas, morreria até, exclamando no momento de morrer — oh! glória! morro por um amigo! — *amicus est alter ego!!!*[46]

ADRIANO (*à parte*) Começo a me persuadir que estou com o juízo virado! Quem sabe se ainda me dura a mona[47] de ontem?... porque é impossível, eu juro, que tudo isto que acontece esteja realmente acontecendo.

CELESTINA (*à parte*) Aqui há mistério, seja ele qual for.

FELISBERTO Nós dizíamos, pois — vestido preto...

ADRIANO Nada: a roupa preta é muito cara, e estraga-se muito depressa; antes quero azul.

FELISBERTO Por consequência, preta e azul; a azul em verdade tem seu lugar; atualmente, porém, o senhor Adriano há de precisar da preta.

ADRIANO (*à parte*) Ah! entendo: este mequetrefe tem na loja alguma porção de pano preto velho, e como se vê em termos de mandá-lo atirar à praia, prefere fazer-me roupa com ele. (*Felisberto toma a medida e canta*)

FELISBERTO Deixe que eu tome a medida...

ADRIANO Sim, senhor...

FELISBERTO

Fique direito.
Nunca vi moço mais lindo,
Mais garboso, e mais bem-feito.

ADRIANO Ora, até já sou bonito!

FELISBERTO Sempre o foi...

ADRIANO

Inda mais essa!
Ou estou doido ou este amigo,
Quer pregar-me alguma peça.

AMBOS

FELISBERTO

Fazer esta roupa

Que gosto me dá!
Que linda casaca
Não lhe sairá!

ADRIANO
A tal roupa nova
Cuidado me dá;
Que cara casaca
Não me sairá!

ADRIANO Mas já de antemão lhe vou declarando que duvido muito que lhe possa pagar, ouviu?... não sei se lhe poderei pagar, entendeu?...

FELISBERTO Oh! e quem foi que lhe falou aqui em dinheiro, meu caro amigo?...

ADRIANO Nada! não posso mais viver com tal mistério! senhor Felisberto, explique-se: ontem, eu não lhe merecia um ceitil[48] de crédito, e hoje.

FELISBERTO Oh! sim! ontem, hoje, amanhã o senhor tem sido, é, e será sempre o meu amigo do coração: eis a única explicação que pode dar uma alma sensível como a minha.

ADRIANO (*a Celestina*) Celestina, vai pedir que me preparem um quarto no hospício dos alienados da Praia Vermelha.[49]

FELISBERTO Enfim, o meu caro amigo Adriano me dará a honra de tomar um lugar no meu caleche, e iremos juntos à minha casa escolher os mais finos panos.

ADRIANO A melhor! quer que eu lhe faça a honra de tomar um lugar no seu caleche!... então que me dizem a esta?...

FELISBERTO Nada de cerimônias... verá como ele é elegante... talvez que lhe dê na cabeça comprá-lo de mim... olhe... pode, se quiser, ficar com ele, e com os cavalos, que são magníficos, por três contos de réis, é quase de graça...

ADRIANO E esta?... pois o homem não quer me vender o caleche?!!!

FELISBERTO Não percamos tempo... o seu chapéu. (*dá--lhe o chapéu*) a sua bengala... pois não tem bengala?... é indispensável: eu lhe cedo a minha... tenho outras em casa... esta custou-me sessenta mil-réis; olhe, é de unicórnio, e tem rico castão de ouro; eu lhe cedo pelo custo...

ADRIANO Então eu hei de dar sessenta mil-réis por isto? estou quase gritando ah! quem d'El-Rei!...[50] esta gente quer pôr-me doido...

FELISBERTO Oh! sessenta mil-réis... que vale isso?... o senhor não pode fazer caso de semelhante bagatela. (*canta*)

Querido amigo, enfim,
É tempo de pôr casa,
Fazer não pode vasa[51]
Vivendo sempre assim
Meu caro, eu já lhe acudo,
Porquanto tenho tudo
Que possa desejar;
Oh! venha me comprar
Mobília nova e linda
De França há pouco vinda,
Cadeiras de lavores,
Catorze aparadores,
Divãs, sofás e mesas
Das formas e belezas
Em tudo variadas:
As mesas regulares
Redondas, ou quadradas,
E até triangulares;
Por uma ninharia
Lhe cedo a livraria,
Que bem cara comprei!

Também lhe venderei
O meu melhor carrinho,
E até o fardamento
P'ra um lindo joqueizinho,
E tudo a bom contento:
Sim, sim, venha comprar.
Que em tudo que lhe vendo,
Amigo, o que pretendo
É só gosto lhe dar.

ADRIANO Ora, louvada seja a Providência! Pois que, enfim, conheço que quem está doido não sou eu, é ele!

FELISBERTO Vamos, vamos depressa, amigo do coração.

ADRIANO Adeus, Celestina, eu me deixo levar para ver isto em que dá.

Cena VII

Os mesmos, e Pantaleão, que aparece apressado.

PANTALEÃO (*a Adriano*) Um instante!

ADRIANO O taberneiro monopolizador do toucinho! Agora, sim, estou apertado... (*querendo sair*) Desculpe, senhor Pantaleão...

PANTALEÃO Não o posso deixar assim... tenho um negócio mais importante do que o próprio monopólio da carne fresca.

FELISBERTO Conclua os seus negócios, meu amigo; não lhe quero ser incômodo; vou esperá-lo em minha casa...

ADRIANO (*querendo sair*) Nada... já agora eu também vou.

PANTALEÃO (*retendo-o*) De modo nenhum... os momentos são preciosos.

ADRIANO (*à parte*) Como me safarei eu das unhas deste gavião!...

FELISBERTO (*à parte*)
A sós conferenciando,
Ambos vão aqui ficar;
Que tratada será esta?...
Que irá disto resultar?...

ADRIANO
A sós conferenciando,
Nós vamos aqui ficar;
Que maldito taberneiro,
Que maçada me vai dar!

PANTALEÃO
A sós conferenciando,
Nós vamos aqui ficar;
Não me escapa o milionário,
Eu o hei de conquistar.

CELESTINA
A sós conferenciando,
Eles vão aqui ficar;
Anda nisto algum mistério.
Que eu não posso desnublar.

Cena VIII

Adriano e Pantaleão.

PANTALEÃO Meu jovem e prezado amigo, agora que estamos sós, eu me posso desabafar...

ADRIANO (*à parte*) Oh!... pois também o taberneiro?... Que diabo quer dizer isto?... estarei dormindo... ou... ou... querem ver que grassa na cidade alguma peste de loucura!...

PANTALEÃO Mas, antes de tudo, consinta vossa senhoria...

ADRIANO (*estupefato*) Vossa senhoria!!! eles acabam hoje por dar-me excelência!...

PANTALEÃO Consinta vossa senhoria que eu lhe abrace, e que faça correr por suas faces uma lágrima de dor, que vossa senhoria juntará àquelas que, sem dúvida, já tem derramado hoje!...

ADRIANO Eu, senhor?... eu ainda não derramei hoje uma única lágrima!

PANTALEÃO (*chorando*) Isso depende dos temperamentos; cá eu choro como um bezerro!...

ADRIANO (*à parte*) Há de ser consequência da profissão.

PANTALEÃO Vossa senhoria, sem dúvida, é duro para chorar...

ADRIANO Mas, sou eu algum bobo para andar chorando à toa?... chorar por quê, homem dos meus pecados?!

PANTALEÃO Comigo é inútil o fingimento... eu sei tudo!...

ADRIANO Está mais adiantado do que eu, que ainda não sei nada.

PANTALEÃO Pois, vá que não saiba: mudemos de assunto, e tanto mais que vou propor-lhe um negócio importante. Senhor Adriano, estou decidido de pedra e cal a meter-me com unhas e dentes no monopólio do toucinho e da carne fresca; mas para isso é, como lhe dizia ontem, necessário dinheiro grosso.

ADRIANO (*à parte*) Entendo agora: o maldito taberneiro untou-me mel pelos beiços para acabar pondo-me fora deste buraco!...

PANTALEÃO Sou, portanto, obrigado a vender as minhas propriedades; ora, como vossa senhoria não o ignora, eu sou proprietário de uma filha muito bem edificada, e pai de uma casa perfeitamente educada... ora... quero dizer...

ADRIANO Entendo... entendo... é isso mesmo, trocando a casa pela filha.

PANTALEÃO Na nova posição em que vossa senhoria se acha...

ADRIANO Que posição, senhor!... (*à parte*) eu creio que esta caçoada já vai passando a desaforo... e se me chega a mostarda ao nariz, eu caio de soco inglês nesta súcia toda.

PANTALEÃO Basta de gracejar... falemos seriamente... Eu sou um homem sério, e muito honrado.

ADRIANO (*à parte*) Oh, pois não! e tanto o é que meteu-se com unhas e dentes no monopólio do toucinho.

PANTALEÃO Na sua nova posição tem vossa senhoria necessidade de uma casa e de uma mulher: vossa senhoria, meu amigo do coração, conhece minha filha e esta casa; venho, pois, rogar-lhe que me compre a propriedade, e que se case com a rapariga.

ADRIANO (*estupefato*) A casa... e a moça?... ora, isto só pelo diabo: é demais! é pouca vergonha! (*a Pantaleão*) Senhor Pantaleão, o senhor supõe que deve divertir-se à minha custa?!! (*à parte*) estou quase atirando-me a ele!

PANTALEÃO O quê, senhor?... Pode vossa senhoria ficar certo de que lhe ofereço um brilhante partido. (*canta*)

Minha casa é um palácio;
Minha filha é um peixão;
Compre a casa, aceite a moça

E verá como ambas são;
E verá que eu dou-lhe provas
Da mais ardente afeição.

Não rejeite este partido,
Por quem é não dê um não;
Se rejeita, cai a casa,
Fica a moça em convulsão,
E eu julgando que duvida
Da minha ardente afeição.

ADRIANO E ontem, senhor Pantaleão?... e ontem?...

PANTALEÃO Oh! meu prezado amigo! não falemos no dia de ontem... eu tinha tomado uma carraspana...[52] ontem foi ontem, e hoje é hoje.

ADRIANO Isso agora é a pura verdade: pode mesmo ir adiante, e declarar-me muito solenemente que amanhã será amanhã.

PANTALEÃO Ontem, já o disse que estava eu fora de mim; mas despertando esta manhã, meu amigo, abri os olhos...

ADRIANO É provável que o fizesse; eu lhe creio.

PANTALEÃO E disse então com os meus botões: minha filha e minha casa podem cair em mãos desconchavadas;[53] o senhor Adriano é um varão nobre e ilustrado, e portanto habitará bem a casa, e dará boa vida à rapariga.

ADRIANO Nada! não posso mais; agora ou há de explicar-se, ou eu atiro-me a ele como um danado. (*a Pantaleão*) Senhor Pantaleão, peço a palavra.

PANTALEÃO Oh! Vossa senhoria pode falar tanto quanto desejar: quem seria tão atrevido, que ousasse cortar-lhe a palavra?...

ADRIANO Pois vamos ver: escute-me.

PANTALEÃO Sou todo ouvidos, para servir a vossa senhoria...

ADRIANO Há uma boa hora que o senhor me fala de lágrimas, de casa e de casamento; desde hoje de manhã eu sou uma espécie de obelisco, envolvem-me em charadas... em logogrifos...[54]

PANTALEÃO Para que dissimular por mais tempo?... oh! eu li, eu li o jornal!...

ADRIANO Que jornal, homem de todos os diabos?...

PANTALEÃO (*tirando o jornal*) Tenho-o ainda no meu bolso, tome... tome... veja...

ADRIANO (*lendo*) Oh!... que é isto?... na Califórnia... um primo... Paulo Cláudio Genipapo... cinco milhões... eu, Adriano, seu herdeiro... que... que... que quer dizer isto?... (*incrédulo*)

PANTALEÃO Pois não o sabia?... Quanto sou feliz por ser o primeiro! abracemo-nos, meu bom amigo do coração! (*abraça Adriano, que fica imóvel*)

ADRIANO Senhor Pantaleão... permita que eu me assente... (*Pantaleão corre a buscar uma cadeira*) por cinco minutos: quando se recebe uma notícia destas, a gente sempre se assenta por cinco minutos. (*enquanto Pantaleão fala, Adriano conta pelos dedos, falando consigo mesmo*)

PANTALEÃO Vossa ilustre senhoria vai saborear todos os prazeres da fortuna, todas as vantagens sociais que ela facilita: se quiser se dar ao comércio, meu amigo do peito, vossa senhoria tem fundos suficientes para meter-se sozinho no monopólio do toucinho, da carne fresca, da farinha, do milho e do feijão... Oh! que feliz e felicíssimo mortal!

ADRIANO (*sem prestar atenção*) Cada milhão... quatrocentos contos... são cinco milhões... cinco vezes quatro, vinte... são vinte cem contos!... que são dois mil contos... dois mil contos são cinco milhões... cinco milhões são dois mil contos!... Isto faz andar a cabeça da gente à roda!... dois mil contos!...

PANTALEÃO E, se preferir a política, vossa senhoria será eleitor... juiz de paz... comandante da guarda nacional... deputado... e até barão!... isto é muito agradável ao amor próprio!

ADRIANO (*levantando-se*) Muito obrigado. (*à parte*) Am!... tudo agora se desembrulha! as delicadezas, as amizades, as senhorias, os oferecimentos... oh! dinheiro!!! (*a Pantaleão*) Senhor Pantaleão, eu sou um rapaz muito bem criado para que me atreva a declarar que o senhor e este jornal faltam à verdade; mas...

PANTALEÃO Eu não quero saber disso, vim aqui para perguntar a vossa senhoria se me quer comprar esta casa.

ADRIANO Eu ia dizendo que...

PANTALEÃO Perdoe-me, vossa senhoria: minha casa lhe convém?

ADRIANO Certamente que sim. (*à parte*) Quanto à filha, nem pelo diabo! é uma maritaca que fala até pelas pontas dos dedos.

PANTALEÃO (*tirando um papel do bolso*) Oh! eu o adivinhava: acabemos portanto já com este negócio...

ADRIANO Mas se eu não tenho real de meu, senhor.

PANTALEÃO Oh! não falemos em dinheiro... Vossa senhoria tem crédito na praça: acabo de redigir este contrato, pelo qual vossa senhoria me compra esta casa, e se obriga a dar-me por ela doze contos de réis, pagos no fim de seis meses, e com o direito de desfazer o contrato no fim de um mês; e eu, pela minha parte, no caso de arrendamento me obrigo a pagar-lhe para reaver o imóvel, dois contos de réis. Serve assim?... (*à parte*) Este mundéu não vale oito contos... e se ele aceita... (*Adriano lê o contrato*)

ADRIANO Pois vá: assinarei este papel, que finalmente a nada me obriga: mas veja que é a pesar meu. (*assinam ambos dois papéis, cada um guarda o seu*)

PANTALEÃO Quanto a isto, estamos arranjados; a respeito da rapariga, brevemente falaremos: o meu amigo não se arrependerá destes dois negócios: uma mulher excelente... uma propriedade que não o é menos... ainda jovem e formosa... Vossa senhoria a fará rebocar... a propriedade é deliciosa... cheia de talentos e de graças: e que nariz, senhor!!! a rapariga então é um portento! é toda feita de pedras de talha... ótimas madeiras... e finalmente... sim, amigo do coração, adeus! eu sou um mortal imensamente afortunado! oh! sim!... Vossa excelência aperta a mão de um mortal imensamente afortunado... (*à parte*) oh! Ifigênia, tu serás milionária e eu entrarei no monopólio com o dinheiro do genro!... (*a Adriano*) adeus, amigo do peito, adeus!

ADRIANO Oh! dinheiro! (*cantam*)
PANTALEÃO (*à parte*)

Eu também sou como os outros,
Não é por ser marralheiro;
Mas me derreto em ternuras
Ao pé de quem tem dinheiro.

ADRIANO (*à parte*)

Este é como alguns que eu sei
Adulador, marralheiro;
Os favores que me oferece,
São foscas ao meu dinheiro.

Cena IX

ADRIANO (*só*) Agora, sim, entremos em nós... conversemos um pouco com a consciência... estou em meu perfeito juízo... estou, não há dúvida! não me acho bêbado, nem doido! tenho... ou tive um primo... na Califórnia... Paulo Cláudio Genipapo... na minha árvore genealógica, nos anais de minha família, eu encontro um tio, que enquanto vivo foi patrão de uma sumaca...[55] chamava-se ele mestre Leonardo Genipapo... ora, quando se tem tido um tio, não é nenhum impossível, que depois a gente venha a ter não só um, como até cinquenta primos... todos querem que eu seja o único herdeiro de um primo que deixou milhões... a imprensa proclama isso por suas mil bocas... não é por consequência admissível que todos se enganem... (*depois de um instante de silêncio*) tolo, e muito tolo sou eu em não dançar, em não saltar por esta sala: é verdade! sou rico! tenho dinheiro! sou milionário!... oh!... (*canta e dança*)

Enfim, o senhor destino
Ser justo quis uma vez;

De suspirados milhões
Feliz herdeiro me fez.

Sou rico! sou rico!
Já tenho outro rosto!
Sou rico! sou rico!
Não caibo de gosto!

Vejam já quantos amigos
Mal me deixam respirar!
"Que cambada de marrecos
"Pega neles p'ra capar."

Sou rico! sou rico!
Já tenho outro rosto!
Sou rico! sou rico!
Não caibo de gosto.

Cena X

Celestina e Adriano.

ADRIANO Ah! és tu, Celestina?... vem ajudar-me a gozar esta alegria desordenada! eu sou rico, Celestina, eu sou milionário!...

CELESTINA Já o sei.

ADRIANO Leste algum jornal?...

CELESTINA Não; foi a senhora Beatriz.

ADRIANO É o mesmo; ela é a verdadeira gazeta do quarteirão; mas desta vez a senhora Beatriz falou a verdade, o que certamente é um pouco extraordinário. Sim, eis aqui o jornal, o bem-aventurado jornal!... Celestina, tu vais ser feliz.

CELESTINA Eu, feliz!... pois vê como sou criança; tua inesperada riqueza quase que me tem causado aflição.

ADRIANO Oh! não sejas tu a primeira que maldigas a minha fortuna: tu vais deixar o teu pequeno quarto para morar num sobrado cheio de espelhos de doze pés de altura!

CELESTINA Não sou ambiciosa: esta modesta câmara me viu tão feliz com o teu amor, que jamais a poderei deixar sem saudades.

ADRIANO Oh! os espelhos de doze pés de altura nada será ainda: terás móveis de mogno, ricas porcelanas, vasos de Sèvres, fortes-pianos e pianos-fortes; vestidos de seda, chapéus de plumas, xales de toquim, adereços de brilhantes, joias preciosas, ouro, coralinas, esmeraldas, o diabo, Celestina, terás o diabo a quatro: e quando te virem passear comigo de carruagem, eles... esses sujeitinhos todos que nos torciam ainda ontem o nariz, hão de abaixar os olhos e dizer: "Aquela moça deve estar bem contente por ter um amante que com extremo tal a adora!".

CELESTINA Um amante!... mas ainda esta manhã, Adriano, tu dizias um marido! não é a riqueza, é a verdadeira felicidade que eu aspiro, Adriano, estarás tu mudado?...

ADRIANO Eu, mudado?... oh!... não... não... mas... Celestina, isso é puerilidade: um amante... um marido... veremos... mais tarde... veremos, é simplesmente uma mudança de palavra.

CELESTINA Mas essa palavra, senhor, é tudo para a mulher honesta; reconheço já que a vossa nova posição vos tornou outro: a pobre Celestina não é mais a mulher que se vos faz necessária...

ADRIANO Eu não disse isso... todavia, falas de um modo que...

CELESTINA Tendes razão, senhor, eu compreendo, eu adivinho tudo! (*canta*)

Pobre me olhavas
Digna de amor;

Mas hoje rico,
Mudas, senhor.

Eu sou a mesma,
Não mudarei;
Qual vos amava
Vos amarei.

ADRIANO Mas, Celestina, que motivo...
CELESTINA (*canta e chorando vai-se*)
P'ra vós mudar,
No pobre quarto
Me ireis achar.

Constante e pura
Sempre serei,
Pobre de novo
Vos amarei.

ADRIANO Que teima! quem te disse que eu te desprezo?...
CELESTINA (*canta e chorando vai-se*)

Rico vos deixo,
Pura me ausento;
Mas levo n'alma
Cruel tormento.

Vossa ventura
Façam os céus.
Adeus... eu parto;
Senhor, adeus!

Cena XI

Adriano e Felisberto.

ADRIANO Celestina! Celestina! eis aqui como são as mulheres! deitam-nos sempre água na fervura.

FELISBERTO Ainda eu!

ADRIANO Senhor Felisberto, eu lhe rogo que para outra vez se faça anunciar; não se entra na casa de um homem da minha hierarquia como aí na espelunca de qualquer...

FELISBERTO Perdão! mil vezes perdão: porém, um negócio da maior transcendência... (*enquanto Adriano procura uma cadeira e senta-se, diz Felisberto à parte*) Tenho presentemente a certeza de que esta casa se acha no alinhamento da rua projetada, e portanto ela me é necessária por todo preço.

ADRIANO (*sentado*) Então, que temos?...

FELISBERTO Senhor Adriano, vossa senhoria me faz um grande mal.

ADRIANO Deveras?...

FELISBERTO Sim: acabo de sair da casa do senhor Pantaleão, que me assegurou ter vendido esta propriedade a vossa senhoria.

ADRIANO É certo; e que mais?...

FELISBERTO Mas é que vossa senhoria não sabe que eu tenho absoluta necessidade desta casa: eu a desejo ardentemente... certas recordações de família...

ADRIANO Sim... sim... tudo isso é muito possível; mas também eu tenho aqui minhas recordações, e portanto conservarei a propriedade.

FELISBERTO Quê! pois vossa senhoria não quereria cedê-la a mim!

ADRIANO O que há de ser! veio-me o desejo de representar o papel de proprietário: despediram-me tantas vezes de casas onde morava, que tenho vontade de pôr também os outros no meio da rua; é mais agradável ter inquilinos do que sê-lo; e, olhe, não se pode aturar inquilinos! põem um homem doido... não pagam ao senhorio!

FELISBERTO E se eu desse por esta casa catorze contos de réis?...

ADRIANO Catorze contos?... o que são nesta vida catorze contos de réis?...

FELISBERTO Oh! é dinheiro, que se custa a ganhar!...

ADRIANO Ah! ah! ah!... a quem diz o senhor isso?...

FELISBERTO Está bem, darei dezesseis contos à vista...

ADRIANO Dezesseis contos!... (*à parte*) É verdade que todos me falam de milhões, que eu possuo; mas confesso que não me desagradaria ter já e quanto antes alguns bilhetes do banco no bolso... (*a Felisberto*) Pois bem... quero ser condescendente... aceito.

FELISBERTO Dentro em meia hora trago-lhe o dinheiro; é negócio concluído.

ADRIANO Eu lhe dou a minha palavra... também... olhe: por ora é a única coisa que eu tenho para dar.

FELISBERTO Ela me basta, honrado amigo.

FELISBERTO (*canta*)

Que bom negócio,
Que vou fazer;
Oh que ventura!
Oh que prazer!

ADRIANO

Que chuva de ouro
Está-me a chover!
Oh que ventura!
Oh que prazer!

FELISBERTO

Parto depressa
Sem mais tardar,
E o seu dinheiro
Vou já buscar.

ADRIANO

Parta depressa
Sem mais tardar,

E o meu dinheiro
Vá já buscar.

Cena XII

ADRIANO (*só*) Eu disse uma chuva... qual chuva! é uma inundação! é um dilúvio de prosperidades! entremos na investigação das necessidades do nosso *toilette*, e primeiro que tudo ponhamos nossas antigas misérias no meio da rua: (*abre a gaveta e vê o relógio*) oh! o que quer dizer isto!... o meu relógio?... o relógio, que eu havia empenhado no Monte de Socorro?... aqui anda obra do gênio do bem ou do pé-de-carneiro;[56] mas... oh! que raio de luz!... sim, é o gênio do bem... Celestina! não há dúvida... foi ela... com o fruto do seu trabalho... sim, foi ela! e eu fiz chorar aqueles belos olhos! ah! eu sou um rico orgulhoso e mau! graças, porém, a Deus, que tudo se pode ainda reparar. Senhora Beatriz! senhora Beatriz! morta ou viva, e ainda que rebente no caminho, a senhora Beatriz irá buscar-me Celestina... senhora Beatriz! ela me há de trazer a minha bela Celestina! (*aparecem Beatriz e Celestina; Adriano cai aos seus pés*)

Cena XIII

Celestina, Adriano e Beatriz. Celestina recua, ficando Adriano de joelhos aos pés de Beatriz.

ADRIANO (*de joelhos e com os olhos baixos*) E eu cairei aos seus pés pedindo-lhe o meu perdão, e lhe direi: Tu que és bela como um anjo, pura como um raio do sol, meiga como a pombinha do vale, perdoa-me!... esqueci por um instante que tu eras cheia de graças, e de sentimentos nobres, e que só querias, antes de tudo, um nome, o nome daquele a quem amas... oh! bem... eu te ofereço o meu nome e a minha mão! (*toma a mão de Beatriz e beija-a*) Ah! tu me perdoas!... (*levanta a cabeça*) Ora... e esta! com quem estava eu falando!... (*vê Celestina*) Ah! tu estás aí!

CELESTINA E te compreendi bastante, Adriano.

BEATRIZ E eu também, senhor Adriano, e se não fosse tão escrupulosa já teria abraçado a vossa senhoria excelentíssima! (*à parte*) Nunca ouvi tantas ternuras do meu defunto Pancrácio.

ADRIANO (*mostrando o relógio*) Minha Celestina, eu adivinhei tudo!

BEATRIZ Consegui retê-la no meu quarto: suas lágrimas puseram-me o coração em cinco pedaços, e como sei por experiência própria que os namorados brigam e fazem as pazes trinta vezes por dia...

ADRIANO Mas agora, Celestina, tu me desprezas?

CELESTINA Não, não, meu amigo, tudo está esquecido.

ADRIANO Eu te desposo, minha Celestina, e a felicidade entrará em nossa casa com o ato do nosso casamento.

CELESTINA E ficará para sempre morando conosco.

BEATRIZ (*limpando os olhos*) E eu ainda a chorar... vejam só! e isto me fazia esquecer que hoje o excelentíssimo senhor meu amo tem sido procurado por toda a cidade em peso: tenho lá dentro um balaio cheio de cartas e bilhetes de visita: eu vou buscar. (*entra e volta logo*)

ADRIANO Que nova miséria será esta?...

CELESTINA Não é miséria, Adriano; são os milagres do dinheiro, que é o senhor onipotente de quase todos.

BEATRIZ (*trazendo um balaio cheio de cartas e bilhetes*) Eis aqui as provas de que vossa senhoria excelentíssima tem a seu favor a opinião pública.

ADRIANO Vejamos: misericórdia! um balaio de cartas e de bilhetes de visitas!... oh! dinheiro! oh! miséria da humanidade!... ora, comecemos pelas cartas: (*tira uma e lê*) oh! a primeira é do tal editor que rejeitou minhas músicas: (*lê*) miserável! vê, Celestina, agora, agora ele me envia uma escritura, pela qual se obriga a imprimir pelo preço que pedi as mesmas composições que ontem rejeitava, sob pena de uma indenização de um conto de réis pago por aquele que se arrepender!...

CELESTINA Que ventura! tuas composições vão, portanto, aparecer! tu vais ser conhecido... todos te vão aplaudir, e te fazer justiça.

ADRIANO (*depois de ler outra carta*) Esta também não é má! sou admitido na orquestra do Teatro de São Pedro de Alcântara pelo competente diretor com todas as condições por mim propostas: eis aqui o contrato assinado! havia de ser bonito se eu aparecesse agora tocando tímpanos ou ferrinhos!...

CELESTINA E essa outra carta?... será ainda algum novo obséquio?...

ADRIANO (*depois de ler*) Oh! lá se é! nada menos do que a empresa do Provisório, que me compra a propriedade da minha ópera por dois contos de réis, e que se obriga a pô-la em cena dentro de um ano!...

CELESTINA Oh! isto, sim, é que é uma grande felicidade! todos apostaram sobre quem mais faria para te colocar a salvo da pobreza!

ADRIANO Sim! agora que já de nada disso preciso, curvam-se todos ante o meu dinheiro: oh! sim! abrem-me os braços, quando já estou acima de seus favores: este mundo, Celestina, tem uma alma de bilhetes do banco, e um coração de monjolo![57]

CELESTINA Paciência... é preciso sofrê-lo, porque é o mundo que temos... e pela minha parte por ora não desejo mudar-me para outro.

ADRIANO (*vendo e atirando fora os bilhetes de visita*) E esta nuvem de bilhetes de visita! oh! que povaréu, que multidão veio visitar os meus cinco milhões!... vejamos sempre; (*tira um*) comendador fulano dos anzóis carapuça... Não conheço, fora com ele; (*outro*) O deputado... Misericórdia! deputado é uma coisa que custa muito caro à nação; (*outro*) o brigadeiro... Fora, que pode brigar comigo; (*outro*) o doutor... Pior está essa! doutores longe de minha porta; (*outro*) Mr. de tal, cabeleireiro, tem pomada de urso e água dos amantes... Ao fresco; (*outro*) pílulas vegetais... E esta! pois já tão depressa não me querem dar pílulas a engolir?... (*outro*) trastes, mármores e porcelanas... entendo! (*outro*) frei Laverno faz os seus cumprimentos... Ah! é um frade!... chegou a minha fama aos conventos... rua; (*outro*) o barão de qualquer coisa... Irra! não posso mais!... (*atira com todos os bilhetes fora*) Eis ali rolando pelo chão não sei quantos diplomas da vergonha humana!... desprezavam o artista e vêm beijar os pés do milionário!... Miseráveis! vândalos!... isto ou é para desesperar, ou para rir!

CELESTINA Pois então é melhor rir... riamo-nos!

ADRIANO Vá feito... riamo-nos!... (*Canta*)

Vejam já quantos amigos
Mal me deixam respirar!
"Que cambada de marrecos
"Pega neles p'ra capar!"

Sou rico! sou rico!
Já tenho outro rosto!
Sou rico! sou rico!
Não caibo de gosto!

Cena XIV

Eduardo, Ernesto, Adriano, Celestina, Beatriz e os amigos.

ERNESTO Oh! muito bem, Adriano; como vamos de fortuna?...

ADRIANO Vinde, meus amigos, vinde tomar parte da minha alegria: eu estou nadando em um mar de ouro!

EDUARDO Nós sabemos tudo.

ERNESTO (*tristemente*) Teu primo é morto, não é assim?...

ADRIANO (*como querendo chorar*) Ah!... é verdade!...

BEATRIZ (*o mesmo*) Ah! é verdade! era muito bom moço!

EDUARDO Então estás muito aflito?...

ADRIANO Sim, tenho chorado... este é já o terceiro lenço; os outros ficaram ensopadinhos de lágrimas; e contudo eu conhecia muito pouco a meu primo... apenas nos tínhamos visto quando mamávamos: porém, a morte é sempre uma separação dolorosa.

ERNESTO Escuta, Adriano; tu és sensível?...

ADRIANO Ao menos tenho essa pretensão, e as minhas lágrimas sinceras...

ERNESTO E eras muito amigo de teu primo?...

ADRIANO Oh! o mais que é possível...

ERNESTO Abraça-me pois, meu amigo, enxuga o pranto; ele não está morto.

ADRIANO (*estupefato*) Não... não... não... não está morto?!!

BEATRIZ Não está morto?... isso era o diabo agora!

CELESTINA Como o sabe, senhor?...

ERNESTO Não está morto, porque nunca esteve vivo.

ADRIANO Isto não é brincadeira; creio que é negócio muito sério!

ERNESTO Ontem, aquecido pelo champanhe, tu te gabaste de ter na Califórnia um primo senhor de milhões...

ADRIANO Eu... eu disse isso?... é possível; porquanto não me lembro de coisa alguma!

ERNESTO E querendo zombar de nós, apenas nos lembraste a ideia de uma caçoada.

ADRIANO Uma caçoada!... como?... este artigo do jornal?...

ERNESTO Não passa de uma invenção nossa!

ADRIANO Pobre outra vez!... (*caindo numa caixa*) Eu... morro agora por força!

CELESTINA Meu Deus! Adriano não está bom!

BEATRIZ E eu a gastar políticas com um musicozinho tão ordinário! com uma bisca, com um farroupilha desta qualidade!... Vou já participar ao senhor Pantaleão. (*vai-se*)

ERNESTO Que é isto, Adriano?... sê homem: se tivéssemos previsto que sentirias tanto um simples gracejo de amigos...

ADRIANO Ah! meus amigos, eis aqui uma comédia muito capaz de acabar em tragédia... Eu estava tão feliz!...

CELESTINA Eis-nos de novo em nossa boa mediocridade.

ADRIANO Não! não posso suportar semelhante desgosto! isto é um salto mortal! é muito melhor atirar-me de uma janela abaixo! (*corre e esbarra-se com Felisberto*)

Cena XV

Felisberto e os ditos.

FELISBERTO Oh! que me rebenta o nariz!

ADRIANO (*submisso*) Eu lhe fiz mal... ofendi-o?...

FELISBERTO Não foi nada... trago o dinheiro a vossa senhoria.

ADRIANO A minha senhoria... a minha senhoria acaba de receber a sua demissão.

FELISBERTO Não o compreendo, meu prezado amigo.

ADRIANO Digo, que agora aparecem suas dúvidas a respeito do negócio.

FELISBERTO Que, senhor Adriano! Vossa senhoria quereria faltar a palavra!... (*à parte*) Diabo! e eu que já tratei a cessão da casa com vinte por cento de lucro!

ADRIANO Não é isso, mas devo dizer...

FELISBERTO Nada quero ouvir: tenho a sua palavra, e um homem honrado, senhor, não tem senão uma palavra: eis aqui o contrato de venda para assinar.

ADRIANO Todavia...

FELISBERTO Ah! senhor Adriano! é possível que tenha em tão pouco a sua palavra?...

ADRIANO Senhor Felisberto!...

FELISBERTO Essa hesitação me dá o direito de dizer o que disse.

ADRIANO E o senhor não se arrependerá deste contrato?...

FELISBERTO De modo nenhum.

ADRIANO E aconteça o que acontecer não se queixará de mim?...

FELISBERTO Eu, queixar-me!... e de quê?... assine, tenha vossa senhoria a bondade de assinar.

Adriano (*à parte*) Com efeito... posso bem fazer este negócio... a casa é minha, e eu ganho nesta venda quatro contos de réis; (*assinando*) vamos, pois que o senhor o exige, eu assino.

FELISBERTO Para lhe provar que o negócio me convém, ajuntei ao dinheiro que lhe entrego um recibo da conta que me devia, e portanto estamos quites.

ADRIANO (*recebe e conta o dinheiro*) Como?... minha conta também?... ah! Celestina, eis aqui um remorso da adversidade!

FELISBERTO O que quer dizer com isso?...

Cena XVI

Os ditos, Pantaleão e Beatriz.

PANTALEÃO Isto é um horror! é uma ladroeira!... uma infâmia!...

TODOS Que aconteceu?...

PANTALEÃO O senhor músico, meu locatário, é vítima

de uma mistificação! ele é tão rico como aqui a velha Beatriz!

FELISBERTO Que diabo é isto?... quem me dará um fio para sair deste labirinto!

PANTALEÃO O fio é que eu continuo a despedir desta casa e de mestre de minha filha ao tal senhor Adriano Genipapo!

ADRIANO Senhor Pantaleão! o senhor tem um coração abjeto... o senhor é indigno do nome de homem que usurpa!

PANTALEÃO Parece-me que o senhor me quer insultar!

ADRIANO Sair desta casa! sairemos dela ambos, miserável taberneiro! porquanto acabo de vendê-la ao senhor Felisberto...

PANTALEÃO Eu vou levá-lo já ao chefe de polícia!

ADRIANO Oh! pois não! irei mesmo com prazer; tenho que referir ao chefe de polícia uma certa história de monopólio de toucinho e carne fresca... Ah! já se cala?... acabemos com isto: senhor Pantaleão, eu lhe pago a casa que lhe comprei, e o mais que lhe devo; e por minha vez, senhor, ouvi todos, ouvi: senhor Pantaleão, rejeito a mão de sua filha que ainda há pouco me ofereceu!

PANTALEÃO Ah! ah! ah! e pensava que eu ainda tinha as mesmas disposições?...

ADRIANO Celestina, esta gente não tem vergonha, não?... (*outro tom*) Eu não sei se me devo rir deles!... miseráveis! vós que me desprezais, lembrai-vos, que abaixastes a cabeça diante de mim! estúpidos! (*outro tom*) Estúpidos?... estúpido sou eu... eles pensam e praticam, como quase todos, isto é a moda... é a época... é o mundo... atualmente o que melhor se sabe do padre-nosso é o venha a nós!

CELESTINA Senhores, vós o vedes, vosso gracejo teve boas consequências...

ERNESTO Tanto melhor para ele nos perdoar.

ADRIANO De todo o coração, até agradeço.

FELISBERTO Mas então o único que aqui fica com cara de pau sou eu?... juro que ainda não compreendi nada desta moxinifada.[58]

CELESTINA Pois é muito simples... o primo da Califórnia.

FELISBERTO Não está morto?...

ADRIANO Nem nascido, mestre Felisberto!

FELISBERTO (*à parte*) Ai, que cabeçada!... e a conta que ele me devia!

ADRIANO Mas graças a esta invenção, graças à só presunção de que me achava rico, fui cercado de respeitos, de obséquios, e de amigos; ofereceram-me casa, mulher e dinheiro!...

CELESTINA Obrigaram-se a imprimir suas músicas, contrataram-no para uma orquestra e compraram-lhe uma ópera!

ADRIANO Puseram-me a salvo das privações da pobreza...

BEATRIZ Ora, o que tem isso?... lembremo-nos do adágio antigo: a água corre para o mar.

ADRIANO

O dinheiro é um feitiço
Que a todo mundo enlouquece;
Aos ricos todos festejam,
O pobre nada merece.

CELESTINA

As senhoras melhor sabem
Do dinheiro o valimento;
Moça rica que tem dote,
Nunca perde casamento.

PANTALEÃO

O rico nunca tem frio,
Traz sempre a barriga cheia;
E até por coisas que eu sei
Jamais visita a cadeia.

FELISBERTO

Homem pobre é sempre feio
Bicho mau e desprezado;
Quem tem dinheiro é bonito,
É sábio, sempre engraçado.

CORO GERAL

Dinheiro! venha dinheiro!
Dinheiro é tudo na terra;
Dá prazeres, glória, amores,
Faz a paz e move a guerra.

FIM DO SEGUNDO E ÚLTIMO ATO

NOTAS

1 Não se trata de uma ópera convencional, mas de uma obra em prosa na qual há música em praticamente todas as cenas.

2 Antigo Teatro São Francisco, transformado em Teatro Ginásio Dramático em 1855 pelo empresário Joaquim Heleodoro Gomes dos Santos, inspirado no Théâtre Gymnase Dramatique de Paris, sede do movimento teatral realista francês. No dia de sua inauguração, além de *O primo da Califórnia*, foi encenada uma peça do dramaturgo francês Eugène Scribe.

3 Um exemplo vivo.

4 Atual rua Santana, localizada no centro do Rio de Janeiro.

5 Tipo de gorro usado pelos militares.

6 Antiga moeda de prata.

7 Ou seja, não tem um tostão no bolso.

8 Termo antigo para "contador".

9 Também conhecido como Jó, personagem bíblico do Antigo Testamento que teria suportado, sem perder a fé, todas as provações que Deus lhe enviou.

10 Sujeito brincalhão, que gosta de se divertir.

11 Fundado no Rio de Janeiro em 1851. Em 1854, passou a se chamar Teatro Lírico Fluminense.

12 Antigo Teatro São João, construído no Rio de Janeiro em 1813 e que depois de um incêndio, em 1824, foi rebatizado como Teatro São Pedro de Alcântara.

13 Cavalo de pelo escuro.

14 Custe o que custar.

15 Outra forma de dizer que se está sem um tostão no bolso.

16 A vigésima parte de um bilhete de loteria.

17 Juros sobre pagamentos feitos em atraso.

18 Colchão grosseiro, geralmente de palha.

19 Expulsar.

20 Mais uma maneira de se referir ao fato de não ter dinheiro no bolso.

21 Zé-ninguém.

22 Um recibo.

23 Local onde se penhoravam joias e outros objetos de valor.

24 Prostrado, de joelhos.

25 Espaço habitável entre o forro e o telhado de uma construção; um sótão.

26 Canalhas.

27 Escravo que realizava serviços para terceiros e repassava parte do pagamento ao seu senhor.

28 Tradução da expressão francesa *faits divers*, seção do jornal que trazia notícias curiosas, inusitadas, pitorescas.

29 Referência à história do general romano Belisário, injustamente acusado de traição. Segundo a lenda, ele teve seus olhos furados, seus bens sequestrados e viveu o resto da vida como mendigo.

30 Espécie de lacre para correspondências, feito de farinha de trigo.

31 A rainha do inferno.

32 Equivalente a um quarto de litro.

33 Com ornamentos dourados.

34 Termo em inglês que significa “criado”.

35 Carruagem pequena, com duas rodas altas e capota retrátil, puxada por um só cavalo.

36 Do latim *omnibus*, que significa “para todos”. No Bra-

sil do século XIX, era um meio de transporte coletivo de passageiros puxado a cavalo, parecido com os coletivos atuais. Já as gôndolas eram veículos urbanos puxados por burros.

37 Mais uma maneira de se referir à falta de dinheiro.

38 Referência à expressão latina *magister dixit* ("assim disse o mestre"), comumente usada para pôr fim a um questionamento ou uma discussão.

39 Comerciante de objetos velhos e usados.

40 Atual Praça da República, no centro do Rio de Janeiro.

41 Como eram chamados os edifícios destinados à representação teatral construídos no século XVIII. O termo "ópera" não indica, entretanto, destinação exclusiva ao teatro lírico.

42 Empregado de maior proximidade com o patrão, que se encarrega da organização de suas peças de vestuário, objetos particulares etc.

43 Massa branca de açúcar, doce e delicada.

44 Matriz para fazer cópias de partitura.

45 Vestido, aqui, é usado em sua acepção mais genérica de traje, e não se refere especificamente a uma peça de vestuário feminina.

46 Expressão latina que significa "um amigo é um outro eu".

47 Bebedeira.

48 Moeda portuguesa do tempo das grandes navegações, aqui usada no sentido de ninharia, coisa sem valor.

49 Inaugurado em 1852 como Hospício Pedro II, teve seu nome mudado para Hospício Nacional de Alienados. Em 1944 a instituição foi transferida, e o prédio passou a abrigar a Reitoria da Universidade do Brasil, atual Universidade Federal do Rio de Janeiro.

50 Expressão antiga que exprime um pedido de socorro.

51 A expressão "fazer vasa" significa "desfrutar", "tirar proveito".

52 Um porre.

53 Nas mãos de pessoa mal-intencionada.

54 Discursos ininteligíveis.

55 Pequena embarcação cargueira de dois mastros, muito usada no Brasil Colônia para navegação de cabotagem.

56 Segundo uma antiga superstição, um gênio presidia ao destino de cada um: o gênio do bem ou do mal.
57 Engenho usado para debulhar milho e descascar café.
58 Confusão, situação sem explicação aparente.

JOSÉ DE ALENCAR

Verso e reverso

COMÉDIA EM DOIS ATOS

REPRESENTADA PELA PRIMEIRA VEZ NO TEATRO
GINÁSIO DRAMÁTICO,[1] DO RIO
DE JANEIRO, EM 28 DE OUTUBRO DE 1857.

*A ****

Uma noite vi-a no Ginásio; representava-se uma comédia um pouco livre.[2]

Veio-me o desejo de fazê-la sorrir sem obrigá-la a corar. Conservei algum tempo essa impressão fugitiva; um dia ela correu aos bicos da pena, e cristalizou-se.

Escrevi a minha primeira comédia, O Rio de Janeiro [Verso e reverso];[3] *logo depois* O demônio familiar, *e ultimamente* O crédito, *que deve representar-se breve.*

Se algum dia, pois, eu for um autor dramático, deverei unicamente àquela boa inspiração; a glória e os aplausos que o público, de generoso, quiser dar a essas pobres produções de minha inteligência, lhe pertencem.

A flor não se abriria se o raio de sol não a aquecesse e animasse.

J. DE ALENCAR

PERSONAGENS

Ernesto, estudante de São Paulo
Teixeira, capitalista, tio de Ernesto
Augusto, zangão[4] da praça
Custódio, empregado aposentado
Pereira, poeta conhecido de Henrique
Henrique, moço elegante
Filipe, cambista de loterias
Júlia, filha de Teixeira
Braga, caixeiro de loja
D. Luísa, viúva de idade
D. Mariana, parenta de Teixeira
Um caixeiro de loja
Um menino que vende fósforos
Uma menina de realejo

A cena é na cidade do Rio de Janeiro, e contemporânea. O primeiro quadro passa-se em uma loja da rua do Ouvidor[5] nos fins de novembro. O segundo na casa de Teixeira, nas Laranjeiras,[6] em princípio de março.

Ato primeiro

Uma loja da rua do Ouvidor, montada com luxo e no gosto francês.

Cena I

Ernesto, Braga, depois um menino que vende fósforos.

ERNESTO (*entrando de um salto*) Arre! É insuportável! Não se pode viver em semelhante cidade; está um homem sujeito a ser empurrado por todos esses meus senhores, e esmagado a cada momento por quanto carro, carroça, carreta ou carrinho anda nestas ruas. Com efeito é uma família... Desde o ônibus,[7] o Noé dos veículos, até o coupé[8] aristocrático e o tílburi[9] plebeu!

BRAGA (*dobrando as fazendas*) É porque o senhor ainda não está habituado.

O MENINO (*entrando e dirigindo-se a Ernesto*) Fósforos! Fósforos! Inalteráveis e superiores!... (*a Braga*) Fósforos, senhor Braga.

ERNESTO Deixe-me, menino!

O MENINO Excelentes fósforos de cera a vintém!

ERNESTO (*a Braga*) Oh! que maçada! Deixe-me! (*o menino sai*) Esta gente toma-me naturalmente por algum acendedor de lampiões; entendem que eu vim ao Rio de Janeiro unicamente para comprar fósforos. Já não me admira que haja aqui tantos incêndios. (*senta-se junto do balcão; uma pausa*) Como as coisas mudam vistas de perto! Quando estava em São Paulo o meu sonho dourado era ver o Rio de Janeiro, esse paraíso terrestre, essa maravilha de luxo, de riqueza e de elegância! Depois de três anos de esperanças consigo enfim realizar o meu desejo: dão-se as férias, embarco, chego e sofro uma das mais tristes decepções da minha vida. Há oito dias apenas que estou na corte e já tenho saudades de São Paulo. (*ergue-se*)

BRAGA O senhor não escolhe alguma coisa? Presentes para festas, o que há de mais delicado; perfumarias...

ERNESTO (*voltando-lhe as costas*) Obrigado!

Cena II

Os mesmos e Filipe.

FILIPE (*entrando, a Ernesto*) Vinte contos, meu caro senhor! Anda amanhã a roda!...[10] Vinte contos!

ERNESTO Agradeço; não estou disposto.

BRAGA Oh! Senhor Filipe!

FILIPE Quer um bilhete, um meio ou um quarto? Vigésimos... Também temos.[11]

ERNESTO (*passeando*) Nada; não quero nada.

FILIPE Bom número este; premiado três vezes! Mas se prefere este...

ERNESTO Já lhe disse que não preciso dos seus bilhetes.

FILIPE Pois enjeita? A sorte grande? Olhe, não se arrependa!

ERNESTO A sorte grande que eu desejo é ver-me livre de sua pessoa!

FILIPE (*baixo a Braga*) Malcriado!

BRAGA (*baixo a Filipe*) É um provinciano! (*Filipe sai*)

ERNESTO Enfim! Estou livre deste! Que terra!... é uma perseguição constante. (*passeia*)

Cena III

Ernesto, Braga e Augusto.

AUGUSTO (*entrando*) Oh! (*examinando Ernesto*) Será algum acionista?... Vejamos! Tratemos de entabular relações!

ERNESTO (*tira o relógio*) Já duas horas! Uma manhã inteiramente perdida.

AUGUSTO (*cumprimentando*) O senhor faz-me o obséquio de dizer que horas são?

ERNESTO Como?

AUGUSTO Que horas tem no seu relógio?

ERNESTO Ah! desculpe; está parado. (*baixo a Braga*) É o que faltava!... servir de torre de igreja aqui ao senhor.

AUGUSTO (*a Braga*) Decididamente é acionista! Que diz? Tem-me ares de lavrador; são pelo menos vinte ações. Justamente as que me faltam para completar as cem que vendi. A dez mil-réis de prêmio... (*corre atrás de um homem que passa no fundo da loja*) Olá, sio!...[12] Aquelas trinta não quer vender?... Dou-lhe sete!...

ERNESTO (*a Braga*) Que extravagante! Vê-se cada figura neste Rio de Janeiro! (*senta-se e tira um charuto*) Ora deixe-me experimentar um dos tais fósforos de cera. (*acende o charuto*)

BRAGA Aí vem o homem outra vez. (*ri-se*)

AUGUSTO (*voltando*) O senhor faz-me obséquio do seu fogo?

ERNESTO (*a Braga*) Ainda! Isto não tem jeito.

AUGUSTO (*tomando o charuto*) Com licença! Creio que não me enganei; o senhor é um dos contemplados; trinta pelo menos...

ERNESTO (*a Braga*) Estou quase oferecendo-lhe uma caixa de fósforos.

AUGUSTO (*dando o charuto*) Obrigado! Volto para a Praça, que está hoje animada.

ERNESTO Estimo muito.

AUGUSTO Se quer vender as suas ações, não perca a ocasião.

ERNESTO Vender as minhas ações?

AUGUSTO Sim, senhor; acredite no que lhe digo; não valem mais do que cinco mil-réis e já são bem pagas.

ERNESTO O senhor quer brincar, naturalmente!

AUGUSTO Não brinco em negócio. Para encurtar razões dou-lhe seis mil-réis. Quer? Aqui estão. Quantas tem?

ERNESTO (*a Braga*) Deste gênero ainda não tinha encontrado! É pior do que os tais cambistas de loterias. (*passeia*)

AUGUSTO Então que decide?

ERNESTO Nada, senhor.

AUGUSTO Acha pouco? Tenho mais baratas; porém para concluir dou-lhe seis e quinhentos... Sete, pagando a corretagem.

ERNESTO (*contrariado*) Pelo quê, senhor?... Disse-lhe que desejava vender alguma coisa para que o senhor esteja a maçar-me há meia hora, oferecendo-me preços?

AUGUSTO Não me disse; mas eu adivinhei. Nós cá, homens habilitados ao negócio, não precisamos que nos digam as coisas. Apenas o vi, descobri logo que era acionista...

ERNESTO O quê? Acionista?...

AUGUSTO Sim; que tinha sido contemplado na distribuição das ações da Estrada de Ferro, na qualidade de lavrador, naturalmente; por isso ofereço-lhe os meus serviços.

ERNESTO E o que é o senhor?

AUGUSTO Corretor de fundos e mercadorias; incumbo-me de todas as transações de crédito e câmbio, como saques, descontos...

ERNESTO Pois, meu senhor, sinto dizer-lhe que nem sou

acionista, nem fui contemplado em distribuição de coisa alguma.

AUGUSTO Deveras?

ERNESTO Dou-lhe minha palavra.

AUGUSTO Basta; às suas ordens. (*a Braga*) Levei um logro! uma transação magnífica! Também não sei onde estava com a cabeça! Devia ver logo que este sujeitinho não tem a cara respeitável de um acionista! (*vai sair pelo fundo*)

ERNESTO (*a Braga*) Que diabo de profissão é a que exerce este buscapé vestido de paletó?

BRAGA Creio que é um corretor.

ERNESTO Fico-o conhecendo.

Augusto, saindo, encontra Custódio, que entra.

Cena IV

Os mesmos.

CUSTÓDIO (*cumprimentando Augusto*) Passou bem, senhor Augusto? Que há de novo?...

AUGUSTO (*rápido*) Câmbio 27 1/2; juros 9 e 10%; cotação oficial. Ações — vendas animadas; Estradas de Ferro, dez, bastante procuradas. Tem Estrada de Ferro?...

CUSTÓDIO Dizem que o ministério não está seguro?...

AUGUSTO (*rápido*) Seguro monstro — estacionário. Banco do Brasil — 102; Hipotecário 205 — mercado regular, poucas vendas. Mangaratiba — frouxo; Paquetes e Gás — oscilam; rua do Cano — baixa completa, desconto.

CUSTÓDIO Então não diz nada a respeito da política?

AUGUSTO Digo que tome o meu conselho; Estrada de Ferro, Estrada de Ferro, e largue o mais. Adeus; vou concluir uma operação importante. (*sai*)

ERNESTO (*a Braga*) Eis como se diverte um homem aqui na corte, olhando para o tempo e sofrendo as maçadas de todos estes importunos! Oh! os senhores folhetinistas com os seus contos de mil e uma noites são os culpados do que me acontece! Quem os lê e quem vê a realidade!

Custódio dá um passeio pela loja e dirige-se a Ernesto; Braga vai ao fundo.

Cena V

Ernesto, Custódio.

CUSTÓDIO Muito bom dia? (*apertam as mãos*)
ERNESTO Viva, senhor! (*a Braga*) Eis um sujeito que me conhece, mas que naturalmente nunca me viu.
CUSTÓDIO Que há de novo?
ERNESTO E esta? O senhor não leu os jornais?
CUSTÓDIO Passei apenas os olhos... (senta-se)
ERNESTO Pois eu nem isto. (*a Braga*) Pensa este senhor que sou algum almanaque de notícias? Achou-me com cara de boletim?
CUSTÓDIO Que calor que está fazendo. Creio que teremos mudança de tempo. O senhor não acha?
ERNESTO Vou ver, depois lhe direi. (*vai sair, encontra-se com Henrique, que entra*)

Cena VI

Os mesmos e Henrique.

HENRIQUE Ernesto! Oh! Quando chegaste?
ERNESTO Adeus; como vais, Henrique?

HENRIQUE Perfeitamente, e tu? Alegro-me muito em ver-te por aqui.

ERNESTO Não esperava ter o prazer de te encontrar.

HENRIQUE Desembarcaste hoje mesmo?

ERNESTO Não; há oito dias.

HENRIQUE Como deixaste São Paulo?

ERNESTO No mesmo estado.

HENRIQUE É verdade; aproveito a ocasião para pedir-te um pequeno obséquio.

ERNESTO Estou às tuas ordens.

HENRIQUE Chegaste há pouco, e naturalmente deves ter curiosidade de ver os nossos teatros; aceita este bilhete, é do benefício[13] de um hábil artista.

ERNESTO (*com ironia*) Ora, meu amigo, és tu que me fazes o obséquio: obrigadíssimo.

HENRIQUE Onde estás morando?

ERNESTO No Hotel de Botafogo.

HENRIQUE Sei; adeus. Havemos de nos ver.

ERNESTO Sim; quando quiseres.

HENRIQUE (*saindo, passa por Custódio*) Tem passado bem, senhor Custódio?

CUSTÓDIO (*levanta-se*) Bem, obrigado. Que há de novo?

HENRIQUE Quer ficar com um bilhete do benefício de...

CUSTÓDIO Nada. Há vinte anos não frequento os espetáculos; no meu tempo...

HENRIQUE (*rindo-se*) Frequentava o teatrinho de bonecos! (*sai*)

CUSTÓDIO Criançola!

Cena VII

Ernesto e Custódio.

ERNESTO (*mostrando o cartão*) Mais uma bucha!

CUSTÓDIO Pois caiu?

ERNESTO Está me parecendo que esta gente não faz outra coisa desde o princípio até o fim do ano senão beneficiar-se mutuamente; mas beneficiar-se desta maneira! Proudhomme, que definiu a propriedade um roubo legitimado pela lei, se viesse ao Rio de Janeiro, não podia deixar de definir o benefício um estelionato legitimado pela sociedade. A pretexto de teatro e de baile um amigo abusa da nossa confiança e nos toma cinco ou dez mil-réis contra a nossa vontade.

CUSTÓDIO Pensa muito bem! O governo é o culpado...

ERNESTO Dos benefícios?

CUSTÓDIO De tudo!

Entram Henrique e Pereira.

Cena VIII

Os mesmos, Henrique e Pereira.

HENRIQUE Meu amigo, desculpa; não pude deixar de voltar para ter o prazer de apresentar-te o senhor Pereira, um dos nossos poetas mais distintos.

PEREIRA É bondade de meu amigo!

CUSTÓDIO (*a meia voz*) Que firma!

ERNESTO Ah! O senhor é poeta! Estimo muito conhecê-lo: tenho uma grande simpatia pelos poetas, embora na minha vida nunca conseguisse fazer um verso.

PEREIRA Isto não quer dizer nada; Chateaubriand é um grande poeta e escreveu em prosa.

HENRIQUE Meu amigo, nós não queremos tomar-te o tempo. O senhor Pereira vai publicar um volume de suas primeiras poesias e espera que tu, que és amante da literatura, protejas essa publicação.

ERNESTO Tu pedes, Henrique, não posso recusar.

PEREIRA Submeto à consideração de vossa senhoria o programa da assinatura. Um belo volume in-8º francês,[14] de cem páginas, cinco mil-réis no ato da entrega. Não exijo adiantado.

ERNESTO Mas não há necessidade de demorar uma coisa que pode ficar concluída. (*tira a carteira*)

PEREIRA Vossa senhoria ordena...

HENRIQUE Tomas duas assinaturas ou três?

ERNESTO Uma basta, Henrique; sabes que a minha fortuna não está a par do meu gosto pela literatura.

PEREIRA É sempre assim; os grandes talentos são ricos de inteligência, mas pobres desse vil objeto a que se chama dinheiro. (*recebe a nota*) Muito obrigado, senhor...

ERNESTO Não tem de quê.

Entra d. Luísa.

Cena IX

Os mesmos e d. Luísa.

D. LUÍSA Perdão, meus senhores; tenham a bondade de ler este papel.

HENRIQUE (*finge não ouvir*) Até logo, Ernesto.

PEREIRA (*a Ernesto*) Tive muito prazer em conhecer a vossa senhoria.

D. LUÍSA Uma pobre viúva! Meu marido...

PEREIRA Se puder servir-lhe para alguma coisa...

ERNESTO Igualmente!

HENRIQUE (*a Pereira*) Vamos; tenho pressa.

D. LUÍSA Então, senhores! Qualquer coisa...

PEREIRA Às suas ordens. (*sai*)

D. LUÍSA Não lê?

HENRIQUE Adeus, adeus. (*sai*)

Cena X

Ernesto, Custódio e d. Luísa.

ERNESTO (*a Custódio*) Que papel será esse que aquela senhora pede com tanta instância para ler? Talvez alguma notícia importante?

CUSTÓDIO (*levantando-se*) Com sua licença.

D. LUÍSA (*a Custódio, apresentando o papel*) O senhor faz obséquio?...

CUSTÓDIO (*saindo*) Esqueci os óculos em casa. (*sai*)

Cena XI

Ernesto, d. Luísa e depois Braga.

D. LUÍSA Vossa senhoria ao menos me fará a caridade!

ERNESTO Deixe ver. (*abre o papel*) Ah! uma subscrição![15] Por isso é que os tais amigos se puseram todos ao fresco, fazendo-se desentendidos; um tinha pressa, o outro esqueceu os óculos. (*fecha*) Desculpe, minha senhora; não posso dar nada; tenho feito muitas despesas.

D. LUÍSA Pouco mesmo que seja; tudo serve. É para fazer o enterro do meu pobre marido, que expirou esta noite e deixou-me ao desamparo com oito filhinhos...

ERNESTO Pobre mulher! Para esta não há um benefício! Mas diga-me, seu marido nada possuía? A senhora não tem parentes?

D. LUÍSA Nem um; não tenho ninguém de quem me valer. Acredite, senhor, que para chegar a este estado de recorrer à piedade dos que não me conhecem, foi preciso ver meus pobres filhinhos nus, e chorando de fome, os coitadinhos.

BRAGA (*dentro do balcão*) Temos choradeira!

ERNESTO Corta o coração, não acha? Tome, minha senhora; sinto não poder dar mais; porém não sou rico. (*dá uma nota*)

D. LUÍSA (*examinando a nota*) Cinco mil-réis!... (*olha Ernesto com ar de zombaria e sai*)

ERNESTO E esta! Nem sequer um obrigado; julga que não lhe fiz favor?

BRAGA Ora, o senhor ainda deixa-se lograr por esta gente?

ERNESTO E o senhor não viu? Por que não me avisou?

BRAGA Não gosto de me intrometer nos negócios dos outros.

ERNESTO Boa moral!... Oh! mas esta não aturo.

Vai sair correndo e encontra-se com Teixeira, Júlia e d. Mariana, que entram.

Cena XII

Ernesto, Teixeira, Júlia, d. Mariana e Braga.

ERNESTO Ah!...

JÚLIA Ernesto!

TEIXEIRA Bom dia, sobrinho.

ERNESTO Adeus, meu tio. dona Mariana... Como está, prima?

JÚLIA Boa, obrigada.

ERNESTO Anda passeando?

JÚLIA Não; vim fazer algumas compras.

TEIXEIRA Júlia, enquanto ficas vendo as fazendas com d. Mariana, vou à Praça e já volto.

JÚLIA Sim, papai; mas não se demore.

TEIXEIRA É um instante! (*sai*)

BRAGA (*fora do balcão*) O que deseja vossa excelência?

JÚLIA Alguns cortes de musselina e barege.

BRAGA Temos lindíssimos, do melhor gosto, chegados no

paquete, da última moda; hão de agradar a vossa excelência; é fazenda superior.

JÚLIA Pois deite-os lá dentro que já vou escolher.

BRAGA Sim, senhora; vossa excelência há de ficar satisfeita. (*sobe a cena com d. Mariana*)

ERNESTO Como, prima! A senhora já tem excelência?

JÚLIA (*sorrindo*) Aqui na corte todo o mundo tem, Ernesto. Não custa dinheiro.

ERNESTO Entendo! Entendo! Mais esta singularidade para as minhas notas.

BRAGA (*dentro do balcão à d. Mariana*) Sim, minha senhora; tenha a bondade de esperar um momento; já venho mostrar-lhe fazenda que há de agradar-lhe.

Júlia senta-se.

Cena XIII

Ernesto, Júlia, d. Mariana e depois Braga.

JÚLIA Diga-me, Ernesto, como tem achado o Rio de Janeiro?

ERNESTO Quer que lhe confesse a verdade, Júlia?

JÚLIA Decerto, primo; não há necessidade de encobrir. Já sei que não gostou?

ERNESTO Ah! Se fosse só isso! (*d. Mariana desce*)

JÚLIA O que é mais então?

ERNESTO Sinto declarar; mas o seu Rio de Janeiro é um verdadeiro inferno!

D. MARIANA Com efeito, senhor Ernesto!

JÚLIA Não diga isto, primo.

ERNESTO Digo e repito; um verdadeiro inferno.

JÚLIA Mas por quê?

ERNESTO Eu lhe conto. Logo que cheguei, não vi, como já lhe disse, no aspecto geral da cidade, nada que me impressionasse. Muita casa, muita gente, muita lama; eis o que há de notável. Porém isto não é nada; de perto é mil vezes pior.

JÚLIA E depois? Quando passeou?

ERNESTO Quando passeei? Por ventura passeia-se no Rio de Janeiro? O que chama a senhora passear? É andar um homem saltando na lama, como um passarinho, atropelado por uma infinidade de carros, e acotovelado por todo o mundo? É não ter um momento de sossego, e estar obrigado a resguardar os pés de uma carroça, o chapéu de um guarda-chuva, a camisa dos respingos de lama, e o ombro dos empurrões? Se é isto que a senhora chama passear, então, sim, admite que se passeie no Rio de Janeiro; mas é preciso confessar que não são muito agradáveis esses passeios.

JÚLIA Já vejo que o primo não gosta da sociedade; é mais amigo da solidão.

D. MARIANA (*no balcão vendo fazendas*) Pois em um moço admira.

ERNESTO Perdão, Júlia; gosto da sociedade; com ser estudante de São Paulo, não desejo passar por um roceiro. Mas quero estar na sociedade à minha vontade e não à vontade dos outros; quero divertir-me, olhar, observar; e não ser obrigado a responder a um sujeito que me pede fogo, a outro que me pergunta o que há de novo, e a outro que deseja saber quantas horas são.

JÚLIA E a rua do Ouvidor? Que me diz? Não achou bonita? À noite sobretudo?

ERNESTO Oh! não me fale na tal rua do Ouvidor! Se o Rio de Janeiro é o inferno, a rua do Ouvidor é o purgatório de um pobre estudante de São Paulo que vem passar as férias na corte.

JÚLIA Não o compreendo, primo; é inteiramente o contrário do que me dizem todos.

D. MARIANA (*sempre no balcão*) Decerto; não há quem não fique encantado!

ERNESTO Pode ser, dona Mariana, não contesto; os gostos são diferentes, mas eu lhe digo os encantos que achei na rua do Ouvidor. Apenas dei o primeiro passo, saltou-me um sujeito gritando a goelas despregadas: "Fósforos! Fósforos inalteráveis e superiores! A vintém!". Para me ver livre do tal menino tive que trocar uma nota e comprar um embrulho de caixas de fósforos.

JÚLIA (*rindo*) Mas para que comprou?

D. MARIANA Não tinha necessidade...

ERNESTO Queriam que andasse com aquele pajem de nova espécie a aturdir-me os ouvidos?... Porém não fica nisto; apenas vejo-me livre de um, eis-me com outro: "Vigésimos, quartos, bilhetes, meios e inteiros! Sorte grande!". Lá se foram dez mil-réis.

JÚLIA Ainda? Foi também para se ver livre?

ERNESTO E porque estavam muitas pessoas que olhavam para mim, e não queria que me tomassem por um pobretão.

JÚLIA Que ideia! Todos eles estão acostumados a isso, e não fazem caso.

ERNESTO Ainda não acabei. Daí a pouco um benefício do ator tal, uma subscrição para isto, um cartão de baile das sociedades de beneficência de todas as nações do mundo. Enfim encontro um amigo que não me via há três anos, e o primeiro cumprimento que me dirigiu foi empurrar-me este bilhete e ainda em cima um volume de poesias que já paguei, mas que ainda não está impresso.

JÚLIA (*sorrindo*) Abusam de sua boa-fé, meu primo. É natural; ainda não conhece os nossos costumes; mas no meio de tudo isso, não vejo razão para desgostar-se tanto do Rio de Janeiro.

ERNESTO Pois eu vejo. Que quer dizer sair um homem de casa para divertir-se, e voltar com as algibeiras cheias (*tirando*) de caixas de fósforos, de programas de espetáculos, de bilhetes de todas as qualidades, e de todas as cores, menos do tesouro; e além de tudo com a carteira vazia? Não, a senhora pode achar muito boa a sua terra, mas eu não estou disposto a aturá-la por mais tempo.

JÚLIA Que diz, primo?

ERNESTO Vou-me embora; amanhã sai o vapor *Josefina* e eu aproveito.

JÚLIA Deveras, Ernesto? Não é possível!

D. MARIANA Não vê que está brincando?

ERNESTO Palavra de honra! Tenho pressa de dizer adeus a esta terra dos fósforos, das loterias, e dos benefícios... Oh! dos benefícios sobretudo!...

JÚLIA Escute, meu primo. Admito que essas primeiras impressões influam no seu espírito; que o Rio de Janeiro tenha realmente estes inconvenientes; mas vá passar um dia conosco nas Laranjeiras, e eu lhe mostrarei que em compensação há muitas belezas, muitos divertimentos que só na corte se podem gozar.

ERNESTO Quais são eles? Os passeios dos arrabaldes? — Um banho de poeira e de suor. Os bailes? — Um suplício para os calos e um divertimento só para as modistas e os confeiteiros. O teatro lírico? — Uma excelente coleção de medalhas digna do museu. As moças?... Neste ponto bem vê que não posso ser franco, prima.

JÚLIA Fale; não me importa. Tenho até curiosidade em saber o que pensa das moças do Rio. Fale!

ERNESTO Pois bem; já que manda, direi que isto de moça é espécie desconhecida aqui na corte.

JÚLIA Como? Não sei o que quer dizer.

ERNESTO Quero dizer que não há moças no Rio de Janeiro.

JÚLIA E eu, o que sou?

ERNESTO Pior é esta! Não falo dos presentes.

JÚLIA Bem; mas explique-se.

ERNESTO No Rio de Janeiro, prima, há balões, crinolinas,

chapéus à pastora, bonecas cheias de arames, tudo o que a senhora quiser; porém, moças, não; não posso admitir. Ignoro que haja no mundo uma degeneração da raça humana que tenha a cabeça mais larga do que os ombros; que carregue uma concha enorme como certos caramujos; que apresente enfim a forma de um cinco.

JÚLIA De um cinco? Que esquisitice é esta?

ERNESTO É a verdade. Olhe uma moça de perfil, e verá um cinco perfeito. O corpo é a haste fina, o balão é a volta, e o chapéu arrebitado é o corte. (*apontando para o espelho fronteiro*) Olhe! Lá está um.

JÚLIA (*voltando-se*) Onde?

ERNESTO (*rindo-se*) Ah! Perdão, prima, era a senhora.

JÚLIA Obrigada pelo cumprimento! (*senta-se*)

ERNESTO Ficou zangada comigo, Júlia?

JÚLIA Não; zangada, por quê?

ERNESTO Cuidei. (*uma pausa*)

JÚLIA À vista disto o primo não viu no Rio de Janeiro nada que lhe agradasse?

ERNESTO Nada absolutamente, não; vi alguma coisa, mas...

JÚLIA Mas... Acabe!

ERNESTO O que me agrada é justamente o que não me persegue, o que me foge mesmo.

JÚLIA Diga o que é?

ERNESTO Não posso... Não devo...

JÚLIA Ora quer fazer mistério.

ERNESTO Pois bem; vai por sua conta; depois não se zangue. Dona Mariana, faça que não ouve. São seus olhos, Júlia!

D. MARIANA Hem!...

JÚLIA (*corando*) Ah! Ernesto! Quer zombar de mim?

ERNESTO Olhe que eu não sou cá do Rio de Janeiro.

JÚLIA Não importa; mas é estudante.

ERNESTO Boa maneira de lembrar-me a minha humilde posição.

JÚLIA Primo, não interprete mal as minhas palavras.

ERNESTO Oh! Não pense que desconfio, não! Sei que um estudante é um animal que não tem classificação social; pode ser tudo, mas ainda não é nada. É uma letra de câmbio que deve ser descontada pelo futuro, grande capitalista de sonhos e de esperanças. Ora as moças têm medo do futuro, que para elas quer dizer o cabelo branco, a ruga, o carmim, o pó de arroz etc.

JÚLIA Isto são as moças vaidosas que só vivem de frivolidades, e eu creio, meu primo, que o senhor não deve fazer esta ideia de mim; ao contrário...

BRAGA (*adianta-se entre os dois*) Minha senhora, os cortes de vestidos estão às ordens de vossa excelência.

ERNESTO (*consigo*) Maldito caixeiro!

JÚLIA Já vou.

ERNESTO Adeus, Júlia, lembranças a meu tio, dona Mariana...

JÚLIA Venha cá, Ernesto, espere por papai.

ERNESTO Não posso; adeus. (*sai*)

Cena XIV

Júlia e d. Mariana.

JÚLIA Não sei por que me interessa esse caráter original. Tenho-lhe amizade já, e apenas o vi há oito dias, e com esta a segunda vez.

D. MARIANA Ouviu o que ele disse?... Seus olhos...

JÚLIA Qual, dona Mariana, não creia. Cumprimentos de moço... Parte amanhã!...

D. MARIANA Isto diz ele.

JÚLIA Ora, deixe-me escolher os vestidos. Vamos!... (*entram no interior da loja*)

Cena XV

Filipe e d. Luísa.

D. LUÍSA O senhor tenha a bondade de ler este papel.

FILIPE Vejamos. (*lê*) A senhora é viúva então?

D. LUÍSA É verdade; perdi meu marido; estou na maior desgraça; nove filhinhos dos quais o maior não tem cinco anos.

FILIPE Nesse caso nasceram de três meses como os cordeiros. Nove filhos em cinco anos!

D. LUÍSA São gêmeos, senhor.

FILIPE Ah! tem razão! Foi uma ninhadazinha de pintos.

D. LUÍSA O senhor está zombando de mim? Se não fosse a dor de ver os pobrezinhos nus, chorando de fome, coitadinhos, não me animaria a recorrer à esmola das pessoas caridosas.

FILIPE Fique certa que elas não deixarão de ampará-la nessa desgraça.

D. LUÍSA E o senhor... pouco mesmo...

FILIPE Eu, minha senhora, não posso ser insensível ao seu infortúnio; a senhora está justamente no caso de ser feliz. Não há desgraça que sempre dure. Só a sorte grande a pode salvar.

D. LUÍSA Que diz, senhor?

FILIPE (*tirando os bilhetes*) Um meio, um quarto, um vigésimo! Não perca esta ocasião; não rejeite a fortuna que a procura.

D. LUÍSA Ora, senhor! Não se ria da desgraça do próximo.

FILIPE Eu rir-me da desgraça dos outros! Eu que vivo dela!

D. LUÍSA Estou quase aproveitando os cinco mil-réis de há pouco.

FILIPE Vamos, resolva-se.

D. LUÍSA Está bom! Sempre compro um quarto.

FILIPE Antes um meio.

D. LUÍSA Não quero; há de ser um quarto.

FILIPE Aqui tem. (*a meia voz*) E pede esmolas!...

Entra uma menina de realejo que pede a gorjeta com um pandeiro.

D. LUÍSA Sai-te, vadia! A polícia não olha para estas coisas.
FILIPE É verdade; não sei para que servem as autoridades.
D. LUÍSA Deixam as pessoas honestas serem perseguidas por esta súcia de mendigos...
FILIPE Que não têm profissão.

Saem à direita; Júlia, d. Mariana e Braga entram do interior da loja.

Cena XVI

Júlia, d. Mariana e Braga, que traz uma caixa de corte de vestido.

D. MARIANA São muito bonitos, os vestidos; você soube-os escolher, Júlia.
BRAGA A senhora tem muito bom gosto.
JÚLIA Mande deixar isto no meu carro.
BRAGA Vou eu mesmo. (*sai pelo fundo*)

Cena XVII

Ernesto, Júlia e d. Mariana.

ERNESTO (*entrando à direita todo enlameado*) Bonito!... Estou fresco.
D. MARIANA (*rindo*) Ah! ah! ah!
JÚLIA O que é isto, Ernesto?
ERNESTO O que vê, prima. A sua rua do Ouvidor pôs-

-me neste estado miserável! Uma maldita carroça! Estúpidos que não olham para quem passa!

JÚLIA (*sorrindo*) Foi uma vingança, primo; o senhor acabava de dizer mal do Rio de Janeiro.

ERNESTO E não tinha razão? Uma cidade de lama! Felizmente já mandei tomar a minha passagem.

Entra Teixeira.

JÚLIA Como! Sempre vai amanhã?

ERNESTO Que dúvida! E até por segurança embarco hoje mesmo.

Cena XVIII

Os mesmos e Teixeira.

TEIXEIRA Que é isto! Falas em embarcar. Para onde vais?

ERNESTO Volto para São Paulo, meu tio.

JÚLIA Veio-lhe agora esta ideia! Diz que não gosta da corte, que é uma terra insuportável...

D. MARIANA Um inferno!

TEIXEIRA Caprichos de rapaz! Não há cidade como o Rio de Janeiro. É verdade que já não é o que foi. Bom tempo, o tempo das trovoadas. Que diz, dona Mariana?

D. MARIANA Tem razão, senhor Teixeira.

ERNESTO Faço ideia! Se sem as tais trovoadas estou neste estado!

TEIXEIRA Não sabes o que dizes. As trovoadas é que nos preservam da febre amarela, do cólera e de todas essas moléstias que nos perseguem agora.

ERNESTO Não quero contrariá-lo, meu tio; a sua corte é bela, é magnífica, com ou sem trovoadas. Mas eu por causa das dúvidas vou admirá-la de longe.

JÚLIA Já tomou passagem, papai; vai amanhã.

TEIXEIRA (*a Ernesto*) Pois não! Julgas que consinto nessa loucura! Em falta de meu irmão, teu pai, eu faço as suas vezes. Proibo-te expressamente...

ERNESTO Meu tio, é impossível, moralmente impossível...

TEIXEIRA Tá, tá, tá! Não me entendo com os teus palavrões de Academia. Eu cá sou homem de pão, pão, queijo, queijo: disse que não irás e está dito.

JÚLIA Muito bem, papai. (*a Ernesto*) Não tem remédio senão ficar.

D. MARIANA E não se há de arrepender.

ERNESTO Meu tio, previno-lhe que se me obriga a ficar nesta terra, suicido-me.

JÚLIA Ah! Ernesto!

D. MARIANA Quc rapaz cabeçudo!

TEIXEIRA Fumaças! Não façam caso.

ERNESTO Ou me suicido, ou mato o primeiro maçante que vier importunar-me.

TEIXEIRA Lá isto é negócio entre ti e a polícia. (*tira o relógio*) Quase três horas! Vamos, dona Mariana, Júlia... Ande, senhor recalcitrante, há de jantar hoje conosco.

JÚLIA (*a Ernesto*) Bravo! Estou contente, vou vingar-me.

ERNESTO (*enquanto os outros se dirigem à porta*) Três meses nesta terra! Meus três meses de férias do quinto ano, que eu contava fossem três dias de prazer! Vão ser três séculos de aborrecimento.

JÚLIA (*da porta*) Ernesto, venha.

ERNESTO Lá vou, prima! (*vai sair e encontra Custódio, que entra*)

Cena XIX

Ernesto e Custódio.

CUSTÓDIO (*cumprimentando*) Como tem passado? Que há de novo?

ERNESTO (*ao ouvido*) Que não estou disposto a aturá-lo. (*sai*)

Custódio fica pasmo no meio da cena; cai o pano.

Ato segundo

Uma sala elegante em casa de Teixeira, nas Laranjeiras, abrindo sobre um jardim.

Cena I

Júlia e d. Mariana, que lê os jornais junto à mesa.

JÚLIA (*entrando*) Ernesto ainda não acordou?

D. MARIANA Creio que não.

JÚLIA Que preguiçoso! Nem por ser o último dia que tem de passar conosco. Às onze horas deve embarcar. (*olhando a pêndula*)[16] Ah! meu Deus, já são nove! Vou acordá-lo!... Sim; ele disse-me ontem que era um dos seus maiores prazeres acordar ao som do meu piano, quando eu estudava minha lição.

D. MARIANA Não tem mau gosto.

JÚLIA Obrigada!... Mas qual é a música de que ele é mais apaixonado? Ah! a ária da *Sonâmbula*![17] (*abre o piano e toca*)

Cena II

Os mesmos e Ernesto.

ERNESTO (*aparecendo à direita*) Sinto não ser poeta, minha prima, para responder dignamente a um tão amável *bom dia*. Como passou, dona Mariana?

D. MARIANA Bem; e o senhor?

JÚLIA (*levantando-se*) Ah! já estava acordado! (*apertam as mãos*)

ERNESTO Há muito tempo; aproveitei a manhã para fazer uma porção de despedidas que me faltavam. Não se lembra que hoje é sábado?

JÚLIA (*entristecendo*) É verdade; daqui a pouco...

ERNESTO Quis ficar livre para gozar dessas duas últimas horas que devemos passar juntos. Fui a Botafogo, a São Clemente, e ainda voltei à cidade.

JÚLIA Tudo esta manhã?

ERNESTO Sim; admira-se? Oh! no Rio de Janeiro pode-se fazer isto. Com essa infinidade de carros sempre às ordens!...

JÚLIA (*sorrindo*) E que atropelam a gente que anda nas ruas.

ERNESTO Aqueles que andam a pé; mas os que vão dentro, vão depressa e comodamente.

D. MARIANA (*erguendo-se*) Estimo muito ouvir isto do senhor. (*Júlia faz a d. Mariana sinal de silêncio*)

ERNESTO Por quê, dona Mariana?

JÚLIA (*a Ernesto*) Até logo; agora não tem mais despedidas a fazer.

ERNESTO Por isso mesmo não deve deixar-me.

JÚLIA Vou dar algumas ordens; volto já. Uma dona de casa tem obrigações a cumprir, sobretudo quando deve fazer as últimas honras a um hóspede que vai deixá-la. Não me demoro.

ERNESTO Olhe lá!...

JÚLIA (*sorrindo*) Um minuto! (*sai*)

Cena III

Ernesto e d. Mariana.

ERNESTO Que graça e elegância ela tem nos seus menores movimentos; e ao mesmo tempo que simplicidade!... Oh! não há como as moças do Rio de Janeiro para fazerem de um nada, de uma palavra, de um gesto, um encanto poderoso! Seu espírito anima tudo; onde elas se acham tudo brinca, tudo sorri, porque a sua alma se comunica a todos os objetos que as cercam.

D. MARIANA Que entusiasmo!

ERNESTO E não é justo, dona Mariana?

D. MARIANA Certamente! (*uma pausa*)

ERNESTO Como passaram rápidos estes três meses! Pareceram-me um sonho!

D. MARIANA Sim?

ERNESTO Oh! tenho-os impressos na memória hora por hora, instante por instante. De manhã os sons prazenteiros do piano de Júlia acordavam-me no fim de um sono tranquilo. Daí a um instante uma xícara de excelente chocolate confortava-me o estômago, condição essencial para a poesia.

D. MARIANA Ah! Não sabia...

ERNESTO Pois fique sabendo, dona Mariana. Esses poetas que se alimentam de folhas de rosas têm a imaginação pobre e raquítica. Pouco depois dava um passeio com Júlia pelo jardim, apanhávamos juntos flores para os vasos, eu escolhia a mais linda para os seus cabelos, e assim passávamos o tempo até a hora do almoço, em que meu tio ia para a cidade tratar dos seus negócios na Praça... Bela instituição esta da Praça do Comércio![18] Foi criada expressamente para que os pais e maridos deixassem as suas filhas e mulheres livres, sob pretexto de tratar dos negócios. A princípio aborreceu-me...

D. MARIANA E agora?

ERNESTO Agora compreendo as suas imensas vantagens.

D. MARIANA Ora, senhor Ernesto, já vê que as velhas do Rio de Janeiro têm sempre algum préstimo.

ERNESTO Que quer dizer, dona Mariana?

D. MARIANA Quero dizer que uma parenta velha que acompanha uma prima bonita serve não só para fazer-lhe companhia, como para receber as confidências de um primo apaixonado.

ERNESTO (*rindo*) Ora!... Não tem razão!

D. MARIANA Não se ria; é sério! (*sobe*) Aí vem um moço que eu não conheço.

ERNESTO (*olhando*) Ah! Henrique!

D. MARIANA É seu amigo? Deixo-lhe com ele. (*sai*)

Cena IV

Ernesto e Henrique.

HENRIQUE (*entrando*) Aqui me tens às tuas ordens. Como passas?

ERNESTO Bem, meu amigo; peço-te desculpa do incômodo que te dei.

HENRIQUE (*com volubilidade*) Qual incômodo! Recebi o teu bilhete, dizias que precisavas de mim; fiz o que farias. Vejamos; de que se trata?

ERNESTO Desejava pedir-te um obséquio; mas tenho acanhamento; temo abusar da tua amizade.

HENRIQUE Escuta, Ernesto. Nós aqui no Rio de Janeiro costumamos ser francos; quando um amigo precisa de outro, pede; se ele pode, satisfaz; se não, diz abertamente: e nem por isso deixam de estimar-se da mesma maneira.

ERNESTO Tu me animas; vou dizer-te tudo.

HENRIQUE É o meio de nos entendermos. (*sentam-se*)

ERNESTO Sabes que ainda sou estudante, e por conseguinte não tenho grande abundância de dinheiro; vindo passar aqui as férias, julguei que a mesada que o meu pai me dava chegasse para as minhas despesas. Mas na corte são tantos os prazeres e divertimentos, que quanto se tenha, gasta-se; e gasta-se mesmo mais do que se tem. Foi o que me sucedeu.

HENRIQUE Fizeste algumas dívidas? Não é isso?

ERNESTO Justamente: procedi mal. Mas que queres? Encontrei no Rio de Janeiro uma coisa que eu não conhecia senão de nome — o crédito;[19] hoje que experimentei os seus efeitos, não posso deixar de confessar que é uma instituição maravilhosa.

HENRIQUE Vale mais do que dinheiro!

ERNESTO Decerto; é a ele que devo ter comprado o que precisava, sem mesmo passar pelo incômodo de pagar. Mas agora vou retirar-me para São Paulo, e não desejava que viessem incomodar meu tio, além de que seria desairoso para mim partir sem ter saldado essas contas.

HENRIQUE Tens razão; um homem honesto pode demorar por necessidade o pagamento de uma dívida; mas não deve fugir de seu credor.

ERNESTO Quis a princípio falar a meu tio, mas tive vergonha de tocar nisso; resolvi-me recorrer a ti.

HENRIQUE Em quanto importam essas dívidas?

ERNESTO Não chegam a cem mil-réis.

HENRIQUE Ora! uma bagatela. (*abre a carteira*) Aqui tens.

ERNESTO Obrigado, Henrique, não fazes ideia do serviço que me prestas! Vou passar-te um recibo ou um vale...

HENRIQUE Que lembrança, Ernesto! Não sou negociante; tiro-te de um pequeno embaraço; quando puderes me pagarás. Não há necessidade de papel e tinta em negócios de amizade.

ERNESTO A tua confiança ainda mais me penhora. Entretanto mesmo para tranquilidade minha desejava...

HENRIQUE Não falemos mais nisso. Quando embarcas?

ERNESTO Hoje; daqui a duas horas.

HENRIQUE Pois se não nos virmos mais, conta que aqui tens um amigo.

ERNESTO Eu te escreverei.

HENRIQUE Se é por simples atenção, não tomes esse incômodo; escreve-me quando precisares de qualquer coisa.

ERNESTO Ora, graças a ti, estou livre de uma grande inquietação!... Mas quero confessar-te uma injustiça que cometi para contigo, e de que me acuso.

HENRIQUE Como assim?

ERNESTO Quando vi os moços aqui da corte, com seu ar de pouco caso, julguei que não passavam de espíritos levianos! Hoje reconheço que, sob essa aparência frívola, há merecimento real e muita nobreza de caráter. Tu és um exemplo. A princípio, desculpa, mas tomei-te por um sujeito que especulava sobre a amizade para a emissão de bilhetes de benefício e de poesias inéditas!

HENRIQUE (*rindo-se*) E mais é que às vezes assim é necessário! Não podemos recusar certos pedidos!...

Cena V

Os mesmos e Custódio.

CUSTÓDIO (*na porta*) Muito bons dias tenham todos nesta casa.

ERNESTO (*a Henrique*) Oh! Aí vem o nosso compadre com o seu eterno que há de novo. (*a Custódio*) Bom dia, senhor Custódio, como vai?

CUSTÓDIO (*desce*) Bem, obrigado! Vai-se arrastando a vida enquanto Deus é servido. (*aperta-lhe a mão*) Que há de novo?

ERNESTO (*rindo*) Tudo é velho; ali estão os jornais, mas não trazem coisas de importância.

CUSTÓDIO Conforme o costume. (*voltando a Henrique*) Tem passado bem? Que há...

HENRIQUE Nada, senhor Custódio, nada absolutamente.

Custódio vai sentar-se à mesa e lê os jornais.

ERNESTO (*a Henrique*) Nas províncias não se encontra essa casta de bípedes implumes, que vivem absorvidos com a política, esperando antes de morrer ver realizada uma espécie de governo que sonharam e que se parece com a república de Platão!... Eis o verdadeiro tipo da raça desses fósseis da Independência e do Sete de Abril. Cinquenta anos de idade, empregado aposentado, bengala, caixa de rapé e gravata branca. Não tem outra ocupação mais do que ler os jornais, perguntar o que há de novo e queixar-se da imoralidade da época.

HENRIQUE (*rindo*) Serviam outrora para parceiro de gamão nas boticas.[20]

CUSTÓDIO (*lendo*) Oh! Cá temos um artiguinho da oposição!... Começa! Já era tempo! Com este ministério não sei onde iremos parar.

ERNESTO (*a Henrique*) Agora ei-lo ferrado com o tal artigo! Bom homem! Quando eu queria conversar com Júlia, nós o chamávamos sempre. Assim éramos três, e ao mesmo tempo estávamos sós; porque, agarrando-se a um jornal, não ouve, fica cego. Podia apertar a mão de minha prima que ele não percebia!

HENRIQUE Esta habilidade não sabia que eles tinham.

ERNESTO Pois recomendo-te!

HENRIQUE Fica ao meu cuidado. Adeus; dá cá um abraço; até a volta.

ERNESTO (*abraça*) Adeus, Henrique; lembra-te dos amigos. (*quer segui-lo*)

HENRIQUE Não te incomodes. (*sai*)

Cena VI

Ernesto, Custódio, Teixeira e Júlia.

CUSTÓDIO (*erguendo-se com o jornal na mão*) Isto é desaforo!... Como é que um governo se anima a praticar semelhantes coisas na capital do império?

Teixeira e Júlia têm entrado enquanto fala Custódio.

TEIXEIRA Que é isto, compadre! Por que está tão zangado? (*a Ernesto*) Ernesto, como passaste a noite?

ERNESTO Bem, meu tio.

CUSTÓDIO (*mostrando o jornal*) Pois não leu? Criou-se uma nova repartição! Um bom modo de arranjar os afilhados! No meu tempo havia menos empregados e trabalhava-se mais. O Real Erário[21] tinha dezessete, e fazia-se o serviço perfeitamente!

Júlia senta-se na conversadeira.

TEIXEIRA Que quer, compadre? é o progresso.

CUSTÓDIO O progresso da imoralidade.

Teixeira toma um jornal sobre a mesa; Custódio continua a ler; Ernesto aproxima-se de Júlia.

ERNESTO Um minuto!... Foi um minuto com privilégio de hora!

JÚLIA (*sorrindo*) Acha que me demorei muito?

ERNESTO Inda pergunta! E agora aí está meu tio, não teremos um momento de liberdade!

JÚLIA Sente-se! Podemos conversar.

ERNESTO (*sentando-se*) Preferia que conversássemos sem testemunhas!

JÚLIA Tenha paciência, não é culpa minha.

ERNESTO E de quem é, Júlia? Se não se demorasse!

Entra Augusto.

Cena VII

Os mesmos e Augusto.

AUGUSTO (*entrando*) Com licença!
TEIXEIRA Oh! Senhor Augusto!
AUGUSTO (*a Júlia*) Minha senhora! (*a Ernesto e Custódio*) Meus senhores! (*a Teixeira*) Como passou de ontem, senhor Teixeira? Peço desculpa da hora imprópria...

Ernesto levanta-se e passa ao outro lado.

TEIXEIRA Não tem de quê. Estou sempre às suas ordens.
AUGUSTO Como me disse que talvez não fosse hoje à cidade...
TEIXEIRA Sim; por causa de meu sobrinho, que embarca às onze horas.
AUGUSTO Assentei de passar por aqui, para saber o que decide sobre aquelas cem ações. Talvez hoje tenham subido, mas em todo caso, não é bom fiar. Se quer o meu conselho — Estrada de Ferro — Estrada de Ferro — e largue o mais. Rua do Cano, nem de graça! Seguros estão em completa oscilação.
TEIXEIRA O senhor pode demorar-se cinco minutos?
AUGUSTO Como? Mais que o senhor queira; apesar de que são quase dez horas, e às onze devo fechar uma transação importante. Mas temos tempo...
TEIXEIRA Pois então faça favor; passemos ao meu gabinete; quero incumbir-lhe de uns dois negócios que podem ser lucrativos.

AUGUSTO Vamos a isso! (*cumprimentando*) Minha senhora! Meus senhores! (*a Teixeira, dirigindo-se ao gabinete*) É sobre estradas de ferro?

Saem. Ernesto aproxima-se de Júlia.

Cena VIII

Ernesto, Custódio e Júlia.

CUSTÓDIO Estrada de ferro! Outra mania! No meu tempo viajava-se perfeitamente daqui para Minas, e as estradas eram de terra. Agora querem de ferro! Naturalmente para estragar os cascos dos animais.

ERNESTO Tem razão, senhor Custódio, tem toda a razão!

JÚLIA (*a meia voz*) Vá, vá excitá-lo, depois não se queixe, quando armar uma das suas questões intermináveis.

ERNESTO É verdade! Mas fiquei tão contente, quando meu tio saiu, que não me lembrei que estávamos sós. (*senta-se*) Diga-me uma coisa, prima; que profissão tem este senhor Augusto?

JÚLIA É um zangão!

ERNESTO Estou na mesma. Que emprego é esse?

JÚLIA (*sorrindo*) Eu lhe explico. Quando passeávamos pelo jardim, não se lembra que às vezes parávamos diante dos cortiços de vidro[22] que meu pai mandou preparar, e escondidos entre as folhas levávamos horas e horas a ver as abelhas fabricarem os seus favos?

ERNESTO Lembro-me; e por sinal que uma tarde uma abelha fez para mim um favo de mel mais doce do que o seu mel de flores. Tomou a sua face por uma rosa, quis mordê-la; a senhora fugiu com o rosto, mas eu que nunca volto a cara ao perigo, não fugi... com os lábios.

JÚLIA (*confusa*) Está bom, primo! Ninguém perguntou-

-lhe por esta história! Se quer que lhe acabe de contar, cale a boca.

ERNESTO Estou mudo como um governista. Vamos ao zangão!

JÚLIA Enquanto estávamos embebidos a olhar aquele trabalho delicado, víamos um besouro parecido com uma abelha, que entrava disfarçado no cortiço; e em vez de trabalhar, chupava o mel já fabricado. Não via?

ERNESTO O que eu me recordo ter visto perfeitamente eram dois olhozinhos travessos...

JÚLIA (*batendo o pé*) Via, sim; eu lhe mostrei muitas vezes.

ERNESTO Está bom! Já que deseja, confesso que via; via com seus olhos!

JÚLIA Pois suponha que a Praça do Comércio é uma colmeia; e que o dinheiro é um favo de mel. Este sujeito que saiu daqui é o besouro disfarçado, o zangão. Os corretores arranjam as transações, dispõem os negócios; vem o zangão e atravessa os lucros.

ERNESTO Compreendo agora o que é o zangão; é uma excelente profissão para quem não tem nada que fazer, e demais bastante útil para a sociedade.

JÚLIA Útil em quê?

ERNESTO Oh! Se não fosse ele, ficaríamos sós? Se não fosse ele, meu tio estaria ainda aqui, querendo por força provar-me que a desgraça dos fluminenses provém de não haver mais trovoadas! Querendo convencer-me que as maravilhas do Rio de Janeiro são a laranja seleta, o badejete,[23] a farinha de Suruí[24] e a água da Carioca![25] Sim! É uma profissão muito útil! Aconselharei a todos os meus amigos que desejarem seguir o comércio: se façam zangãos da praça!...

JÚLIA Então é nisso que está a grande utilidade...

ERNESTO Mas seriamente, prima; essa profissão fácil e lucrativa é uma carreira aberta à mocidade que pretenda seguir a vida comercial.

CUSTÓDIO Vou até a cidade! Já passaria o ônibus das dez?

JÚLIA Não sei, senhor Custódio; mas o senhor não almoça conosco?

CUSTÓDIO (*erguendo-se*) Almoçar a esta hora! Obrigado!... Senhor Ernesto, boa viagem!

ERNESTO (*apertando-lhe a mão*) Adeus, senhor Custódio.

CUSTÓDIO Dê-nos notícias suas. Sem mais... Dona Júlia! (*sai*)

Cena IX

Ernesto vem sentar-se na conversadeira junto da Júlia; ambos estão confusos.

JÚLIA (*erguendo a cabeça*) Então, meu primo, ainda não me disse se leva saudades do Rio de Janeiro?

ERNESTO É preciso que lhe diga, Júlia!

JÚLIA Naturalmente não sente deixar a corte; não achou aqui atrativos que o prendessem; viu uma grande cidade, é verdade; muita gente, muita casa, muita lama.

ERNESTO Sim, mas no meio desse vasto montão de edifícios, encontra-se aqui e ali um oásis magnífico, onde a vida é um sonho, um idílio; onde nada falta para a comodidade da existência e o gozo do espírito; onde apenas se forma um desejo, ele é logo satisfeito. Vi alguns desses paraísos terrestres, minha prima, e vivi três meses em um deles, aqui nas Laranjeiras, nesta casa...

JÚLIA Não exagere, não é tanto assim; há algumas casas bonitas, com efeito, mas a cidade em si é insuportável; não se pode andar pelas ruas sem ver-se incomodado a cada momento pelas carroças, pelos empurrões dos que passam.

ERNESTO Que tem isso? Essa mesma confusão tira a monotonia do passeio. Demais, quando se anda pela rua do Ouvidor, como andamos tantas vezes, todos esses contratempos são prazeres. O susto de um carro faz com que a moça que nos dá o braço se recline sobre nós; um sujeito que impede a passagem dá um pretexto para que se pare e se torne o passeio mais longo.

JÚLIA Ao menos não negará uma coisa; e é que temos uma verdadeira praga aqui no Rio de Janeiro.

ERNESTO Qual, prima?... Não sei.

JÚLIA Os benefícios.

ERNESTO Não diga isso, Júlia. Quer coisa mais bela do que as pessoas que vivem na abastança protegerem divertindo-se aqueles que necessitam e são pobres! O prazer eleva-se à nobreza da virtude; o dinheiro que o rico esperdiça para satisfazer os seus caprichos transforma-se em oferta generosa, mas nobremente disfarçada, que anima o talento do artista e alivia o sofrimento do enfermo; a caridade evangélica torna-se uma instituição social. Não; não tem razão, prima! Esses benefícios, que a senhora censura, formam um dos mais belos títulos do Rio de Janeiro, o título de cidade generosa e hospitaleira.

JÚLIA Não sei por que, meu primo, o senhor vê tudo, agora, de bons olhos. Por mim, confesso-lhe que, apesar de ser filha daqui, não acho na corte nada que me agrade. O meu sonho é viver no campo; a corte não tem seduções que me prendam.

ERNESTO Ora, Júlia, pois realmente não há no Rio de Janeiro nada que lhe agrade?

JÚLIA Nada absolutamente. Os passeios nos arrabaldes são um banho de poeira; os bailes, uma estufa; os teatros, uma sensaboria.

ERNESTO Como se diz isto, meu Deus! Pode haver coisa mais linda do que um passeio ao Corcovado, donde se vê toda esta cidade, que merece bem o nome que lhe deram de princesa do vale? Pode haver nada de mais encantador do que um baile no Clube? Que noites divertidas não se passa no Teatro Lírico, e mesmo no Ginásio, onde fomos tantas vezes?

JÚLIA Fui por comprazer, e não por gostar. Acho tudo isto tão insípido! Mesmo as moças do Rio de Janeiro...

ERNESTO Que têm?

JÚLIA Não são moças. São umas bonecas de papelão, uma armação de arames.

ERNESTO Mas é a moda, Júlia. Que remédio têm elas senão usar? Hão de fazer-se esquisitas? Ademais, prima, quer que lhe diga uma coisa? Essas saias balões, cheias de vento, têm uma grande virtude.

JÚLIA Qual é?

ERNESTO Fazer com que um homem acredite mais na realidade e não se deixe levar tanto pelas aparências.

JÚLIA Não o entendo; é charada.

ERNESTO Ora! Está tão claro! Quando se dá a um pobre um vintém de esmola, ele recebe e agradece; mas, se lhe derem uma moeda que pareça ouro, desconfiará. Pois o mesmo me sucede com a moda. Quando vejo uma crinolina, digo com os meus botões — "é mulher ou pode ser". Quando vejo um balão, não tem dúvida: — "é saia, e saia unicamente!".

JÚLIA (*rindo*) Pelo que vejo, não há nada no Rio de Janeiro, ainda mesmo o que é ruim, que não tenha um encanto, uma utilidade para o senhor, meu primo? Na sua opinião é uma terra excelente.

ERNESTO Diga um paraíso, um céu na terra! (*Júlia dá uma gargalhada*) De que ri-se, Júlia?

JÚLIA (*rindo-se*) Muito bem! Eis aonde eu queria chegar. Há três meses, no primeiro dia em que veio morar conosco, tivemos uma conversa perfeitamente igual a esta; com a diferença que então os papéis estavam trocados; o senhor achava que o Rio de Janeiro era um inferno.

ERNESTO Não me fale desse tempo! Não me lembro dele! Estava cego!

JÚLIA Bem; o que eu desejava era vingar a minha terra. Estou satisfeita: esqueço tudo o que houve entre nós.

ERNESTO Como! Que diz, Júlia? Não, é impossível! Esses três meses que se passaram, esses três meses de felicidade, foi apenas uma vingança de sua parte?

JÚLIA Apenas.

ERNESTO (*despeitado*) Oh! Obrigado, prima.

JÚLIA Não tem de quê, meu primo; jogamos as mesmas armas; o senhor ganhou a primeira partida, eu tomei a minha desforra.

ERNESTO Eu ganhei a primeira partida! De que maneira? Acreditando na senhora.

JÚLIA Fazendo que eu chegasse a aborrecer o meu belo Rio de Janeiro, tão cheio de encantos; que achasse feio tudo quanto me agradava; que desprezasse os meus teatros, as minhas modas, os meus enfeites, tudo para...

ERNESTO Para... Diga, diga, Júlia!

JÚLIA Tudo para satisfazer um capricho do senhor; tudo por sua causa! (*foge*)

ERNESTO Ah! perdão... A vingança foi doce ainda; mas agora vou sofrer uma mais cruel. Oito meses de saudade e ausência!

JÚLIA Para quem tem uma memória tão fraca... Adeus! (*vai sair*) Adeus!

ERNESTO Ainda uma acusação.

JÚLIA E se fosse um receio! (*sai de repente*)

ERNESTO (*seguindo-a*) Júlia! Escute, prima! (*sai*)

Cena X

Augusto e d. Luísa.

AUGUSTO (*na porta, a Teixeira*) Sim, senhor; pode contar que hoje mesmo fica o negócio concluído! Vou hoje à praça. Quinze e quinhentos, o último. (*dirige-se à porta e encontra-se com d. Luísa, que entra*)

D. LUÍSA O senhor faz obséquio de ver este papel?

AUGUSTO Ações?... De que companhia? Estrada de ferro? Quantas? A como? Hoje baixaram. (*abre o papel*)

D. LUÍSA Qualquer coisa me serve! Pouco mesmo! Oito filhinhos...

AUGUSTO Uma subscrição!... (*entregando*) Não tem cotação na praça.

D. LUÍSA Uma pobre viúva...

AUGUSTO É firma que não se desconta. Com licença!

D. LUÍSA Para fazer o enterro de meu marido! A empresa funerária...

AUGUSTO Não tenho ações desta empresa; creio mesmo que ainda não foi aprovada. Naturalmente alguma especulação... Passe bem! (*sai*)

Cena XI

D. Luísa e Teixeira.

TEIXEIRA (*atravessando a sala*) Hoje não nos querem dar almoço.

D. LUÍSA Senhor Teixeira!

TEIXEIRA (*voltando-se*) Viva, senhora.

D. LUÍSA Vinha ver se me podia dar alguma coisa!

TEIXEIRA Já? Pois acabou-se o dinheiro que lhe dei?

D. LUÍSA O pecurrucho faz muita despesa! é verdade que o senhor não tem obrigação de carregar com elas! Mas seu amigo, o pai da criança, não se importa...

TEIXEIRA Quem lhe diz que não se importa? Tem família, deve respeitar as leis da sociedade; ademais, sabe que eu tomei isto a mim.

D. LUÍSA Sim, senhor.

TEIXEIRA Espere; vou dar-lhe dinheiro.

Cena XII

Ernesto e d. Luísa.

ERNESTO (*entra sem ver d. Luísa*) Oito meses sem vê-la!

D. LUÍSA (*adianta-se*) Vossa senhoria ainda não leu este papel.

ERNESTO (*voltando-se*) Já vi a senhora... Sim e por sinal que... Pode guardar o seu papel; sei o que ele contém; uma história de oito filhinhos.

D. LUÍSA Nus, os pobrezinhos, sem ter o que comer.

ERNESTO Não me logra segunda vez.

D. LUÍSA Mas vossa senhoria talvez precise de uma pessoa...

ERNESTO Onde mora a senhora?

D. LUÍSA Rua da Guarda Velha, número 175; se o senhor deseja alguma comissão, algum recado... estou pronta.

ERNESTO Diga-me; se eu lhe mandasse de São Paulo por todos os vapores uma carta para entregar a uma moça, dentro de uma sua, a senhora entregava?

D. LUÍSA Ora, na carreira; contanto que a carta de dentro viesse com o porte pago.

ERNESTO Há de vir; um bilhete de cinco mil-réis.

D. LUÍSA Serve; pode mandar.

ERNESTO Pois então está dito; deixe-me tomar a sua morada.

D. LUÍSA Não precisa; leve esse papel.

ERNESTO E a senhora fica sem ele?

D. LUÍSA Tenho outro. (*tira do bolso, rindo*) Essa história de viúva já está muito velha, agora sou mulher de um entrevado.

ERNESTO Que mulher impagável! Isto só se encontra aqui no Rio de Janeiro. Oh! agora! Posso escrever-lhe a Júlia.

Entra Júlia.

Cena XIII

Os mesmos, Júlia, depois Teixeira.

ERNESTO (*a Júlia*) Sabe? Estou alegre.
JÚLIA Por quê?
ERNESTO Achei uma maneira de escrever-lhe de São Paulo sem que meu tio saiba.
JÚLIA Oh! não, meu primo! Não posso receber!...
ERNESTO Mas então quer que passemos oito meses sem ao menos trocar uma palavra.
JÚLIA Se houvesse outro meio...
ERNESTO Que melhor do que uma carta inocente?...
JÚLIA Sem consentimento de meu pai?... Não!
ERNESTO Então eu falo a meu tio logo de uma vez, e está acabado. Quer?
JÚLIA Não sei. Faça o que entender.
ERNESTO Espere! Mas não sei como hei de dizer-lhe isto.

Entra Teixeira e dá dinheiro a Luísa.

TEIXEIRA Aqui tem; creio que isto é suficiente para um mês; portanto não me apareça antes.
D. LUÍSA Sim, senhor, obrigada. (*a Júlia*) Minha senhora! (*baixo, a Ernesto, cumprimentando*) O dito, dito.
ERNESTO Sim.

Sai Luísa.

Cena XIV

Teixeira, Ernesto e Júlia.

JÚLIA Não sei, papai, por que ainda dá dinheiro a esta velha. É uma vadia!

TEIXEIRA Uma pobre mulher! Para que Deus deu aos abastados senão para desperdiçar com os que não têm?

ERNESTO Se o senhor compromete-se a fazer aceitar esta teoria, meu tio, declaro que me inscrevo no número dos pobretões.

TEIXEIRA Já mandaste deitar o almoço, Júlia?

JÚLIA Já dei ordem, papai.

TEIXEIRA Ernesto precisa almoçar quanto antes, pois não lhe resta muito tempo para embarcar.

JÚLIA Não é às onze horas?

TEIXEIRA Sim, e já são dez. (*sobe*)

ERNESTO (*baixo, a Júlia*) Não a deixo senão no último momento; hei de aproveitar um minuto.

JÚLIA (*baixo, a Ernesto*) Um minuto nessas ocasiões vale uma hora.

TEIXEIRA (*descendo*) Agora, Ernesto, tão cedo não te veremos por cá!

ERNESTO Daqui a oito meses estou de volta, meu tio.

TEIXEIRA Pois não! Teu pai, na última carta que me escreveu, disse que estava arrependido depois que consentira em que viesses ao Rio, e que pelo gosto dele não voltarás tão cedo. Queixa-se porque tens gastado muito!

JÚLIA Ah!

ERNESTO Meu pai disse isto?

TEIXEIRA Posso mostrar-te a carta.

ERNESTO Paciência. Ele está no seu direito.

TEIXEIRA Agora é tratares de te formar e ganhar uma posição; poderás fazer o que te aprouver. (*sobe*) Nada de almoço.

JÚLIA (*baixo*) Quando nos veremos!

ERNESTO Quem sabe! Talvez meu pai... (*com ironia*) É muito para esperar, não é, prima?

JÚLIA (*sentida*) Não, Ernesto; mas é muito para sofrer!

Cena XV

Os mesmos e Filipe.

FILIPE (*entra na carreira e faz um grande barulho*) Alvíssaras! Alvíssaras! Número 1221! Sorte grande! Premiado! Alvíssaras! Número 1221!

TEIXEIRA Que louco é este?

ERNESTO Está danado!

FILIPE Enganado, não! Número 1221! Sorte grande!

TEIXEIRA O que quer o senhor?

FILIPE As minhas alvíssaras!

TEIXEIRA Mas pelo quê? Explique-se.

FILIPE Pelo bilhete que vendi ao senhor (*aponta para Ernesto*) e que saiu premiado.

ERNESTO A mim? É engano.

FILIPE Engano! Não é possível! Ontem, na rua do Ouvidor, em casa do Wallerstein;[26] por sinal que o senhor estava comprando uns corais, justamente aqueles! (*aponta para o colo de Júlia, a qual volta-se confusa*)

ERNESTO Tem razão, nem me lembrava; deve estar na carteira. Ei-lo! Número mil duzentos...

FILIPE E vinte e um! Não tem que ver!, é o mesmo. Não me engano nunca!

ERNESTO Assim, este papel... eu tirei?...

FILIPE A sorte grande... É meio bilhete! Pertencem-lhe nove contos e duzentos!

ERNESTO Nove contos! Sou rico! Tenho dinheiro para vir ao Rio de Janeiro, ainda que meu pai não consinta.

TEIXEIRA Agora vai gastá-los em extravagâncias!

ERNESTO Pois não! Servirão para me estabelecer aqui; montar minha casa. Quero uma linda casinha como esta, um retiro encantador, onde a vida seja um sonho eterno! (*a Júlia, baixo*) Onde recordaremos os nossos três meses de felicidade!

TEIXEIRA Vamos; despacha este homem.

ERNESTO Tome, meu tio; tome o bilhete e arranje isto como entender. Vossa mercê me guardará o dinheiro.

Teixeira e Filipe saem; Teixeira examina o bilhete.

JÚLIA (*a Ernesto*) Como a felicidade vem quando menos se espera! Há pouco tão tristes!

ERNESTO É verdade! E se soubesse como isto me caiu do céu! Nem me passava pela ideia semelhante coisa, quando este homem começou a importunar-me de tal maneira, que tomei-lhe o bilhete para ver-me livre da maçada. É só a ele que devo a fortuna.

JÚLIA (*sorrindo*) Eis então mais uma vantagem do Rio de Janeiro.

ERNESTO (*sorrindo*) Tem razão!

TEIXEIRA (*a Filipe, dando-lhe dinheiro*) Tome; como alvíssaras, basta.

FILIPE Obrigado! (*desce a cena, a Ernesto*) Então, um meio, um inteiro, um quarto? Enquanto venta, molha-se a vela.[27]

ERNESTO Agradeço; não sou ambicioso. Quero deixar a sorte grande também para os outros.

FILIPE E a senhora? E a senhora e o senhor?... Um meio?... Tenho justamente o número premiado.

TEIXEIRA Nada, nada; já compramos!

FILIPE Às suas ordens. (*sai*)

Cena XVI

Teixeira, Ernesto e Júlia.

TEIXEIRA Ora, enfim, vamos almoçar.

ERNESTO Espere, meu tio, tenho uma palavra a dar-lhe.

TEIXEIRA Pois então já; uma palavra custa pouco a dizer.

ERNESTO (*baixo, a Júlia*) Sim! Porém, a mim custa mais do que um discurso!

JÚLIA (*baixo, a Ernesto*) Que vai fazer? Ao menos deixe-me retirar.

ERNESTO (*baixo, a Júlia*) Para quê?

JÚLIA (*baixo, a Ernesto*) Morro de vergonha.

TEIXEIRA Então? A tal palavra? Estão combinados? Tu sabes o que é, Júlia?

JÚLIA (*vexada*) Eu, papai!... Não, senhor.

TEIXEIRA Ora, tu sabes! Ficaste corada.

JÚLIA Foi porque Ernesto riu-se.

TEIXEIRA (*a Ernesto*) Falas ou não?

ERNESTO Tenho a palavra aqui atravessada na garganta! Lá vai!

TEIXEIRA Ainda bem! O que é?

ERNESTO Escute, meu tio. Eéééé...

TEIXEIRA É...

ERNESTO Queêêêê...

TEIXEIRA Já vejo que é preciso ajudar-te! É que...

ERNESTO Euuu... (*Júlia faz sinal que não*) Quero...

TEIXEIRA Ah! Queres brincar? Pois não estou para te aturar. (*sobe*)

Cena XVII

Os mesmos, d. Mariana e depois Pereira.

D. MARIANA (*entrando*) Então, por quem se espera? São quase dez horas.

TEIXEIRA Vamos, dona Mariana.

ERNESTO (*a Júlia, baixo*) Está tudo perdido.

PEREIRA Permitam o ingresso. O senhor Teixeira?

TEIXEIRA Um seu criado. O que pretende o senhor?

PEREIRA Tomei a liberdade de oferecer a vossa excelência esta minha produção poética por ocasião do fausto motivo que enche hoje esta casa de júbilo.

TEIXEIRA Não tenho excelência; nem o compreendo. Queira explicar-se.

PEREIRA Com muito gosto. A minha veia poética inspirou-me este epitalâmio[28] que ofereço ao doce himeneu,[29] às núpcias venturosas, ao feliz consórcio da senhora sua filha com o senhor seu sobrinho. (*espanto geral*)

JÚLIA (*escondendo o rosto*) Ah!...

ERNESTO Bravo!

D. MARIANA Calúnias, senhor Teixeira!

TEIXEIRA O consórcio de minha filha com meu sobrinho!... O senhor está louco!

PEREIRA (*a Teixeira*) É verdade que alguns espíritos mesquinhos chamam os poetas de loucos, porque não os compreendem; mas vossa excelência não está neste número.

TEIXEIRA Entretanto, o senhor vem com um despropósito! Onde ouviu falar de casamento de minha filha?

PEREIRA Há muito tempo sabia que o senhor seu sobrinho e a senhora sua filha se amam ternamente...

TEIXEIRA (*olhando Júlia e Ernesto, cabisbaixos*) Se amam ternamente!... (*a Pereira*) E que tem isto? Quando mesmo fosse verdade, é natural; são moços, são primos...

PEREIRA Por isso, sendo hoje um sábado, e não tendo vossa excelência ido à Praça, conjeturei que as bodas, a feliz união dos dois corações...

TEIXEIRA Pois conjeturou mal; e para outra vez seja mais discreto em não se intrometer nos negócios de família.

PEREIRA E a poesia? Vossa excelência não a recebe?

TEIXEIRA Leve a quem a encomendou; ele que lhe pague! (*voltando-lhe as costas*)

ERNESTO (*baixo, a Pereira*) É justo que seja eu que aproveitei. O senhor não sabe o serviço que me prestou. (*dando-lhe um bilhete*) Tome e safe-se quanto antes.

PEREIRA Entendo!

ERNESTO (*a Júlia e d. Mariana*) Sublime raça que é esta dos poetas! Sem o tal senhor Pereira ainda estava engasgado com a palavra, e ele achou uma porção de sinônimos: consórcio, feliz união, bodas, núpcias, himeneu e não sei que mais...

PEREIRA (*a Teixeira*) Peço a vossa excelência queira desculpar.

TEIXEIRA Está bom, senhor, não falemos mais nisto.

PEREIRA Passar bem. (*sai*)

Cena XVIII

Teixeira, Ernesto, Júlia, Mariana e depois Custódio. Teixeira acompanha Pereira, que sai pelo fundo.

JÚLIA (*a d. Mariana*) Não tenho ânimo de olhar para meu pai!

D. MARIANA Ele não foi moço? Não amou? (*Teixeira desce*)

ERNESTO Aí vem o temporal desfeito.

TEIXEIRA Com que então ama-se nesta casa; a gente de fora sabe; e eu sou o último a quem se diz...

ERNESTO Perdão, meu tio, não tive ânimo de confessar-lhe.

TEIXEIRA E tu, Júlia, que dizes a isto?

D. MARIANA (*a Júlia, baixo*) Fale! Não tenha medo!

JÚLIA Papai!...

TEIXEIRA Percebo... Queres casar com teu primo, não é? Pois está feito!

JÚLIA Ah!

D. MARIANA Muito bem!

TEIXEIRA (*a Ernesto*) Com uma condição, porém; não admito epitalâmios, nem versos de qualidade alguma.

ERNESTO Sim, meu tio; tudo quanto o senhor quiser! Hoje mesmo podia ser... É sábado...

TEIXEIRA Alto lá, senhor estudante! Vá se formar primeiro e volte.

D. Mariana sobe e encontra-se com Custódio.

ERNESTO Oito meses!...

D. MARIANA (*a Custódio*) Voltou?

CUSTÓDIO Perdi o ônibus! O recebedor roeu-me a corda!

ERNESTO (*a Júlia*) Esperar tanto tempo!

JÚLIA Mas assim é doce esperar.

ERNESTO Oito meses longe do Rio de Janeiro! Que martírio, meu Deus!

TEIXEIRA (*levantando-se*) Vamos! O café já deve estar frio. (*sobe e vê Custódio*) Oh! compadre!

CUSTÓDIO Perdi o ônibus. Que há de novo?

TEIXEIRA Que vamos almoçar.

FIM

NOTAS

1 Cf. nota 2 de *O primo da Califórnia.*

2 Nesse período, a palavra "livre" designava as obras mais picantes.

3 Título original desta peça.

4 Operador informal do mercado financeiro, não credenciado na bolsa de valores.

5 Foi a rua mais importante do Rio de Janeiro, até a inauguração da avenida Central (atual Rio Branco), em 1900. Nela estavam instaladas as lojas mais caras, exibindo as últimas novidades da moda, os cafés mais movimentados e os escritórios mais prestigiados.

6 Tradicional bairro residencial do Rio de Janeiro, um dos mais antigos da cidade, cuja ocupação remonta ao século XVII.

7 Cf. nota 36 de *O primo da Califórnia.*

8 Carruagem puxada por cavalos, com duas portas e quatro rodas. Os passageiros ocupavam a parte de trás, que era fechada, o cocheiro ia à frente sobre um banco descoberto.

9 Veículo de duas rodas e dois assentos (tibureiro e passageiro), sem boleia, com capota, e puxado por um só animal.

10 O sorteio da loteria.

11 Os bilhetes de loteria eram vendidos inteiros ou em frações.

12 Forma popular para "senhor".

13 Prática teatral, provavelmente originária da França, surgida no século XVIII. No século XIX tornou-se um expediente comum, que visava destinar toda a receita de uma noite de espetáculo para um artista em especial ou para sua família, no caso de alguém já falecido e que tinha deixado os familiares em dificuldades financeiras. Podia transformar-se também em um tipo de festa para o artista, numa demonstração de seu prestígio. Por vezes, o direito aos "benefícios" estava estipulado no contrato entre o artista e a companhia da qual fazia parte.

14 Um infólio de 8 é uma folha dobrada em 8 folhas menores. Para um livro de cem páginas são necessárias várias in-8º.

15 Compromisso assumido por escrito de contribuir com determinada quantia para alguma obra ou evento.

16 Forma antiga para "relógio de pêndulo".

17 Ópera do compositor italiano Vicenzo Bellini (1801-35), com libreto de Felice Romani, de 1831, considerada uma de suas obras-primas.

18 Edifício construído em 1820 pelo arquiteto francês Grandjean de Montigny, foi destinado pelo rei d. João VI aos comerciantes, que poderiam se reunir e tratar das suas transações e empresas mercantis. Depois de uma revolta ocorrida em 1821, foi transformado em alfândega (até 1946). Enquanto isso, o próprio Grandjean de Montigny executou outro projeto para uma segunda Praça do Comércio, levantada na rua Direita

(atual 1º de Março). É a essa segunda edificação que o texto faz referência.

19 José de Alencar sempre criticou a especulação e agiotagem sem controle que grassavam no Rio de Janeiro em sua época. Chegou mesmo a escrever um drama sobre o assunto chamado *O crédito*, em 1857, inspirado na peça de Dumas Filho, *La question d'argent.*

20 Lojas em que se preparavam e vendiam produtos farmacêuticos, mas que também vendiam mercadorias diversas e serviam como ponto de encontro.

21 Instituição de topo da administração fiscal portuguesa, destinada a centralizar a gestão corrente das contas públicas. Em 1822, a parte do Real Erário que permanecia no Rio de Janeiro passou a ser o Tesouro Público do Rio de Janeiro, assumindo o nome Ministério da Fazenda em 1824.

22 Colmeia artificial.

23 Filhote de badejo.

24 Farinha produzida em uma fábrica no bairro de Suruí, em Magé, que acabou se tornando um sinônimo para farinha de mandioca.

25 Água vinda do rio da Carioca. O bairro da Carioca abrangia três regiões: Catete, Glória e Laranjeiras.

26 Dono de uma famosa loja de roupas e acessórios femininos.

27 É preciso aproveitar a situação, quando favorável.

28 Poema breve para celebrar um casamento.

29 Casamento.

MACHADO DE ASSIS

O caminho da porta

PERSONAGENS

Doutor Cornélio
Valentim
Inocêncio
Carlota

Atualidade.

Em casa de Carlota. Sala elegante. Duas portas no fundo, portas laterais, consolos, piano, divã, poltronas, cadeiras, mesa, tapete, espelhos, quadros; figuras sobre os consolos; álbum, alguns livros, lápis etc. sobre a mesa.

Cena I

Valentim (assentado à esquerda alta)[1] *e o doutor (entrando).*

VALENTIM Ah! És tu?

DOUTOR Oh! Hoje é o dia das surpresas. Acordo, leio os jornais e vejo anunciado para hoje o *Trovador*. Primeira surpresa. Lembro-me de passar por aqui para saber se dona Carlota queria ir ouvir a ópera de Verdi, e vinha pensando na triste figura que devia fazer em casa de uma moça do tom[2] às dez horas da manhã, quando te encontro firme como uma sentinela no posto. Duas surpresas.

VALENTIM A triste figura sou eu?

DOUTOR Acertaste. Lúcido como uma sibila.[3] Fazes uma triste figura, não to devo ocultar.

VALENTIM (*irônico*) Ah!

DOUTOR Tens ar de não dar crédito ao que digo! Pois olha,

tens diante de ti a verdade em pessoa, com a diferença de não sair de um poço mas da cama, e de vir em traje menos primitivo. Quanto ao espelho, se o não trago comigo, há nesta sala um que nos serve com a mesma sinceridade. Mira-te ali. Estás ou não uma triste figura?

VALENTIM Não me aborreças.

DOUTOR Confessas então?

VALENTIM És divertido como os teus protestos de virtuoso! Aposto que me queres fazer crer no desinteresse das tuas visitas a dona Carlota?

DOUTOR Não.

VALENTIM Ah!

DOUTOR Sou hoje mais assíduo do que era há um mês, e a razão é que há um mês que começaste a fazer-lhe corte.

VALENTIM Já sei: não me queres perder de vista.

DOUTOR Presumido! Eu sou lá inspetor dessas coisas? Ou antes, sou; mas o sentimento que me leva a estar presente a essa batalha pausada e paciente está muito longe do que pensas; estudo o amor.

VALENTIM Somos então os teus compêndios?

DOUTOR É verdade.

VALENTIM E o que tens aprendido?

DOUTOR Descobri que o amor é uma pescaria...

VALENTIM Queres saber de uma coisa? Estás prosaico como os teus libelos.

DOUTOR Descobri que o amor é uma pescaria...

VALENTIM Vai-te com os diabos!

DOUTOR Descobri que o amor é uma pescaria. O pescador senta-se sobre um penedo, à beira do mar. Tem ao lado uma cesta com iscas; vai pondo uma por uma no anzol, e atira às águas a pérfida linha. Assim gasta horas e dias até que o descuidado filho das águas agarra no anzol, ou não agarra e...

VALENTIM És um tolo.

DOUTOR Não contesto; pelo interesse que tomo por ti. Realmente dói-me ver-te há tantos dias exposto ao sol, sobre o penedo, com o caniço na mão, a gastar as tuas iscas e a tua saúde, quero dizer, a tua honra.

VALENTIM A minha honra?

DOUTOR A tua honra, sim. Pois para um homem de senso e um tanto sério o ridículo não é uma desonra? Tu estás ridículo. Não há um dia em que não venhas gastar três, quatro, cinco horas a cercar esta viúva de galanteios e atenções, acreditando talvez ter adiantado muito, mas estando ainda hoje como quando começaste. Olha, há Penélopes da virtude e Penélopes do galanteio.[4] Umas fazem e desmancham teias por terem muito juízo; outras as fazem e desmancham por não terem nenhum.

VALENTIM Não deixas de ter uma tal ou qual razão.

DOUTOR Ora, graças a Deus!

VALENTIM Devo porém prevenir-te de uma coisa: é que ponho nesta conquista a minha honra. Jurei aos meus deuses casar-me com ela e hei de manter o meu juramento.

DOUTOR Virtuoso romano!

VALENTIM Faço o papel de Sísifo.[5] Rolo a minha pedra pela montanha; quase a chegar com ela ao cimo, uma mão invisível fá-la despenhar de novo, e aí volto a repetir o mesmo trabalho. Se isto é um infortúnio, não deixa de ser uma virtude.

DOUTOR A virtude da paciência. Empregavas melhor essa virtude em fazer palitos do que em fazer a roda a esta namoradeira. Sabes o que aconteceu aos companheiros de Ulisses passando pela ilha de Circe? Ficaram transformados em porcos. Melhor sorte teve Actéon, que por espreitar Diana no banho passou de homem a veado. Prova evidente de que é melhor pilhá-las no banho do que andar-lhes à roda nos tapetes da sala.

VALENTIM Passas de prosaico a cínico.
DOUTOR É uma modificação. Tu estás sempre o mesmo: ridículo.

Cena II

Os mesmos e Inocêncio, trazido por um criado.

INOCÊNCIO Oh!
DOUTOR (*baixo, a Valentim*) Chega o teu competidor.
VALENTIM (*baixo*) Não me vexes.
INOCÊNCIO Meus senhores! Já por cá? Madrugaram hoje!
DOUTOR É verdade. E vossa senhoria?
INOCÊNCIO Como está vendo. Levanto-me sempre com o sol.
DOUTOR Se vossa senhoria é outro.
INOCÊNCIO (*não compreendendo*) Outro quê? Ah! Outro sol! Este doutor tem umas expressões tão... fora do vulgar! Ora veja, a mim ainda ninguém se lembrou de dizer isto. Senhor doutor, vossa senhoria há de tratar de um negócio que trago pendente no foro. Quem fala assim é capaz de seduzir a própria lei!
DOUTOR Obrigado!
INOCÊNCIO Onde está a encantadora dona Carlota? Trago-lhe este ramalhete que eu próprio colhi e arranjei. Olhem como estas flores estão bem combinadas: rosas, paixão; açucenas, candura. Que tal?
DOUTOR Engenhoso!
INOCÊNCIO (*dando-lhe o braço*) Agora ouça, senhor doutor. Decorei umas quatro palavras para dizer ao entregar-lhe estas flores. Veja se condizem com o assunto.
DOUTOR Sou todo ouvidos.
INOCÊNCIO "Estas flores são um presente que a primavera faz à sua irmã por intermédio do mais ardente admirador de ambas." Que tal?

DOUTOR Sublime! (*Inocêncio ri-se à socapa*)[6] Não é da mesma opinião?

INOCÊNCIO Pudera não ser sublime: se eu próprio copiei isto de um *Secretário dos amantes*![7]

DOUTOR Ah!

VALENTIM (*baixo, ao doutor*) Gabo-te a paciência!

DOUTOR (*dando-lhe o braço*) Pois que tem! É miraculosamente tolo. Não é da mesma espécie que tu...

VALENTIM Cornélio!

DOUTOR Descansa; é de outra muito pior.

Cena III

Os mesmos e Carlota.

CARLOTA Perdão, meus senhores, de os haver feito esperar... (*distribui apertos de mão*)

VALENTIM Nós é que lhe pedimos desculpa de havermos madrugado deste modo...

DOUTOR A mim, traz-me um motivo justificável.

CARLOTA (*rindo*) Ver-me? (*vai sentar-se*)

DOUTOR Não.

CARLOTA Não é um motivo justificável, esse?

DOUTOR Sem dúvida; incomodá-la é que o não é. Ah! minha senhora, eu aprecio mais do que nenhum outro o despeito que deve causar a uma moça uma interrupção no serviço da *toilette*. Creio que é coisa tão séria como uma quebra de relações diplomáticas.

CARLOTA O senhor doutor graceja e exagera. Mas qual é esse motivo que justifica a sua entrada em minha casa, a esta hora?

DOUTOR Venho receber as suas ordens acerca da representação desta noite.

CARLOTA Que representação?

DOUTOR Canta-se o *Trovador*.

INOCÊNCIO Bonita peça!

DOUTOR Não pensa que deve ir?

CARLOTA Sim, e agradeço-lhe a sua amável lembrança. Já sei que vem oferecer-me o seu camarote. Olhe, há de desculpar-me este descuido, mas prometo que vou quanto antes tomar uma assinatura.[8]

INOCÊNCIO (*a Valentim*) Ando desconfiado do doutor!

VALENTIM Por quê?

INOCÊNCIO Veja como ela o trata! Mas eu vou desbancá-lo com minha frase do *Secretário dos amanantes*... (*indo a Carlota*) Minha senhora, estas flores são um presente que a primavera faz à sua irmã...

DOUTOR (*completando a frase*) Por intermédio do mais ardente admirador de ambas.

INOCÊNCIO Senhor doutor!

CARLOTA O que é?

INOCÊNCIO (*baixo*) Isto não se faz! (*a Carlota*) Aqui tem, minha senhora...

CARLOTA Agradecida. Por que se retirou ontem tão cedo? Não quis perguntar... de boca; mas creio que o interroguei com o olhar.

INOCÊNCIO (*no cúmulo da satisfação*) De boca?... Com o olhar?... Ah! queira perdoar, minha senhora... mas um motivo imperioso...

DOUTOR Imperioso... não é delicado.

CARLOTA Não exijo saber o motivo; supus que se houvesse passado alguma coisa que o desgostasse...

INOCÊNCIO Qual, minha senhora; o que se poderia passar? Não estava eu diante de vossa excelência para consolar-me com seus olhares de algum desgosto que houvesse? E não houve nenhum.

CARLOTA (*ergue-se e bate-lhe com o leque no ombro*) Lisonjeiro!

DOUTOR (*descendo entre ambos*) Vossa excelência há de desculpar-me se interrompo uma espécie de idílio com uma coisa prosaica, ou antes com outro idílio, de outro gênero, um idílio do estômago; o almoço...

CARLOTA Almoça conosco?

DOUTOR Oh! minha senhora, não seria capaz de interrompê-la; peço simplesmente licença para ir almoçar com um desembargador da relação a quem tenho de prestar umas informações.

CARLOTA Sinto que, na minha perda, ganhe um desembargador; não sabe como odeio a toda essa gente do foro; faço apenas uma exceção.

DOUTOR Sou eu.

CARLOTA (*sorrindo*) É verdade. Donde concluiu?

DOUTOR Estou presente!

CARLOTA Maldoso!

DOUTOR Fica, não, senhor Inocêncio?

INOCÊNCIO Vou. (*baixo, ao doutor*) Estalo de felicidade!

DOUTOR Até logo!

INOCÊNCIO Minha senhora!

Cena IV

Carlota e Valentim.

CARLOTA Ficou?

VALENTIM (*indo buscar o chapéu*) Se a incomodo...

CARLOTA Não. Dá-me prazer até. Ora, por que há de ser tão suscetível a respeito de tudo o que lhe digo?

VALENTIM É muita bondade. Como não quer que seja suscetível? Só depois de estarmos a sós é que vossa excelência se lembra de mim. Para um velho gaiteiro[9] acha vossa excelência palavras cheias de bondade e sorrisos cheios de doçura.

CARLOTA Deu-lhe agora essa doença? (*vai sentar-se junto à mesa*)

VALENTIM (*senta-se junto à mesa de fronte de Carlo-*

ta) Oh! não zombe, minha senhora! Estou certo de que os mártires romanos prefeririam a morte rápida à luta com as feras do circo. O seu sarcasmo é uma fera indomável; vossa excelência tem certeza disso e não deixa de lançá-lo em cima de mim.

CARLOTA Então sou temível? Confesso que ainda agora o sei. (*uma pausa*) Em que cisma?

VALENTIM Eu?... Em nada!

CARLOTA Interessante colóquio!

VALENTIM Devo crer que não faço uma figura nobre e séria. Mas não me importa isso! A seu lado eu afronto todos os sarcasmos do mundo. Olhe, eu nem sei o que penso, nem sei o que digo. Ridículo que pareça, sinto-me tão elevado o espírito que chego a supor em mim algum daqueles toques divinos com que a mão dos deuses elevava os mortais e lhes inspirava forças e virtudes fora do comum.

CARLOTA Sou eu a deusa...

VALENTIM Deusa, como ninguém sonhara nunca; com a graça de Vênus e a majestade de Juno. Sei eu mesmo defini-la? Posso eu dizer em língua humana o que é esta reunião de atrativos únicos feitos pela mão da natureza como uma prova suprema do seu poder? Dou-me por fraco, certo de que nem pincel nem lira poderão fazer mais do que eu.

CARLOTA Oh! é demais! Deus me livre de o tomar por espelho. Os meus são melhores. Dizem coisas menos agradáveis, porém mais verdadeiras.

VALENTIM Os espelhos são obras humanas; imperfeitos, como todas as obras humanas. Que melhor espelho, quer vossa excelência, que uma alma ingênua e cândida?

CARLOTA Em que corpo encontrarei... esse espelho?

VALENTIM No meu.

CARLOTA Supõe-se cândido e ingênuo?

VALENTIM Não me suponho, sou.

CARLOTA É por isso que traz perfumes e palavras que embriagam? Se há candura é em querer fazer-me crer...

VALENTIM Oh! não queira vossa excelência trocar os papéis. Bem sabe que os seus perfumes e as suas palavras é que embriagam. Se eu falo um tanto diversamente do comum é porque falam em mim o entusiasmo e a admiração. Quanto a vossa excelência basta abrir os lábios para deixar cair deles aromas e filtros[10] cujo segredo só a natureza conhece.

CARLOTA Estimo antes vê-lo assim. (*começa a desenhar distraidamente em um papel*)

VALENTIM Assim... como?

CARLOTA Menos... melancólico.

VALENTIM É esse o caminho do seu coração?

CARLOTA Queria que eu própria lhe indicasse? Seria trair-me, e tirava-lhe a graça e a glória de o encontrar por seus próprios esforços.

VALENTIM Onde encontrarei um roteiro?...

CARLOTA Isso não tinha graça! A glória está em achar o desconhecido depois da luta e do trabalho... Amar e fazer-se amar por um roteiro... oh! que coisa de mau gosto!

VALENTIM Prefiro esta franqueza. Mas vossa excelência deixa-me no meio de uma encruzilhada com quatro ou cinco caminhos diante de mim, sem saber qual hei de tomar. Acha que isto é de coração compassivo?

CARLOTA Ora! siga por um deles, à direita ou à esquerda.

VALENTIM Sim, para chegar ao fim e encontrar um muro; voltar, tomar depois por outro...

CARLOTA E encontrar outro muro? É possível. Mas a esperança acompanha os homens e com a esperança, neste caso, a curiosidade. Enxugue o suor, descanse um pouco, e volte a procurar o terceiro, o quarto, o quinto caminho, até encontrar o verdadeiro. Suponho que todo o trabalho se compensará com o achado final.

VALENTIM Sim. Mas, se depois de tanto esforço for encontrar-me no verdadeiro caminho com algum outro viandante de mais tino e fortuna?

CARLOTA Outro?... que outro? Mas... isto é uma simples conversa... O senhor faz-me dizer coisas que não devo... (*cai o lápis ao chão; Valentim apressa-se em apanhá-lo e ajoelha nesse ato*)

CARLOTA Obrigada. (*vendo que ele continua ajoelhado*) Mas levante-se!

VALENTIM Não seja cruel!

CARLOTA (*levantando-se*) Faça o favor de levantar-se!

VALENTIM (*levantando-se*) É preciso pôr um termo a isto!

CARLOTA (*fingindo-se distraída*) A isto o quê?

VALENTIM Vossa excelência é de um sangue-frio de matar!

CARLOTA Queria que me fervesse o sangue? Tinha razão para isso. A que propósito fez esta cena de comédia?

VALENTIM Vossa excelência chama a isto comédia?

CARLOTA Alta comédia,[11] está entendido. Mas que é isto? Está com lágrimas nos olhos?

VALENTIM Eu? ora... ora... que lembrança!

CARLOTA Quer que lhe diga? Está ficando ridículo.

VALENTIM Minha senhora!

CARLOTA Oh! ridículo! ridículo!

VALENTIM Tem razão. Não devo parecer outra coisa a seus olhos! O que sou eu para vossa excelência? Um ente vulgar, uma fácil conquista que vossa excelência entretém, ora animando, ora repelindo, sem deixar nunca conceber esperanças fundadas e duradouras. O meu coração virgem deixou-se arrastar. Hoje, se quisesse arrancar de mim este amor, era preciso arrancar com ele a vida. Oh! não ria, que é assim!

CARLOTA Sinto que não possa ouvi-lo com interesse.

VALENTIM Por que motivo havia de me ouvir com interesse?

CARLOTA Não é por ter a alma seca; é por não acreditar nisso.

VALENTIM Não acredita?
CARLOTA Não.
VALENTIM (*esperançoso*) E se acreditasse?
CARLOTA (*com indiferença*) Se acreditasse, acreditava!
VALENTIM Oh! é cruel!
CARLOTA (*depois de um silencio*) Que é isso? Seja forte! Se não por si, ao menos pela posição esquerda[12] em que me coloca.
VALENTIM (*sombrio*) Serei forte! Fraco no parecer de alguns... forte no meu... Minha senhora!
CARLOTA (*assustada*) Aonde vai?
VALENTIM Até... minha casa! Adeus! (*sai arrebatadamente; Carlota para estacada; depois vai ao fundo, volta ao meio da cena, vai à direita; entra o doutor*)

Cena V

Carlota e o doutor.

DOUTOR Não me dirá, minha senhora, o que tem Valentim, que passou por mim como um raio, agora, na escada?
CARLOTA Eu sei! Ia mandar em procura dele. Disse-me aqui umas palavras ambíguas, estava exaltado, creio que...
DOUTOR Que se vai matar?... (*correndo para a porta*) Faltava mais esta!... (*estaca*) Não, não se há de matar!
CARLOTA Ah! por quê?
DOUTOR Porque mora longe. No caminho há de refletir e mudar de parecer. Os olhos das damas já perderam o condão de levar um pobre diabo à sepultura; raros casos provam uma diminuta exceção.
CARLOTA De que olhos e de que condão me fala?
DOUTOR Do condão de seus olhos, minha senhora! Mas que influência é essa que vossa excelência exerce so-

bre o espírito de quantos se deixara apaixonar por seus encantos? A um inspira a ideia de matar-se; a outro, exalta-o de tal modo, com algumas palavras e um toque de seu leque, que quase chega a ser causa de um ataque apoplético!

CARLOTA Está-me falando grego!

DOUTOR Quer português, minha senhora? Vou traduzir o meu pensamento. Valentim é meu amigo. E um rapaz, não direi virgem de coração, mas com tendências às paixões de sua idade. Vossa excelência por sua graça e beleza inspirou-lhe, ao que parece, um desses amores profundos de que os romances dão exemplo. Com vinte e cinco anos, inteligente, benquisto, podia fazer um melhor papel que o de namorado sem ventura. Graças a vossa excelência, todas as suas qualidades estão anuladas: o rapaz não pensa, não vê, não conhece, não compreende ninguém mais que não seja vossa excelência.

CARLOTA Para aí a fantasia?

DOUTOR Não, senhora. Ao seu carro atrelou-se com o meu amigo, um velho, um velho, minha senhora, que, com o fim de lhe parecer melhor, pinta a coroa venerável de seus cabelos brancos. De sério que era, fê-lo vossa excelência uma figurinha de papelão, sem vontade nem ação própria. Destes sei eu; ignoro se mais algum dos que frequentam esta casa andam atordoados como estes dois. Creio, minha senhora, que lhe falei no português mais vulgar e próprio para me fazer entender.

CARLOTA Não sei até que ponto é verdadeira toda essa história, mas consinta que lhe observe quanto andou errado em bater à minha porta. Que lhe posso eu fazer? Sou eu culpada de alguma coisa? A ser verdade isso que contou, a culpa é da natureza que os fez fáceis de amar, e a mim, me fez... bonita?

DOUTOR Pode dizer mesmo encantadora.

CARLOTA Obrigada!

DOUTOR Em troca do adjetivo deixe acrescentar outro não menos merecido: namoradeira.

CARLOTA Hein?

DOUTOR Na-mo-ra-dei-ra!

CARLOTA Está dizendo coisas que não têm senso comum.

DOUTOR O senso comum é comum a dois modos de entender. E mesmo à mais de dois. É uma desgraça que nos achemos em divergência.

CARLOTA Mesmo que fosse verdade não era delicado dizer...

DOUTOR Esperava por essa. Mas vossa excelência esquece que eu, lúcido como estou hoje, já tive os meus momentos de alucinação. Já fiei como Hércules a seus pés. Lembra-se? Foi há três anos. Incorrigível a respeito de amores, tinha razões para estar curado, quando vim cair em suas mãos. Alguns alopatas costumam mandar chamar os homeopatas nos últimos momentos de um enfermo e há casos de salvação para o moribundo. Vossa excelência serviu-me de homeopatia, desculpe a comparação; deu-me uma dose de veneno tremenda, mas eficaz; desde esse tempo fiquei curado.

CARLOTA Admiro a sua fecundidade! Em que tempo padeceu dessa febre de que tive a ventura de o curar?

DOUTOR Já tive a honra de dizer que foi há três anos.

CARLOTA Não me recordo. Mas considero-me feliz por ter conservado ao foro um dos advogados mais distintos da capital.

DOUTOR Pode acrescentar: e à humanidade um dos homens mais úteis. Não se ria, sou um homem útil.

CARLOTA Não me rio. Conjecturo em que se empregará a sua utilidade.

DOUTOR Vou auxiliar a sua penetração. Sou útil pelos serviços que presto aos viajantes novéis relativamente ao conhecimento das costas e dos perigos do curso marítimo; indico os meios de chegar sem maior risco à ilha desejada de Citera.

CARLOTA Ah!

DOUTOR Essa exclamação é vaga e não me indica se vossa excelência está satisfeita ou não com a minha explicação. Talvez não acredite que eu possa servir aos viajantes?

CARLOTA Acredito. Acostumei-me a olhá-lo como a verdade nua e crua.

DOUTOR É o que dizia há bocado àquele doido Valentim.

CARLOTA A que propósito dizia?...

DOUTOR A que propósito? Queria que fosse a propósito da guerra dos Estados Unidos? da questão do algodão? do poder temporal? da revolução na Grécia? Foi a respeito da única coisa que nos pode interessar a ele, como marinheiro novel, e a mim, como capitão experimentado.

CARLOTA Ah! foi...

DOUTOR Mostrei-lhe os pontos negros do meu roteiro.

CARLOTA Creio que ele não ficou convencido...

DOUTOR Tanto não que se ia deitando ao mar.

CARLOTA Ora, venha cá. Falemos um momento sem paixão nem rancor. Admito que o seu amigo ande apaixonado por mim. Quero admitir também que eu seja uma namoradeira...

DOUTOR Perdão: uma encantadora namoradeira...

CARLOTA Dentada de morcego; aceito.

DOUTOR Não; atenuante e agravante; sou advogado!

CARLOTA Admito isso tudo. Não me dirá donde tira o direito de intrometer-se nos atos alheios, e de impor as suas lições a uma pessoa que o admira e estima, mas que não é nem sua irmã, nem sua pupila?

DOUTOR Donde? Da doutrina cristã: ensino os que erram.

CARLOTA A sua delicadeza não me há de incluir entre os que erram.

DOUTOR Pelo contrário; dou-lhe um lugar de honra: é a primeira.

CARLOTA Senhor doutor!

DOUTOR Não se zangue, minha senhora. Todos erramos; mas vossa excelência erra muito. Não me dirá de que serve, o que aproveita usar uma mulher bonita de seus encantos para espreitar um coração de vinte e cinco anos e atraí-lo com as suas cantilenas, sem outro fim mais do que contar adoradores e dar um público testemunho do que pode a sua beleza? Acha que é bonito? Isto não revolta? (*movimento de Carlota*)

CARLOTA Por minha vez pergunto: donde lhe vem o direito de pregar-me sermões de moral?

DOUTOR Não há direito escrito para isto, é verdade. Mas, eu que já tentei trincar o cacho de uvas pendente, não faço como a raposa da fábula, fico ao pé da parreira para dizer ao outro animal que vier: Não sejas tolo! não as alcançarás com o seu focinho! e à parreira impassível: Seca as tuas uvas ou deixa-as cair; é melhor do que tê-las aí a fazer cobiça às raposas avulsas! É o direito da desforra!

CARLOTA Ia-me zangando. Fiz mal. Com o senhor doutor é inútil discutir: fala-se pela razão, responde pela parábola.

DOUTOR A parábola é a razão do evangelho, e o evangelho é o livro que mais tem convencido.

CARLOTA Por tais disposições vejo que não deixa o posto de sentinela dos corações alheios?

DOUTOR Avisador de incautos; é verdade.

CARLOTA Pois declaro que dou às suas palavras o valor que merecem.

DOUTOR Nenhum?

CARLOTA Absolutamente nenhum. Continuarei a receber com a mesma afabilidade o seu amigo Valentim.

DOUTOR Sim, minha senhora!

CARLOTA E ao doutor também.

DOUTOR É magnanimidade.

CARLOTA E ouvirei com paciência evangélica as suas prédicas não encomendadas.

DOUTOR E eu pronto a proferi-las. Ah! minha senhora, se as mulheres soubessem quanto ganhariam se não fossem vaidosas! É negócio de cinquenta por cento.

CARLOTA Estou resignada: crucifique-me!

DOUTOR Em outra ocasião.

CARLOTA Para ganhar forças quer almoçar segunda vez?

DOUTOR Há de consentir que recuse.

CARLOTA Por motivo de rancor?

DOUTOR (*pondo a mão no estômago*) Por motivo de incapacidade.

Cumprimenta e dirige-se à porta. Carlota sai pelo fundo. Entra Valentim.

Cena VI

O doutor e Valentim.

DOUTOR Oh! A que horas é o enterro?

VALENTIM Que enterro? De que enterro me falas tu?

DOUTOR Do teu. Não ias procurar o descanso, meu Werther?[13]

VALENTIM Ah! não me fales! Esta mulher... onde está ela?

DOUTOR Almoça.

VALENTIM Sabes que a amo. Ela é invencível. Às minhas palavras amorosas respondeu com a frieza do sarcasmo. Exaltei-me e cheguei a proferir algumas palavras que poderiam indicar, da minha parte, uma intenção trágica. O ar da rua fez-me bem; acalmei-me...

DOUTOR Tanto melhor!...

VALENTIM Mas eu sou teimoso.

DOUTOR Pois ainda crês?...

VALENTIM Ouve: sinceramente aflito e apaixonado, apresentei-me a dona Carlota como era. Não houve meio de torná-la compassiva. Sei que não me ama; mas creio que não está longe disso; acha-se em um estado que basta uma faísca para acender-se no seu coração a chama do amor. Se não se comoveu à franca manifestação do meu afeto, há de comover-se a outro modo de revelação. Talvez não se incline ao homem poético e apaixonado; há de inclinar-se ao heroico ou até cético... ou a outra espécie. Vou tentar um por um.

DOUTOR Muito bem. Vejo que raciocinas; é porque o amor e a razão dominam em ti com força igual. Graças a Deus, mais algum tempo e o predomínio da razão será certo.

VALENTIM Achas que faço bem?

DOUTOR Não acho, não, senhor!

VALENTIM Por quê?

DOUTOR Amas muito esta mulher? É próprio da tua idade e da força das coisas. Não há caso que desminta esta verdade reconhecida e provada: que a pólvora e o fogo uma vez próximos fazem explosão.

VALENTIM É uma doce fatalidade esta!

DOUTOR Ouve-me calado. A que queres chegar com este amor? Ao casamento; é honesto e digno de ti. Basta que ela se inspire da mesma paixão, e a mão do himeneu[14] virá converter em uma só as duas existências. Bem. Mas não te ocorre uma coisa: é que esta mulher, sendo uma namoradeira, não pode tornar-se vestal muito cuidadosa da ara matrimonial.[15]

VALENTIM Oh!

DOUTOR Protestas contra isto? É natural. Não serias o que és se aceitasses à primeira vista a minha opinião. É por isso que te peço reflexão e calma. Meu caro, o marinheiro conhece as tempestades e os navios; eu conheço os amores e as mulheres; mas avalio no sentido inverso do homem do mar; as escumas veleiras são preferidas pelo homem do mar, eu voto contra as mulheres veleiras.

VALENTIM Chamas a isto uma razão?

DOUTOR Chamo a isto uma opinião. Não é a tua! Há de sê-lo com o tempo. Não me faltará ocasião de chamar-te ao bom caminho. A tempo o ferro é mezinha, disse Sá de Miranda.[16] Empregarei o ferro.

VALENTIM O ferro?

DOUTOR O ferro. Só as grandes coragens é que se salvam. Devi a isso salvar-me das unhas deste gavião disfarçado de quem queres fazer tua mulher.

VALENTIM O que estás dizendo?

DOUTOR Cuidei que sabias. Também eu já trepei pela escada de seda para cantar a cantiga do Romeu à janela de Julieta.

VALENTIM Ah!

DOUTOR Mas não passei da janela. Fiquei ao relento do que me resultou uma constipação.

VALENTIM É natural. Pois como havia ela de amar a um homem que quer levar tudo pela razão fria dos seus libelos e embargos de terceiro?

DOUTOR Foi isso que me salvou; os amores como os desta mulher precisam um tanto ou quanto de chicana.[17] Passo pelo advogado mais chicaneiro do foro; imagina se a tua viúva podia haver-se comigo! Veio o meu dever com embargos de terceiro e eu ganhei a demanda. Se, em vez de comer tranquilamente a fortuna de teu pai, tivesses cursado a academia de São Paulo ou Olinda,[18] estavas, como eu, armado de broquel e cota de malhas.

VALENTIM É o que te parece. Podem acaso as ordenações e o código penal contra os impulsos do coração? É querer reduzir a obra de Deus à condição da obra dos homens. Mas bem vejo que és o advogado mais chicaneiro do foro.

DOUTOR E, portanto, o melhor.

VALENTIM Não, o pior, porque não me convenceste.
DOUTOR Ainda não?
VALENTIM Nem me convencerás nunca.
DOUTOR Pois é pena!
VALENTIM Vou tentar os meios que tenho em vista; se nada alcançar talvez me resigne à sorte.
DOUTOR Não tentes nada. Anda jantar comigo e vamos à noite ao teatro.
VALENTIM Com ela? Vou.
DOUTOR Nem me lembrava que a tinha convidado.
VALENTIM Espero que hei de vencer.
DOUTOR Com que contas? Com a tua estrela? Boa fiança!
VALENTIM Conto comigo.
DOUTOR Ah! Melhor ainda!

Cena VII

Doutor, Valentim e Inocêncio.

INOCÊNCIO O corredor está deserto.
DOUTOR Os criados servem à mesa. Dona Carlota está almoçando. Está melhor?
INOCÊNCIO Um tanto.
VALENTIM Esteve doente, senhor Inocêncio?
INOCÊNCIO Sim, tive uma ligeira vertigem. Passou. Efeitos do amor... quero dizer... do calor.
VALENTIM Ah!
INOCÊNCIO Pois olhe, já sofri calor de estalar passarinho. Não sei como isto foi. Enfim, são coisas que dependem das circunstâncias.
VALENTIM Houve circunstâncias?
INOCÊNCIO Houve... (*sorrindo*) Mas não as digo... não!
VALENTIM É segredo?
INOCÊNCIO Se é!
VALENTIM Sou discreto como uma sepultura; fale!

INOCÊNCIO Oh! não! É um segredo meu e de mais ninguém... ou a bem dizer, meu e de outra pessoa... ou não, meu só!

DOUTOR Respeitamos os segredos, seus ou de outros!

INOCÊNCIO Vossa senhoria é um portento! Nunca hei de esquecer que me comparou ao sol! A certos respeitos andou avisado: eu sou uma espécie de sol, com uma diferença, é que não nasço para todos, nasço para todas!

DOUTOR Oh! Oh!

VALENTIM Mas vossa senhoria está mais na idade de morrer que de nascer.

INOCÊNCIO Apre lá! Com trinta e oito anos, a idade viril! Vossa senhoria é que é uma criança!

VALENTIM Enganaram-me então. Ouvi dizer que vossa senhoria fora dos últimos a beijar a mão de dom João VI, quando daqui se foi, e que nesse tempo era já taludo...

INOCÊNCIO Há quem se divirta em caluniar a minha idade. Que gente invejosa! Onde vai, doutor?

DOUTOR Vou sair.

VALENTIM Sem falar a dona Carlota?

DOUTOR Já me havia despedido quando chegaste. Hei de voltar. Até logo. Adeus, senhor Inocêncio!

INOCÊNCIO Felizes tardes, senhor doutor!

Cena VIII

Valentim e Inocêncio.

INOCÊNCIO É uma pérola este doutor! Delicado e bem falante! Quando abre a boca parece um deputado na assembleia ou um cômico na casa da ópera!

VALENTIM Com trinta e oito anos e ainda fala na casa da ópera!

INOCÊNCIO Parece que vossa senhoria ficou engasgado com os meus trinta e oito anos! Supõe talvez que eu seja um Matusalém? Está enganado. Como me vê, faço andar à roda muita cabecinha de moça. A propósito, não acha esta viúva uma bonita senhora?

VALENTIM Acho.

INOCÊNCIO Pois é da minha opinião! Delicada, graciosa, elegante, faceira, como ela só... Ah!

VALENTIM Gosta dela?

INOCÊNCIO (*com indiferença*) Eu? gosto. E vossa senhoria?

VALENTIM (*com indiferença*) Eu? gosto.

INOCÊNCIO (*com indiferença*) Assim, assim?

VALENTIM (*com indiferença*) Assim, assim.

INOCÊNCIO (*contentíssimo, apertando-lhe a mão*) Ah! meu amigo!

Cena IX

Valentim, Inocêncio e Carlota.

VALENTIM Aguardávamos a sua chegada com a sem-cerimônia de pessoas íntimas.

CARLOTA Oh! Fizeram muito bem! (*senta-se*)

INOCÊNCIO Não ocultarei que estava ansioso pela presença de vossa excelência.

CARLOTA Ah! obrigada... Aqui estou! (*um silêncio*) Que novidades há, senhor inocêncio?

INOCÊNCIO Chegou o paquete.[19]

CARLOTA Ah! (*outro silêncio*) Ah! chegou o paquete? (*levanta-se*)

INOCÊNCIO Já tive a honra de...

CARLOTA Provavelmente traz notícias de Pernambuco?... Do cólera?...

INOCÊNCIO Costuma a trazer...

CARLOTA Vou mandar ver cartas... tenho um parente no Recife... Tenham a bondade de esperar...

INOCÊNCIO Por quem é... não se incomode. Vou eu mesmo.

CARLOTA Ora! tinha que ver...

INOCÊNCIO Se mandar um escravo ficará na mesma... ademais, eu tenho relações com a administração do correio... O que talvez ninguém possa alcançar já e já, eu me encarrego de obter.

CARLOTA A sua dedicação corta-me a vontade de impedi-lo. Se me faz o favor...

INOCÊNCIO Pois não, até já! (*beija-lhe a mão e sai*)

Cena X

Carlota e Valentim.

CARLOTA Ah! ah! ah!

VALENTIM Vossa excelência ri-se?

CARLOTA Acredita que foi para despedi-lo que o mandei ver cartas ao correio?

VALENTIM Não ouso pensar...

CARLOTA Ouse, porque foi isso mesmo.

VALENTIM Haverá indiscrição em perguntar com que fim?

CARLOTA Com o fim de poder interrogá-lo acerca do sentido de suas palavras quando daqui saiu.

VALENTIM Palavras sem sentido...

CARLOTA Oh!

VALENTIM Disse algumas coisas... tolas!

CARLOTA Está tão calmo para poder avaliar desse modo as suas palavras?

VALENTIM Estou.

CARLOTA Ademais, o fim trágico que queria dar a uma coisa que começou por idílio... devia assustá-lo.

VALENTIM Assustar-me? Não conheço o termo.

CARLOTA É intrépido?

VALENTIM Um tanto. Quem se expõe à morte não deve temê-la em caso nenhum.

CARLOTA Oh! Oh! poeta, e intrépido de mais a mais.

VALENTIM Como Lord Byron.

CARLOTA Era capaz de uma segunda prova do caso de Leandro?[20]

VALENTIM Era. Mas eu já tenho feito coisas equivalentes.

CARLOTA Matou algum elefante, algum hipopótamo?

VALENTIM Matei uma onça.

CARLOTA Uma onça?

VALENTIM Pele malhada das cores mais vivas e esplêndidas; garras largas e possantes; olhar fulvo, peito largo e duas ordens de dentes afiados como espadas.

CARLOTA Jesus! Esteve diante desse animal!

VALENTIM Mais do que isso; lutei com ele e matei-o.

CARLOTA Onde foi isso?

VALENTIM Em Goiás.

CARLOTA Conte essa história, novo Gaspar Correia.[21]

VALENTIM Tinha eu vinte anos. Andávamos à caça eu e mais alguns. Internamo-nos mais do que devíamos pelo mato. Eu levava comigo uma espingarda, uma pistola e uma faca de caça. Os meus companheiros afastaram-se de mim. Tratava de procurá-los quando senti passos... Voltei-me...

CARLOTA Era a onça?

VALENTIM Era a onça. Com o olhar fito sobre mim parecia disposta a dar-me o bote. Encarei-a, tirei cautelosamente a pistola e atirei sobre ela. O tiro não lhe fez mal. Protegido pelo fumo da pólvora, acastelei-me atrás de um tronco de árvore. A onça foi-me no encalço, e durante algum tempo andamos, eu e ela, a dançar à roda do tronco. Repentinamente levantou as patas e tentou esmagar-me abraçando a árvore, mais rápido que o raio, agarrei-lhe as mãos e apertei-a contra o tronco. Procurando escapar-me, a fera quis morder-me em uma das mãos; com a mesma rapidez tirei a faca de caça e cravei-lhe no pescoço; agarrei-lhe de novo a pata e continuei a apertá-la, até que os meus companheiros, orientados pelo tiro, chegaram ao lugar do combate.

CARLOTA E mataram?...

VALENTIM Não foi preciso. Quando larguei as mãos da fera, um cadáver pesado e tépido caiu no chão.

CARLOTA Ora, mas isto é a história de um quadro da Academia!

VALENTIM Só há um exemplar de cada feito heroico?

CARLOTA Pois, deveras, matou uma onça?

VALENTIM Conservo-lhe a pele como uma relíquia preciosa.

CARLOTA É valente; mas pensando bem não sei de que vale ser valente.

VALENTIM Oh!

CARLOTA Palavra que não sei. Essa valentia fora do comum não é dos nossos dias. As proezas tiveram seu tempo; não me entusiasma essa luta do homem com a fera, que nos aproxima dos tempos bárbaros da humanidade. Compreendo agora a razão por que usa dos perfumes mais ativos; é para disfarçar o cheiro dos filhos do mato, que naturalmente há de ter encontrado mais de uma vez. Faz bem.

VALENTIM Fera verdadeira é a que vossa excelência me atira com esse riso sarcástico. O que pensa então que possa excitar o entusiasmo?

CARLOTA Ora, muita coisa! Não o entusiasmo dos heróis de Homero; um entusiasmo mais condigno nos nossos tempos. Não precisa ultrapassar as portas da cidade para ganhar títulos à admiração dos homens.

VALENTIM Vossa excelência acredita que seja uma verdade o aperfeiçoamento moral dos homens na vida das cidades?

CARLOTA Acredito.

VALENTIM Pois acredita mal. A vida das cidades estraga os sentimentos. Aqueles que eu pude ganhar e entreter na assistência das florestas, perdi-os depois que entrei na vida tumultuária das cidades. Vossa excelência ainda não conhece as mais verdadeiras opiniões.

CARLOTA Se dará caso que venha pregar contra o amor?...

VALENTIM O amor! Vossa excelência pronuncia essa palavra com uma veneração que parece estar falando de coisas sagradas! Ignora que o amor é uma invenção humana?

CARLOTA Oh!

VALENTIM Os homens, que inventaram tanta coisa, inventaram também este sentimento. Para dar justificação moral à união dos sexos inventou-se o amor, como se inventou o casamento para dar-lhe justificação legal. Esses pretextos, com o andar do tempo, tornaram-se motivos. Eis o que é o amor!

CARLOTA É mesmo o senhor quem me fala assim?

VALENTIM Eu mesmo.

CARLOTA Não parece. Como pensa a respeito das mulheres?

VALENTIM Aí é mais difícil. Penso muita coisa e não penso nada. Não sei como avaliar essa outra parte da humanidade extraída das costelas de Adão. Quem pode pôr leis ao mar? É o mesmo com as mulheres. O melhor é navegar descuidadamente, a pano largo.

CARLOTA Isso é leviandade.

VALENTIM Oh! minha senhora!

CARLOTA Chamo leviandade para não chamar despeito.

VALENTIM Então há muito tempo que sou leviano ou ando despeitado, porque esta é a minha opinião de longos anos. Pois ainda acredita na afeição íntima entre a descrença masculina e... dá licença? A leviandade feminina?

CARLOTA É um homem perdido, senhor Valentim. Ainda há santas afeições, crenças nos homens, e juízo nas mulheres. Não queira tirar a prova real pelas exceções. Some a regra geral e há de ver. Ah! Mas agora percebo!

VALENTIM O quê?

CARLOTA (*rindo*) Ah! ah! ah! Ouça muito baixinho, para que nem as paredes possam ouvir: este não é ainda o caminho do meu coração, nem a valentia, tampouco.

VALENTIM Ah! tanto melhor! Volto ao ponto da partida e desisto da glória...

CARLOTA Desanima?

Entra o doutor.

VALENTIM: Dou-me por satisfeito. Mas, já se vê, como cavaleiro; sem rancor nem hostilidade.

Entra Inocêncio.

CARLOTA É arriscar-se a novas tentativas.

VALENTIM Não.

CARLOTA Não seja vaidoso. Está certo?

VALENTIM Estou. E a razão é esta: quando não se pode atinar com o caminho do coração toma-se o caminho da porta.

Cumprimenta e dirige-se para a porta.

CARLOTA Ah — Pois que vá! — Estava aí senhor doutor? Tome cadeira.

DOUTOR (*baixo*) Com uma advertência: Há muito tempo que me fui pelo caminho da porta.

CARLOTA (*séria*) Prepararam ambos esta comédia?

DOUTOR Comédia, com efeito, cuja moralidade Valentim incumbiu-se de resumir: Quando não se pode atinar com o caminho do coração, deve-se tomar sem demora o caminho da porta.

Saem o doutor e Valentim.

CARLOTA (*vendo Inocêncio*) Pode sentar-se. (*indica-lhe uma cadeira, risonha*) Como passou?

INOCÊNCIO (*senta-se meio desconfiado, mas levanta-se logo*) Perdão: eu também vou pelo caminho da porta!

Sai. Carlota atravessa arrebatadamente a cena. Cai o pano.

FIM

NOTAS

1 Descrição da cena: a convenção para posicionamento de personagens e objetos de cena se dá do ponto de vista do olhar da plateia (à direita ou à esquerda). A profundidade do palco pode ser composta por "planos". Primeiro plano — logo à frente (baixa); segundo plano — posição intermediária entre a frente e o fundo do palco (média); e no fundo do palco — alta.

2 Uma moça de família.

3 Na Antiguidade greco-romana, mulher a quem se atribuía o dom da profecia. No Templo de Apolo, em Delfos, na Grécia, construído antes do século IV a.C., a Sibila sentava-se sobre uma rocha que se localizava na beira de uma fenda no chão da qual exalavam gases. Envolvida por eles, fazia previsões misteriosas e pouco claras.

4 Personagem do poema épico *Odisseia*, de Homero. Segundo a história, para evitar os pretendentes à sua mão, já que seu marido, o rei Ulisses, não retornara da Guerra de Troia e era dado como morto, Penélope determinou que só se casaria depois que terminasse de tecer a mortalha do sogro, Laertes, homem em idade avançada. Contudo, a rainha desmanchava à noite tudo o que tinha tecido durante o dia, adiando indefinidamente o momento de decisão. Depois de uma jornada que durou dez anos, Ulisses conseguiu

retornar à sua casa e encontrou Penélope ainda à sua espera.

5 Personagem da mitologia grega condenado a empurrar eternamente uma pesada rocha ladeira acima. Assim que chegava ao topo, a rocha rolava de volta ao pé da ladeira, e Sísifo tinha de recomeçar o trabalho.

6 Discretamente.

7 Livro com modelos de cartas e declarações de amor.

8 Através do serviço de assinatura, garante-se um lugar cativo para toda a temporada de apresentações de um teatro.

9 Termo usado aqui como sinônimo de "fanfarrão", "atrevido".

10 Essências cujo poder seria o de despertar o amor.

11 De temas elevados e tratamento refinado, mas ainda uma comédia.

12 A palavra é usada aqui no sentido de "desagradável", "constrangedor".

13 Célebre personagem do escritor romântico alemão Johann Wolfgang von Goethe, protagonista de seu romance *Os sofrimentos do jovem Werther*, que se suicida ao não ter seu amor correspondido.

14 Casamento.

15 Ou seja, uma esposa fiel.

16 Poeta medieval português que escreveu o citado verso no poema "Carta". Seu sentido é que, com o tempo, o sofrimento ensina e cura feridas.

17 Trapaça ardilosa, má-fé.

18 Referências às faculdades de Direito instaladas nessas cidades, as primeiras instituições de ensino superior do Brasil, fundadas em 1827.

19 Embarcação que, além de fazer o transporte de passageiros e mercadorias, levava também os malotes dos correios.

20 Na mitologia, Leandro era um jovem apaixonado que atravessava a nado todas as noites o Helesponto (atual estreito de Dardanelos, na Turquia) para visitar sua amada. Tal façanha era considerada algo sobre-humano até que, no início do século XIX, o célebre poeta romântico inglês Lord Byron conseguiu reproduzi-la.

21 O mais famoso dos historiadores em língua portuguesa.

FRANÇA JÚNIOR

Maldita parentela

COMÉDIA EM UM ATO

PERSONAGENS

Cassiano Vilasboas, 33 anos
Hermenegilda Taquaruçu de Miranda, 30 anos
Desidério José de Miranda, 60 anos
Damião Teixeira, 50 anos
Raimunda, sua mulher, 45 anos
Marianinha, sua filha, 20 anos
Major Basílio, 60 anos
Laurindinha e Cocota, suas filhas, 20 anos
Guimarães, 40 anos
Doutor Aurélio, 25 anos
3 criados
3 meninos de 7 a 10 anos
1 menina de 8 anos
Convidados

A ação se passa no Rio de Janeiro, no ano de 1871.

Ato único

O teatro representa uma sala mobiliada com elegância. É noite.

Cena I

Damião Teixeira e Raimunda.

DAMIÃO (*entrando por uma das portas da esquerda, a Raimunda, que entra pela direita*) Onde está Marianinha? (*com alegria*) As salas regorgitam de gente e neste momento acaba de entrar a família do comendador Pestana.

RAIMUNDA Marianinha está no toalete com as filhas do conselheiro Neves.

DAMIÃO Que reunião luzida! São apenas nove horas e já tenho em casa dois desembargadores, três deputados, um conselheiro, um tenente-coronel...

RAIMUNDA O pior é que chove a cântaros.

DAMIÃO Tanto melhor. Haverá à porta maior número de carros e o nosso baile, durante uma semana pelo menos, será o assunto das conversações na vizinhança.

RAIMUNDA Você só pensa nos seus comendadores e barões e não se lembra do mano Basílio e das meninas da Prainha. Sabe Deus como elas virão por aí, coitadinhas, metidas num bonde, todas enlameadas e correndo o risco de uma constipação.

DAMIÃO Se é por esse motivo que a chuva a incomoda, então fique sabendo desde já que eu não duvidaria dar às almas o dobro do que gastei esta noite para ver desabar sobre a cidade um tremendo temporal, dez vezes maior que o de 10 de outubro.

RAIMUNDA Se a minha família o envergonha, por que casou comigo?

DAMIÃO Ora, Raimunda, falemos com franqueza, a tua parentela é um escândalo!

RAIMUNDA Em que é que os seus parentes são melhores que os meus?

DAMIÃO Aqui para nós, que ninguém nos ouve, tu achas que teu mano Basílio...

RAIMUNDA Teu mano, não; seu cunhado.

DAMIÃO Vá lá; tu achas que meu cunhado Basílio e aquelas duas filhas, uma muito desengonçada e a dar gargalhadas a todo o momento e a outra de cara sempre amarrada, a responder às amabilidades que lhe dizem com desaforos e muxoxos de crioula, estão no caso de entrar em um salão de gente que se trata?

RAIMUNDA Quem te viu e quem te vê!

DAMIÃO Desde que me entendo, encontro-as em toda a parte com uns célebres vestidos brancos, tão cheios de fofinhos, pregas e canudos que parecem estar vestidas de tripas. E o tal senhor Cassiano Vilasboas? Não se me dá de apostar que ele vem por aí de casaca e calça branca.

RAIMUNDA Pois olhe, o primo Vilasboas foi sempre um janota.

DAMIÃO Um janota da Ponta do Caju,[1] que me tem quebrado, com os seus estouvamentos, quanta louça tenho em casa.

RAIMUNDA Não é tanto assim.

DAMIÃO Eu daria parabéns a mim próprio, senhora, se a sua parentela tivesse a feliz lembrança de não pôr cá os pés. Sabe que este baile é dado especialmente ao senhor Joaquim Guimarães, que é um homem às direitas, com quem desejo casar Marianinha. Já vê, pois, que é preciso que nos meus salões se encontre a nata da sociedade fluminense.

RAIMUNDA Não compreendo por que queres a nata da sociedade em tua casa quando pretendes casar tua filha com um lorpa, um sujeito sem educação, que vai fazer a sua infelicidade.

DAMIÃO Pois um homem que traz para o casal aquilo com que se compram os melões faz porventura a infelicidade de alguém?! Pelo amor de Deus, senhora, não diga disparates.

RAIMUNDA Se reservavas esta sorte para a pobre menina, seria melhor que não a tivesses mandado educar com todo o esmero em um colégio francês.

DAMIÃO Pois saiba que é atendendo mesmo a essa educação que desejo casá-la com o tal lorpa, como a senhora o chama. Marianinha está acostumada ao luxo, à vida da alta sociedade, e um marido dinheiroso é para ela hoje tão necessário como o ar que respira.

RAIMUNDA Um marido que há de envergonhá-la em toda a parte.

DAMIÃO Não há de ser tanto assim. Concordo que a princípio ele cometa suas inconveniências e que dê mesmo algumas patadas bravias; mas depois há de ir se acostumando pouco a pouco à atmosfera dos salões e acabará finalmente por falar a linguagem do bom-tom e não dar um passo sem atender ao formulário da etiqueta.

RAIMUNDA Veremos.

DAMIÃO Ora, minha amiga, tu queres medir todos pela bitola de tua família, que nasceu na Prainha, na Prainha foi educada e há de morrer na Prainha.

RAIMUNDA Está bom, a minha família não está em discussão.

DAMIÃO Eu já sei o que a senhora quer. Vem com pés de lã advogar a causa do tal doutorzinho que me anda a namorar a pequena...

RAIMUNDA Pois fique sabendo que Marianinha já me disse que, a não dar a mão ao senhor doutor Aurélio, não se casava com mais ninguém. E eu acho que ela faz muito bem.

DAMIÃO O quê?! Pensa porventura a senhora Raimunda que eu vou casar minha filha com um valdevinos sem fortuna e sem família?...

RAIMUNDA Mas...

DAMIÃO Sim, sem família. Dou um doce ao tal sujeitinho se ele for capaz de dizer quem sejam seus pais.

Cena II

Os mesmos e três convidados.

DAMIÃO (*a duas damas e a um velho que entram pelo fundo*) Ó senhor visconde, pensei que não viesse. (*aperta a mão do visconde*) Raimunda, leva as capas das senhoras para o toalete. (*Raimunda beija as duas moças, tira-lhes as capas e entra pela esquerda voltando logo; as moças sentam-se*) Pode dispor desta casa como se fosse sua.

RAIMUNDA (*para as moças*) A senhora viscondessa, por que não veio?

DAMIÃO (*para o velho*) É verdade, por que não trouxe a excelentíssima senhora?

Cena III

Os mesmos e mais três convidados.

DAMIÃO (*a um moço que entra com duas damas pelo fundo*) Ó excelentíssimo! Raimunda? O senhor doutor chefe de polícia. Minha mulher. (*Raimunda cumprimenta o moço, beija as três moças, tira-lhes as capas e leva-as para o toalete, depois do que volta para a cena; as moças sentam-se*)

Cena IV

Raimunda, Damião, os convidados, Basílio, Laurindinha, Cocota, três meninos de 7 a 10 anos e uma menina de 8 anos.

RAIMUNDA Como está, mano Basílio? (*Laurindinha, Cocota e os meninos tomam a bênção a Raimunda*)
DAMIÃO (*à parte*) Jesus! Veio a família em peso!
LAURINDINHA (*rindo-se às gargalhadas*) Estamos todas enlameadas! (*apertando a mão de todos que estão na sala, um por um*) Como tem passado? (*a outra*) Eu estou boa, muito obrigada. (*a outro*) Boa noite. (*a outro*) Tem passado bem? (*a outro*) Como vai?
DAMIÃO (*à parte*) Que vergonha, meu Deus! Entram em um baile apertando a mão de todos, sem uma apresentação sequer!
LAURINDINHA (*a outra*) Viva!
DAMIÃO (*baixo a Raimunda*) Senhora, pelo amor de Deus, toque estas sirigaitas daqui para fora.

O major Basílio, os três meninos, a menina e Cocota seguem também um atrás do outro apertando a mão de todos, que ocultam o riso com o lenço na boca.

RAIMUNDA (*baixo a Damião*) De que é que esta súcia se ri?
DAMIÃO (*baixo*) A senhora ainda o pergunta?! Olhe para aqueles vestidinhos, cheios de fitas de todas as

cores. Parece-me estar vendo o mastro do Castelo em dia de chegada de voluntários.[2]

BASÍLIO (*abraçando o chefe de polícia*) Oh! Há quanto tempo não o vejo.

DAMIÃO (*à parte*) O que é aquilo, o que é aquilo?!

BASÍLIO Não é o senhor Tomé da rua do Alcântara, a quem tenho a honra de falar?

DAMIÃO (*pondo-se de permeio*) Venha tirar par para uma quadrilha, excelentíssimo.

BASÍLIO Desculpe-me, estou sofrendo tanto da vista.

LAURINDINHA (*rindo-se*) Ah! Ah! Ah! Titia, não imagina o reboliço que houve hoje lá em casa por causa deste baile.

DAMIÃO (*com riso forçado*) Nós imaginamos, nós imaginamos.

LAURINDINHA Ah! Ah! Ah! Eu e Cocota queríamos fazer uns vestidos novos para pôr poeira hoje aqui em tudo. O diabo do italiano que costuma levar fazendas lá na Prainha flauteou-nos e não tivemos remédio senão lançar mão destes vestidos que fizemos para a chegada do Conde D'Eu.[3] Toca a mudar fitas. Ah! Ah! Ah! O caixeiro do armarinho entrava e saía. Ah! Ah! Ah! Papai estava furioso. Já não posso com tanta despesa, disse ele. Ah! Ah! Ah! Saímos de casa todas engomadas, principiava a fuzilar.[4] Quando chegamos ao Largo da Imperatriz,[5] desabou uma pancada d'água... Ah! Ah! Ah! Os bondes passavam... papai, sciu, sciu, sciu, para! Qual! Iam todos atopetados.[6] Ah! Ah! Ah!

DAMIÃO (*interrompendo*) Vamos tirar pares, vamos tirar pares.

LAURINDINHA A mana está danada.

COCOTA (*zangada*) Me deixe.

LAURINDINHA Ah! Ah! Ah! Está com os sapatos todos encharcados, e a meia caiu-lhe pela perna abaixo.

COCOTA (*zangada*) Não é de sua conta; cuide de sua vida que não faz tão pouco.

LAURINDINHA Eu lá tenho a culpa que você viesse com os sapatos rotos?
COCOTA Vá plantar batatas.
DAMIÃO (*à parte*) Que vergonha! (*alto*) Vamos tirar pares, vamos tirar pares.
COCOTA Se você me exaspera muito, olhe que eu faço uma das minhas, hein?
BASÍLIO (*para Cocota e Laurindinha*) Vocês não trouxeram aquela música a quatro mãos?
COCOTA Eu não, não tinha eu mais que fazer.
BASÍLIO Mas por que não trouxeste a música?
COCOTA Porque não quis, está aí.

Cena V

Os mesmos e Vilasboas

VILASBOAS (*entra pelo fundo, traja casaca e calça branca; traz um cache-nez ao pescoço, a bainha da calça dobrada, sapatos de borracha e um chapéu de chuva*[7] *sobraçado com a ponta para o ar*) Afinal, sempre cheguei.
LAURINDINHA (*batendo palmas*) Iu... ó primo Vilasboas. Que pagode. Ah! Ah! Ah! (*Vilasboas cumprimenta a todas com a ponta do guarda-chuva voltada para o ar*)
DAMIÃO (*à parte*) Mais outro.
BASÍLIO (*a Vilasboas, que o cumprimenta*) Olhe que você fura-me um olho.
VILASBOAS Estou molhado como um pinto. (*recuando para apertar a mão de Raimunda dá com o cabo do chapéu em um aparador e atira uma jarra ao chão*)
DAMIÃO (*à parte*) Começa o diabo a quebrar-me tudo.
VILASBOAS (*para Raimunda*) Não se incomode, eu pago. Com licença. (*abre o chapéu de chuva e coloca-o no chão*)

DAMIÃO O que é isto, senhor?
VILASBOAS É para enxugar.

Damião fecha o chapéu e coloca-o a um canto. Vilasboas senta-se no sofá, tira os sapatos de borracha e atira-os para baixo, desenrola o cache-nez[8] *e desdobra a bainha da calça.*

DAMIÃO (*baixo a Raimunda*) Estou com a cara mais larga que um tacho. (*alto*) Vamos tirar pares, vamos tirar pares.

Cena VI

Vilasboas, os convidados, os meninos, Laurindinha, Cocota, Basílio, Damião, Raimunda, Hermenegilda e Miranda.

RAIMUNDA Entre, prima Hermenegilda.
HERMENEGILDA (*cumprimentando a todos*) Pensei que não nos apropinquássemos mais às avenidas deste palácio, todo por dentro e por fora iluminado, como diz Alexandre Herculano no *Otelo*.
DAMIÃO (à parte) Faltava mais este casal para coroar a obra.
VILASBOAS (*para Laurindinha*) A mana Hermenegilda fala que se pode ouvir.
HERMENEGILDA Deixamos a poética Praia do Caju envolvida nos vapores fosforescentes do cair das sombras que abandonavam a terra.
DAMIÃO (*à parte*) Quanta asneira, meu Deus!
HERMENEGILDA A lua ocultava o perfil entre nuvens negras como diz o cantor do Jocelyn.
DAMIÃO (*interrompendo*) Mas vamos tirar pares, vamos tirar pares.

MIRANDA (*para o chefe de polícia*) Se não me engano, é o senhor doutor chefe de polícia da corte? Há de permitir-me que apresente minha filha a sua excelentíssima. (*apresentando Hermenegilda*) O senhor doutor chefe de polícia. Minha filha, dona Hermenegilda Taquaruçu de Miranda.

HERMENEGILDA Creio que é *inútel* esta apresentação, porquanto já tive o prazer de enlaçar o meu braço no de vossa excelência no voluptuoso baile do Fragoso.

VILASBOAS É verdade, como esteve voluptuoso aquele baile! Havia gente como terra. (*a orquestra toca dentro uma quadrilha*)

DAMIÃO A orquestra dá o sinal para a segunda quadrilha. Não há tempo a perder, meus senhores.

MIRANDA (*para o chefe de polícia*) Se vossa excelência não tem par, tomo a liberdade de oferecer-lhe minha filha. (*o chefe de polícia dá o braço a Hermenegilda*)

HERMENEGILDA Eu amo a dança, como o saltitante colibri, pulando de várzea em várzea ora aqui, ora ali, ama as pétalas de flores, onde a borboleta vai colher o delicioso mel. (*saem ambos*)

LAURINDINHA (*para Vilasboas*) Primo, você dança comigo; nós cá quando nos *ajuntemos*, *pintemos*. Ah! Ah! Ah! (*sai de braço com Vilasboas*)

BASÍLIO (*para a menina*) Eu vou ver um par para ti, Isabelinha. (*dirigindo-se a um dos convidados*) Se ainda não tem dama peço-lhe que dance com esta menina. (*a menina sai de braço com o convidado*) Vocês (*para as meninas*), vejam lá como se portam, vão para a sala, fiquem bem sossegadinhas num canto e sobretudo não me metam a mão nas bandejas. (*saem as meninas, os outros convidados tiram pares e saem também*)

DAMIÃO (*para Cocota*) Você não vai dançar, menina?

COCOTA Estou muito bem sentada.

DAMIÃO Se veio cá para fazer papel de jarra,[9] seria melhor ter ficado em casa.

COCOTA Jarra será ele, veja lá se está falando com seus negros. Se pensa que faço muito empenho em vir aos seus bailes, fique sabendo que vim cá somente para fazer a vontade a papai. Depois que apanhou umas patacas ficou tão cheio de *impostúrias* e de *sobêrbias* que parece que tem o rei na barriga. Eu não faço caso de dinheiro.

BASÍLIO Menina, respeite seu tio, que é mais velho; vá dançar.

COCOTA Não vou, não vou e não vou. (*sai para a toalete levando consigo uma moça*)

BASÍLIO (*dando o braço a duas damas e saindo*) É muito bem criada, mas quando teima, ninguém pode com ela.

Cena VII

Damião e Miranda.

MIRANDA Na realidade, invejo a posição em que te achas.

DAMIÃO (*com ar pretensioso*) Ora, meu amigo, mudemos de conversa.

MIRANDA Infelizmente não posso fazer outro tanto, apesar de ter um elemento com que podia figurar mais do que tu.

DAMIÃO Qual é?

MIRANDA Uma filha inteligente e interessante.

DAMIÃO Não te compreendo.

MIRANDA Desconheces porventura a importância da mulher na sociedade? Não sabes que de um momento para outro ela pode arremessar-nos ao abismo com a mesma facilidade com que eleva-nos às mais altas posições? Hermenegilda tem todos os dotes para fazer-me subir e, no entretanto, ainda nada consegui até hoje.

DAMIÃO Ora, Miranda...

MIRANDA Ela, por sua parte, coitada, faz todo o possível. Não a viste, há pouco, com o chefe de polícia? Um homem solteiro, em boa posição... um corte de marido, às direitas. Parece-me que o caiporismo vem de mim.

Cena VIII

Os mesmos e Joaquim Guimarães.

GUIMARÃES (*entrando pelo fundo*) Há um quarto de hora que ando pelas salas a sua procura. Irra!... Estou suando como um burro.

DAMIÃO Ó senhor Guimarães, a sua ausência já me era muito sensível!

MIRANDA (*baixo a Damião*) Este homem não é aquele sujeito muito apatacado[10] de que me falaste uma vez?

GUIMARÃES Não pude vir mais cedo. Mandei ver umas botas para o seu bródio,[11] encomendo ao diabo do caixeiro que me procurasse quarenta e oito, três, que é o número que calço, e o ladrão traz-me estas botinas. Estou com os pés intransitáveis.

MIRANDA (*baixo a Damião*) Apresenta-me a este homem.

GUIMARÃES Decididamente não me sei haver com isto. Quem me tira de um bom chinelo-de-tapete, tira-me de tudo.

DAMIÃO Já esteve na sala da frente?

GUIMARÃES Acabo de sair de lá.

DAMIÃO Que tal?

GUIMARÃES O mulherio é magnífico!

MIRANDA (*à parte*) É preciso que ele dance com Hermenegilda.

GUIMARÃES Mas quer que lhe fale com franqueza? Eu não gosto de bailes de cerimônia. Se algum dia der reuniões em minha casa, não hei de fazer convites.

Encontrando algum conhecido na rua, chamo-o e digo-lhe: Vem cá, fulano, vai tomar hoje uma xícara de água suja lá em casa; podes ir assim mesmo que lá não vai ninguém de bem. Não me entendo com negócios cá de casaca e gravata ao pescoço, está a gente fora de seus hábitos.

MIRANDA O senhor é como eu.

GUIMARÃES Quem é o senhor?

MIRANDA Chamo-me Desidério José de Miranda, moro na Ponta do Caju e sou pai de uma menina que é um anjo.

GUIMARÃES Onde está ela?

DAMIÃO (*interrompendo com vivacidade*) Vamos para a outra sala; minha filha espera-o com ansiedade...

MIRANDA Venha, eu vou apresentá-la.

DAMIÃO Oh! Aí vem Marianinha.

Cena IX

Marianinha, Aurélio, Damião, Miranda e Guimarães.

GUIMARÃES (*a Marianinha*) Ora muito boas noites, minha senhora. Então, como vai a Sé velha?[12] (*apertando-lhe a mão*)

DAMIÃO (*a Aurélio*) Desejava falar-lhe, senhor doutor.

AURÉLIO (*à parte*) Compreendo.

MIRANDA (*à parte*) O patife quer me empatar as vasas.[13]

DAMIÃO (*saindo com Aurélio*) Vamos também, Miranda, quero comunicar-te um negócio de muita importância.

Saem os três. Aurélio lança, ao sair, um olhar furtivo para Marianinha.

Cena X

Marianinha e Guimarães.

GUIMARÃES (*à parte*) Que diabo lhe hei de eu dizer? (*alto*) O dia de hoje tem me corrido muito bem, minha senhora.

MARIANINHA Deveras?

GUIMARÃES É verdade.

MARIANINHA Então, pelo quê?

GUIMARÃES Vendi de manhã no meu armazém três barricas de paios avariados e tenho agora o prazer de estar ao seu lado.

MARIANINHA Que amabilidade!

GUIMARÃES Ah! eu não sou homem de etiquetas, digo o que sinto. Fiz um bom negócio e desabafo com a menina, que é uma pessoa a quem amo com todas aquelas. Também se não gostasse da senhora, dizia-lhe logo nas ventas; eu para isso sou bom.

MARIANINHA O senhor gosta da franqueza?

GUIMARÃES É a alma do negócio.

MARIANINHA (*com ironia*) O senhor Guimarães é um espírito altamente poético; o negócio jamais lhe sai da cabeça, mesmo ao lado da mulher a quem ama.

GUIMARÃES Se eu não pensar no negócio ao pé da senhora, quando é que hei de pensar então? Além disso o casamento é um verdadeiro negócio.

MARIANINHA Ah?!

GUIMARÃES Sim, senhora; é uma sociedade sujeita a perdas e lucros e que tem por capital o amor. Quando o capital se esgota, dissolve-se a firma social, e cada um trata de procurar o seu rumo.

MARIANINHA Pois já que o senhor gosta da franqueza, há de permitir-me que lhe diga que a nossa firma social é impossível.

GUIMARÃES Impossível?! Por quê?

MARIANINHA Já dei o meu capital a outra sociedade.

GUIMARÃES Já deu o seu capital?! Não é isto o que seu pai tem me dito!

MARIANINHA Mas é o que lhe digo agora.

GUIMARÃES Ora, a menina está caçoando. E se o senhor Damião a obrigar?

MARIANINHA Casarei com o senhor, mas o meu coração nunca lhe pertencerá. (*Aurélio aparece ao fundo; Marianinha vai retirar-se*)

GUIMARÃES Venha cá.

MARIANINHA (*para Aurélio*) Dê-me o seu braço, senhor Aurélio. (*sai com Aurélio*)

GUIMARÃES (*pensando*) Nada. (*pausa*) Não me serve.

Cena XI

Guimarães, Miranda e Hermenegilda.

MIRANDA (*apresentando Hermenegilda*) Aqui está o anjo de que lhe falei. (*baixo a Hermenegilda*) Trata-o com toda a amabilidade e vê se o seguras; olha... (*faz sinal de dinheiro*) Eu a entrego, senhor Guimarães.

GUIMARÃES Minha senhora...

HERMENEGILDA Eu já o conhecia *tradicionalmente*.

GUIMARÃES (*à parte*) Isto é aguardente de outra pipa.

HERMENEGILDA O seu ar nobre, as suas maneiras distintas, cativaram-me o peito em arroubos divinais.

GUIMARÃES Ora, minha senhora, quem sou eu? Um pobre-diabo carregado de esteiras velhas...

HERMENEGILDA Mas que tem um coração magnânimo e generoso, como um poeta. Não gosta de versos?

GUIMARÃES Hum... Assim, assim.

HERMENEGILDA Certamente ama mais a música?

GUIMARÃES Já fiz parte da Sociedade Recreio da Harmonia,[14] estive aprendendo a tocar clarinete, mas tenho uma péssima embocadura. Nunca cheguei a sair incorporado à banda.

HERMENEGILDA A música é a minha paixão *predilética*. Naquelas notas místicas, como diz Eugene Sue nos *Ciúmes do bardo*, a alma esvai-se em perfumes ignotos. Conhece Meyerbeer?

GUIMARÃES Muito. Não conheço eu outro.

HERMENEGILDA Que alma!

GUIMARÃES É verdade, mas deu com os burros n'água.

HERMENEGILDA Com os burros n'água?!

GUIMARÃES Sim, senhora. Pois o Meyerbeer não é aquele mocinho estrangeiro que tinha uma loja de drogas na rua Direita? Quebrou e está hoje sem nada.

HERMENEGILDA Não, eu falo de Meyerbeer, o cantor da *Africana*, de *Julieta e Romeu*, e da *Traviata*.

GUIMARÃES Com esse nunca tive relações. (*à parte*) Decididamente, isto é gênero de primeira qualidade.

HERMENEGILDA Não gosta da dança?

GUIMARÃES Lá isto, sim, é o meu fraco; morro por dançar, como macaco por banana.

HERMENEGILDA Já tem par para a primeira polca?

GUIMARÃES Não, senhora.

HERMENEGILDA Poderei eu merecer a honra de *voltigear* com o senhor nesses mundos aéreos, até onde não ousa subir a acanhada concepção dos espíritos tacanhos e positivos?

GUIMARÃES O que é que a senhora quer? Eu não compreendi bem.

HERMENEGILDA Quer dançar esta polca comigo?

GUIMARÃES Essa é boa, pois não. (*à parte*) Esta mulher está me provocando, e eu ataco-lhe já uma declaração nas bochechas.

Cena XII

Guimarães, Vilasboas, Hermenegilda e Laurindinha.

LAURINDINHA (*rindo-se às gargalhadas*) Ah! Ah! Ah! Você já viu, primo, que súcia de feiosas, todas caiadas e a fazerem umas cortesias muito fora de propósito! (*arremedando*)

VILASBOAS E que linguinhas! Uma delas que dançou perto de mim, estava falando do seu balão.[15]

LAURINDINHA O que é que ela podia dizer do meu balão?

VILASBOAS Eu lá sei; disse que você estava estufada, como uma pipoca.

LAURINDINHA Ah! Ah! Ah! E elas são umas escorridas; parecem uns chapéus de sol fechados!

Cena XIII

Os mesmos e Cocota.

COCOTA (*entrando pelo fundo zangada*) Vamos ver a capa, eu vou-me embora.

LAURINDINHA O que foi?

COCOTA Estou furiosa! Vamos embora.

VILASBOAS (*para Laurindinha*) Não caia nessa, prima. Já que veio cá, espere pela mamata, que não há de tardar.

LAURINDINHA Mas o que foi que te aconteceu?

COCOTA Um diabo de um mono[16] que encontrei na sala tirou-me para uma quadrilha e entendeu que devia tomar-me para seu palito.[17] Depois de me ter dito uma porção de asneiras, perguntou-me se eu não era da Cascadura,[18] e acabou por pedir-me o molde do meu penteado.

LAURINDINHA Ah! Ah! Ah! E tu encavacaste com isto?

COCOTA Ora, falem com franqueza, vocês acham alguma coisa neste penteado? Pois o mono saiu às gargalhadas dizendo aos companheiros: Olhem o chique com que está aquela flor espetada no cabelo; parece uma lanterna de tílburi![19] Eu, que não aturo desaforos, mandei-o plantar abóboras e dei-lhe as costas.

GUIMARÃES A menina fez muito bem. Uma ocasião, no baile das Nove Musas, estive às duas por três[20] por lascar uma bolacha numa sujeita que me dirigiu uma graçola pesada. (*para Vilasboas*) O senhor quer ouvir o que ela me disse? Olhe, escute. (*diz-lhe um segredo ao ouvido*)

VILASBOAS Safa!

Cena XIV

Raimunda, Cocota, Laurindinha, Vilasboas, Guimarães, Hermenegilda e dois criados (*um com uma bandeja de doces e outro com a do chá*), *uma negra* (*com um pão de ló em uma salva*), *os meninos e a menina, Basílio e depois Damião. Os três meninos pulam para alcançar as bandejas, que devem ser levantadas pelos criados.*

RAIMUNDA (*para Laurindinha*) Já tens par para todas as quadrilhas?

Cocota e Laurindinha sentam-se no sofá.

BASÍLIO (*com uma xícara de chá, seguindo atrás das bandejas*) Deixa ver isto.

Os criados, atropelados pelas crianças, levantam as bandejas, sem atenderem a Basílio. Guimarães tira uma xícara, que oferece a Hermenegilda, Vilasboas tira ou-

tra, que vai oferecer a Cocota no momento em que os meninos esbarram-se com ele, obrigando-o a despejar a xícara em cima do vestido de Cocota.

COCOTA Ah! Estou com a pele da barriga toda assada! Que diabo de desastrado!

LAURINDINHA Ah! Ah! Ah!

VILASBOAS Não foi por querer, prima.

DAMIÃO (*entrando pelo fundo e deparando com a negra que traz o pão de ló, baixo, zangado, a Raimunda*) A senhora mande esta negra para dentro. Pois eu alugo para o serviço criados do Carceler[21] e a senhora quer me envergonhar?! (*para a negra, baixo*) Passa para dentro, tição. (*à parte*) Põem-me a cabeça tonta! (*olha para os lados como quem procura alguma coisa e sai pelos fundos; a negra sai*)

VILASBOAS Não haverá por aí pão com manteiga?

GUIMARÃES O senhor é dos meus, para chá, pão com manteiga. Não entendo cá essas histórias de biscoitinhos e doces.

Laurindinha e Basílio enchem os lenços de doces.

RAIMUNDA (*tirando doces da bandeja, para Basílio*) Leve este para Chiquinha. (*para Laurindinha*) Dê este docinho à filha do Barnabé do Tesouro; diga-lhe que não me esqueci dela.

VILASBOAS (*para o criado.*) Deixa-me ver outra xícara. (*tira a xícara, para Guimarães*) Não vai a outra?

GUIMARÃES Reservo-me para logo mais.

VILASBOAS Faz bem; é preciso deixar algum lugar para o sólido, mas, por causa das dúvidas, vou sempre me prevenindo.

A orquestra toca dentro sinal para uma polca. Os criados saem seguidos pelos meninos e a menina.

GUIMARÃES (*para Hermenegilda*) Esta é a nossa.

Saem. Entram dois convidados e tomam o braço de Cocota e Laurindinha, saindo todos pelo fundo.

RAIMUNDA Dão sinal para uma polca, primo Vilasboas.

VILASBOAS E eu que não tenho par. Ora, hei de encontrar alguma desgarrada. (*sai juntamente com Raimunda e Basílio*)

Cena XV

Aurélio e Marianinha.

MARIANINHA Por que está tão triste hoje?

AURÉLIO A tristeza tem-me sido companheira fiel desde o berço e há de guiar-me talvez até ao túmulo. (*a orquestra dentro toca a polca*) No horizonte negro que se estendia diante dos meus olhos vi luzir uma estrela de bonança. Quando seus raios principiaram a aquecer-me, o astro empalideceu e disse ao coração do pobre órfão: — Louco, que ousaste sonhar a felicidade, volta ao martírio e segue teu destino.

MARIANINHA O teu destino é o meu; expele de teu rosto as nuvens sombrias da tristeza e pensa nesse amor que será a nossa ventura.

AURÉLIO Esse amor é impossível, Marianinha. Sem nome, sem família e sem fortuna, vejo-me repelido por teu pai e a consciência diz-me, nas horas em que a esperança vem acalentar-me, que devo fugir quanto antes desta casa.

MARIANINHA Mas minha mãe te adora, Aurélio.

AURÉLIO O coração de uma mãe é sempre generoso!

MARIANINHA Eu te juro que serei tua.

AURÉLIO Não jures; entre a opulência que te espera, embora amargurada, e a pobreza feliz, teu pai escolherá aquela e os teus votos serão impotentes diante de tão funesta ambição.

MARIANINHA Tu não me conheces.

AURÉLIO Conheço-te. És um anjo! Se a sorte te ligar a esse homem não te criminarei por isso. Irei curvar-me submisso ante o meu destino e seguirei meu caminho.

Cena XVI

Os mesmos e Damião.

DAMIÃO (*entrando às pressas pelo fundo, baixo a Marianinha*) Lá está a deslambida da Hermenegilda a dançar com o Guimarães e tu aqui. Anda, vem para a sala. Com licença, senhor Aurélio. (*sai com Marianinha*)

Cena XVII

Vilasboas e a Menina, Aurélio e depois Hermenegilda e Guimarães.

VILASBOAS (*para a menina*) Afinal sempre achei um par! Vamos dançar aqui, Isabelinha, que está mais folgado. (*dançam, e Aurélio senta-se pensativo*) Faça o passo largo, levante mais o braço, não envergue tanto o pescoço; bravo! Assim.

GUIMARÃES (*com Hermenegilda*) Aqui não há tanto aperto. (*dança a varsoviana ao passo que Hermenegilda dança a polca*)

HERMENEGILDA Nós laboramos em engano. O que é que o senhor está dançando?

GUIMARÃES Pois não é assim?

HERMENEGILDA A orquestra executa uma polca e o senhor está dançando a varsoviana!

GUIMARÃES Pois isto que estão tocando não é a *valsa-viana*? Minha senhora, eu aprendi com o Guedes e sei onde tenho o nariz. Vamos lá, havemos de acertar. (*dançam outra vez desencontrados; Vilasboas esbarra-se com Guimarães e atira-o ao chão*)

VILASBOAS (*continuando a dançar muito entusiasmado*) Desculpe-me; quando encontro um bom par, perco a cabeça. (*a orquestra para*)

HERMENEGILDA (*para Guimarães*) Machucou-se? Venha beber um copo de água. (*saem todos menos Aurélio*)

Cena XVIII

Basílio e Aurélio.

BASÍLIO Não dança, senhor Aurélio?

AURÉLIO Já dancei a primeira quadrilha.

BASÍLIO Devia ter dançado a segunda, que é a dos namorados. Maganão![22]

AURÉLIO (*à parte*) Que maçante!

BASÍLIO Eu também já não danço. O meu maior prazer nestas reuniões é a boa conversa. (*tirando a boceta de rapé*[23] *e oferecendo uma pitada a Aurélio*) Não gosta? (*Aurélio agradece*) Ora, diga-me uma coisa; o senhor não é filho de São Paulo?

AURÉLIO Sim, senhor; nasci na capital, lá eduquei-me e formei-me.

BASÍLIO Boa terra! Passei ali a minha mocidade e ainda tenho saudosas recordações dos pagodes[24] que lá tive. Nós, quando somos moços, fazemos cada extravagância...

AURÉLIO Eu imagino o que o major por lá faria...

BASÍLIO O senhor conheceu lá uma... Não; não há de ser do seu tempo.

AURÉLIO Diga sempre.

BASÍLIO Ora, isto já foi há tantos anos, e graça é que nunca mais soube notícias daquela pobre criatura! Foi uma rapaziada... Mas, enfim, eu lhe conto. Havia na Luz[25] uma rapariguinha viva e travessa que era requestada por muitos estudantes, menina séria. Eu fazia o meu pé-de-alferes com a sujeita e em um belo dia, quando menos pensava, sou apanhado em flagrante pela velha, que era um demônio. Espalhou-se a notícia pela cidade, a polícia soltou atrás de mim os seus agentes, e eu, pernas para que te quero! Venho para a corte, meu pai soube do negócio e assenta-me a farda às costas. Pobre menina! Nunca mais dela soube notícia.

AURÉLIO (*com interesse*) Esta mulher morava na Luz?

BASÍLIO Sim, senhor, quase a chegar à Ponte Grande.[26]

AURÉLIO (*com interesse crescente*) E como se chamava?

BASÍLIO Maria da Conceição.

AURÉLIO Maria da Conceição!! E o nome da velha que morava com ela?

BASÍLIO Mas que diabo tem o senhor?

AURÉLIO (*disfarçando*) Nada. O nome da velha?

BASÍLIO Creio que era Aurélia.

AURÉLIO (*segurando em Basílio*) Foi pois o senhor quem atirou no caminho da perdição uma mulher pura e inocente que devia mais tarde lançar ao mundo um desgraçado?!

BASÍLIO O que é isto, senhor? Deixe-me.

AURÉLIO Sim; saiba que este que tem à sua frente é o fruto desse amor criminoso.

BASÍLIO O fruto? Pois que... o senhor... Tu és meu filho! (*chorando e ajoelhando-se*) Perdão.

AURÉLIO Senhor, minha pobre mãe, que está no céu, sofreu tanto...

BASÍLIO Perdão, meu Aurélio. Deixa-me contemplar teu rosto. (*abraça-se com Aurélio chorando em altas vo-*

zes) Se procedi como um miserável para com aquela infeliz que te deu o ser, eu juro que doravante saberei ser teu pai. Vira para cá esse rosto. (*dá um beijo em Aurélio, chorando*) És o retrato da tua defunta mãe. E como chegaste à posição em que te achas?

AURÉLIO Graças à alma generosa de um protetor que já não existe e que foi um verdadeiro pai que encontrei no caminho da vida.

BASÍLIO O teu verdadeiro pai aqui está... Tu serás o arrimo da minha velhice. Não me perdoas?

AURÉLIO Meu pai. (*abraça Basílio*)

BASÍLIO Meu filho. (*abraça-o chorando e rindo-se ao mesmo tempo*)

Cena XIX

Os mesmos e Damião.

DAMIÃO (*entrando pela direita*) O que é isto?

BASÍLIO (*abraçado com Aurélio*) Eu fui um grandíssimo patife, porém juro-te que serei teu escravo.

DAMIÃO (*para Basílio*) Mas que diabo é isto?

BASÍLIO Ah! És tu? Abraça-me, abraça-me, Damião! (*abraçando-o*) Eu quero abraçar todo o mundo.

DAMIÃO Já sei, tu fizeste algumas visitas à copa e bebeste mais do que devias.

BASÍLIO O que se passa em mim é tão grande, acho-me neste momento tão altamente colocado, que não desço a responder à chufa pesada que acabas de me dirigir.

DAMIÃO Por que motivo queres abraçar então todo o mundo?

BASÍLIO Conheces aquele rapaz?

DAMIÃO Pois não conheço o senhor doutor Aurélio?!

BASÍLIO Olha bem para ele. (*pausa*) Olha agora para mim. (*pausa*) Não achas ali um quê...

DAMIÃO Um quê?!

BASÍLIO Aurélio é meu filho e eu sou seu pai.

DAMIÃO Ah! Ah! Ah!

BASÍLIO É uma história que depois te contarei. (*para Aurélio*) Vamos para a sala, preciso desabafar com todos a alegria que me vai pelo coração. Vamos, meu filho, quero te apresentar como tal às tuas irmãs. (*sai com Aurélio*)

DAMIÃO Um filho natural! Eu já devia sabê-lo. Aquele rubor que lhe subia às faces quando se lhe falava na família... (*sai pensativo pelo fundo*)

Cena XX

Hermenegilda e Guimarães.

HERMENEGILDA Os perfumes dos salões falam-me às fibras mais recônditas da alma. Sinto um indefinível que me atrai para os espaços como as estrelas que brilham no éter purpurino das melodias do céu.

GUIMARÃES (*com um cravo na mão, à parte*) O negócio há de começar por esta flor.

HERMENEGILDA (*depois de pequena pausa*) Que ar pensativo é este que lhe anuvia a fronte em cismas de poeta?

GUIMARÃES O que é que a senhora está dizendo?

HERMENEGILDA Por que está tão pensativo?

GUIMARÃES Eu... Ora esta... É meu modo. Quando estou no armazém é sempre assim. (*à parte*) Vou lhe dar a flor. (*alto*) Minha senhora... (*à parte*) Deixe-me ver se me lembro...

HERMENEGILDA O que quer?

GUIMARÃES (*oferecendo-lhe o cravo*) Tomo a liberdade de oferecer um cravo a outro cravo.

HERMENEGILDA Ah! Será possível? Deixe-me oferecer-lhe também uma flor do meu inodoro ramalhete.

(*tira uma flor do buquê que traz*) Tome, é uma perpétua. Sabe o que quer dizer no dicionário das flores esta inocente filha dos vergéis, vestida com as cores sombrias do sentimentalismo?

GUIMARÃES Não, senhora.

HERMENEGILDA Quer dizer constância eterna.

GUIMARÃES (*à parte*) Eu atiro-me aos pés dela e acabo com isto de uma vez.

HERMENEGILDA (*pondo o cravo no peito*) Este cravo não me sairá do peito até que morra. "Morte, morte de amor, melhor que a vida."

GUIMARÃES (*ajoelhando bruscamente*) Ah! Minha senhora, eu a adoro; pela senhora... Eu a amo.

HERMENEGILDA Não repita essa palavra, que me afeta todo o sistema nervoso.

Cena XXI

Os mesmos, Vilasboas e Laurindinha.

VILASBOAS Um patife ajoelhado aos pés de minha mana.

LAURINDINHA Ah! Ah! Ah!

VILASBOAS Não se ria, prima, que isto é muito sério.

GUIMARÃES (*levantando-se*) Que tem você com isto?

VILASBOAS O que tenho com isto?!

LAURINDINHA (*apontando para Guimarães*) Ah! Ah! Ah! Olhe, que cara, primo Vilasboas.

VILASBOAS Não se ria, prima, que eu tenho gosto de sangue na boca. (*para Guimarães*) Prepare-se para bater-se comigo, senhor.

GUIMARÃES Pois para bater-me com você é preciso preparar-me?

VILASBOAS Escolha as armas!

HERMENEGILDA (*pondo-se de permeio*) Cassiano Vilasboas, meu irmão, não derrames o sangue deste homem.

LAURINDINHA Ah! Ah! Ah!
VILASBOAS Escolha as armas, senhor!
GUIMARÃES Estou pronto. (*avança para Vilasboas e dá-lhe uma bofetada*)
VILASBOAS (*gritando*) Ai! Ai! Ai!
LAURINDINHA Ah! Ah! Ah!
GUIMARÃES Em guarda, e defenda-se! (*dá outra bofetada*)
VILASBOAS (*gritando*) Ai! Ai! Socorro! Socorro! (*Hermenegilda desmaia nos braços de Laurindinha*)

Cena XXII

Vilasboas, Hermenegilda, Miranda, Damião, Raimunda, Marianinha, Basílio, Laurindinha, Cocota, Guimarães, Aurélio, convidados e os meninos.

DAMIÃO O que é isto, meus senhores? Que escândalo!
VILASBOAS (*apontando para Guimarães*) Este homem ousou levantar a mão para o meu rosto. Deve-me uma reparação.
MIRANDA Minha filha! (*Hermenegilda acorda*)
VILASBOAS (*para Miranda*) Meu pai, surpreendi-o aos pés de minha mana e desafiei-o para bater-se comigo.
MIRANDA (*à parte*) É preciso fazer render a situação. (*alto, para Guimarães*) O senhor deve-nos uma reparação.
GUIMARÃES Mas que diabo de reparação querem vocês? Eu gosto desta moça, caso-me com ela e está acabado.
MIRANDA (*abraçando Guimarães*) O senhor é um homem de bem.
DAMIÃO (*para Guimarães*) Mas, minha filha...
GUIMARÃES Sua filha disse-me na bochecha que já tinha dado o capital a outra sociedade, e isto de mulher sem o capital... Hum... temos conversado.
BASÍLIO (*para Damião*) Sua filha tem aqui um noivo.

(*apresentando Aurélio*) E eu, como pai, dou o meu consentimento.

LAURINDINHA E COCOTA Como pai?!

BASÍLIO Sim, é seu irmão.

LAURINDINHA Ah! Ah! Ah! Donde saiu este irmão de comédia?

MARIANINHA (*ajoelhando-se com Aurélio aos pés de Damião*) Meu pai, a sua bênção. (*Damião volta o rosto*)

GUIMARÃES (*para Vilasboas*) Se quiser bater-se comigo ainda estou às suas ordens.

VILASBOAS Uma vez que o senhor vai ser meu cunhado, eu o perdoo; fica a bofetada em família.

DAMIÃO (*para Marianinha e Aurélio*) Casem-se, eu irei acabar a minha vida longe daqui. Maldita parentela! Envergonham-me, roubam-me o genro e acabam introduzindo-me em casa ainda um parente! (*canta*)

Meus senhores, neste espelho
Podem todos se mirar,
Em parentes desta ordem
Ninguém deve se fiar.

Se algum dia se casarem
Vejam lá, tenham cautela!
Que há mulheres que, por dote,
Trazem essa parentela.

Cai o pano.

FIM

NOTAS

1 Atual rua Monsenhor Manuel Gomes. O bairro do Caju, na zona norte do Rio de Janeiro, era parte de São Cristó-

vão, e foi adquirido por d. João VI para que pudesse tomar banhos de mar medicinais. O local é mencionado com desdém por se tratar de um bairro de classe média baixa.

2 Fortaleza de São Sebastião do Castelo, instalada por Mem de Sá no Morro do Descanso, localizado próximo à entrada da Baía da Guanabara desde os tempos de fundação da cidade do Rio de Janeiro. O local passou então a ser conhecido como Morro do Castelo. Os referidos voluntários são combatentes que lutaram na Guerra do Paraguai (1865-70) ao lado das tropas regulares do Exército.

3 Luís Filipe Maria Fernando Gastão d'Orléans (1842-1922), neto do rei francês Luís Felipe I e marido da princesa Isabel.

4 Relampejar.

5 O largo foi criado para homenagear a nova imperatriz do Brasil, Teresa Cristina. Surgiu a partir de uma reforma, realizada pelo arquiteto Grandjean de Montigny, no Cais e no antigo Caminho do Valongo (que passou a se chamar rua da Imperatriz), no centro do Rio de Janeiro.

6 Abarrotados.

7 Guarda-chuva.

8 Cachecol largo, que pode chegar até o nariz, para dias especialmente frios.

9 Pessoa, geralmente idosa, que faz papel ridículo em público.

10 Que tem patacas, endinheirado.

11 Festa com muita comida e bebida.

12 A Sé velha foi a igreja construída pelos jesuítas no Morro do Castelo no século XVII. Aqui é usada como uma expressão de saudação grosseira.

13 Atrapalhar, interferir em negócio alheio.

14 No século XIX, costumava haver diversas sociedades litero-musicais destinadas a cultivar a música e a literatura entre seus membros, promovendo a apresentação de conjuntos amadores, declamação de poesias e, às vezes, teatro.

15 Saia rodada.
16 Pessoa feia, deselegante.
17 Pessoa que é objeto de divertimento dos outros.
18 Bairro popular na zona norte do Rio de Janeiro.
19 Cf. nota 9 de *Verso e reverso.*
20 A ponto de, prestes a.
21 Pasteleiro que tinha sua loja instalada na rua do Ouvidor, a mais sofisticada da corte.
22 Malandro, espertalhão.
23 Caixinha com pó de tabaco.
24 Divertimentos um tanto licenciosos.
25 Bairro da região central de São Paulo surgido no final do século XVI, no atual distrito do Bom Retiro. O nome veio de uma pequena capela dedicada a Nossa Senhora da Luz, erguida em 1603.
26 Atual Ponte das Bandeiras, sobre o rio Tietê, construída no século XIX e remodelada em 1942.

ARTUR AZEVEDO

Amor por anexins[1]

ENTREATO CÔMICO[2]

PERSONAGENS

Isaías, solteirão

Inês, viúva

Um carteiro

A cena passa-se no Rio de Janeiro. Época, atualidade.

Ato único

Sala simples, janela à esquerda, portas ao fundo e à direita. Mesa à esquerda com preparos de costura. Num dos cantos da sala uma talha d'água. Cadeiras.

Cena I

Inês.

INÊS (*cose sentada à mesa, e olha para a rua, pela janela*) Lá está parado à esquina o homem dos anexins! Não há meio de ver-me livre de semelhante cáustico! Ora eu, uma viúva, e, de mais a mais com promessa de casamento, havia de aceitar para marido aquele velho! Não vê! E ninguém o tira dali! Isto até dá que falar à vizinhança… (*desce à boca de cena*)[3]

Copla[4]

Eu que, por gosto, perdido
Tenho casamentos mil,
Com mais de um belo marido,
Garboso, rico e gentil,
De um velho agora a proposta,
Meu Deus! devia aceitar?

Demais um velho que gosta
De assim tão jarreta[5] andar!
Nada! nada!
Não me agrada!
Quero um marido melhor!
É bem mau não ser casada,
Mas mal casada é pior.

Ainda hoje escreveu-me uma cartinha, a terceira em que me fala de amor, e a segunda em que me pede em casamento. (*tira uma carta da algibeira*) Ela aqui está. (*lê*) "Minha bela senhora. Estimo que estas duas regras[6] vão encontrá-la no gozo da mais perfeita saúde. Eu vou indo como Deus é servido. Antes assim que amortalhado. Venho pedi-la em casamento pela segunda vez. Ruim é quem em ruim conta se tem, e eu não me tenho nessa conta. Jamais senti por outra o que sinto pela senhora; mas uma vez é a primeira." (*declamando*) Que enfiada de anexins! Pois é o mesmo homem a falar! (*continua a ler*) "Tenho uns cobres a render; são poucos, é verdade, mas de hora em hora Deus melhora, e mais tem Deus para dar do que o diabo para levar. Não devo nada a ninguém, e quem não deve não teme. Tenho boa casa e boa mesa, e onde come um comem dois. Irei saber da resposta hoje mesmo. Todo seu, Isaías." (*guardando a carta*) Está bem aviado,[7] senhor Isaías! Vou às compras; é um excelente meio de me ver livre de vossemecê e de seus anexins. Vou preparar-me. (*sai pela porta da direita. Pausa*)

Cena II

Isaías.

ISAÍAS (*deita com precaução a cabeça pela porta do fun-

do) Porta aberta, o justo peca. (*avançando na ponta dos pés*) A ocasião faz o ladrão. Preciso estudar o gênio desta mulher: antes que cases, olha o que fazes. Dois gênios iguais não fazem liga; se a pequena não me sai ao pintar, para cá vem de carrinho. É preciso olhar para o futuro: quem para adiante não olha atrás fica; quem cospe para o ar cai-lhe na cara, e quem boa cama faz nela se deita. Resolvi casar-me, mas bem sei que casar não é casaca. Alguém dirá que resolvi um pouco tarde, porém, mais vale tarde que nunca. Deus ajuda a quem madruga, é verdade; mas nem por muito madrugar se amanhece mais cedo. Procurei uma mulher como quem procura ouro. Infeliz até ali! Vi-as a dar com um pau: bonitas, que era um louvar a Deus de gatinhas; mas... nem tudo o que luz é ouro; feias também que era um Deus nos acuda; mas muitas vezes donde não se espera daí é que vem. Quem porfia mata caça[8] dizia com meus botões, e não foi nada, que enquanto o diabo esfrega um olho, cá a dona encheu-me... o olho. Pois olhem que não me passou camarão pela malha... Esta é viúva e costureira... Estou pelo beicinho,[9] e creio que estou servido. Quem já deu não tem para dar, é certo; mas, ora adeus! quem muito quer muito perde. Já tomei informações a seu respeito: foram as melhores possíveis; mas como o saber não ocupa lugar, e mais vale um tolo no seu que um avisado no alheio, observei-a. Eu sou como são Tomé: ver para crer. Vi-a andar sempre sozinha... e nada de pândegas! Dize-me com quem andas, direi as manhas que tens. (*examinando a casa*) Boa dona de casa parece ser! Asseio e simplicidade. Pelo dedo se conhece o gigante. Há de ser o que Deus quiser: o casamento e a mortalha no céu se talham. (*reparando*) Ai, que ela aí vem! (*perfilando-se*) Coragem, Isaías! Lembra-te de que um homem... (*atrapalhando-se*) é um gato e um bicho é um homem! Disse asneira.

Cena III

Isaías e Inês.

INÊS (*vem pronta para sair, ao ver Isaías assusta-se e quer fugir*) Ai!

ISAÍAS (*embargando-lhe a passagem*) Ninguém deve correr sem ver de quê.

INÊS Que quer o senhor aqui?

ISAÍAS Vim em pessoa saber da resposta de minha carta: quem quer vai e quem não quer manda; quem nunca arriscou nunca perdeu nem ganhou; cautela e caldo de galinha...

INÊS (*interrompendo-o*) Não tenho resposta alguma que dar! Saia, senhor!

ISAÍAS Não há carta sem resposta...

INÊS (*correndo à talha e trazendo um púcaro*[10] *cheiro d'água*) Saia, quando não...

ISAÍAS (*impassível*) Se me molhar, mais tempo passarei a seu lado; não hei de sair molhado à rua. Eh! eh! Foi buscar lã e saiu tosquiada!...

INÊS Eu grito!

ISAÍAS Não faça tal! Não seja tola, que quem o é para si pede a Deus que o mate e ao diabo que o carregue! Não exponha a sua boa reputação! Veja que sou um rapaz; a um rapaz nada fica mal...

INÊS O senhor, um rapaz?! O senhor é um velho muito idiota e muito impertinente!

ISAÍAS O diabo não é tão feio como se pinta...

INÊS É feio, é!...

ISAÍAS Quem o feio ama bonito lhe parece.

INÊS Amá-lo, eu?!. Nunca!...

ISAÍAS Ninguém diga: desta água não beberei...

INÊS É abominável! Irra!

ISAÍAS Água mole em pedra dura, tanto dá...

INÊS Repugnante!

ISAÍAS Quem espera sempre alcança.
INÊS Desengane-se!
ISAÍAS O futuro a Deus pertence!
INÊS Há alguém que me estima deveras...
ISAÍAS Esse alguém (*naturalmente*) sou eu.
INÊS Era o que faltava! (*suspirando*) Esse alguém...
ISAÍAS Quem conta um conto acrescenta um ponto...
INÊS Esse alguém é um moço tão bonito... de tão boas qualidades...
ISAÍAS Quem elogia a noiva...
INÊS O senhor forma com ele um verdadeiro contraste.
ISAÍAS Quem desdenha quer comprar...
INÊS Comprar! Um homem tão feio!...
ISAÍAS Feio no corpo, bonito na alma.
INÊS (*sentando-se*) Deus me livre de semelhante marido!
ISAÍAS Presunção e água benta cada qual toma a que quer... (*senta-se também*)
INÊS (*erguendo-se*) Ah, o senhor senta-se? Dispõe-se a ficar! Meu Deus, isto foi um mal que me entrou pela porta!
ISAÍAS (*sempre impassível*) Há males que vêm para bem.
INÊS Temo-la travada.
ISAÍAS Venha sentar-se a meu lado. (*vendo que Inês senta-se longe dele*) Se não quiser, vou eu... (*dispõe-se a aproximar a cadeira*)
INÊS Pois sim! Não se incomode! (*faz-lhe a vontade*) Não há remédio!
ISAÍAS (*chegando mais a cadeira*) O que não tem remédio remediado está.
INÊS (*afastando a sua*) O que mais deseja?
ISAÍAS Diga-me cá: o seu noivo?... (*faz-lhe uma cara*)
INÊS Não entendo.
ISAÍAS Para bom entendedor meia palavra basta...
INÊS Mas o senhor nem meia palavra disse!
ISAÍAS Pergunto se... fala francês...
INÊS Como?

ISAÍAS Ora bolas! Quem é surdo não conversa!

INÊS Mas a que vem essa pergunta?

ISAÍAS (*naturalmente*) Quem pergunta quer saber.

INÊS Ora!

ISAÍAS (*sentencioso*) Dois sacos vazios não se podem ter de pé.

INÊS Essa teoria parece-se muito com o senhor.

ISAÍAS Por quê?

INÊS Porque já caducou também.

ISAÍAS (*formalizado*) Então eu já caduquei, menina? Isso é mentira.

INÊS É verdade.

ISAÍAS Não é.

INÊS É.

ISAÍAS Pois, se é, nem todas as verdades se dizem. (*ergue-se e passeia*)

INÊS Ah! o senhor zanga-se? É porque quer; não me viesse dizer tolices! (*ergue-se*)

ISAÍAS (*interrompendo o seu passeio, solenemente*) Na casa em que não há pão, todos ralham, ninguém tem razão.

INÊS Ora! somos ainda muito moços!

ISAÍAS Quem? nós?

INÊS (*de mau humor*) Não falo do senhor: falo dele...

ISAÍAS Ah! fala dele...

INÊS Havemos de trabalhar um para o outro...

ISAÍAS É bom, é: Deus ajuda a quem trabalha.

Canto

INÊS

Sem desgosto viveremos,
Seremos ricos, talvez;
Muitos morgados teremos...

ISAÍAS

Mas um só de cada vez...

(*zangado*) A faceira
Talvez convidar-me queira
Para padrinho de algum!

INÊS E não suponha que, apesar de pobre, não me faça bonitos presentes o meu noivo.

ISAÍAS É! Quem cabras não tem e cabritos...

INÊS Insulta-o?

ISAÍAS Cão danado, todos a ele! Pois eu havia de insultá-lo, senhora?

INÊS Se estivesse calado...

ISAÍAS Sim, senhora: em boca fechada não entram mosquitos... mas é que o seu futurozinho me interessa...

INÊS Muito obrigada. (*senta-se*)

ISAÍAS Não há de quê. Se bem que eu não seja nenhum Matusalém, estou no caso de lhe dar conselhos. Ouça-me: quem me avisa meu amigo é; quem à boa árvore se chega boa sombra o cobre.

INÊS Mesmo por já estar no caso de me dar conselhos, é que o não quero para marido.

ISAÍAS Se eu fosse jovem, não me havia de aceitar, por estar no caso de os receber. Preso por ter cão e preso por não ter!...

INÊS Não desejo enviuvar de novo...

ISAÍAS Vaso ruim não quebra...

INÊS Desengane-se, senhor: não são os seus ditados que me hão de fazer mudar de resolução! (*passeia*) Oh!

ISAÍAS (*acompanhando-a*) Talvez façam, talvez!... Devagar se vai ao longe... Muito tolo é quem se cansa... (*Inês volta-se, param defronte um do outro*) Menina, antes só do que mal acompanhado... Olhe que o pior cego é aquele que não quer ver...

INÊS (*à parte*) Vou pregar-lhe uma peta.[11] (*alto*) Mas se me faltasse este noivo, outros rapazes há que me têm feito pé-de-alferes.[12]

ISAÍAS Águas passadas não movem moinhos!

INÊS E entre eles...

ISAÍAS O passado, passado!

INÊS Não me interrompa!... E entre eles há um ricaço que em outro tempo...

ISAÍAS O tempo que vai não volta!

INÊS Não me interrompa, já disse! E entre eles há um ricaço que noutro tempo se esqueceu da promessa...

ISAÍAS O prometido é devido!

INÊS Ai, mau!... se esqueceu da promessa que me havia feito; mas que está outra vez pelo beicinho...

ISAÍAS Cesteiro que faz um cesto faz um cento... (*movimento de Inês; com força*) Se tiver verga e tempo! E quem é esse... ricaço?

INÊS É segredo.

ISAÍAS Segredo em boca de mulher é manteiga em nariz... (*a um gesto de Inês*) de homem! Mas faz bem, faz bem: o segredo é a alma do negócio...

INÊS O senhor tem na cabeça um moinho de adágios! Passa!...

ISAÍAS O que abunda não prejudica.

INÊS Bem! Para maçadas basta. Mude-se!

ISAÍAS Os incomodados é que se mudam.

INÊS Mas eu estou em minha casa, senhor!

ISAÍAS Descobriu mel de pau![13]

INÊS Irra! Que homem sem-vergonha!

ISAÍAS (*examinando cinicamente a costura*) Quem não tem vergonha todo o mundo é seu.

INÊS Se o meu noivo o visse aqui! Ele, que jurou dar cabo do primeiro rival que...

ISAÍAS Cão que ladra não morde... E eu sou homem!... tenho força... E contra a força não há resistência!...

INÊS (*irônica*) Ora, por quem é, não faça mal ao pobre moço, sim?

ISAÍAS Faço!... Quem o seu inimigo poupa às mãos lhe morre. Julga que não estou falando sério? Uma coisa é ver e outra...

INÊS (*no mesmo*) Ora não faça tal.

ISAÍAS Faço! isto tão certo como dois e três serem cinco. São favas contadas. Quem não quiser ser lobo não lhe vista a pele!

INÊS Mas sabe que ele é valente?

ISAÍAS Também eu sou! Cá e lá más fadas há! Duro com duro não faz bom muro, e dois bicudos não se beijam!

INÊS Ponha-se ao fresco, preciso sair; tenho que fazer lá fora.

ISAÍAS E eu tenho que fazer cá dentro. Um dia bom mete-se em casa. (*pausa*) Olhe, senhora, olhe bem para mim, acha-me feio: não acha?

INÊS Ai, ai, ai!...

ISAÍAS Eu também acho, e feliz é o doente que se conhece. Mas muitas vezes as aparências enganam e o hábito não faz o monge. Experimente e verá. (*suplicante*) Case comigo.

INÊS Gentes!

ISAÍAS Ah! se fôssemos casadinhos, outro galo cantaria! Por exemplo: em vez de sair agora à rua, com este sol de matar passarinho, mandava-me a mim, ao seu maridinho...

INÊS (*arremedando-o*) Ao seu maridinho... (*à parte*) Oh! que ideia! Vou me ver livre dele. (*alto*) Então, sem sermos casados, não pode prestar-me um pequeno serviço?

ISAÍAS Conforme o serviço: ponha os pontos nos is.

INÊS Se me fosse comprar três metros de escumilha.[14] Olhe... aqui tem a amostra... No armarinho do Godinho... Sabe onde é?

ISAÍAS Sei; mas quando não soubesse? Quem tem boca vai a Roma.

INÊS Está contrariado?

ISAÍAS O que vai por gosto regala a vida.

INÊS Tome o dinheiro.

ISAÍAS Nada... não é preciso... (*vai saindo e estaca*) Diabo! não me lembra um ditado a propósito! (*sai*)

Cena IV

Inês.

INÊS Estás bem aviado... Quando voltares, hás de achar a porta fechada. Safa! que maçador! Agora, tratemos de sair: são mais que horas. (*aparece à porta um carteiro*)

Cena V

Inês e o carteiro.

O CARTEIRO Boa tarde, minha senhora.

INÊS Boa tarde. O que deseja?

O CARTEIRO Aqui tem esta carta... é da caixa urbana...[15]

INÊS Uma carta? (*recebendo a carta, para si mesma*) De quem será? (*ao carteiro*) Obrigada.

O CARTEIRO Não há de quê, minha senhora. Passe muito bem!

INÊS Adeus. (*o carteiro sai*)

Cena VI

Inês.

INÊS Ah! a letra é de Filipe. Faz bem em escrever-me, o ingrato! Há doze dias que nos não vemos... (*abre a carte e lê. Jogo de fisionomia*) "Inês. Peço-te perdão por ter dado causa a que perdesses comigo o teu tempo. Ofereceram-me um casamento vantajoso, e não soube recusar. Ainda uma vez perdão! Falta-me o ânimo para dizer-te mais alguma coisa. Dentro em uma semana estarei casado. Esquece-te de mim — Filipe." (*declamando*) Será possível! Oh! meu Deus! (*relendo*) Sim... cá está... é a sua letra... (*depois de ter ficado pensativa um momento*) Ora, adeus! Eu também não gostava dele lá essas coisas... Digo mais, antes o Isaías; é mais velho, mais sensato, tem dinheiro a render, e Filipe acaba de me provar que o dinheiro é tudo nestes tempos. Espero aqui o Isaías com o meu "sim" perfeitamente engatilhado! Oh! o dinheiro...

Recitativo[16]

Louro dinheiro, soberano esplêndido,
Força, Direito, Rei dos reis, Razão.
Que ao trono teu auriluzente e fúlgido
Meus pobres hinos proclamar-te vão.

Do teu poder universal, enérgico,
Ninguém se atreve a duvidar! Ninguém!
Rígida mola desta imensa máquina,
Fácil conduto para o eterno bem!

Aos teus acenos, Deus antigo e déspota,
Aos teus acenos, Deus moderno e bom,
Caem virtudes e se exaltam vícios!
Todos te almejam, precioso dom!

Inda hás de ser o derradeiro ídolo,
Inda hás de ser a só religião,
Louro dinheiro, soberano esplêndido,
Força, Direito, Rei dos reis, Razão!...

Cena VII

Inês e Isaías.

ISAÍAS (*entrando*) Quem canta seus males espanta.

INÊS Já de volta! O senhor foi a correr!

ISAÍAS Nada! quem corre cansa. Encontrei outro armarinho mais perto...

INÊS (*tomando a fazenda*) Muito obrigada. Quanto custou?

ISAÍAS Um pau por um olho.[17] Mil e duzentos o metro...

INÊS Pois olhe: o outro vende mais barato.

ISAÍAS O barato sai caro, e mais vale um gosto do que quatro vinténs.

INÊS Regateou?

ISAÍAS Regatear![18] Para quê? Mais tem Deus para dar do que o diabo para tomar.

INÊS Já vejo que é tão pródigo de dinheiro como de anexins!

ISAÍAS Da pataca do sovina o diabo tem três tostões e dez réis. Poupado sim, sovina não. Eu cá sou assim! Nem tanto ao mar nem tanto à terra. Tenho um só defeito: quero casar-me. Cada louco com sua mania.

Canto

Hei sido um gato sapato;
Preciso do casamento!
O maldito celibato
Não é viver, é tormento.

Quero honesta rapariga
Entre as belas procurar,
Muito embora o mundo diga:
Quem já andou não tem pra andar...

A existência de casado
Talvez venturas me traga,
Se diz verdade o ditado:
Amor com amor se paga.

Se eu for constante e fervente,
Ela tudo isso será;
Se eu amá-la eternamente,
Ela também me amará!

Eu escravo e a esposa escrava,
Viveremos sem desgosto;
Uma mão a outra lava
E ambas lavam o rosto!...

Faço-lhe pela milésima vez o meu pedido. Nem todos os dias há carne gorda. A senhora falou-me em um apaixonado. Por onde andará ele? Eu estou aqui, e mais vale um pássaro na mão do que dois a voar.

INÊS (*à parte*) Levemos a coisa com jeito. (*alto*) O senhor... (*com uma ideia*) Ah!
ISAÍAS Oh!
INÊS Já viu representar *As pragas do capitão*?[19]
ISAÍAS Não, senhora. De pragas ando eu farto.
INÊS Era um militar que praguejava muito. A senhora que ele amava deu-lhe a mão de esposa, mas depois de estabelecer-lhe a condição de não praguejar durante meia hora.
ISAÍAS Falo em alhos, e a senhora responde com bugalhos!
INÊS Já lá vamos aos alhos: aceito a sua proposta.
ISAÍAS (*impetuosamente*) Aceita?
INÊS Sim, senhor.
ISAÍAS (*incrédulo*) Qual! Quando a esmola é muita, o pobre desconfia...
INÊS Mas imponho também a minha condição...
ISAÍAS Imponha: manda quem pode.
INÊS Se conseguir levar meia hora sem...
ISAÍAS Sem praguejar?...
INÊS Não! Sem dizer um anexim! Se o conseguir, é sua a minha mão.

ISAÍAS Deveras?

INÊS (*sentando-se*) Deveras.

ISAÍAS Mas eu posso estar calado?

INÊS Como assim?! Era o que faltava! Há de falar pelos cotovelos!

ISAÍAS Isso é um pouco difícil: o costume faz lei...

INÊS Ai, que escapou-lhe um!

ISAÍAS Pois o que quer? a continuação do cachimbo...

INÊS Faz a boca torta, já duas vezes.

ISAÍAS Nas três o diabo as fez.

INÊS Ai, ai, ai! Vamos muito mal!

ISAÍAS Mas não tínhamos ainda entrado em campo... Aqueles foram ditos de propósito. Agora sim! Agora é que são elas!

INÊS Outro!

ISAÍAS Protesto! "Agora é que são elas" nunca foi anexim. A César o que é de César!

INÊS O senhor vai perder... Olhe: são duas horas. (*aponta para um relógio que deve estar sobre a mesa*) Aceita o desafio? (*pausa*) Bem. Quem cala consente...

ISAÍAS Ah! agora é a senhora quem os diz! Virou-se o feitiço contra o feiticeiro...

INÊS Ai, ai!

ISAÍAS Foi engano.

INÊS Dos enganos comem os escrivães. (*pausa*) Então? Diga alguma coisa...

ISAÍAS O que hei de dizer... senão... que gosto muito da senhora... e...

INÊS Pois diga: vai tantas vezes o cântaro à fonte, que lá fica.

ISAÍAS Não me provoque, senhora, não me provoque!

INÊS Cada qual puxa a brasa para sua sardinha...

ISAÍAS (*agitado*) Brasa! sardinha! Oh! que suplício!

INÊS O que tem o senhor?

ISAÍAS Nada... não tenho nada... é que esta proibição

me incomoda... Este maldito costume... parece que não estou em mim...

INÊS Sabe o que mais?

ISAÍAS Vou saber.

INÊS Diga o que quiser! Abra a torneira dos anexins, ditados, rifões, sentenças, adágios e provérbios... Fale, fale para aí!

ISAÍAS E a condição?

INÊS Caducou. (*dando-lhe a mão*) Aqui tem: sou sua.

ISAÍAS (*contente*) Minha! (*em outro tom*) E os outros?

INÊS Não existem, nunca existiram!

ISAÍAS Pois estou acordado? Se estiver dormindo, deixa-me estar: não me acordes.

INÊS Está bem acordado.

ISAÍAS Estou?! (*pulando de contente*) Então viva Deus! Viva o prazer! ... Trá lá lá rá lá! (*quer abraçá-la*)

INÊS (*gritando*) Alto lá! Mais amor e menor confiança!

ISAÍAS É que o rato que nunca comeu mel quando come... (*outro tom*) Pode-se dizer este ditadozinho?...

INÊS Quantos quiser!

ISAÍAS (*concluindo*) ...se lambuza! (*tomando lhe as mãos*) E tu? amas-me, meu bem?

INÊS Sossegue: o amor virá depois. Seja bom marido e deixe o barco andar!

ISAÍAS Apoiado. Roma não se fez num dia!

INÊS E tenha sempre muita fé nos seus anexins.

ISAÍAS É verdade: o que tem de ser tem muita força. O homem põe... e a mulher dispõe!...

INÊS Basta! Despeça-se destes senhores, e vá tratar dos papéis...

ISAÍAS Quem tem boca não manda... cantar. Mas, enfim... (*ao público*)

Copla final

Antes que daqui nos vamos,

Inês vos dirá quais são
Os votos que alimentamos
No fundo do coração.

INÊS
Os votos que neste instante
Fazemos nestes confins
(*deita a mão sobre o coração*)
É que nos ameis bastante
Embora por anexins.

AMBOS
Muitas palmas esperamos
De vós:
Metade para o autor, metade para nós.

Cai o pano.

NOTAS

1 Do árabe *na-naxid*, significa elevação da voz, canto, poema que se recita nas assembleias, trecho de declamação, hino (e, por extensão, ditados e provérbios).

2 A palavra, em sua acepção original, refere-se ao lapso de tempo entre os atos durante o qual o jogo é interrompido e o público deixa provisoriamente a sala de espetáculo. O autor, no entanto, usa o termo como sinônimo de "entremez", que significa peça curta cômica, apresentada no decorrer de uma festa ou entre os atos de uma tragédia ou de uma comédia, na qual são protagonistas, sobretudo, as personagens populares.

3 Parte frontal do palco, próxima ao público.

4 Do francês *couplets*: composições em versos destinadas a ser musicadas e cantadas.

5 Quem se veste mal, de uma forma antiquada.

6 Linhas de um papel pautado.

7 Regionalismo português: em maus lençóis.
8 Provérbio português que significa: quem persiste atinge seus objetivos.
9 Apaixonado.
10 Vaso, geralmente com asas, para tirar líquido de um recipiente maior.
11 Contar uma mentira.
12 Elogios, galanteios.
13 O mel que certas abelhas depositam em ocos de troncos de árvores. Significa o mesmo que "inventar a roda".
14 Antigo tecido muito fino e transparente, de lã ou de seda.
15 Caixa de coleta de correspondência localizada em via pública ou em repartição governamental situada dentro do perímetro urbano, ou seja, no centro da cidade e cercanias. O fato de a carta vir da caixa urbana indica que seu remetente é alguém que reside na mesma cidade, no caso, o Rio de Janeiro.
16 Poesia ou prosa declamada com ou sem acompanhamento musical.
17 Uma pechincha.
18 Barganhar.
19 *As pragas do capitão,* peça de José Carlos dos Santos (1833-86), autor e ator português.

JOSÉ JOAQUIM DE CAMPOS LEÃO
(QORPO-SANTO)[1]

Um credor da fazenda nacional[2]

PERSONAGENS

Credor (Qorpo-Santo)
Porteiro
Um major
Um contínuo
Empregados da repartição
Outro credor
Leopoldino (contador)
Chefe de seção
Senhor Barbosa

Ato primeiro

UM CREDOR (*entrando em uma repartição pública; para o porteiro*) Está o senhor inspetor?
PORTEIRO Está; mas não se lhe pode agora falar.
CREDOR Por quê?
PORTEIRO Está muito ocupado!
CREDOR Em quê?
PORTEIRO Tem gente aí com ele.
CREDOR Quem é?
PORTEIRO Um major!
CREDOR Irá demorar-se muito?
PORTEIRO Ignoro.
CREDOR Pois diga-lhe que lhe quero falar!
PORTEIRO Não posso ir lá agora.
CREDOR Quantas horas estarei eu aqui à espera que o senhor major saia para que eu entre! (*passeia*)

O major, saindo e encontrando-se com o credor.

CREDOR (*para o major*) Oh! O senhor por aqui! Julgava-o quem sabe onde! Disseram-me que tinha ido para Rio Pardo há dias!
MAJOR Tenho tido aqui numerosos afazeres, por isso não sei quando irei.
CREDOR Fique certo que sinto o mais vivo prazer em vê-lo no gozo da mais perfeita saúde.

MAJOR Onde é aqui a tesouraria?

CREDOR Na tesouraria estamos; mas o tesoureiro está lá embaixo.

PORTEIRO Lá não; lá está o pagador!

CREDOR Ah! Então é cá em cima; porém nos fundos; creio que na última sala.

MAJOR Então, para lá vou. (*segue*)

CREDOR Agora entro eu. (*dirigindo-se à repartição*)

PORTEIRO Está lá o senhor Leopoldino, contador!

CREDOR É célebre! Então, vou à seção respectiva saber se foi informado o meu requerimento! (*caminha e entra*)

PORTEIRO Que diabo de homem este! Tem vindo mais de um cento de vezes à repartição... se há de...

CONTÍNUO Faz ele muito bem vir cá! Deve-se-lhe, por que não se lhe há de pagar?

PORTEIRO Homem; isso é verdade! Qual a razão por que esta repartição há de paliar[3] meses e anos!? Custa a crer a retardação de pagamento, ou a preguinha, segundo dizem alguns empregados!

CONTÍNUO O caso é que ele tem procedido sempre com a maior prudência!

PORTEIRO Isso é verdade. Mas quantos terão sofrido pela falta de cumprimento de deveres de alguns funcionários públicos?

CONTÍNUO É verdade! Tem havido tantos males, que os enumerar talvez fosse impossível.

PORTEIRO Mas tu sabes o que os empregados querem? Talvez não saibas. Pois eu te digo: 1º) acabar com a Monarquia Constitucional e Representativa; 2º) pôr termo às repartições públicas, isto é, acabarem com todas estas imposturas; 3º) mudar a forma de governo para República; 4º) fazerem uma liga entre todos que...

CONTÍNUO (*pondo as mãos na cabeça e puxando as orelhas*) Estás louco, homem! De onde vieram-te esses pensamentos!? Se não mudas de modo de pensar, vais parar à Caridade.

PORTEIRO Ali! Tu não ouves!? És surdo! Não vês. Tens olhos e não enxergas! Ouvidos e não ouves! Só falas! Tu verás a revolução que em breve se há de operar! Olha, eu estou vendo o dia em que entra por aqui uma força armada, vai aos cofres e rouba quanto neles se acha. Acende um facho e lança fogo em tudo quanto é papéis.

CONTÍNUO (*a correr*) Ih! Ih! Ih! Parece que já estou ouvindo o tinir das espadas! A voz do canhão troar. Deus meu! Acudi-me! Ai! Que eu morro! (*cai sentado*) Ai! Ai! Estou cansado! Fatigado! Quase... Meu Deus! Quantas mortes vos aprazerá ainda fazer!? Quando vos compadecereis de vossos entes ainda que maus!? Quando se aplacará a vossa ira!? Quando se saciará a vossa vingança! Céus! Que vejo! (*como amparando com as mãos, pondo o corpo de lado, ao ouvir o som da trovoada que em cima se faz*) Ali!...

PORTEIRO (*querendo acudi-lo*) Não é nada, companheiro e amigo! São os primeiros preparativos para a estralada[4] que logo mais terá de ver e ouvir. Tranquiliza o teu coração. Ainda não desceram raios, fogo e tudo o mais que se há preparado para a grande revolução! Começará de cima e descerá à Terra, como a saraiva[5] em certos dias chuvosos.

Ouve-se nova trovoada; relâmpagos.

CONTÍNUO (*melhorando um pouco e levantando-se*) Acho-me um pouco mais animado! Parece-me que isto não é comigo. Que dizes? Hein? (*batendo no ombro do porteiro*) Que diabo, pois eu nada fiz, o que devo temer!? Sou muito pusilânime.

PORTEIRO Tu sempre fostes um poltrão,[6] de tudo te assustas, de tudo tens medo! Diabo! (*empurra-o*) Toma juízo! Deixa-te de...

CONTÍNUO Ora, ora! E não entendo o que é ter juízo pelo que vejo e pelo que ouço. Vivo em minha casa.

Trabalho incessantemente em proveito meu e da minha família. Não ofendo pessoa alguma! Sucede-me isto! Dizei-me: o que é ter juízo?

PORTEIRO Ter juízo é cometer... e... Ai! Ai! (*pondo as mãos no rosto*) Que também estou ficando doente!

CREDOR (*voltando*) Ainda hoje não recebo dinheiro! Prometeu-me um empregado, e a mais um indivíduo que espera... Como de... (*sai*) Veremos se se pode receber segunda-feira!

UM DOS EMPREGADOS Por que razão não se há de pagar a este homem!?

OUTRO Eu sei disso!?

CREDOR (*voltando*) Não tenho melhor resolução a tomar que a de sentar-me em uma das cadeiras desta repartição e nela esperar até que se me pague.

CERTO INDIVÍDUO Então, por quê?

CREDOR Ora, por quê!? Porque não dou um passo que não encontre um que não me peça o aluguel da casa. Outro que não me peça... que não me fale!...

O INDIVÍDUO Tudo isso é bom!

CREDOR É, é, para certos indivíduos; para mim é péssimo! Nunca gostei de ser atacado em casa, quanto mais pelas ruas da cidade! Todos os que compelem a honra, ou aos que desejam viver com seriedade — a essas cenas —, deveriam em minha opinião ficar condenados a idênticos, ou a outros procederes piores, contrários à sua vontade, ou desejos.

O INDIVÍDUO (*com a mão querendo fazer uma cruz*) *Resquié d'impace! Resquié d'impassere.*[7] Amém! Amém! N'amém! N'amém! (*saindo*) E vou-me embora e vou-me embora! (*sai*)

Ato segundo

Salão em que trabalham diversas seções.

CREDOR (*entrando*) É a vigésima... não me lembro se quinta ou sétima vez que venho a esta casa haver aluguéis de casa! E talvez ainda hoje saia sem dinheiro! (*à parte*) Mas eles hão de se arranjar! (*a um dos empregados, o contador*) Vossa Senhoria faz-me o obséquio de dizer se está despachado o conteúdo, ou quer que seja, quanto a um requerimento que aqui tenho?

CONTADOR Será... (*lendo*) Castro... Car... Cirilo, Dilermando!?

CREDOR Não! É um requerimento meu, assinado: José Joaquim de Campos Leão, Qorpo-Santo.

CONTADOR Ah! Esse está no chefe da quarta seção.

CREDOR Bem, então lá irei. (*dirigindo-se ao chefe*) Faz-me o obséquio de dizer se já está despachado um requerimento que aqui tenho?

CHEFE (*apontando*) Fale ali com o senhor Barbosa.

CREDOR (*dirigindo-se a este*) Ainda não encontrou o que procurava a meu respeito?

BARBOSA Ainda não! Há aqui tantos papéis!

CREDOR Ora, com efeito! Pois tanto custa ver um ofício da presidência ou ver o assentamento que em virtude desse ofício deve existir no livro competente? Isto é, no mesmo em que se acham debitados tais aluguéis!? (*senta-se*)

CHEFE Vossa excelência, não adianta nada em esperar aqui! Antes atrasa o serviço para conseguir o que quer; deixe estar que se está trabalhando!

CREDOR Eu nem venho interromper, nem venho adiantar! Mas apenas saber! Parece-me coisa tão simples, tão fácil...

BARBOSA São três ofícios da presidência que o senhor inspetor quer ver! Não é um só.

CREDOR Senhores, eu já sei o que hei de fazer, o que os senhores querem! Voltarei em tempo! (*ao sair, encontra-se com outro*)

OUTRO CREDOR O senhor gosta...

CREDOR Está enganado!

OUTRO CREDOR Então, não!? (*dá-lhe uma caixa de fósforos*)

CREDOR Estou doente; e assim fico todas as vezes que venho a esta casa e dela saio sem dinheiro!

OUTRO CREDOR Então, fico eu pelo senhor! (*o credor sai; e o outro entra*)

OUTRO CREDOR Muito custa esta casa pagar a quem deve! Faz-se uma dúzia de requerimentos para se obter um despacho! Cada requerimento leva outra dúzia de informações! O despacho definitivo obtém-se por milagre! E a paga ou dinheiro que a alguém se deve — quase à força, ou pela força!

UM DOS EMPREGADOS (*para esse indivíduo*) Com efeito! O senhor é audaz demais!

O OUTRO Não! Não é por audácia! E apenas referir o que se passa... o que é verídico!

EMPREGADO Sim; mas nós não temos culpa!

OUTRO CREDOR Nem eu inculpo a alguém! Mas receio, senhores, que os numerosos incômodos que tenho sofrido pelo procedimento que esta repartição para comigo vai tendo, os vexames, as faltas, as privações e até as enfermidades que me tem causado, e numerosos outros transtornos, farão de repente com que se espalhe fogo nestes papéis e tudo se incendeie. (*toca uma caixa de fósforos numa mesa; esta se incendeia; ele a atira para as mesas de um dos lados; faz o mesmo à outra e atira para outro lado; enquanto os empregados trabalham para apagar o fogo em alguns papéis que começam a incendiar-se, ele sai*)

Já se vê que há descomposturas, repreensões, atropelamento, carreiras em busca d'água, ligeireza para se apagar, aparecimento de alguns outros empregados ao ouvirem o grito de fogo etc. Pode acabar assim; ou com a cena da entrada do inspetor, repreendendo a todos pelo mal que cumprem seus deveres; e terminando por atirarem com livros e penas, atracações e descomposturas etc.

OBRA FINALIZADA EM PORTO ALEGRE, DE 26 A 27 DE MAIO DE 1866.

NOTAS

1 O autor mudou a grafia de seu nome para colocá-la de acordo com a reforma ortográfica que propunha para a língua portuguesa. Além disso, o termo "qorpo-santo" remete a um episódio biográfico que ele relata na sua *Ensiqlopèdia ou seis meses de huma enfermidade*, volume 2 (pensamentos e poemas), p. 16: "Se a palavra Corpo Santo foi-me infiltrada em tempo que vivi completamente separado do mundo das mulheres, posteriormente pelo uzo da mesma palavra hei sido impellido para esse mundo".

2 Ministério da Fazenda na época do II Império, então chamada Secretaria de Estado dos Negócios da Fazenda.

3 Protelar, fazer delongas.

4 Rebelião, como sinônimo de barulho.

5 Granizo.

6 Covarde.
7 Variações um tanto bizarras da expressão latina *Resquiascat in pace* ("Descanse em paz").

JOSÉ JOAQUIM DE CAMPOS LEÃO
(QORPO-SANTO)

O marinheiro escritor

COMÉDIA EM DOIS ATOS

PERSONAGENS[1]

Rapivalho
Malhada
Quinquinata
Mário
Manuel
Joanicota (mulher de Mário)
Vizinha
Isolino
Enciclopédio
Diamante (menina de 5 anos)
Formosíssima (menina de 4 anos)
Sapientíssima
Capivara (mulher de Enciclopédio)
Miguelítico
Marquinfálio
Findinga (criada)
Mitra
Lamúria
Lávio
Tito
Celso
Leão
Secretário da Presidência
Inspetor da Tesouraria
Chefe de Polícia
Capitão
Presidente da Província
Alcaide
Juiz
Escrivão

Ato primeiro

RAPIVALHO (*refletindo*) Preciso bem comprar uma carteira;[2] não tenho tomado certos apontamentos, cujos agora estou esquecido, e isto não convém por certo a um escritor da minha altura!... Mas deixem estar (*passeando*) que não me hei de esquecer: logo que venda as minhas abóboras e batatas e que a minha Joanitiquitoca arranje alguns cobres com as suas quitanditinhas, eu hei de comprar para tomar notas de todos os fatos mais importantes que ocorrem e eu sei, vejo ou adivinho. Deixa estar; não me hei de esquecer! Tenho uma memória de anjo, uma reminiscência tal, que talvez não haja igual. Prometo e pretendo cumprir o que acabo de expor, de afirmar, de assegurar etc. etc. e etc.

MALHADA (*na porta dos fundos*) Se o senhor não escritasse, ah!, não o enrolavam!...

RAPIVALHO Sempre as senhoras (*virando o rosto para os fundos*), parece que pensam que eu sou massas! Enroladas ficarão as senhoras, e quantos pretenderem enrolar-me. Hei de fazer de cada um um rolo, ou rola, ou rala! Ouviu, minha senhora?

QUINQUINATA (*entrando*) Viva, senhor doutor!

RAPIVALHO Senhora, já lhe disse mais de trinta mil vezes que eu não me chamo doutor; mas sim Rapivalho... Ouviu, minha senhora?

QUINQUINATA Venho tomar-lhe contas; e foi ironicamente que lhe dei tão honroso título. O senhor já se esqueceu de que é meu hortelão?[3] E que fugiu levando dois meses adiantados de seus salários!?

RAPIVALHO (*pondo as mãos na cabeça*) Meu Deus! Estou perdido! Estas mulheres me matam! Eu queria ver se passava por escritor... e elas rasgaram-me o capote desde a gola até a barra! Estou, estou perdidíssimo. (*para elas*) Senhoras! Vão-se embora! Saiam daqui, desapareçam da minha presença! As senhoras mentem; e com suas mentiras me prejudicam. Eu nunca as vi, que mulheres impertinentes!

QUINQUINATA (*para Malhada*) Olhem, olhem que impostor! Que figura! E que peça, mana, é o tal sujeito querendo fazer-se desconhecido de nós?! Ah! Ah! Ah!

RAPIVALHO (*caminhando e movendo-se qual marinheiro; à parte*) E que tal estas mulheres? Querem me crucificar como a um santo!...

MALHADA Olha, mana, ele quer ficar louco. Tu vês? Parece um marinheiro bêbado! Ora, ora, coitado. Vamos dar-lhe um cristel?[4]

QUINQUINATA Vamos; saiamos!

Entram rapidamente num quarto e voltam com uma seringa; metem-na no nariz dele. Ele faz mil trejeitos e caretas.

MALHADA Tome este cheiro, senhor Rapivalho, que é de lã queimada, como se costuma aplicar aos cavalos arreganhados![5] Talvez sare.

RAPIVALHO Cachorras! Tratarem-me de cavalo! Hei de pô-las em tronco de laço, como se faz com os bois para amansar. (*apontando para elas e falando para a plateia*)[6] Que lhes parecem as sujeitinhas!? São bem amáveis! Hão de ser recompensadas.

MÁRIO (*entrando*) Que é isto?! Que fazem aqui as senhoras e o senhor!?

ELAS O senhor é bem atrevido! Que se importa (*com indiferença e desprezo*) com o que nós fazemos!? Somos suas criadas? Seria melhor que fosse ouvir missa! E bem audaz!

MÁRIO (*também com indiferença e desprezo*) Quem são as senhoras para expressarem-se deste modo? O que são? O que foram? O que hão de ser? Estas mulheres não têm juízo, precisam bem de uma ajuda de sal e pimenta!

MALHADA Fujamos, mana, fujamos deste extravagante! Este homem é a oitava maravilha do mundo ou do inferno em audácia. (*trançam os braços e saem*)

RAPIVALHO (*como um bêbado*) Estou fatigadíssimo! Doente e não sei que mais. Estou (*fazendo muitas caretas e esfregando as pernas*) atacado de reumatismo, e... estas senhoras, estas mulheres me puseram... sim, puseram-me ainda pior. São piores que cobras! Envenenaram-me com suas palavras, com seu olhar e com sua voz... Estou como se tivesse tomado um copo de cicuta. Talvez Sócrates, ao tomar o seu, não ficasse qual eu me acho neste momento! (*vai desfalecendo e cai*)

MANUEL (*entrando pé ante pé*) Um morto... um defunto... Quem será, coitado! Está caído... está... pobrezinho... que infeliz! Como o veneno daquelas duas cobras cascavéis o puseram! Suas faces estão negras! Seus olhos gotejam sangue, sua boca espuma! (*olhando para as pernas*) E ainda mais com as pernas inchadas!

RAPIVALHO (*o "defunto" pouco a pouco se levantando e, de repente, dando dois saltos, põe-se em pé*) Pensavas que eu tinha morrido, não!? Ainda estou vivo! (*dá dois saltos, ameaça Manuel com os dedos e cai assentado*)

Mário, ao levantar-se o defunto, espanta-se, quer correr, não pode; treme e fica com os olhos arregalados, curvado e cheio de espanto, olhando para o defunto vivo por mais de cinco minutos.[7]

JOANICOTA (*mulher de Mário, entrando*) Oh! Ai!

Também cai desfalecida e desce o pano. Ouve-se um grande barulho no cenário, gritos, vozerias, barulho no soalho por mais de cinco minutos; ergue-se repentinamente este e aparecem algumas figuras de homens e mulheres.

RAPIVALHO (*para Mário*) Acabei, amigo, de voltar do mais profundo sono ou sonho. Estive ou pensei estar morto por mais de um quarto de hora. Vi-me nesses mundos em que só habitam deuses! Vi-me nesses lagos em que só se banham ninfas; nesses céus em que só se sentem gozos!

MANUEL E a mim (*batendo-lhe no ombro*) sucedeu o mesmo: vi-me também nesses mundos em que só habitam feras, nesses lagos em que só vivem demônios e nesses infernos em que só se sentem dores!

JOANICOTA Eu que pensava também ter morrido, agora reconheço que estava em vida, morta; e que, depois de tal morte, me acho agora viva! (*dança, toca castanholas e canta*) Estou tão bonitinha por dentro e por fora, como uma anjinha. (*para os indivíduos*) Que dizem os senhores!? Acham ou não acham!? (*para e cruza os braços*)

VIZINHA (*entrando e fazendo grandes cortesias, abrindo os vestidos e dando passos, ora para trás, ora para os lados, saltos, pulinhos etc.*) Bravos! Bravos! Bravíssimo! Minha querida amiga, não a julgava tão adiantada! Olhe, eu (*dançando também*) sei também alguma coisa! Não? Agrada-lhe? Acha bem-feita esta pirueta? Já vês que não perdi o tempo!

JOANICOTA Pois não! A senhora é a rainha das dançarinas. É a nomprozulta[8] dos bailes! E o encanto dos moços e muitas vezes até o entretenimento dos velhos! (*pegando as mãos da outra*) Dancemos juntas, minha bela amiga! Dancemos! Dancemos! (*dão alguns saltos e sentam-se*)

MÁRIO Estou muito rico, muito feliz. Tenho uma mulher que, para sustentar-me, e toda a nossa família, bastava apresentar-se em público e dançar! Diga-me, minha senhora, vossa senhoria deixou hoje os seus meninos entregues a seu marido para fazer este passeio!?

VIZINHA Essa pergunta não tem resposta! Pois eu havia de deixar meus filhos entregues a meu marido!?

MÁRIO Pois a senhora admira-se? (*à parte*) É porque lhe dei senhoria... há tantas que confessam fazerem isso... quando querem ir aos bailes, ao teatro, aos passeios públicos e onde mais lhes apraz, deixam em casa os maridos, quais ótimos criados, e safam-se!

VIZINHA Mas eu não sou dessas!

MÁRIO Mas não deve fazer tão grande admiração. Como é a sua graça, minha senhora?

VIZINHA Chamo-me... Para que o senhor quer saber?

MÁRIO Para me entreter, digníssima!

VIZINHA Pois fique sabendo que eu não posso servi-lhe de entretimento! (*levanta-se, apertando a mão da amiga, abraçando-a e beijando-a*) Adeus, minha cara amiga; até logo; eu não posso aturar mais seu marido!

JOANICOTA Pois já vai? Espere, não vá ainda, olhe!

MÁRIO Tu sabes ou queres saber de uma coisa? É de julgar que não. Eu digo-te: é que as mulheres todas... concebi este pensamento, são minhas filhas!

JOANICOTA Tens lembranças, meu caro Mário, que parecem esquecimentos da minha trisavó!

MÁRIO És muito graciosa, nem por isso... E, se eu fosse padre, que dúvida haveria?!

JOANICOTA Nenhuma; mas também só nesse caso.

MÁRIO Pois fique sabendo que hoje sou, e não... (*com aspecto de convicção*) e não um simples padre, mas um padre universal!

JOANICOTA Se continuas com esses pensamentos, mando-te (*rindo-se*) pôr na Caridade!

MÁRIO És muito ignorante! Pois não sabes que Deus faz

hoje de um sapateiro um taberneiro; de um alfaiate um carpinteiro!? De um tambor um grão-doutor!?

JOANICOTA Bem digo eu que o senhor está enfermo!

MÁRIO E eu cada vez mais me convenço (*levantando-se muito bravo*) que a senhora é uma ignorantaça! Irra! A senhora dona Joanicota! A senhora, quer queira, quer não queira, há de ouvir-me, ao contrário hei de mostrar-lhe que isto (*pegando na calça*) é calça e não vestido!

JOANICOTA Não sei o senhor o que me parece. (*aproximando-se*) Venha um abraço, um beijo. (*abraça e beija*) Ah! Que doce é a face de meu velho! Que macio é o seu corpinho... (*à parte*) Ou as roupas, pois o corpo é pior que lixa. Agora ficamos bem, não é assim!? Ficamos, ficamos...

MÁRIO Tu (*pegando-a*) és forte e serás sempre o encanto da minha imaginação, o prazer de meus dias: a minha vida, finalmente. Vem, queridinha, vem a meus braços. (*abraça-a, beija-lhe, enfia-lhe o braço e passeia*)

VIZINHA (*voltando, muito alegre*) Boa tarde, comadre, como tem passado? E o nosso companheiro, não, o meu compadre Mário?

JOANICOTA (*voltando-se*) Perfeitamente. Minha cara amiga, temos passado o melhor que é possível.

VIZINHA Assim parece! Até os acho mais gordinhos. Não é isso, compadre?

MÁRIO (*furioso, largando o braço da mulher e investindo como um touro para a vizinha*) Já vem, já vem me incomodar? Ora, não faltava mais nada! E até acha-nos gordos. (*com espanto*) Que tal a nossa vizinha? Mas o que ainda a torna mais célebre é tratar-me, não tendo ela filho algum, nem parido este ano (*a barriga deve representar prenhez de nove meses*) de compadre!

VIZINHA (*amimando-lhe a barriga e pegando-lhe no braço*) Peço-lhe que não se zangue comigo, meu compadre; o senhor quer negar que foi comigo padrinho da criança da minha Calvintina?

MÁRIO Bem digo eu (*virando-se para um lado*). Qual Calvintina, senhora? Está fora de si. (*à parte*) Está no inferno esta mulher (*fazendo milhares de trejeitos*) e comeu com algum demônio... por isso é que é a segunda vez que me dói, como o Adolfo boticário, sementes em almofariz! Mas eu hei de fazer-lhe pior.

VIZINHA (*continuando a apalpar-lhe a barriga*) Meu compadre, ou meu amigo, se não quiser ser compadre, como também sou parteira, além de costureira, aviso-o que é necessário prevenir-se de enxoval, de óleo e do mais que se costuma usar em tais ocasiões para o seu bom sucesso! Não pode tardar. Não lhe dou quinze dias. (*tornando a apalpar*) Está a parir! Pode ser que nestes três dias tenhamos gente nova, e é homem!

MÁRIO (*empurrando-a*) Sai-te daqui, feiticeira! Este diabo (*dando algumas voltas, com os braços no ar*) é capaz de me fazer enlouquecer! Tem a audácia de dizer que estou prenho! (*à parte*) Mas quem sabe? (*em voz um tanto sumida*) Quem sabe se é verdade! Eu, porém, não me lembro. Eu sei (*mexendo nas calças*); parece, mas quem sabe! E certo que há oito ou nove meses seguramente que a senhora (*apontando para a mulher*) dona Joanicota me disse que estava desconfiada de que eu estava pejado![9] Mas é de crer que se enganasse. (*batem à porta*)

JOANICOTA Quem bate?

ISOLINO Eu, minha cara senhora.

JOANICOTA Queria alguma coisa?

ISOLINO Tudo, minha senhora! Primeiramente (*depois de sentar-se*), o amor intrínseco de vossa excelência; depois, o contrato de casamento para ser celebrado na igreja mais próxima desta cidade; terceiro, que me convenço profundamente de que me guardará eterna fidelidade! Quarto, que jamais me dará a menor ocasião de desgosto! Quinto, finalmente, condição imprescindível, que jamais vossa excelência dormirá em outra cama que não seja a em que eu dormir; por ser o fato contrário, o que as mais das vezes concorre para a separação em certas ocasiões e tempos, em outras se torna eterna ou quase eterna dos mal casados corações! Se, pois, agradam a vossa excelência como a mim estas condições, estes três dias seremos esposos, maridos, consortes, amigos e tudo o mais que pode concorrer para que nossos corpos fiquem eternamente ligados, como se veem no firmamento as fulgurantes e belíssimas estrelas!

JOANICOTA (*espantada*) Que é isto, senhor...!? Não sabe que sou casada aqui com o senhor Mário!?

ISOLINO Ah! Vossa excelência é casada aqui com o senhor Mário!? Eu não sabia, supus que era solteira viúva... Com quem está, é casada! E quando quer outro marido? Não está aborrecida, já, aqui, do senhor Mário?

JOANICOTA Não o julgava tão ousado, senhor! Nem sei como não me conhecendo teve a audácia de entrar nesta casa! (*para Mário*) E tu toleras, marido, que este audaz te insulte!?

MÁRIO Eu não sei o que ele diz, mulher! Parece-me até estar ébrio, se é que não é louco!

ISOLINO (*à parte*) Ébrio, ébrio de amor também é ser louco!

MÁRIO (*para Joanicota*) Pois tu não conheces este homem? Não te lembras que foi o teu primeiro namorado?!

JOANICOTA Nem pela imaginação me passava!

ISOLINO Estava enganado! Peço-lhe perdão; pensei que morava aqui a senhora com quem sonho há três dias, com quem vivo em pé, deitado, sentado etc. etc. etc.; mas já vejo que não é vossa excelência; e, por isso, retiro-me. (*pega o chapéu para sair, apareceu-lhe a vizinha; encontram-se; ficam estupefatos em frente um do outro; atirando-lhe os braços e recebendo dela igual atenção*) Minha querida! Minha amiga!

VIZINHA Meu anjo! Meu Deus! Encontramo-nos depois de tanto tempo de ausência!

ISOLINO (*pegando-a pela mão*) É verdade, minha querida, assim é! Assim foi! Viveremos, porém, agora eternamente um para o outro.

Dão todos as mãos e cantam

São logrados, são roubados
Os que não têm paciência;
Sofrem sempre n'algibeira
E inda mais se têm ciência!

Miles de trabalhos passam
Os que não têm paciência;
São roubados, são logrados
Por sua louca impertinência

Ato segundo

Cena I[10]

ENCICLOPÉDIO (*passeando, algum tanto apressadamente, e proferindo as seguintes palavras*) Quando terá esta cabeça um pensamento firme e invariável!? Por que razão hei de eu sair com a mais firme resolução agora e, passados alguns minutos, tomar uma resolução contrária?

DIAMANTE (*menina de cinco anos, entrando*) Papai, o jantar está na mesa.

ENCICLOPÉDIO Não, minha filha, não quero; diz à tua mãe que jante e que dê de jantar a vocês.

Entra outra.

FORMOSÍSSIMA (*menina de quatro anos*) Vamos, papai (*batendo-lhe na perna*), vamos; depois esfria, e o papai não pode comer; faz-lhe mal.

ENCICLOPÉDIO Não, meninas; não tenho vontade. Vão vocês jantar!

SAPIENTÍSSIMA (*menina de três anos, encostando as mãos nos portais de uma porta, balançando um pé e sorrindo-se*) Então, Formosíssima, o papai não vem? Então, vamos comer tudo!!

FORMOSÍSSIMA (*muito aflita*) Venha, papai; venha!

DIAMANTE Está bom. (*pegando a mão de Formosíssima e falando apressadamente e com desenvoltura*) Está bom. Formosíssima, o papai não quer vir, vamo-nos embora, vamos dizer à mamãe que ele não quer. Vamos, vamos (*para Sapientíssima*), vamos, Sapientíssima; o papai não quer.

FORMOSÍSSIMA (*para as irmãs*) Melhor para nós; ele não quer; agora vamos comer tudo.

SAPIENTÍSSIMA Então ele, pois não quer mesmo!? (*voltando-se*) Está bom, então (*muito desconsolada*), vamos. (*saem*)

CAPIVARA (*mulher de Enciclopédio, aproximando-se à porta e fazendo o mesmo que a filha menor, isto é, tocando as mãos nos portais*) Enciclopédio, o jantar está na mesa; vem! (*Enciclopédio fica em silêncio*) Vem ou não vem? Está bom; não responde; ainda não perdeu o costume antigo! (*sai*)

MIGUELÍTICO (*entrando, para Enciclopédio*) Amigo, como passa?

ENCICLOPÉDIO Bem; e o senhor, como vai?

MIGUELÍTICO Ora como hei de ir...; ora a chorar, ora a rir!

ENCICLOPÉDIO Não o entendo.

MIGUELÍTICO Eu me explico. Como sabe, sou viúvo de fato.

ENCICLOPÉDIO Isso é coisa que ninguém ignora; e por que não se casa?

MIGUELÍTICO Tenho procurado um cento de mulheres; outro de empregos, outro... de moedas; outro de... de...

ENCICLOPÉDIO Ah! Já sei: és em extremo acanhado; e por isso não achaste ainda uma que te agradasse; é certo que há milhares que te querem e talvez inúmeras que desejam desposar-te.

MIGUELÍTICO Não sei o que é: ora me alegro, ora me entristeço, ora sou filósofo, ora me fazem padre! Ora me torno bom, ora me sinto mau! É o diabo isto. É! É!

ENCICLOPÉDIO Não te entendo. Dizes que queres isto; apresento-te isto, e não te serves disto. Dizes que queres aquilo; dão-te aquilo, e não te gozas daquilo.

Dizes que queres aquele outro; metem-te nas mãos e não recebes aquele outro. És o diabo. És um homem incompreensível ou a volubilidade em ação.

MIGUELÍTICO Ora, eu te conto o que ainda hoje me sucedeu: saí de casa na firme resolução de ir tratar casamento com certa moça... já viúva e, segundo me consta, com alguma fortuna; subo as escadas, bato palmas, ouço falar; e, em vez de entrar pelas portas abertas, como de propósito à minha espera, demoro-me alguns minutos, e concebo o pensamento... Isto é, um ar, ar... se infiltrou na minha cabeça que me fez resolver não entrar. E que te parece, amigo!? Refleti bem; é este o quadragésimo fato idêntico que me sucede quando trato tal negócio! De modo que... (*com raiva*) hei de casar-me! Hei de casar-me!

ENCICLOPÉDIO Não sei o que te responda. Talvez fosse melhor te esqueceres disso, visto que ainda tens mulher viva e filhos... segundo me disseste.

MIGUELÍTICO Sim, mas que de nada me servem pela distância em que se acham; e mesmo porque perto, em vez de servir-me, só têm tratado de destruir-me. Mas continuemos. Faço em casa milhares de projetos, converso espiritualmente (somente em minha imaginação) com todas as mulheres de que gosto e que me podem servir de esposas e também com alguns homens; espero-as, saio, busco-as... e nada ou coisa alguma hei realizado! As convicções as mais profundas de ser bem aceito que se abrigam em meu coração em casa desaparecem as mais das vezes, ora vendo, ora ouvindo a quem procuro! É extraordinário; é coisa tão rara como a descida de uma estrela sobre a Terra! Entretanto, não pouco e quase sempre isto me incomoda. Não sei como se abre esta minha cabeça, que está sempre pronta a tudo receber... Quisera vê-la fechada com um só pensamento, firme em uma só resolução, e não me tem sido possível. Ora a causa é moral, ora a razão é física. Quanto à segunda, porém, parece-me fraca, pois o que não se pode fazer hoje, faz-se amanhã; e quantas vezes com superioríssimas vantagens!

ENCICLOPÉDIO Basta, amigo! Já sei; hás de conseguir tudo o que desejas; não te aflijas, que é pior; não te incomodes, ouves? Tudo se há de arranjar. Hás de viver muito contente e satisfeito. Por que não tens tu feito com certas notabilidades que conheço!?

MIGUELÍTICO O que têm feito elas, pergunto?

ENCICLOPÉDIO Ora, o que têm feito! Não sabes? Entram em uma casa de mulheres, vão tirando a sobrecasaca, pondo-se à fresca e dizendo: "Hoje as senhoras são minhas. Aqui passarei, comerei, beberei, dormirei o tempo que me aprouver...". E elas, com muito prazer, os recebem, tratam, dormem, comem, bebem etc. etc. Vai tu fazendo o mesmo e verás como passas bem! (*falando e tirando a sobrecasaca e o colete*) És tolo! Não conheces as mulheres; nem te lembras que há seis ou sete para cada homem! Tu não sentes desejo e necessidade delas? Sentes. Pois o mesmo acontece para com elas. E há algumas que o sentem ainda com maior força que todos os homens reunidos, entendes? Compreendes agora, não? Pois toma a lição e põe em prática o meu conselho, que é velho e experimentado.

MIGUELÍTICO Tudo vejo e tudo conheço; mas acontece o que eu já te referi: eu não te escureço.

ENCICLOPÉDIO Tens razão. Nenhum homem pode ter circunspecção sem sua família, sem ter família, sem ao menos ter uma verdadeira amiga; sempre anda buscando, sempre anda variando de desejos mudando. Ora é traído por esta, ora por aquela; ora tem de baixar de certa dignidade, ora é a sua cabeça um mundo de variedades. Fui há dias entreter-me com uma; sabes o que me aconteceu? Quando eu lhe rendia as maiores finezas... fez-me assim (*dá uma bofetada — pufe*) e eu com a cara a arder. (*fazendo trejeitos*) Fui saindo, pedindo-lhe milhares de desculpas e agradecendo-lhe o bom tratamento que me havia feito a honra de dar! Sabes o que me aconteceu com outra? Depois de me haver dito que sim, que estava às minhas ordens, que era minha criada etc. etc., manda, sem eu saber, chamar soldados de polícia e, e... por muito favor, não me fez ir à cadeia. Queres ouvir o que se passou com outra? Quantos mais benefícios lhe fazia, mais malefícios eu dela sofria; e, porque tornei a fazê-los, fez-me passar vinte e quatro horas em uma das salas da Caridade. E que te parece, amigo? Se eu fosse tu, não olhava mais para as pessoas do belo sexo, não é assim? Seguramente. Pois eu penso de modo contrário: quanto mais delas sofro, mais benefícios procuro fazer-lhes. Dirás: isso é ser tolo! E eu te responderei: isso é ser sábio! Assim as converto em amigas, inda que passados, para obter tal conversão, alguns anos! E, porque é melhor ter amigas que inimigas, prosseguirei sempre nesta minha linha de conduta, que estimarei que aproves e sigas.

MIGUELÍTICO Qual linha de conduta; nem traços de araruta!

ENCICLOPÉDIO Pois, se a não quiseres seguir, hás de te arrepender!

MIGUELÍTICO Eu não me posso arrepender do que faço sem querer.

ENCICLOPÉDIO Ó diabo! Pois tu não queres?

MIGUELÍTICO O quê? Não te entendo.

ENCICLOPÉDIO Ó Miguelítico, ouves o que te estou dizendo?

MIGUELÍTICO O que me dizes entra (*apontando*) pelo esquerdo e sai pelo direito. É o mesmo que uma pitada de rapé que se sorve e logo depois sai, assoando-se ou destilando-se.

MARQUINFÁLIO (*entrando*) Bravos, bravíssimo! (*fazendo milhares de cortesias, de cumprimentos, voltando-se para um e para outro lado com os braços muito estendidos, algum tanto arcadas as pernas, chapéu na mão direita, bengala à esquerda, pondo a luneta*[11] *de vez em quando*) Oh! Como são formosos estes agradáveis, simpáticos e amáveis meninos! São as flores da mais bela sociedade! São os ornamentos das grandezas terrenas! São... o que mais... são... são... umas belas joias que mandei há dias compor por ordinárias e inúteis, e agora as vejo aqui quais... não direi tudo o que sei! Sempre é bom ocultar alguma coisa! (*os outros arregalam os olhos e fazem sinais de indignação; Marquinfálio, à parte*) Estou com medo deles! Têm cada olho que parece um repolho! Não; que parecem uns balões! E as caras estão mais feias que as de uns leões. Procurarei amansá-los. (*aproximando-se deles*) Sinto o mais vivo prazer em vê-los, senhores; e fiquem certos que, se os meus diminutos préstimos de alguma utilidade lhes pudessem servir, com o maior gosto estarão ao dispor de vossas senhorias.

ENCICLOPÉDIO Agradeço-lhe muito, senhor Marquinfálio; e lhe retribuirei os numerosos cumprimentos que tão atenciosamente se há dignado para comigo dispensar!

MIGUELÍTICO E eu não dispenso os seus numerosos oferecimentos! Preciso em primeiro lugar (*puxando a corrente*) desta corrente e seu competente relógio...

MARQUINFÁLIO Amigo, pare! Isto não é serviço; e eu ofereci-lhe unicamente os meus serviços.

MIGUELÍTICO Mas é coisa que os vale! E por isso, agora, quer queira quer não, há de ficar sem ela! (*tirando-lhe a corrente e o relógio e pondo em si*) Ah! Está ótimo! O relógio é patente,[12] de primeira qualidade, e não é falsificado!

Marquinfálio quer sair, olha para todos os lados, vê tudo fechado e fica algum tanto aflito. Miguelítico aproxima-se dele; ele quer evitar o contato.

MIGUELÍTICO Ainda não tinha reparado... que bonito anel de brilhantes... vamos a ele. (*agarra-lhe na mão*)

MARQUINFÁLIO (*muito humilde*) Senhor, por quem é! Não me tire o meu anel! Não me tire tudo! Eu quero retirar-me... Não, não, deixe-me este traste! É a lembrança de um meu amigo (*Miguelítico esforçando-se sempre para tirar*), é o presente que meu pai fez-me antes de me apartar dele. É... (*chorando*) o que me fazia feliz neste mundo! Eu, que perdi pai, mãe, tios, padrinhos, amigos... e não sei que mais, eu, que perdi todos os meus protetores! Meu Deus, o que há de ser de mim se fico sem o meu estimado anel! Fico infeliz. Fico... quem sabe... talvez... Oh! Que dor de barriga... Parece-me que estou prenho, Senhor! Senhor! Acuda-me (*apertando a barriga*), estou prenho! Quero parir! Acudam-me! Venha a parteira. Venha o médico! Eu caio, acudam-me! Eu morro! (*Miguelítico e Enciclopédio querem agarrá-lo; entra uma criada com uma xícara de chá, às carreiras*)

FINDINGA (*criada*) Ouvi gritar: "Parteira! Médico! Criada!". E, como sou tudo isto, eis-me aqui para partejar; e já um remédio que fará sua senhoria (*para o doutor*) pôr já e já o filho fora. Tome, tome! (*pegando-lhe em um braço*) E bom de tomar, é infalível para curar! (*o doente pega a xícara e toma um gole*)

MARQUINFÁLIO Ah! Que alívio! Estou melhor um bocadinho... (*toma outro*) Sinto (*correndo a mão pela barriga*) mais aliviada esta pança... Se eu tivesse uma cama mais macia que este assoalho aqui; estas tábuas são tão duras... eu sei... Enfim, que será de mim?

FINDINGA Não se acovarde, senhor Marquinfálio. O que é um parto? Isto não é nada! (*apalpando*) Ainda o senhor tem a felicidade (*com convicção*) de ter um só filho. Eu tenho partejado de três e de quatro! Isso não é coisa alguma. O senhor verá.

MARQUINFÁLIO (*pouco a pouco se levantando e, quase

de gatinhas, safa-se; e gritando) Eles roubaram-me! Quase me mataram! Mas não me estriparam! (*correm todos para a porta e voltam*)

ENCICLOPÉDIO Que te parece, Miguelítico? O nosso amigo Marquinfálico?! Fingindo-se de prenho, doente... Nossa lição foi boa!

MIGUELÍTICO O tal Marquinfálio é o diabo em figura humana!

FINDINGA (*com a xícara numa mão e o pires na outra; com uma colherinha na boca*) E quem me paga o meu trabalho de partejar? Fico assim... não? Nunca mais acudirei a doente que não conheça. Podem chorar, gritar, berrar, morrer. Nunca mais serei criada nem parteira. (*despedindo-se e retirando-se com as costas sempre viradas para a porta por onde tem de sair*) Adeus, adeus, meus senhores! Passem bem! Desculpem-me se... (*bate com a cabeça no portal, e vai a virar-se para um lado; bate com um braço nos objetos que estavam em cima de uma mesa, que caem; espantada, grita*) Ai! Ai! Ai! Meu Deus do céu! Ai! (*e caindo desfalecida*) Cortei-me toda! Toda! Toda! (*continua a gemer*) Ai! Ai! Ai! Meu Deus! Como o sangue corre! Acudam-me! (*esforçando-se para levantar-se, e sem poder*) Ai! Que dor eu sinto! Que aflição o meu coração padece! Sim, estou... estou morta! (*Enciclopédio e Miguelítico aproximando-se dela para socorrê-la; procuram consolá-la, levantá-la; e, passado algum tempo, não podendo conseguir, porque ela estava com um histérico ou com os nervos duros; virando-se um para o outro*)

ENCICLOPÉDIO E o que lhe havemos de fazer?

MIGUELÍTICO (*com ar de resolução*) Matá-la de uma vez; pois isto para que serve mais? Velha de mais de sessenta anos, feia e ainda impostora chamando-se médica e parteira... Vamos afogá-la!?

ENCICLOPÉDIO Estás louco, homem, e depois?

MIGUELÍTICO Depois, quem sabe?

ENCICLOPÉDIO Não concordo.

MIGUELÍTICO Pois és um tolo. Passávamos-lhe uma toalha ao pescoço, apertávamos-lhe; ninguém o sabia. Pegávamos nela e metíamos naquele buraco (*apontando para um lado*) cuja extensão vai ao mar... e ninguém saberia que tínhamos tido nós a conveniente lembrança de aliviar a Terra deste peso.

ENCICLOPÉDIO Olha; ela já se vai levantando. Vamos ajudá-la. (*pegam-lhe nas mãos*) Levanta-te, mulher, levanta-te!

FINDINGA Eu não posso!...

AMBOS Então te arrastamos!

FINDINGA Paciência, eu não tenho forças... Só se se tomasse um caldo de galinha bem gorda, que é o que eu costumo tomar quando estou fraca.

MIGUELÍTICO Está teimosa, arrastemos-a! Pega de lá que eu pego de cá. (*puxam, correm, arrastam-na*)

FINDINGA (*gritando*) Ai! Ai! Ai! (*até a porem fora e fecharem a porta*)

MIGUELÍTICO Custou-nos ficar livre desta sanguessuga! Irra!

ENCICLOPÉDIO Coitada! Talvez fosse bem boa mulher.

MIGUELÍTICO Qual boa (*caminhando; e com ar de desprezo*) nem boa! Pois tu já viste mulher boa!?

ENCICLOPÉDIO Sabes o que eu vou fazer? Um passeio a cavalo. Queres ir? Vamos.

MIGUELÍTICO Bem lembrado, mas eu gosto mais dos tílburis.[13]

ENCICLOPÉDIO A cavalo é melhor. Anda-se a passo, a galope, a trote, na disparada; e no tílburi não há tantos andares; portanto, é melhor a cavalo. Vamos, vamos!

MIGUELÍTICO Não há remédio (*à parte*) senão o aturar e o acompanhar. Vamos! (*enfia o braço e saem*)

Quadro primeiro[14]

MITRA (*para Lamúria*) Sabe dizer-me se já foi despachado o meu requerimento??

LAMÚRIA Teve o seguinte despacho (*pegando e abrindo um livro*): "Não tem lugar o que requer o suplicante, em vista da informação da tesouraria".

MITRA Pois é possível que tal fosse o despacho que teve o meu requerimento!?

LAMÚRIA Está aqui escrito.

MITRA Isso não obsta!

LAMÚRIA Pois então faça outro requerimento.

LAMÚRIA Não faço; este é o terceiro que submeti despacho sobre o mesmo assunto. O primeiro teve um despacho inconveniente, por semelhante a este. O segundo não teve despacho. E o terceiro tem um despacho contrário a meu direito de propriedade e a leis escritas. Para que, pois, hei de eu mais pegar em pena para fazer requerimentos neste sentido!?

LAMÚRIA Então...

MITRA Sabe o senhor o que precisava fazer se a meia dúzia de empregados públicos? Enforcá-los! Já tem sido o seu procedimento irregular ou contrário aos direitos dos outros homens, ou transgressões das Leis — a causa, e está sendo de milhares de desgraças, que estúpidos, observamos e lamentamos no Estado! E querem continuar, sabendo-o, proceder de igual modo para que tais infortúnios continuem a observar-se e lamentar-se! Deus vingará os inocentes e flagelará os criminosos, é quanto basta. Eu até penso que não está no lugar em que devia, pois da letra M se passa a N e de I a J...

LAMÚRIA Pois é para ver; é o que está aqui escrito.

MITRA Vou lavrar a sentença de morte ou de penas a todos os funcionários públicos que mal cumprem os seus deveres! E, se Deus quiser ouvir-me, não se queixem, será a punição que merecem, visto não quererem cumprir seus deveres. Com estas violências, puseram minha família a rolar; não podendo destruir-me, mataram uma pessoa, a minha queridíssima filha; e agora parece tentar-se nova destruição em alguma outra pessoa da mesma! Isto é crueldade inqualificável. Não serei eu brasileiro!? Não terei direito a viver do produto de meu trabalho? Não devem ser garantidas pelas autoridades, visto que o é pelas leis, a minha vida e propriedade!? Não será isto o que a nação inteira quer... que cada qual goze o produto do que licitamente adquiriu e possui? Parece que sim. E por que se há de a mim querer tirar uma parte, que não devo e que não devem!? Hei de falar ao senhor presidente; e a ele perguntarei se meu procurador em Aljubarrota,[15] se o ex-comandante da guarnição daquela cidade e se a tesouraria geral têm mais direito sobre uma casa que comprei, paguei e de cuja compra recebi as competentes escrituras que eu; visto que, por todos esses fatos, sou o seu legítimo e verdadeiro dono ou proprietário! (*sai*)

LÁVIO (*entrando*) Faz-me o obséquio de dizer se o senhor Silvuplé[16] está em casa? (*senta-se, estende as pernas, alarga os braços, toma rapé, limpa o nariz*) Diz ou não diz?

TITO O senhor está enganado! Não vê aqui as Armas Imperiais?[17] Acolá os reposteiros?[18] Ali os editais? Em sua frente o livro-mestre ou da porta? Ou o senhor é da roça!?

LÁVIO Ah! Isto é aquela coisa que se chama repartição pública?! Onde vim eu dar por engano!? Numa repartição pública! Té, té, té... quando eu havia de pensar. Eu que tive sempre medo destes bichos, como das jararacas da minha velha lavoura! (*sai, benzendo-se, cuspindo e fazendo cruzes*) Nunca mais pergunto pelo senhor Silvuplé.

CELSO (*entra, abre o livro dos despachos e encontra o seguinte*) "Ao siar cumandante das fronteiras a informar." Como é interessante o despacho e quanto deve ser importante o empregado que... o escreveu. Vejamos este outro: "Em vista dos décumento, e informação apresentado pelas imprenhados desta repartição, não tem lugar o que quer o requerente. Sala das sessões preparatórias em 15 de maio de 1869". Oh! Este ainda é melhor. Até a data é do ano que ainda há de vir! Onde terão as cabeças os empregados que tal escreveram? Sem dúvida na barriga de algum animal quadrúpede. Vejamos este outro; parece-me ainda mais extraordinário. Vejamos o que diz. Oh! Oh! Oh! Este é o melhor de todos. Versa sobre coisas de maior interesse; leiamos com tento e reflexão: "Durante a vida e a morte dos seus avós, o cavalo de que fala o suplicante ainda existia no ventre purissíssimo da égua que o teve, e é de crer que... (o suplicante me entende... falo respectivamente ao pai do potrilho) ainda estivesse em embrião! Percebe? Por consequência, reconhece seu incontestável direito: não o mandando ainda assim entregar porque a parte contrária alega que a marca que o senhor diz pertencer-lhe está de pernas para o ar. Continue-o, entretanto, a tê-lo retido em uma estrebaria, até que o suplicante prove não lhe haver faltado com o pasto necessário; e que seus avós não costumaram marcar de pernas para o ar!". Estou realmente espantado do que ouço e do que vejo! Ou as minhas vistas me enganam ou isto não passa de uma interessante caçoada. (*sai*)

LEÃO (*entrando da rua e alguns empregados de dentro para a sala; apertando-se as mãos*) Ando despedindo-me de diversas autoridades com quem entretenho relações de amizade. É diminuta a minha demora; necessito fazer uma viagem; venho por isso receber as ordens que a vossa excelência aprouver dar-me.

SECRETÁRIO DA PRESIDÊNCIA Como! Pois, retira-se? Deixa-nos?

LEÃO É-me indispensável! Preciso realizar certos negócios na Campanha e o não posso conseguir sem que lá vá.

SECRETÁRIO Pois escrevendo não seria o mesmo?

LEÃO Tenho escrito um cento de cartas, feito outros tantos pedidos a pessoas que para lá vão; já mandei de propósito uma para tal fim, e nada tenho podido conseguir. Sou, portanto, forçado por tais causas e por razões que considero ponderosas a deixá-los por algum tempo! Não, eu não os deixo, porque suas imagens vão retratadas em minha imaginação!

SECRETÁRIO Farei votos para que seja muito feliz, já que não posso estorvá-lo de ir passar alguns incômodos.

LEÃO Sou o primeiro a reconhecer seus bons desejos e os sentimentos dignos do maior louvor que animam seu coração; eu parto: adeus, até a volta!

Quadro segundo

LEÃO (*sala do inspetor da tesouraria*) Participo a vossa senhoria que parto breve para Aljubarrota a fim de trazer os atestados que me são necessários para haver desta repartição quantias que me deve, cujo reembolso eu não posso prescindir.

INSPETOR DA TESOURARIA Por que não vai obter da presidência da província ordem para ser embolsado!?

LEÃO Tenho requerido por vezes; e ainda anteontem o despacho que se me deu foi: "Não tem lugar, em vista da informação da tesouraria". Portanto, agora, cumpre-me para havê-las a apresentação dos documentos com que prove deverem-se a mim.

INSPETOR DA TESOURARIA À vista disso, faça o que mais conveniente julgar.

LEÃO É o que pretendo, o que mais me parece convir;

e por isso porei em prática. Estimarei que vossa senhoria continue a gozar perfeita saúde e a desempenhar como deseja e convém, aos interesses públicos, as importantes funções de seu cargo. (*faz profunda referência e retira-se*)

Quadro terceiro

LEÃO (*entrando na sala do chefe de polícia*) Vossa excelência dá licença?

CHEFE DE POLÍCIA Pois não, entre!

LEÃO (*apertando a mão*) Já sei que me dará a satisfação de dizer que passa bem.

CHEFE DE POLÍCIA É verdade; andei alguns dias doente; agora, porém, passo divinamente.

LEÃO Muito estimo! Assim, melhor policiada será a capital; e mesmo a província.

CHEFE DE POLÍCIA Faço a esse respeito o que posso, por dever, por amor à nação e por conveniência própria, pois, se assim não procedera, iria desacreditar me para com o governo geral e provincial e para com o povo, cuja opinião muito respeito e acato! E certamente não viveria com a minha consciência muito tranquila.

LEÃO Assim, não pode vossa excelência deixar de ser feliz. Participo-lhe que me retiro por algum tempo da capital e pretendo voltar passado um mês pouco mais ou menos. Venho, portanto, despedir-me; e ofereço-lhe o meu pouco préstimo para a Campanha. E, se me não resolver a levar, desejo deixar junto aos seus baús um com alguns papéis a que dou muito valor e que realmente para mim são de grande importância.

CHEFE DE POLÍCIA Pois não! O que quiser. Esta casa está às suas ordens, e creio ficarem seguros.

LEÃO Por conhecer isso mesmo é que peço licença para

fazê-lo. Tenho numerosas coisas a tratar, por isso não me demoro. (*levanta-se, despede-se e sai*)

Quadro quarto

LEÃO (*sala de palácio, a um capitão*) O senhor presidente está?

CAPITÃO Está, mas ocupado.

LEÃO E eu lhe posso falar?

CAPITÃO É com urgência?

LEÃO Sim; pretendo retirar-me; vinha por isso me despedir de sua excelência.

CAPITÃO Bem, eu vou participar-lhe.

LEÃO Esperarei.

CAPITÃO (*voltando*) Queira passar para esta sala; sua excelência não tarda.

LEÃO Pois não. (*espera passeando; passados cinco minutos, entra sua excelência*) Excelentíssimo, muito me apraz vê-lo no gozo da mais perfeita saúde.

PRESIDENTE DA PROVÍNCIA Oh! Como passa?

LEÃO Menos mal, senhor.

PRESIDENTE DA PROVÍNCIA Sente-se.

LEÃO Hoje não venho como em outros dias acompanhar a vossa excelência durante horas; mas apenas por alguns minutos. É meu fim receber suas ordens para a cidade de Aljubarrota.

PRESIDENTE DA PROVÍNCIA E o que vai fazer lá?

LEÃO Prevenir-me e providenciar para que, passado algum tempo, vossa excelência não tenha o desgosto de me ver aqui roto e esfrangalhado... senão nu.

PRESIDENTE DA PROVÍNCIA Pelo que ouço, está muito desgostoso...

LEÃO Pois não hei de estar desgostoso, quando é certo que as maiores desgraças têm pesado sobre a minha pátria, pelas violências que há dois anos seguramente hei sofrido em meus direitos!? Três requerimentos hei apresentado para ter sempre dinheiro com que cubra as minhas despesas; e não tenho podido conseguir. Se eu pedisse por esmola, *transeat*:[19] mas aluguéis de uma das minhas propriedades é espécie de crueldade! Pedi que se mandasse buscar minha família há tanto tempo, porque padecia todos os dias em razão de sua ausência! E o que tem feito o governo?... Nada! Visto que em dois dias estaria aqui, e este fato teve lugar há talvez quinze! Deixo de parte fatos anteriores, porque é desnecessário narrá-los para censurar o procedimento de quem há desprezado os meus mais sagrados direitos. E me calaria; e nada diria se não tivesse consciência dos grandes e numerosos serviços que hei prestado à pátria, os quais não são ignorados nem pelo Governo, nem pela Nação, nem mesmo pelos estrangeiros; é um homem universal que em sua província, depois de como tal reconhecido, para com o qual se tem sido miserável e praticado as maiores vilanias! Quem crerá que, para fazer o presidente da província cumprir um contrato feito por um general comigo, em que nada há de despropósito, é preciso que eu faça uma viagem de setenta léguas, incômoda, mais que incômoda para mim, por minhas enfermidades! Quem que, no Governo estando, transgride seus deveres, e com tal transgressão faz, expõe a tal o seu maior e talvez o mais forte amigo!? Quem suporá que o mesmo governo arrancou dos braços deste homem o que tinha de mais caro — sua família — e que, em vez de atendê-lo, quando reclama e grita pela entrega da mesma, o compele de alguma maneira a viver dela separado, ocasionando-lhe assim perdas talvez irreparáveis!? Quando era seu primeiro dever, conhecendo o mal que lhe fazia, imediatamente mandá-la buscar, como pelo mesmo lhe foi pedido!? Se o Império, depois de haver perdido milhares de soldados, decair será a culpa de tais governos, aos quais o povo, com bastante razão, lançará eterna maldição! Despeço-me de vossa excelência (*aperta a mão, faz as cortesias de costume e retira-se*)

Quadro quinto

ENCICLOPÉDIO (*só, passeando*) Botei abaixo um ministério por causa muito simples: o desrespeito (*com gestos satíricos e graciosos*) aos meus direitos de pai! Lancei por terra um presidente de província! Também por razão muito insignificante (*com os mesmos gestos*), por coisa pouco menor, querem destruir-me por não me quererem reintegrar em meu emprego! Fiz voar um chefe de polícia, um juiz municipal, por causa também de nenhum valor por não me quererem despachar requerimentos fundados no mais sólido direito e nas mais sábias leis. Amordacei um outro; escrivães, por nada, por serem apenas vis instrumentos de autoridades despóticas! Tapei a boca de dois meirinhos[20] com pontapés por fatos de nenhum valor por sua audácia e má-criação!

Entra um alcaide[21] com muita humildade.

ALCAIDE Vossa senhoria dá licença, inhô? (*à parte*) Este não é aquele de outro tempo! Vossa senhoria dá licença. (*querendo mover o pé, e com medo; fazendo trejeitos, endireitando os óculos; com papéis embaixo do braço; bengala*) Ah! Ele não fala. Já sei: é porque eu lhe dei senhoria. Não, que eu não tenho o necessário tratamento! Para (*à parte*) ele falar é preciso o tratamento de excelência. Vossa excelência dá... (*com força*) dá licença?

ENCICLOPÉDIO (*virando-se para o lado do meirinho*) Ainda não é o que... não te direi.

ALCAIDE (*à parte*) Já sei o que ele quer dizer: é... é... é... já teve majestade, por ter sido Imperador do Brasil! Mas eu não tenho; portanto, contente-se com excelência — vossa excelência dá licença? (*à parte*) Já estou quase sem goelas, e o diabo do homem não responde... (*mirando-se todo, e com gestos de macaco*) Dá... dá... ele dá. (*aproxima-se e entrega-lhe um papel*)

ENCICLOPÉDIO Que é isto? (*com o nariz muito franzido*) Heim? Não ouve? O que é? (*levanta-se e agarra as abas do casaco do meirinho*) Heim? Heim? Não fala! (*sacode-o*)

ALCAIDE Isto é... (*gaguejando, quase sem poder falar, sufocado*) É... (*dá um espirro, outro, outro*) É... O juiz é quem sabe. Eu não sei. (*atirando com um braço*) Ele...

ENCICLOPÉDIO Qual ele, nem ele, senhor cachorro! Pensa que ainda estamos naquele tempo de despotismo em que as autoridades andavam roubando e matando de casa em casa, seu patife! Seu ordinário! Já! (*apontando para a porta*) Já! Rua! Ao contrário, o farei voar depois de lhe imprimir as pernas desta cadeira na cara!

Entra o juiz que mandou fazer a diligência, e um escrivão.

JUIZ (*para o meirinho*) Então, cumpriu a diligência?

ALCAIDE (*para o juiz*) Não vê que agora é aquele tempo em que vocês quase em segredo mandavam roubar moças com papéis borrados![22]

ESCRIVÃO — Doutor, este meirinho sempre foi um cascas d'alhos![23] E você ainda caiu em mandá-lo cá.

ENCICLOPÉDIO (*desenrolando um chicote que tinha na cadeira em que estava sentado*) Agora pagam com o lombo o que há tempos me fizeram com a pena! (*dá uma chicotada no juiz, este corre, mas não acha a porta para sair; dá no escrivão, no meirinho; a estes acontece o mesmo, e andam em roda da sala gritando*) Agora não é como antes. Não é. Não é. (*o chicote trabalha sempre, até que fica Enciclopédio sozinho*) Eis o prêmio que tarde ou cedo esperar sempre devem os criminosos!...

Corre o pano

PORTO ALEGRE, 16 DE FEVEREIRO DE 1866. RUA DE BRAGANÇA, CASA TÉRREA DE UMA PORTA E DUAS JANELAS, Nº 166.

NOTAS

1 Uma das características da obra de Qorpo-Santo é a escolha de nomes pouco comuns para suas personagens. Eles podem ser palavras que, comumente, não são usadas como nomes próprios: substantivos comuns concretos ou abstratos (Diamante, Lamúria, Capivara, Mitra); adjetivos (Malhada, Enciclopédio, Formosíssima, Sapientíssima); nomes próprios masculinos na forma feminina e vice-versa (Isolino) e outros que parecem realmente inventados e caricatos (Rapivalho, Joanitiquitoca, Quinquinata, Miguelítico, Marquifálio, Findinga, Lávio).

2 Pequeno caderno de anotações.

3 Pessoa encarregada de cuidar de uma horta.

4 Forma antiga para o termo "clister", que significa injeção de água ou de algum medicamento líquido no reto (porção final do intestino).

5 Cavalo cansado a ponto de cerrar os queixos sem que se lhe possa tirar o freio.

6 O autor usa mais de uma vez o recurso de falar diretamente ao público, prática bastante comum nas comédias e cujo sentido concerne, normalmente, à quebra da ilusão teatral. Note-se que não se trata de um aparte, como se usava no teatro desse período. Tal recurso, apesar de se dirigir também de forma privilegiada ao público, não se apresenta de modo tão explícito.

7 Em geral as rubricas das peças de Qorpo-Santo indi-

cam ações ou estados bastante estranhos, como nos sonhos. Neste caso, se seguida à risca, criaria um tempo enorme de silêncio e imobilidade, algo nem um pouco convencional para o teatro, sobretudo naquela época.

8 Variação aportuguesada e coloquial da expressão latina *non plus ultra*, que significa literalmente *não mais além*. Neste caso, usado como epíteto, significa que ninguém pode suplantar a vizinha como dançarina.

9 Diz-se de mulher ou fêmea animal prenhe.

10 O autor não segue a indicação tradicional de cena, que se define normalmente, como nas demais comédias aqui reunidas, pela entrada ou saída de um ou mais personagens.

11 Os óculos.

12 A palavra, provavelmente, refere-se a ser o relógio legal, no duplo sentido permitido pela palavra: ser legítimo e também bonito.

13 Cf. nota 9 de *Verso e reverso*.

14 Divisão possível de uma obra. Diferentemente de ato/cena, que se referem ao desenvolvimento da ação da peça, o quadro traz grandes mudanças de lugar, ambiente ou época. No caso de Qorpo-Santo, essa lógica não funciona. Há quadro que chega a ser tão curto como uma cena.

15 Vila portuguesa, localizada na região central do país.

16 Reprodução fonética da expressão francesa *s'il vous plaît*, que significa "por favor".

17 O brasão imperial.

18 Cortinas que cobrem portas internas.

19 Interjeição que significa algo como "vá lá", ou "deixe estar".

20 Funcionário da justiça.

21 Antigo oficial de justiça.

22 Expressão que aparece em várias peças de Qorpo-Santo para mostrar menosprezo por documentos oficiais.

23 Um inútil, sujeito sem serventia.

Biografias

Artur Azevedo

Filho de um cônsul português designado para São Luís do Maranhão, Artur Nabantino Gonçalves de Azevedo nasceu no dia 7 de julho de 1855. Até os treze anos de idade estudou e trabalhou em sua cidade natal, São Luís, exercendo funções de caixeiro e de funcionário da Secretaria de Governo. Em 1873, transferiu-se para o Rio de Janeiro, onde foi professor do Colégio Pinheiro. Pouco tempo depois, conseguiu um posto no ministério de Viação, onde permaneceu por toda sua vida, tendo inclusive substituído por algum tempo Machado de Assis no cargo de Diretor Geral de Contabilidade, em 1908. Casou-se duas vezes e teve cinco filhos, além de vários enteados e agregados pelos quais se responsabilizava.

Azevedo exerceu intensa atividade jornalística durante toda a vida adulta, e colaborou em cerca de vinte publicações ao longo dos anos, tendo fundado *O Domingo*, em São Luis, e *A Gazetinha*, *A Vida Moderna*, *Pena e Lápis* e *O Álbum*, no Rio de Janeiro.

São igualmente extensas as listas de suas obras teatrais e de suas parcerias. No drama produziu pouco, mas o suficiente para causar polêmica em função dos temas escolhidos e dos enredos apresentados. São dramas de seu autoria: *A joia* (1879), *As mulheres do mercado* (1879), *O Liberato* (1880), *O anjo da vingança* (1882), *O escravocrata* (com Urbano Duarte, 1884), que permaneceu censurado por longo tempo. Fez também inúmeras traduções de comédias, operetas, óperas cômicas, zarzuelas e até dramas sacros.

Já no universo do riso e das peças musicais, nas comédias, nas revistas de ano, nas burletas e óperas cômicas, nas paródias etc., não houve quem o igualasse em volume de produção e sucesso.

Entre as revistas de ano — gênero teatral que passava "em revista" os principais acontecimentos do ano precedente, sempre com viés crítico —, temos dezessete: *Rio de Janeiro em 1877* (com Lino d'Assunção, 1878), *O mandarim* (com Moreira Sampaio, 1883), *Cocota* (com Moreira Sampaio, 1885), *O bilontra* (com Moreira Sampaio, 1886), *O carioca* (com Moreira Sampaio, 1887), *Mercúrio* (com Moreira Sampaio, 1887), *O homem* (com Moreira Sampaio, 1888), *Fritzmac* (com Aluísio Azevedo, 1889), *República* (1890), *Viagem ao Parnaso* (1891), *O tribofe* (1892), *O major* (1895), *O jagunço* (1898), *Gavroche* (1899), *Comeu!* (1902), *Guanabarina* (1906), *O ano que passa* (1907). Dentre comédias, operetas e burletas, destacam-se: *Amor por anexins* (c. 1870), *A nova viagem à Lua* (com Frederico Severo, 1877), *A princesa dos cajueiros* (ópera cômica, 1880), *Os noivos* (opereta, 1880), *Casa de Orates* (com Aluísio Azevedo, 1882), *A mascote na roça* (1882), *Uma noite em claro* (1884), *A donzela Teodora* (opereta, 1886), *O barão de Pituaçu* (opereta, 1887), *A capital federal* (1897), *O badejo* (1898), *A viúva Clark* (1900), *Pum!* (opereta, 1903), *O mambembe* (1904), *O genro de muitas sogras* (com Moreira Sampaio, 1906), *O dote* (1907), *O oráculo* (1907), *O cordão* (1908). Quanto às paródias, são dignas de nota: *A filha de Maria Angu* (1876), *A casadinha de fresco* (1876), *Abel e Helena* (1877).

Faleceu em consequência de uma septicemia no Rio de Janeiro em 22 de setembro de 1908, sem ter visto a inauguração do Teatro Municipal da cidade, em 1909, obra pela qual tanto tinha se empenhado.

França Júnior

França Júnior nasceu no Rio de Janeiro em 1838. Estudou no Colégio Pedro II e na Academia de Direito do Largo de São Francisco, em São Paulo, entre 1859 e 1862. Foi durante sua estada na capital paulista que escreveu suas primeiras peças: *Meia hora de cinismo* (1861) e *A república modelo* (escrita 1861, mas cujo texto se perdeu), ambas em um ato, e *Tipos da atualidade* e *Ingleses na costa* (1862) com dois e três atos, respectivamente. Eram todas elas comédias, e foram encenadas com sucesso pela companhia de Furtado Coelho e Eugênia Câmara, que fazia temporada em São Paulo na ocasião.

Voltando ao Rio de Janeiro, deu prosseguimento à carreira jurídica e, em 1868, foi nomeado secretário do governo da Bahia. Nos anos 1870, voltou à corte como adjunto da promotoria da capital, onde retomou a carreira de escrita teatral e se notabilizou como comediógrafo. São de sua autoria: *O defeito de família* (1870), *Direito por linhas tortas* (1870), *Amor com amor se paga* (1870), *Maldita parentela* (1871), *O tipo brasileiro* (1882), *Entrei para o Clube Jácome* (1877), *Tal qual como lá* (1879, em parceria com Artur Azevedo, perdida), *Caiu o ministério* (1882), *Três candidatos* (1882, perdida), *Um carnaval no Rio* (1882, perdida), *Como se fazia um deputado* (1882), *Dois proveitos num saco* (1883, perdida), *De Petrópolis a Paris* (1884, perdida), *A lotação de bondes* (1885), *As doutoras* (1889), Portugueses às direitas (1890, perdida), *Trunfo às avessas* (s/d, perdida), *Duas pragas familiares* (s/d, perdida), *O beijo de Judas* (s/d, perdida), *Festa do Divino em Irajá* (s/d, perdida).

França Júnior foi também jornalista, tendo colaborado em diversos periódicos do Rio de Janeiro, escreveu folhetins sobre os costumes cariocas e foi pintor paisagista ligado ao chamado Grupo Grimm, que na segunda metade do século XIX costumava se reunir para pintar ao ar livre nas praias de Niterói sob orientação do artista alemão George Grimm. Faleceu em Poços de Caldas (MG), em 1890.

Joaquim Manuel de Macedo

Nascido em Itaboraí (RJ), em 24 de junho de 1820, Macedo formou-se médico em 1844, na Faculdade de Medicina do Rio de Janeiro, mas não seguiu carreira na profissão. Estudioso mais interessado nas ciências humanas, foi professor de história do Brasil e geografia na escola de maior prestígio da corte, o Colégio Pedro II, e secretário e orador do Instituto Histórico e Geográfico Brasileiro, no qual foi aceito como membro em 1845. Na vida pública, foi deputado em várias legislaturas entre 1854 e 1881, sempre pelo Partido Liberal, de Joaquim Nabuco. Escreveu para diversos veículos de imprensa, e foi um dos criadores da revista literária *Guanabara* (1849), ao lado de Gonçalves Dias e Manuel de Araújo Porto Alegre.

Como escritor, Macedo transitou por vários gêneros. Seu romance de estreia, *A moreninha* (1844), está entre os mais famosos do romantismo nacional, ao lado de obras como *A escrava Isaura*, de Bernardo Guimarães, e O *Guarani*, de José de Alencar. O autor produziu também poesias, biografias, sátiras políticas e crônicas, como *Memórias da rua do Ouvidor.*

No teatro, Macedo foi igualmente versátil. Entre seus trabalhos encontram-se comédias, dramas românticos, dramas realistas e burletas; dentre eles destaca-se um drama indigenista, *Cobé* (1852?), gênero pouco abordado pelos dramaturgos. Entre as comédias, *A torre em concurso* (1861) e *O primo da Califórnia* (1855) são aquelas que tiveram vida mais longa.

Sua obra teatral compreende ainda as seguintes peças: *O cego* (1849), *O fantasma branco* (1851), *Amor e pá-*

tria (1859), *O sacrifício de Isaac* (1859), *Luxo e vaidade* (1860), *O novo Otelo* (1860), *Lusbela* (1862), *Romance de uma velha* (1870), *Remissão de pecados* (1870), *Cincinato quebra-louça* (1871), *Vingança por vingança* (1877), *Antonica da Silva* (1880), *Uma pupila rica* (s/d) *O macaco da vizinha* (s/d), *Pai cuco* (s/d) e *Os dois mineiros na corte* (s/d), reunidas e publicadas em três volumes em 1863 sob o título *O theatro do doutor Joaquim Manuel de Macedo*. Faleceu em 1882 em sua cidade natal, Itaboraí (RJ).

José de Alencar

José Martiniano de Alencar nasceu no dia 1º de maio de 1829 em Fortaleza. Filho de um senador do Império, mudou-se para o Rio de Janeiro aos doze anos e, em 1846, para São Paulo, com a intenção de estudar direito. Formado em 1850, transferiu-se para a corte, onde teve intensa atividade intelectual e política. Como membro do Partido Conservador, foi deputado em diversas legislaturas, e chegou a ser ministro da Justiça entre 1868 e 1870.

Como jornalista, escreveu folhetins e críticas teatrais em jornais como o *Correio Mercantil* e o *Diário do Rio de Janeiro*. Ficaram famosas suas polêmicas públicas com figuras da vida literária e política nacional como Gonçalves de Magalhães e Joaquim Nabuco.

Sua presença na literatura brasileira é devida, sobretudo, à sua produção como romancista. Norteado por um projeto nacionalista, procurou retraçar a grande saga da formação da nação brasileira através das obras *O guarani* (1857), *Iracema* (1865), *Ubirajara* (1874), *As minas de prata* (dois volumes, 1865/1866) e *A guerra dos mascates* (dois volumes, 1871/1873); fazer um registro da vida regional com *O gaúcho* (1870), *O tronco do ipê* (1871), *Til* (1871) e *O sertanejo* (1875); e retratar a vida de seu tempo na corte com os romances urbanos *Lucíola* (1862), *Diva* (1864), *A pata da gazela* (1870), *Senhora* (1875) e *Encarnação* (1877).

Como dramaturgo, Alencar empenhou-se em renovar o teatro nacional valendo-se da estética realista. Foi autor de dramas e comédias: *O demônio familiar* (1857), *O Rio de Janeiro, verso e reverso* (1857), *A noite de São João* (1857, opereta), *O crédito* (1857), *As asas de um anjo* (1858), *Mãe* (1860), *O que é o casamento* (1861), *A expiação* (1868) e *O jesuíta* (1875). Assim como Martins Pena, Machado de Assis e Macedo, José de Alencar também foi censor do Conservatório Dramático Brasileiro a partir de 1858. Mesmo assim, teve problemas com a censura em relação às peças *As asas de um anjo* e *O jesuíta*.

Faleceu de tuberculose no Rio de Janeiro em 1877, aos 48 anos.

Machado de Assis

Joaquim Maria Machado de Assis nasceu no Rio de Janeiro em junho de 1829. Aos dez anos perdeu a mãe, uma lavadeira açoriana. Seu pai, pintor de paredes mulato, casou-se em seguida e Machado foi criado pela madrasta. Tinha uma saúde precária, sofria de epilepsia e especula-se que fosse gago. Coroinha na infância, teve ajuda em seus estudos de um padre amigo da família, que o iniciou no estudo do latim e outras línguas. Aos dezesseis anos, começou a publicar poesias com o apoio do editor Paulo Brito, responsável pela revista *A Marmota*. Um ano depois, passou a trabalhar como tipógrafo e revisor na Imprensa Nacional. Dois anos depois, foi convidado para revisar e escrever no *Correio Mercantil*.

O prestígio intelectual de Machado foi crescendo aos poucos nos meios artístico e jornalístico. Muito jovem, já era visto como uma promissora figura da corte. Quintino

Bocaiúva o chamou então para trabalhar no *Diário do Rio de Janeiro*. A partir de 1859, começou a publicar críticas sobre teatro. Decidido a contribuir com a renovação teatral que se levava a cabo na corte por iniciativa de empresários e atores, sobretudo no Teatro Ginásio Dramático, o autor deu início a sua obra dramatúrgica. Ao todo, escreveu dezesseis peças: *Hoje avental, amanhã luva* (1860), *Desencantos* (1861), *O caminho da porta* (1862), *O protocolo* (1862) e *Quase ministro* (1862), *As forcas caudinas* (1863 ou 1865), *Os deuses de casaca* (1865), *Uma ode de anacreonte* (1870), *Antes da missa* (1878) e *O bote de rapé* (1878), *Tu só, tu, puro amor* (1880), *O melhor remédio* (1884), *Lágrimas de Xerxes* (1899), *Não consultes médico* (1906), *Lição de botânica* (1906) e *Viver* (s/d).

Fez também diversas traduções: *Montjoye* (de Feuillet, 1864), *Suplício de uma mulher* (de Dumas Filho, 1865), *O anjo da meia-noite* (de Barrière e Plouvier, 1866), *O barbeiro de Sevilha* (de Beaumarchais, 1866), *A família Benoiton* (de Sardou, 1867), *Como elas são tolas* (de Musset, 1869) e *Os demandistas* (de Racine, 1873).

De 1862 a 1864 e de 1875 a 1887, intermitentemente, Machado preparou diversos pareceres para o Conservatório Dramático Brasileiro, sempre preocupado em fazer observações não só sobre a adequação das obras aos padrões da censura moral e política, mas também sobre sua qualidade literária.

Em 1867, foi nomeado assistente do *Diário Oficial*. Dois anos depois, casou-se com Carolina Augusta. A partir de então, sua produção para o teatro, tanto a criação de textos como a publicação de críticas, diminuiu, embora nunca tenha chegado a cessar. Em 1874, deixou o *Diário Oficial* e tornou-se chefe de seção da Secretaria de Agricultura, chegando a diretor-geral do ministério de Viação em 1892.

Em 1896, inaugurou a Academia Brasileira de Letras, da qual foi presidente até o final da vida.

Desde 1864 vinha publicando sua obra poética (*Crisálidas*, 1864; *Falenas*, 1870; *Americanas*, 1875; e *Poesias completas*, 1900). A partir da década de 1870, surgem os primeiros contos (*Contos fluminenses*, 1870; *Histórias da meia-noite*, 1873; *Papéis avulsos*, 1882; *Histórias sem data*, 1884; *Várias histórias*, 1896; *Páginas recolhidas*, 1899; *Relíquias da casa velha*, 1906) e os romances que o tornariam o mais importante escritor brasileiro do século — *Ressurreição* (1870), *A mão e a luva* (1874), *Helena* (1876), *Iaiá Garcia* (1878), *Memórias póstumas de Brás Cubas* (1880), *Quincas Borba* (1891), *Dom Casmurro* (1899), *Esaú e Jacó* (1904) e *Memorial de Aires* (1908).

Morreu em 29 de setembro de 1908.

Martins Pena

Luís Carlos Martins Pena nasceu no Rio de Janeiro em 5 de novembro de 1815. Aos dez anos de idade já era órfão de pai e mãe. A partir de então foi encaminhado por seus tutores para o estudo do comércio, além de história, geografia e línguas estrangeiras. Seguindo desde cedo suas inclinações artísticas, estudou pintura e escultura na Escola de Belas-Artes.

Iniciou a carreira profissional no serviço consular e de negócios estrangeiros do Império, atividade que conciliava com a escrita dramática. Entre 1833 e 1841 escreveu as farsas *O juiz de paz da roça* (c. 1830), *A família e a festa na roça* (c. 1840) e *Um sertanejo na corte* (c. 1830), e também os dramas em estilo melodramático *D. João Lira ou O repto* (1838); *Fernando ou O cinto acusador* (c. 1840); *D. Leonor Teles* (1839); *Itaminda ou O guerreiro de Tupã* (1839); *Vitiza ou O Nero da Espanha* (único de seus dramas que chegou a ser encenado, pela companhia de João Caetano, no mesmo ano em que foi escrito, 1841) e um drama sem título. Apesar de na época seus dramas não terem obtido repercussão, *O juiz de paz da roça* é considerado pela crítica um dos textos que marcam a fundação do teatro brasileiro.

Abandonando a tentativa dos dramas históricos, Martins Pena passou a dedicar-se à comédia, gênero no qual conseguiu enorme sucesso. Na década de 1840 escreveu: *Os dois ou O inglês maquinista* (1842); *O Judas em sábado de Aleluia* (1844); *Os irmãos das almas* (1844); *O diletante* (1844); *Os três médicos* (1844); *O namorador ou A noite de São João* (1844); *O noviço* (1845); *O cigano* (1845); *O caixeiro da taverna* (1845); *As casadas solteiras* (1845); *Os meirinhos* (c. 1845); *Quem casa quer casa* (1845); *Os ciúmes de um pedestre ou O terrível capitão do mato* (c. 1845); *As desgraças de uma criança* (c. 1840); *O usuário* (1846); *Um segredo de Estado* (1846); *A barriga do meu tio* (1846); e *O jogo de prendas* (s/d).

Em 1843, foi cofundador do Conservatório Dramático Nacional, do qual se tornou um dos censores. A partir de 1846, passou a atuar como crítico teatral do *Jornal do Comercio*, onde ficou por um ano até mudar-se para Londres para assumir o posto de adido de primeira classe junto à delegação brasileira.

Depois de um ano em Londres, a tuberculose, cujos primeiros sintomas apareceram no Brasil, piorou, o que o obrigou a tomar o caminho de volta. Contudo, aos 33 anos, morreu em Lisboa em 7 de dezembro de 1848, sem conseguir completar sua viagem.

Qorpo-Santo

Batizado José Joaquim de Campos Leão, mas autoapelidado Qorpo-Santo, nasceu em Triunfo (RS), em 1829. Seu pai, um proprietário rural, morreu dez anos depois, assassinado em virtude de disputas políticas. Qorpo-Santo então mudou-se para Porto Alegre, onde estudou gramática e dedicou-se ao comércio. Durante algum tempo, levou uma vida convencional, como professor do ensino público em várias cidades do interior do estado. Participando de modo atuante das comunidades onde se estabeleceu, foi eleito vereador em duas ocasiões. Além disso, fundou uma loja maçônica e um grupo de teatro amador, escreveu e publicou em diversos jornais gaúchos.

Essa biografia, que não seria em nada excepcional, transformou-se profundamente a partir de 1862, quando surgiram os primeiros sintomas de distúrbio mental. Nessa data, sua esposa Inácia Maria, com quem havia se casado em 1855 e com quem tivera cinco filhos, solicitou e conseguiu sua interdição judicial. Inconformado, Qorpo-Santo deu início a uma longa batalha médico-judicial para reaver seus direitos.

Foi justamente nesse período, entre 1862 e 1863, que Qorpo-Santo escreveu sua *Ensiqlopèdia ou seis mezes de huma enfermidade*, em nove volumes, na qual está incluída toda sua produção dramática: *As relações naturais*; *Mateus e Mateusa*; *Hoje sou um, amanhã outro*; *Eu sou vida; eu não sou morte*; *Um credor da fazenda nacional*; *Um assovio*; *Certa entidade em busca de outra*; *Lanterna de fogo*; *Um parto*; *A separação de dois esposos*; *Um marido extremoso, ou o pai cuidadoso*; *Uma pitada de rapé*; *O hóspede atrevido ou O brilhante escondido*; *A impossibilidade de santificação ou A santificação transformada*; *O marinheiro escritor*; *Duas páginas em branco* e *Dois irmãos*.

Em 1868, viajou para o Rio de Janeiro e internou-se no Hospício Pedro II para avaliações. O resultado do laudo atestou que o escritor estava apto a exercer sua profissão e gerir seus bens. Ainda assim, o juiz do processo que continuava correndo em Porto Alegre declarou-o insano e manteve a interdição. Inconformado,

Qorpo-Santo lançou um jornal, *A Justiça*, que durou cerca de um ano e meio, no qual ele publicava seus poemas e se defendia contra as acusações de que era vítima.

Diante das dificuldades financeiras que a interdição lhe causava, foi obrigado a diminuir a intensidade de suas atividades artísticas e comerciais. Como último esforço para retomar o rumo de sua vida, em 1877 abriu uma tipografia e passou a imprimir os volumes da *Ensiqlopédia*.

Morreu em 2 de maio de 1883, vítima de tuberculose.

Cronologia

1801 Assinatura do Tratado de Badajoz, entre Portugal, Espanha e França, estabelecendo, entre outras cláusulas, novas fronteiras entre o Brasil e a Guiana Francesa.

1808 Chegada da família real ao Brasil.
Abertura dos portos às nações amigas.
Impresso em Londres, por Hipólito da Costa, o *Correio Braziliense*, primeiro jornal em língua portuguesa a circular no Brasil.
Começa a funcionar a Imprensa Régia, com a *Gazeta do Rio de Janeiro.*
Estima-se em 80 mil pessoas a população do Rio de Janeiro.

1809 Tropas luso-brasileiras tomam da França a Guiana Francesa.

1810 Desfazendo-se de seus próprios livros (60 mil volumes), trazidos de Portugal, d. João funda a Real Biblioteca, nossa primeira biblioteca, instalada em uma parte do Hospital da Ordem Terceira do Carmo. Em 1814, é aberta ao público.

1811 Nasce Gonçalves de Magalhães.
Começa a funcionar o Teatro do Palácio em São Paulo (no Palácio do Governo).
Criação do Jardim Botânico.

1813 É criado no Rio de Janeiro o Real Teatro de São João, no Largo do Rocio, onde hoje se localiza o Teatro João Caetano, na Praça Tiradentes.

1814 Morre o escultor Antônio Francisco Lisboa, o Aleijadinho.

1815 O Brasil é elevado à categoria de Reino Unido de Portugal e Algarves.
As Capitanias passam a ser tratadas por Províncias.
Nasce Martins Pena.

1816 Chega ao Brasil, no dia 26 de março, uma missão francesa, trazendo vários artistas, entre eles Grandjean de Montigny, os irmãos Taunay, Saint-Hilaire e Debret.
Surge um serviço de carruagem a cavalo, ligando o centro do Rio ao bairro de Botafogo.

1817 Tem início a Revolução Pernambucana.
Inauguração do Teatro União, em São Luís do Maranhão, hoje chamado de Teatro Arthur Azevedo.

1818 O príncipe regente d. João VI é coroado rei.

1820 Primeiro livro de música publicado no Brasil: *Notícia histórica da vida e das obras de Joseph Haydn*.
Inauguração da Casa da Ópera em Sabará (MG). É um dos mais antigos teatros brasileiros ainda existentes.

1821 A Banda Oriental, atual Uruguai, é anexada ao Brasil com o nome de Província Cisplatina.
Retorno da corte portuguesa ao país de origem.

1822 Independência do Brasil.
Insurreição pela independência brasileira na Bahia.
O ministério da Justiça é criado (o primeiro da história brasileira).

1823 Fim da guerra de independência nas províncias do Piauí (24 de janeiro), Bahia (18 de julho), Maranhão (20 de julho) e Pará (agosto).
A Assembleia Geral Constituinte e Legislativa do Império é dissolvida.
O Conselho de Estado é criado.
Os brasileiros tomam a cidade de Montevidéu, no Uruguai.
A primeira Constituição é aprovada pelo Senado.
É aberto o Teatro do Plácido, próximo ao Real Teatro de São João.

1824 É outorgada a primeira Constituição brasileira.
Tem início a colonização alemã no Brasil.
Confederação do Equador, em Pernambuco.

Incêndio no Real Teatro de São João.
1825 O Brasil entra em guerra com a Argentina pela disputa da Província Cisplatina.
Nasce d. Pedro de Alcântara, futuro d. Pedro II.
Portugal reconhece a independência do Brasil.
1826 Morre d. João VI em Portugal.
A Grã-Bretanha reconhece a independência do Brasil.
A França reconhece a independência do Brasil.
Instalada a Academia Imperial das Belas-Artes, com o nome Escola de Artes.
É reaberto o Real Teatro de São João, com o nome de Imperial Teatro de São Pedro de Alcântara.
1827 Vitória da Argentina sobre o Brasil na Guerra da Cisplatina.
São criados cursos de Direito em São Paulo e Olinda.
Começa a circular o *Jornal do Commercio.*
Inaugurado o Teatro da Vila Real da Praia Grande (Niterói, RJ), hoje Teatro João Caetano.
1829 Termina a guerra Cisplatina. Criada a República do Uruguai.
Morre a imperatriz Leopoldina, aos 29 anos de idade.
O Banco do Brasil é liquidado judicialmente.
D. Pedro I casa-se com d. Amélia de Beauharnais.
A primeira Exposição de Belas-Artes é realizada no Rio de Janeiro.
O Teatro São Pedro é fechado com a morte do empresário Fernando José de Almeida.
Nasce José de Alencar.
Nasce Qorpo-Santo.
1830 O tráfico de escravos é considerado ilegal.
O jornalista Líbero Badaró é assassinado.
Morre o padre José Maurício de Sousa, importante compositor brasileiro.
João Caetano estreia no palco do Teatro São Pedro.
1831 Noite das Garrafadas entre lusitanos e brasileiros.
D. Pedro I abdica em favor de seu filho d. Pedro II, então com oito anos.
Constituição da Primeira Regência Trina Provisória e depois, Regência Trina Permanente.

Lei declara livres todos os escravos que entrassem no Brasil após esta data.
O Teatro São Pedro é rebatizado como Teatro Constitucional Fluminense.
Nasce Álvares de Azevedo.
1832 Guerra dos Cabanos.
É construído o Teatro São Francisco de Paulo, na rua São Francisco de Paulo (rua do Teatro), esquina com a rua do Cano, projetado pela arquiteto francês Grandjean de Montigny.
O Teatro da Praia de Dom Manuel é aberto na Praia de Dom Manuel, área onde hoje se localiza o Fórum do Rio.
1833 José Bonifácio é destituído do cargo de tutor de d. Pedro II.
Em São Paulo é lançada a *Revista da Sociedade Filomática*, da qual consta o primeiro trabalho teórico brasileiro sobre o gênero tragédia.
Em Niterói, João Caetano funda a primeira companhia teatral brasileira.
Martins Pena escreve sua primeira comédia, *Um sertanejo na corte*. (Data aproximada.)
1834 É proclamado o primeiro Código de Posturas Urbanas.
O Ato Adicional estabelece a eleição de um só regente.
Revolta da Cabanagem, no Pará.
Revolta das Cameiradas, em Recife.
A escravidão é abolida em todo o Império Britânico.
Debret e Rugendas publicam livros com o mesmo título: *Viagem pitoresca ao Brasil*.
D. Pedro I morre em Queluz, Portugal.
1835 Regência Una com a eleição de Diogo Antônio Feijó.
Tem início a Guerra dos Farrapos, no Rio Grande do Sul.
Eclode entre os escravos a Revolta dos Malês, na Bahia.
1836 O Teatro da Praia de Dom Manuel passa a se chamar Teatro de São Januário.
É publicada em Paris a revista *Nitheroy*, inaugurando o movimento romântico brasileiro.
Justiniano José da Rocha dá início à crítica teatral nacional no jornal *O Cronista*.
1837 Inicia-se o sistema de transportes, ligando o centro do

Rio a São Cristóvão, Engenho Velho e Botafogo. Os *omnibus*, expressão francesa, eram puxados por muares.
É criado o Real Gabinete Português de Leitura.
Tem início a revolta conhecida como Sabinada, na Bahia, contra as péssimas condições econômicas e o centralismo do Império.
Gonçalves de Magalhães traduz *Otelo*, na versão francesa de Jean-François Ducis, para João Caetano.
Martins Pena escreve seu primeiro drama, *Fernando ou O cinto acusador.* (Data aproximada.)

1838 É criado o Instituto Histórico e Geográfico Brasileiro.
São encenados a comédia *O juiz de paz da roça*, de autoria de Martins Pena, e o drama *Antônio José ou O poeta e a inquisição*, de Gonçalves de Magalhães, ambos pela Companhia João Caetano.
Martins Pena escreve seu segundo drama, *D. João Lira ou O repto.*
Tem início a Balaiada, no Maranhão.
Rebelião de escravos nas fazendas do capitão-mor Manuel Francisco Xavier, em Vassouras (RJ).
Nasce França Júnior.

1839 Proclamada a República Juliana, um estado republicano no atual estado de Santa Catarina, derrotada no mesmo ano.
Manuel Congo, líder de levante de escravos, é enforcado no Rio de Janeiro.
Estreia de outro drama histórico de Gonçalves de Magalhães, *Olgiato.*
Martins Pena escreve seus dramas *Itaminda ou O guerreiro de Tupã* e *D. Leonor Teles.*
Nasce Machado de Assis.
Nasce Casimiro de Abreu.

1840 O Rio de Janeiro tem 200 mil habitantes.
É iniciado o calçamento e a limpeza das ruas do centro da corte.
D. Pedro II assume o trono do Brasil, com apenas catorze anos de idade.
É encenada a comédia *A família e a festa da roça*, de Martins Pena. (Data aproximada.)

1841 D. Pedro II é aclamado e coroado como o segundo imperador brasileiro.
Reaberto o Teatro São Luís, com João Caetano na peça *Os dois renegados*, de Mendes Leal.
Único drama de Martins Pena representado: *Vitiza ou o Nero da Espanha*.
Nasce Fagundes Varela.

1842 Revolta Liberal em Minas Gerais e São Paulo.
É fundada a Bolsa de Valores do Rio de Janeiro.
Estabelecimento do selo postal.

1843 D. Pedro II casa-se com a princesa Teresa Cristina Maria de Bourbon.
É proclamada a Confederação do Equador.
Em Portugal, Gonçalves Dias escreve seu primeiro drama, *Patkul*.
Criação do Conservatório Dramático Brasileiro, com o intuito de incentivar a dramaturgia nacional, estabelecer parâmetros para peças nacionais e estrangeiras e dirigir os trabalhos cênicos através dos "grandes preceitos da arte". O presidente do Conservatório era o português naturalizado Diogo Soares da Silva Bivar. Martins Pena era o Segundo Secretário do Conservatório.

1844 O governo brasileiro reconhece a independência do Paraguai.
Joaquim Manuel de Macedo publica o romance *A moreninha*.
Martins Pena escreve as comédias de *O Judas em sábado de Aleluia* e *Os irmãos das almas*.

1845 A Inglaterra promulga a lei conhecida por *Bill Aberdeen*, que lhe dá o direito de aprisionar qualquer embarcação que traficasse escravos.
Fim da Guerra dos Farrapos e da República Rio-Grandense.
Começa a funcionar o Cassino Fluminense (teatro).
Gonçalves Dias compõe mais um drama romântico, *Beatriz Cenci*.
Ano de sucesso para Martins Pena. Dele representam-se *O noviço, Os dois ou O inglês maquinista, O di-*

letante, *O namorador ou A noite de São João*, *Os três médicos*, *O cigano*, *O caixeiro da taverna*, *Bolyngbrock e cia ou As casadas solteiras* e *Quem casa quer casa*.

1846 A primeira lei eleitoral, elaborada pelo Poder Legislativo, é assinada pelo imperador.

O primeiro baile carnavalesco à fantasia tem lugar no Teatro São Januário do Rio de Janeiro.

Martins Pena escreve folhetins para o *Jornal do Commercio* e encena as comédias *Os meirinhos*, *As desgraças de uma criança*, *Os ciúmes de um pedestre ou O terrível capitão do mato*, *Um segredo de Estado* e *A barriga de meu tio*. (Data aproximada.)

Gonçalves Dias, já no Brasil, publica *Primeiros cantos* (livro de poesias) e escreve o drama *Leonor de Mendonça*.

Inauguração do Teatro Apolo, em Recife.

1847 Inauguração do Teatro Tivoly, no Rio de Janeiro, ligado ao Conservatório Dramático Brasileiro.

A Sociedade Beneficente Musical transforma-se em Conservatório Nacional de Música.

Nasce Castro Alves.

1848 O português José Paredes sai pela primeira vez às ruas do Rio de Janeiro tocando um bumbo, criando o personagem carnavalesco Zé Pereira.

Revolta Praieira em Pernambuco.

Gonçalves Dias escreve folhetins teatrais para o *Correio da Manhã*.

Morre Martins Pena.

1849 Uma revolta de escravos acontece no Espírito Santo.

De Joaquim Manuel de Macedo, é encenado o drama *O cego*.

1850 Fim da Revolução Praieira.

A Lei Eusébio de Queiroz acaba com o tráfico de escravos.

A Lei de Terras é promulgada.

Chegam ao Rio de Janeiro os bondes puxados por cavalos.

Gonçalves Dias escreve seu último drama, *Boabdil*.

Inauguração do Teatro Santa Isabel, em Recife.

1851 É estabelecida a primeira linha de navios a vapor fazendo a rota Liverpool-Rio de Janeiro-Buenos Aires. A regularidade de 28 dias na navegação do vapor (mesma duração do intervalo entre os ciclos menstruais da mulher) levou a população a apelidá-lo de paquete.
João Caetano instala-se no Teatro São Pedro de Alcântara e passa a receber auxílio do governo.
O Teatro São Pedro pega fogo.

1852 Inauguração da primeira linha telegráfica no Brasil.
Iniciada a construção da primeira ferrovia brasileira, a Estrada de Ferro Mauá, pelo empresário Irineu Evangelista de Souza, o Barão de Mauá.
Outro trabalho de Joaquim Manuel de Macedo, o drama indianista *Cobé*.
Data presumida da elaboração do drama *Macário*, de Álvares de Azevedo.
Inauguração do Teatro Provisório na corte com a ópera *Macbeth*, de Verdi.
Morre Álvares de Azevedo.

1853 É restabelecido o Banco do Brasil.

1854 A partir de uma iniciativa de Mauá, a iluminação a gás é inaugurada no centro do Rio de Janeiro.
A Estrada de Ferro Mauá une o porto de Mauá, atual Magé, com a Raiz da Serra.
José de Alencar escreve folhetins para *O Mercantil*.
Composta a "Canção do exílio", de Casimiro de Abreu.
Publicado o romance *Memórias de um sargento de milícias*, de Manuel Antônio de Almeida.
Lançada a primeira "revista ilustrada" no Brasil, *A Ilustração Brasileira* (editada durante um ano por Ciro Cardoso de Menezes). Tempo depois haverá outro periódico de mesmo nome, mais longevo.
O dramaturgo baiano Agrário de Menezes escreve seu primeiro drama, intitulado *Matilde*.
O Teatro Provisório passa a se chamar Lírico Fluminense (existiu até 1875).

1855 É fundado o Congresso das Sumidades Carnavalescas, de onde surgirá a primeira sociedade carnavalesca, os Zuavos Carnavalescos e, mais tarde, os Tenentes do Diabo.

José de Alencar escreve no *Jornal do Commercio*.
Abertura do Teatro Ginásio Dramático, antigo Teatro São Francisco de Paula, marcando a chegada do drama realista ao Brasil. O empresário é Joaquim Heleodoro Gomes dos Santos. O francês Emile Doux é contratado como ensaiador.
Nasce Artur Azevedo.
Estreia de Machado de Assis como jornalista.

1856 Novo incêndio destrói o Imperial Teatro São Pedro de Alcântara.
Romance de José de Alencar, *Cinco minutos*.
Romance de Macedo, *O fantasma branco*.
Única peça, um drama, de Casemiro de Abreu, *Camões e Jau*, é encenada em Lisboa.
Publicação do poema épico indianista de Gonçalves de Magalhães *A Confederação dos Tamoios*, que gera polêmica com José de Alencar.

1857 É contratada uma companhia para instalar um sistema domiciliar de esgoto na corte.
Alencar publica o romance *O guarani*. No teatro, começa sua carreira e tem encenadas pela companhia do Ginásio Dramático as comédias realistas *O demônio familiar*, *O Rio de Janeiro, verso e reverso* e *O crédito*.
Nasce no Maranhão Aluísio Azevedo.

1858 É inaugurado o primeiro trecho da Estrada de Ferro D. Pedro II, atual Central do Brasil.
Surge o Corpo de Bombeiros da corte.
Encenada *O primo da Califórnia*, comédia de Joaquim Manuel de Macedo.
Publicação de *Calabar*, drama histórico de Agrário de Menezes.
Estreia de *As asas de um anjo*, de Alencar.
Estreia no Teatro Ginásio Dramático daquele que virá a ser o grande ator realista no Brasil, o português Furtado Coelho.
Inaugurado o Teatro São Pedro, em Porto Alegre.

1859 Machado de Assis escreve críticas teatrais para *O Espelho*. Escreve também o libreto para a ópera *Pipelet*, com música de Ermanno Wolf-Ferrari.

Alencar escreve o drama *Mãe*, no qual discute a questão da escravidão.
Encenada a primeira revista brasileira, *As surpresas do sr. José da Piedade*, de Justiniano de Figueiredo Novaes.
Casimiro de Abreu publica seu único livro de poesias: *Primaveras*.
Inauguração, no Rio de Janeiro, do Teatro Alcazar Lyrique, na rua da Vala, idealizado pelo francês Joseph Arnaud.

1860 A *Semana Ilustrada* difunde a impressão em cores.
Inauguração do Teatro Leopoldina, no Rio de Janeiro.
Inauguração do Teatro Variedades, também no Rio, com a peça *Dalila*, de Otávio Feuillet, com Furtado Coelho. Encenam, na sequência, *Onfália*, de Quintino Bocaiúva.
Encenadas novas peças de Joaquim Manuel de Macedo: *O novo Otelo* e *Luxo e vaidade*, com a nova companhia que surge da união do Teatro de Variedades e do Ginásio — Companhia Dramática Nacional, encabeçada por Furtado Coelho e pela atriz portuguesa Eugênia Câmara.
Bernardo Guimarães apresenta o drama *A voz do pajé*.
Publicada a primeira peça escrita por Machado de Assis, *Hoje avental, amanhã luva*.
Encenada *As asas de um anjo*, comédia de José de Alencar, bem como a comédia lírica *A noite de São João*.
Morre Casimiro de Abreu.

1861 Inauguração da estrada de rodagem União e Indústria, ligando Petrópolis a Juiz de Fora.
Pedro II desapropria fazendas, onde hoje se localiza a Floresta da Tijuca, e nomeia o engenheiro Manuel Archer, que, ajudado por seis escravos, refloresta a área.
Estreia da obra *A noite do castelo*, de Carlos Gomes, no Teatro Lírico Fluminense.
Sai o livro de poesias *Noturnas*, de Fagundes Varela.
Encenado em Recife o drama *Um mistério de família*, de Franklin Távora.
Em São Paulo, Paulo Eiró escreve e encena seu drama *Sangue limpo*.

Na corte, José de Alencar compõe a peça *O jesuíta* para João Caetano, que, no entanto, não a encena.
No Ginásio, várias peças realistas brasileiras sobem à cena. São elas: *O cínico*, de Sizenando Nabuco, *Os mineiros da desgraça*, de Quintino Bocaiúva, *A torre em concurso*, de Joaquim Manuel de Macedo, *Sete de Setembro*, de Valentim José da Silveira Lopes, *História de uma moça rica*, de Pinheiro Guimarães, e *A resignação*, de Aquiles Varejão.
França Júnior escreve e tem representadas, em São Paulo, suas primeiras comédias: *Meia-hora de cinismo* e *A república modelo*.

1862 Começa a circular o *Diário Oficial*.
Joaquim Manuel de Macedo publica *Um passeio pela cidade do Rio de Janeiro*.
Novo livro de Varela: *O estandarte auriverde*.
José de Alencar vê encenado seu drama *Mãe*. Publicados seus romances *As minas de prata* e *Lucíola*.
João Caetano publica as *Lições dramáticas*, um manual para atores.
No Ginásio, novos autores e novas peças. Entre as principais: *Tipos da atualidade*, de França Júnior, e *Lusbela*, de Joaquim Manuel de Macedo.
Outro teatro, O Ateneu Dramático (antigo Teatro São Januário), passa a se dedicar também ao repertório realista. Encena *O que é o casamento*, de Alencar, *O caminho da porta* e *O protocolo*, de Machado de Assis.
Machado entra para o Conservatório Dramático como censor.
Novas comédias de França Júnior são encenadas, ainda em São Paulo: *Tipos da atualidade* e *Ingleses na costa*.

1863 Varela publica o livro de poesias *Cântico do calvário*.
Morre João Caetano.
Agrário de Menezes compõe mais um drama histórico: *Bartolomeu de Gusmão*.
Surgimento de uma dramaturga brasileira, Maria Ribeiro, com o drama *Gabriela*.
O Ateneu Dramático volta a se chamar Teatro São Januário.

Inaugurado no Rio de Janeiro o Teatro Eldorado como café concerto nos jardins do Hotel Brisson. Em quase cem anos de atividades recebeu os nomes Teatro Jardim de Flora, Teatro Recreio do Comércio, Teatro Phenix Dramática, Teatro Variedades Dramáticas, Teatro Ópera e Teatro Fênix (em 1948).
A comédia de Machado de Assis *Quase ministro* é representada por um grupo amador.
Data provável para a composição das peças de Qorpo-Santo.
Nasce Raul Pompeia.

1864 Tem início a Guerra do Paraguai.
A princesa Isabel casa-se com o conde d'Eu.
Alencar publica o romance *Diva*.
Nasce Coelho Neto.
Inaugurado o Teatro São José em São Paulo.
Dissolução do Conservatório Dramático Brasileiro.

1865 A Rio de Janeiro Gás Company Limited é autorizada a funcionar produzindo e distribuindo gás na cidade em âmbito industrial.
Começa a circular o jornal *Gazeta de Notícias*.
Novo livro de poesias de Fagundes Varela, *Cantos e fantasias*.
Alencar surge com o romance *Iracema*.
Novo drama de Maria Ribeiro, *Os cancros sociais*, montado por Furtado Coelho no Ginásio Dramático.
Estreia da opereta de Offenbach, *Orphée aux Enfers*, no teatro Alcazar Lyrique. O espetáculo marca a virada do teatro brasileiro em direção ao teatro musicado, que fará enorme sucesso nos anos seguintes.
Encenada a comédia de Machado de Assis *Os deuses de casaca*.

1866 Primeiro livro de poesia de Castro Alves, *Hebreia*.

1867 Castro Alves escreve a peça *Gonzaga ou A Revolução de Minas*, um drama histórico.

1868 A primeira linha de bondes no país é inaugurada na corte.
Data provável da peça *A morte do capitão-mor*, de Fagundes Varela.

Castro Alves muda-se para São Paulo, acompanhando a atriz Eugênia Câmara.
Publicada a peça *A expiação*, drama de José de Alencar.

1869 Publicação de *Cantos meridionais*, poesias de Fagundes Varela.
Franklin Távora publica o romance *Um casamento no arrabalde*.
Data provável para composição do drama inacabado de Castro Alves, *Don Juan ou A prole dos saturnos*.

1870 Com a morte de Solano Lopez tem fim da Guerra do Paraguai.
Tem início a imigração italiana para o Brasil.
Furtado Coelho funda no Rio de Janeiro o Teatro São Luiz, apresentando a peça *A morgadinha de Val-Flor*, drama de Pinheiro Chagas.
O jornal carioca *A república* publica o Manifesto Republicano.
Castro Alves escreve *Espumas flutuantes*, livro de poesias que traz como anexo o poema-dramático *Uma página da Escola Realista*.
Primeiras comédias de França Júnior escritas na corte: *O defeito de família* e *Direito por linhas tortas*.
Alencar publica *O gaúcho* e *A pata da gazela*.

1871 Lei do Ventre Livre liberta os filhos de escravos.
Morre Castro Alves.
Nova comédia de França Júnior, *Amor com amor se paga*.
Inaugurado no Rio de Janeiro o Teatro D. Pedro II, no espaço que havia sido o Circo Olímpico.
Recriado o Conservatório Dramático Brasileiro.

1872 O Brasil contava com uma população de 10 milhões de habitantes e apenas 150 mil alunos matriculados em escolas primárias. O índice de analfabetismo era de 66,4%.
É adotado o sistema métrico decimal em todo o Brasil.
Eclode uma revolta chamada de "Motim do quebra quilo", em função da adoção do sistema métrico decimal.
Início da Questão Religiosa, um conflito entre a Igreja Católica e a maçonaria no país.
Artur Azevedo escreve sua primeira comédia, *Amor por anexins*. (Data aproximada.)

1873 Com o objetivo de discutir a criação do Partido Republicano, realiza-se a Convenção de Itu.
Artur Azevedo chega ao Rio de Janeiro.
Inaugurado o Teatro Provisório em São Paulo (que depois será nomeado como Ginásio Dramático, Teatro Minerva e Teatro Apolo).

1874 O imperador d. Pedro II envia a primeira mensagem por cabo submarino aos presidentes da Bahia, de Pernambuco e do Pará.
O registro civil de nascimentos, casamentos e óbitos no país é criado de maneira formal.
Machado publica o romance *A mão e a luva*.
Inaugurado Teatro Vaudeville no Rio de Janeiro.

1875 O Teatro D. Pedro II muda de nome para Teatro Imperial D. Pedro II.
Publicada a peça *O jesuíta*, drama de José de Alencar, e seus romances *Senhora* e *O sertanejo*.
Bernardo Guimarães publica *A escrava Isaura*.
Morre Fagundes Varela.

1876 É criada a Sociedade de Simpatizantes do Positivismo.
O escravo negro Francisco é enforcado em praça pública na cidade de Pilar das Alagoas e torna-se a última pessoa a receber a pena de morte no Brasil.
Franklin Távora publica o romance *O cabeleira*.
Início da publicação da *Revista Ilustrada*, editada por Angelo Agostini.
Representada a peça de Machado de Assis *Tu só, tu, puro amor...* Machado publica o romance *Helena*.
Encenada a paródia de Artur Azevedo *A filha de Maria Angu*.
Inaugurado o Teatro Imperial D. Pedro II.
Inauguração do Teatro São João na cidade de Lapa (PR).

1877 É instalada a primeira linha de telefone do Rio de Janeiro e de toda a América do Sul.
A Estrada de Ferro D. Pedro II, atual Central do Brasil, chega a São Paulo.
Encenadas as paródias de Artur Azevedo *Abel e Helena* e *A casadinha de fresco*.

O Alcazar Lyrique passa a se chamar Teatro Dona Izabel. Continua em atividade até 1880.
Morre José de Alencar.
Estreou a comédia de França Júnior *Entrei para o Club Jácome.*

1878 Criada a Companhia de Carris Urbanos, resultado da agregação de várias empresas de pequeno porte.
É iniciada, a partir do rio Douro, a distribuição de água encanada para 8 mil residências da capital do país.
Entra em operação a ferrovia Rio-São Paulo.
Joaquim Manuel de Macedo publica *Memórias da rua do Ouvidor.*
A revista *O Besouro* publica as primeiras fotografias da imprensa brasileira.
Franklin Távora publica o romance *O matuto.*
Inauguração do Teatro Santana, no Rio de Janeiro. Antigo Teatro Casino Franco-Brésilien. Em 1905, passou a chamar-se Teatro Carlos Gomes e ser de propriedade de Pascoal Segretto, o "ministro das diversões", como era chamado.
Publicada a comédia de Machado de Assis *Antes da missa.*
Encenada a primeira revista de Artur Azevedo, com Lino d'Assunção e música de Gomes Cardim, *O Rio de Janeiro em 1877.*
Inauguração do Teatro da Paz, em Belém do Pará.

1879 França Júnior e Artur Azevedo escrevem a revista *Tal Qual Lá.*

1880 A Sociedade Brasileira Contra a Escravidão é fundada por Joaquim Nabuco.
O tráfico dos escravos entre estados é proibido.
O ator Furtado Coelho abre no Rio de Janeiro o Teatro Lucinda, em homenagem à sua esposa, a atriz Lucinda Simões. Depois de um rápido período em que se chamou Teatro de Variedades, o teatro retomou seu nome original e permaneceu em atividade até 1909, quando foi vendido.

1881 A legislação eleitoral é reformada.
Inaugurado no Rio de Janeiro o Teatro Príncipe Imperial com a peça *O solar da rocha azul*, de Eduardo

Garrido. Mais tarde seu nome foi trocado para Teatro de Variedades e Teatro São José.

A Sociedade de Simpatizantes do Positivismo transforma-se em Igreja Positivista do Brasil.

Nasce no Rio de Janeiro João Paulo Alberto Coelho Barreto, o João do Rio.

Publicado com grande escândalo o romance naturalista *O mulato*, de Aluísio Azevedo.

Machado publica o romance *Memórias póstumas de Brás Cubas*.

1882 Morre Gonçalves de Magalhães, em Roma.

Encenada a comédia de Artur e Aluísio Azevedo *A casa de Orates*.

Artur Azevedo vê censurado pelo Conservatório seu *O escravocrata*, drama em três atos escrito em colaboração com Urbano Duarte.

Representadas no Recreio Dramático as comédias de França Júnior *Caiu o ministério*, *Três candidatos*, *Um carnaval no Rio*, *Como se fazia um deputado* e *O tipo brasileiro*.

Nasce Monteiro Lobato.

1883 Instalada a luz elétrica na cidade de Campos, a primeira em todo o Brasil a contar com esse melhoramento.

Aluísio Azevedo publica o romance *Casa de pensão*.

Franklin Távora organiza com outros literatos a Associação dos Homens de Letras do Brasil, projeto ressurgido em 1897 sob o comando de Machado de Assis com o nome de Academia Brasileira de Letras.

Publicada a comédia de França Júnior *Dois proveitos num saco*.

Morre Qorpo-Santo.

1884 O Ceará é o primeiro estado brasileiro a abolir a escravatura.

Abolição dos escravos na província do Amazonas.

Os últimos escravos brasileiros são libertados em Porto Alegre.

Começa a circular o jornal *O País*.

O romance *Casa de pensão* é adaptado para o teatro pelo próprio autor.

Representada a comédia de França Júnior *De Petrópolis a Paris*.

Inauguração do Teatro Sete de Setembro em Penedo (AL).

1885 É promulgada a Lei Saraiva-Cotegipe, também conhecida como Lei dos Sexagenários, que liberta os escravos com mais de 65 anos.

Aluísio Azevedo escreve, em parceria com o autor francês radicado no Brasil Emilio Rouède, o drama *Venenos que curam* (depois rebatizado como *Lição para maridos*).

Representada no Teatro Santana a revista de ano de Artur Azevedo e Moreira Sampaio *Cocota*, a primeira obra do gênero a fazer sucesso.

Publicada a comédia de França Júnior *A lotação de bondes*.

1886 É assinado um contrato com a City Improvements Company para dotar a cidade de uma rede de esgotos.

Aluísio e Rouède escrevem novos dramas: *O caboclo* e *A adúltera*.

O Teatro Príncipe Imperial passa a chamar-se Éden Fluminense.

A atriz francesa Sarah Bernhardt apresenta-se pela primeira vez no Brasil, passando por Rio de Janeiro, São Paulo e Campinas (SP).

Representada a revista de ano *O bilontra*, de Artur Azevedo e Moreira Sampaio.

O Teatro São Luiz encerra suas atividades.

1887 Estreia da burleta de Aluísio Azevedo *Macaquinhos no sótão*.

O teatro Éden Fluminense passa a chamar-se Recreio Fluminense. Em 1903, passará a chamar-se Teatro São José.

Representada a revista de ano *Mercúrio*, de Artur Azevedo e Moreira Sampaio.

Extinção definitiva do Conservatório Dramático Brasileiro.

1888 A Lei Áurea abole a escravidão no Brasil.

Morre Franklin Távora.

Representada a revista de ano *O homem*, de Artur Azevedo e Moreira Sampaio.

Raul Pompeia publica *O Ateneu*.

1889 O marechal Deodoro da Fonseca proclama a república.
D. Pedro II e sua família embarcam para a Europa.
É criada uma nova bandeira para o Brasil.
Os alunos matriculados nas escolas correspondem a 12% da população em idade escolar.
A primeira demonstração do fonógrafo é feita no Rio de Janeiro.
Aluísio e Artur encenam a revista fantástica *Fritzmac*.
Encenada a comédia de França Júnior *As doutoras*.
Inauguração do Teatro Santa Roza, na cidade da Paraíba (atual João Pessoa).
Inauguração do Teatro de Pirenópolis, em Goiás.

1890 O índice de analfabetismo no Brasil é de 67,2%.
O ministro da Fazenda Rui Barbosa manda queimar todos os registros sobre a escravidão no Brasil.
A data da morte de Tiradentes torna-se feriado nacional.
A Bolsa de Valores de São Paulo é fundada por Emílio Rangel Pestana.
A pena de morte é extinta no país.
O jogo do bicho é criado pelo diretor do Zoológico do Rio de Janeiro.
Aluísio e Artur levam à cena a revista *A república*.
Aluísio publica seu novo romance: *O cortiço*.
Encenada a comédia de França Júnior *Portugueses às direitas*.
O Teatro Imperial D. Pedro II muda de nome para Teatro Lírico (foi demolido em 1934).
Inauguração no Rio de Janeiro do Teatro Apolo, construído todo em estrutura metálica fabricada na Europa a partir de projeto da Casa Eifel.
Inaugurado o Teatro Treze de Maio, em Santa Maria (RS).

1891 É promulgada a primeira Constituição da República.
A Assembleia Constituinte elege o marechal Deodoro da Fonseca presidente e o marechal Floriano Peixoto, vice.
Deodoro da Fonseca dissolve o Congresso e decreta estado de sítio.
Deodoro da Fonseca renuncia à presidência e assume seu vice, marechal Floriano Peixoto.
A rua do Ouvidor é a primeira a receber iluminação

elétrica na cidade do Rio de Janeiro. Começa a circular *O Jornal do Brasil.*
O primeiro automóvel chega ao país.
Morre d. Pedro II, de pneumonia, em Paris.
Artur Azevedo encena a revista *Viagem ao Parnaso.*

1892 O militar Cândido Rondon inicia a instalação de linhas telegráficas no interior do Brasil.
Entra em atividade o bonde elétrico.
Operários realizam o primeiro Congresso Socialista Brasileiro, no Rio de Janeiro.
O Viaduto do Chá é inaugurado na cidade de São Paulo.
Por determinação do governo, o carnaval é transferido para o mês de junho, por ser menos insalubre. Nesse ano a data é comemorada duas vezes: na época habitual e em junho.
Artur Azevedo encena a revista *O tribofe.*
Machado publica o romance *Quincas Borba.*
Inaugurado o Teatro Politeama Nacional em São Paulo.

1893 No Rio Grande do Sul, eclode a Revolta Federalista.
O beato Antônio Conselheiro funda, no sertão da Bahia, o Arraial de Canudos.
Sarah Bernhardt apresenta-se, pela segunda vez, no Teatro Lírico, agora nome oficial da casa.
A cidade do Rio de Janeiro é bombardeada: é a Revolta da Armada contra a posse de Floriano Peixoto, chefiada pelo contra-almirante Custódio de Melo.
Fundada a Escola Politécnica, em São Paulo.
Nova turnê de Sarah Bernhardt no Brasil. Ela voltaria ainda uma última vez, em 1905.
Inauguração do Teatro Municipal de São João Del Rey.
Nasce Mário de Andrade.

1894 O paulista Prudente de Moraes assume a presidência da República.
Charles Miller organiza em São Paulo a primeira partida de futebol do Brasil, entre funcionários de duas empresas inglesas sediadas na cidade.
É inaugurada a Confeitaria Colombo, no Rio de Janeiro.

1895 Criado o Museu Paulista.

É criada a Escola de Engenharia do Mackenzie College, em São Paulo.
O Dia Internacional dos Trabalhadores é comemorado pela primeira vez no país, em Santos (SP).
Sai o último romance de Aluísio Azevedo, *Livro de uma sogra*.
Artur Azevedo encena a revista *O major*.
Morre Raul Pompeia.

1896 É fundada a Academia Brasileira de Letras, por Machado de Assis e outros.
Paschoal Segreto e José Roberto da Cunha Sales exibem pela primeira vez no Brasil, apenas sete meses depois dos irmãos Lumière em Paris, um filme.
O Aqueduto da Lapa passa a servir como passagem de bonde.
Tem início a Guerra de Canudos, com a primeira expedição militar totalmente massacrada pelos seguidores de Antônio Conselheiro.
Representada por amadores a comédia de Machado de Assis *Não consultes médico*.
Em 31 de dezembro é inaugurado o Teatro Amazonas, em Manaus.
Artur Azevedo encena a revista *A fantasia*.

1897 Morre Antônio Conselheiro, e Canudos é totalmente destruída.
A capital do estado de Minas Gerais é transferida de Ouro Preto para a Cidade de Minas, rebatizada como Belo Horizonte.
O Morro da Providência passa a ser conhecido como Morro da Favela ao se tornar uma concentração de moradias precárias erguidas pelos militares de baixa hierarquia retornados da Guerra de Canudos (favela era uma planta típica da região do sertão).
É inaugurada a primeira sala de exibição de filmes no Brasil, por Paschoal Segretto e José Roberto Cunha Salles, na rua do Ouvidor, o Salão de Novidades Paris.
Projetores denominados Animatographo, Cineographo, Vidamographo, Biographo, Vistascopio e Cinematographo são usados no Rio e em São Paulo.

As serpentinas e os confetes, trazidos da Europa, são introduzidos no carnaval carioca.

Aluísio Azevedo é eleito para a ABL.

Representada a comédia-opereta *A capital federal*, de Artur Azevedo.

1898 O paulista Campos Sales é nomeado presidente da República.

Afonso Segreto, em 19 de junho, a bordo do paquete francês *Brèsil*, realiza a primeira filmagem em território nacional, *Fortaleza e navios de guerra na Baía da Guanabara*. Entusiasmado com as imagens da Baía da Guanabara, Segreto registra, em 29 de junho, o cortejo que conduzia ao cemitério os despojos do presidente Floriano Peixoto.

Santos Dumont sobrevoa Paris a bordo do primeiro balão, chamado *Brasil*.

Artur Azevedo encena a revista *O jagunço*.

O Teatro São José, em São Paulo, é destruído em um incêndio.

1899 A primeira República do Acre, também conhecida como Estado Independente do Acre (nome oficial), é proclamada.

É criado, em São Paulo, o Instituto Biológico, conhecido como Butantã, cuja direção foi confiada a Vital Brasil.

Começa a funcionar na cidade do Rio de Janeiro o sistema telefônico.

Chiquinha Gonzaga compõe *Ô abre alas*.

Publicado na imprensa o primeiro trabalho de João do Rio.

Artur Azevedo encena a revista *Gavroche*.

Coelho Neto publica o romance *A conquista*.

Referências bibliográficas

Artur Azevedo

ABREU, Brício de. *Esses populares tão desconhecidos.* Rio de Janeiro: Raposo Carneiro, 1963.

AGUIAR, Flávio. "A máscara da melancolia". In: *Antologia de comédia de costumes.* São Paulo: Martins Fontes, 2002.

ARAÚJO, Antonio Martins de. "Artur Azevedo: Homo politicus". In: NUÑEZ, Carlinda Fragale Patê. *O teatro através da história.* Rio de Janeiro: Centro Cultural Banco do Brasil/ Entourage Produções Artísticas, 1994.

———. "Como nasceu o teatro de Artur Azevedo". In: AZEVEDO, Artur. *Teatro de Artur Azevedo* (tomo VI). Rio de Janeiro: Funarte, 1995.

AZEVEDO, Artur. *Teatro de Artur Azevedo* (6 vols). Rio de Janeiro: Funarte, 1995.

———. "França Júnior". In: FRANÇA JR., Joaquim José de. *Teatro de França Júnior* (tomo I). Rio de Janeiro: Serviço Nacional de Teatro/Fundação Nacional de Arte, 1980.

———. "Ao provecto ator Antonio José Areias". In: *Teatro de Artur Azevedo* (tomo III). Rio de Janeiro: Inacen, 1987.

———. *O theatro: crônicas de Arthur Azevedo (1894-1908).* Campinas: Editora da Unicamp, 2009.

CAFEZEIRO, Edwaldo e GADELHA, Carmem. *História do teatro brasileiro: de Anchieta a Nelson Rodrigues.* Rio de Janeiro: UFRJ/Funarte, 1996.

DIAS, Paulo Sergio. *Colcha de retalhos: Arthur Azevedo, o teatro que divertia e formava — revista de ano e mambembe.* Tese de doutorado, ECA/USP, 2004.

FARIA, João Roberto. *O teatro na estante*. São Paulo: Ateliê, 1998.

FLORES, Moacyr. *O negro na dramaturgia brasileira: 1838--1888*. Porto Alegre: EDIPUCRS, 1995.

GRYPHUS (pseudônimo de Visconde de Coaracy). *Galeria Theatral*. Rio de Janeiro: Tip. e Lit. de Moreira, Maximino e Cia., 1884.

HESSEL, Lothar e HAEDERS, Georges. *O teatro no Brasil sob Dom Pedro II*. Porto Alegre: Editora da Universidade Federal do Rio Grande do Sul, 1979.

MAGALHÃES JÚNIOR, Raimundo. *Artur Azevedo e sua época*. 4ª ed. refundida e aumentada. São Paulo: LISA, 1971.

MARTINS, Antonio. *Arthur Azevedo: a palavra e o riso*. São Paulo: Perspectiva; Rio de Janeiro: Editora da UFRJ, 1988.

———. "Ao lado de Artur Azevedo". In: AZEVEDO, Artur. *Teatro de Artur Azevedo* (tomo III). Rio de Janeiro: Inacen, 1987.

———. "A vocação do riso: um panorama da dramaturgia de Artur Azevedo". In: AZEVEDO, Artur. *Teatro de Artur Azevedo* (tomo I). Rio de Janeiro: Instituto Nacional de Artes Cênicas, 1987.

———. "Para uma poética de Artur Azevedo". In: AZEVEDO, Artur. *Teatro de Artur Azevedo* (tomo II). Rio de Janeiro: Instituto Nacional de Artes Cênicas, 1985.

MENCARELLI, Fernando Antonio. *Cena Aberta: a absolvição de um bilontra e o teatro de revista de Arthur Azevedo*. Campinas: Editora da Unicamp, 1999.

MENDES, Miriam Garcia. *A personagem negra no teatro brasileiro (1838-1888)*. São Paulo: Ática, 1982.

MOSER, Gerald M. "Os últimos escritos dramáticos de Artur Azevedo: os sainetes do teatro a vapor (1906-1908)". In: AZEVEDO, Artur. *Teatro a vapor*. São Paulo: Cultrix, 1977.

NEVES, Larissa de Oliveira. "O mambembe: a descoberta da obra-prima". In: AZEVEDO, Artur e PIZA, José. *O mambembe*. São Paulo: WMF Martins Fontes, 2010.

———. *As comédias de Artur Azevedo*. Tese de doutorado, IEL/UNICAMP, 2006.

NUNES, Mário. *40 anos de teatro*. Rio de Janeiro: SNT, 1959.

PAIXÃO, Múcio da. *Espírito alheio: episódios e anecdotas de gente de theatro*. São Paulo: C. Teixeira, 1916.

PRADO, Décio de Almeida. "A comédia brasileira (1860--1908)". In: *Seres, coisas, lugares: do teatro ao futebol*. São Paulo: Companhia das Letras, 1997.

———. *História concisa do teatro brasileiro: 1570-1908*. São Paulo: Edusp, 1999.

———. "Do tribofe à capital federal". In: AZEVEDO, Arthur. *O tribofe*. Rio de Janeiro: Nova Fronteira/ Fundação Casa de Rui Barbosa, 1986.

ROCHA JR., Alberto Ferreira. *teatro brasileiro de revista: de Artur Azevedo a São João Del Rey*. Tese de doutorado, ECA/USP, 2002.

SOUSA, J. Galante de. *O Teatro no Brasil*. Rio de Janeiro: MEC/INL, 1960.

SÜSSEKIND, Flora. *As revistas de ano e a invenção do Rio de Janeiro*. Rio de Janeiro: Nova Fronteira/ Fundação Casa de Rui Barbosa, 1986.

VALENÇA, Rachel Teixeira. "Introdução". In: AZEVEDO, Arthur. *O tribofe: revista fluminense do ano de 1891*. Rio de Janeiro: Nova Fronteira/ Fundação Casa de Rui Barbosa, 1986.

VENEZIANO, Neyde. "O teatro de revista". In: NUÑEZ, Carlinda Fragale Patê (org.). *O teatro através da história*. Rio de Janeiro: Centro Cultural Banco do Brasil/ Entourage Produções Artísticas, 1994.

França Júnior

AGUIAR, Flávio. "A máscara da melancolia". In: *Antologia de comédia de costumes*. São Paulo: Martins Fontes, 2002.

ASSIS, Machado de. *Crítica teatral*. Rio de Janeiro: W. M. Jackson, 1938.

AZEVEDO, Elizabeth Ribeiro. *Um palco sob as arcadas*: o *teatro dos estudantes de Direito do Largo de São Francisco, em São Paulo, no século XIX*. São Paulo: Annablume/ Fapesp, 2000.

BORGES, Luis Eduardo Ramos. *Cômico em França Júnior:*

uma análise a partir do modelo bergsoniano. Dissertação de Mestrado, ECA/USP, 1991.

CAFEZEIRO, Edwaldo e GADELHA, Carmem. *História do teatro brasileiro*. Rio de Janeiro: UFRJ/ Funarte, 1996.

———. "Introdução". In: FRANÇA JR., Joaquim José de. *Teatro de França Júnior* (tomo I). Rio de Janeiro: MEC/ SNT/ Funarte, 1980.

COELHO, Márcia Teixeira. *Muito siso e pouco riso: a comédia conservadora de França Júnior*. Dissertação de Mestrado, FFLCH/USP, 2004.

COSTA, Iná Camargo. *Sinta o drama*. Petrópolis: Vozes, 1998.

FARIA, João Roberto. "Introdução". In: ASSIS, Machado de. *O espelho*. Campinas: Editora da Unicamp, 2009.

———. "França Júnior e a comédia de costumes". In: *O teatro na estante*. São Paulo: Ateliê, 1998.

———. *O teatro realista no Brasil: 1855-1865*. São Paulo: Perspectiva, 1993.

FRANÇA JR., Joaquim José de. "A quem ler" In: *Teatro de França Júnior* (tomo I). Rio de Janeiro: MEC/ SNT/ Funarte, 1980.

———. *Teatro completo*. Rio de Janeiro: MEC/ SNT/ Funarte, 1980.

GAMA, Antônio Carlos Chichorro da. *Os fundadores do teatro brasileiro: notícias e excertos*. São Paulo: Nova Era, 1924.

GRYPHUS (pseudônimo de Visconde de Coaracy). *Galeria theatral*. Rio de Janeiro: Tip. e Lit. de Moreira, Maximino e Cia., 1884.

MAGALDI, Sábato. *Panorama do teatro brasileiro*. Rio de Janeiro: Funarte, 1972.

MENDES, Miriam Garcia. *A personagem negra no teatro brasileiro*. São Paulo: Ática, 1982.

PEREGRINO JÚNIOR, João. "Teatro de costumes". In: *Curso de teatro: conferências realizadas na Academia Brasileira de Letras*. Rio de Janeiro: Academia Brasileira de Letras, 1954.

PÁDUA, Antonio de. "Aspectos do estilo cômico em França Júnior". In: *Coletânea*. Rio de Janeiro: MEC, 1963.

PRADO, Décio de Almeida. "A comédia brasileira (1860-1908)". In: *Seres, coisas, lugares: do teatro ao futebol*. São Paulo: Companhia das Letras, 1997.

———. *História concisa do teatro brasileiro: 1570-1908*. São Paulo: Edusp, 1999.

RHINOW, Daniela Ferreira Elyseu. *Visões de Otelo na cena e na literatura dramática nacional do século XIX*. Tese de doutorado, FFLCH/USP, 2007.

SOUSA, José Galante de. *O teatro no Brasil: subsídios para uma biobibliografia do teatro no Brasil*. Rio de Janeiro: MEC/ INL, 1960.

SOUSA, Silvia Cristina Martins. *As noites do Ginásio*. Campinas: Editora da Unicamp, 2002.

Joaquim Manuel de Macedo

AGUIAR, Flávio. "A máscara da melancolia". In: *Antologia de comédia de costumes*. São Paulo: Martins Fontes, 2002.

ARÊAS, Vilma. "A comédia no Romantismo brasileiro: Martins Pena e Joaquim Manuel de Macedo". In: *Novos Estudos* CEBRAP. São Paulo, novembro de 2006.

ASSIS, Machado de. *Crítica teatral*. Rio de Janerio: W. M. Jackson, 1938.

CAFEZEIRO, Edwaldo e GADELHA, Carmem. *História do teatro brasileiro*. Rio de Janeiro: UFRJ/ Funarte, 1996.

FARIA, João Roberto. "Introdução". In: ASSIS, Machado de. *O espelho*. Campinas: Editora da Unicamp, 2009.

———. "Machado de Assis e o teatro de seu tempo". In: ASSIS, Machado de. *Do teatro: textos críticos e escritos diversos*. São Paulo: Perspectiva, 2008.

———. *O teatro realista no Brasil: 1855-1865*. São Paulo: Perspectiva/ Edusp, 1993.

GAMA, Antônio Carlos Chichorro da. *Os fundadores do teatro brasileiro: notícias e excertos*. São Paulo: Nova Era, 1924.

MACEDO, Joaquim Manuel de. *Labirinto*. Campinas: Mercado de Letras, 2004.

———. *Teatro completo*. Rio de Janeiro: MEC/ Funarte/ SNT, 1979-1982.

MAGALDI, Sábato. *Panorama do teatro brasileiro*. Rio de Janeiro: Funarte, 1972.

MENDES, Miriam Garcia. *A personagem negra no teatro brasileiro*. São Paulo: Ática, 1982.

PEREGRINO JÚNIOR, João. "Teatro de costumes". In: *Curso de teatro: conferências realizadas na Academia Brasileira de Letras*. Rio de Janeiro: Academia Brasileira de Letras, 1954.

PRADO, Décio de Almeida. "A comédia brasileira (1860-1908)". In: *Seres, coisas, lugares: do teatro ao futebol*. São Paulo: Companhia das Letras, 1997.

———. *História concisa do teatro brasileiro: 1570-1908*. São Paulo: Edusp, 1999.

RHINOW, Daniela Ferreira Elyseu. *Visões de Otelo na cena e na literatura dramática nacional do século XIX*. Tese de doutorado, FFLCH/USP, 2007.

RIBEIRO, José Antonio Pereira. *O universo romântico de Joaquim Manuel de Macedo*. São Paulo: Roswitha Kempf, 1987.

SOUSA, José Galante de. *O teatro no Brasil: subsídios para uma biobibliografia do teatro no Brasil*. Rio de Janeiro: MEC/INL, 1960.

SOUSA, Silvia Cristina Martins. *As noites do Ginásio*. Campinas: Editora da Unicamp, 2002.

YUNES, Marcio Jabur. "Introdução ao teatro de Joaquim Manuel de Macedo". In: MACEDO, Joaquim Manuel de. *Teatro completo* (vol. 1). Rio de Janeiro: MEC/ Funarte/ SNT, 1979.

José de Alencar

AGUIAR, Flávio. "O verso e o reverso de José de Alencar". In: ALENCAR, José de. *Comédias*. São Paulo: Martins Fontes, 2004.

———. *A comédia nacional no teatro de José de Alencar*. São Paulo: Ática, 1984.

ALENCAR, José de. "Pós-escrito" In: *Teatro completo 2*. Rio de Janeiro: Serviço Nacional de Teatro, 1977.

———. "Prefácio". In: *Teatro completo 2*. Rio de Janeiro: Serviço Nacional de Teatro, 1977.

———. *Teatro completo 1*. Rio de Janeiro: Serviço Nacional de Teatro, 1979.

ALENCAR, Mário de. "Bibliografia de José de Alencar". In: ALENCAR, José de. *Teatro completo 1*. Rio de Janeiro: Serviço Nacional de Teatro, 1979.

APPEL, Myrna Bier. *Ideias encenadas: o teatro de Alencar*. Porto Alegre: Movimento, 1986.

ARANTES, Luiz Humberto Martins e MACHADO, Irley (orgs.). *Perspectivas teatrais: o texto, a cena, a pesquisa e o ensino*. Uberlândia: Edufu, 2005.

CAFEZEIRO, Edwaldo e GADELHA, Carmem. *História do teatro brasileiro*. Rio de Janeiro: UFRJ/ Funarte, 1996.

CORREIA, Marilene de Castro. "O jesuíta de Alencar; projeto e execução". In: ALENCAR, José de. *Teatro completo 1*. Rio de Janeiro: Serviço Nacional de Teatro, 1979.

FARIA, João Roberto. "A comédia realista de José de Alencar". In: ALENCAR, José de. *O demônio familiar*. Campinas: Editora da Unicamp, 2003.

———. "Entre o romantismo e o realismo: o drama de Alencar". In: ALENCAR, José de. *Dramas*. São Paulo: Martins Fontes, 2005.

———. *José de Alencar e o teatro*. São Paulo: Perspectiva/ Edusp, 1987.

———. *O teatro de José de Alencar*. São Paulo: Perspectiva/ Edusp, 1993.

———. *O teatro na estante*. São Paulo: Ateliê, 1998.

———. *O teatro realista no Brasil: 1855-1865*. São Paulo: Perspectiva/ Edusp, 1993.

FLORES, Moacyr. *O negro na dramaturgia brasileira: 1838--1888*. Porto Alegre: EDIPUCRS, 1995.

GAMA, Antônio Carlos Chichorro da. *Os fundadores do teatro brasileiro: notícias e excertos*. São Paulo: Nova Era, 1924.

HESSEL, Lothar e HAEDERS, Georges. *O teatro no Brasil sob dom Pedro II*. Porto Alegre: Editora da UFRGS, 1979.

MAGALDI, Sábato. *Panorama do teatro brasileiro*. Rio de Janeiro: Funarte, 1972.

MAGALHÃES JR., Raimundo. "Sucessos e insucessos de Alencar no teatro". In: ALENCAR, José de. *Teatro* (volume IV da obra completa de José de Alencar). Rio de Janeiro: José Aguilar, 1965.

MENDES, Miriam Garcia. *A personagem negra no teatro brasileiro*. São Paulo: Ática, 1982.

PEREGRINO JÚNIOR, João. "Teatro de costumes". In: *Curso de teatro: conferências realizadas na Academia Brasileira de Letras*. Rio de Janeiro: Academia Brasileira de Letras, 1954.

PRADO, Décio de Almeida. *O drama romântico brasileiro*. São Paulo: Perspectiva, 1996.

———. *Teatro de Anchieta a Alencar*. São Paulo: Perspectiva, 1993.

SOUSA, José Galante de. *O teatro no Brasil: subsídios para uma biobibliografia do teatro no Brasil*. Rio de Janeiro: MEC/INL, 1960.

SOUSA, Silvia Cristina Martins. *As noites do Ginásio*. Campinas: Editora da Unicamp, 2002.

Machado de Assis

ABREU, Brício de. *Esses populares tão desconhecidos*. Rio de Janeiro: Raposo Carneiro, 1963.

ALVES, Maria Marcelita Pereira. *Do épico ao dramático: uma transposição de códigos, um estudo sobre os problemas de adaptação teatral*. Tese de doutorado, ECA/USP, 1992.

ASSIS, Machado de. *Do teatro: textos críticos e escritos diversos*. São Paulo: Perspectiva, 2008.

BORGES, José Carlos Cavalcanti. *Flor e o fruto: drama, segundo o romance Dom Casmurro de Machado de Assis*. Recife: Imprensa Universitária, 1971.

BOSI, Alfredo. "O teatro político nas crônicas de Machado de Assis". In: *Revista Brasileira*. Rio de Janeiro, v. 11, n. 44, 2004.

COSTA, Maria Velho da. *Madame: sobre textos de Eça de Queirós e Machado de Assis*. Lisboa: Cotovia, 2004.

FARIA, João Roberto. "A comédia refinada de Machado de Assis". In: ASSIS, Machado de. *Teatro de Machado de Assis*. São Paulo: Martins Fontes, 2003.

———. "Introdução". In: ASSIS, Machado de. *O espelho*. Campinas: Editora da Unicamp, 2009.

———. "Machado de Assis e o teatro de seu tempo". In: ASSIS, Machado de. *Do teatro: textos críticos e escritos diversos*. São Paulo: Perspectiva, 2008.

———. *O teatro realista no Brasil: 1855-1865*. São Paulo: Perspectiva/ Edusp, 1987.

———. "Machado de Assis, leitor de Musset". In: *Teresa: Revista de Literatura Brasileira*. São Paulo, n. 6/7, 2006.

FERREIRA, Éliane Fernanda C. *Machado de Assis sob as Luzes da Ribalta*. São Paulo: Cone Sul, 1998.

FONSECA, Gondin da. *Machado de Assis e o hipopótamo: biografia e análise*. São Paulo: Fulgor, 1960.

JACOBBI, Ruggero. *O espectador apaixonado*. Porto Alegre: Editora da UFRGS, 1962.

LOYOLA, Cecília. *Machado de Assis e o teatro das convenções*. Rio de Janeiro: Uapê, 1997.

MAGALHÃES JÚNIOR, Raimundo. *Vida e obra de Machado de Assis*. Rio de Janeiro: Civilização Brasileira, 1981.

MASSA, Jean-Michael. *A Juventude de Machado de Assis*. Rio de Janeiro: Civilização Brasileira, 1971.

MELLO E SOUZA, Gilda de. "Machado em cena". In: *Exercícios de leitura*. São Paulo: Duas Cidades, 1980.

MIRANDA, Ronaldo Coutinho. *Dom Casmurro, uma ópera: a música no processo de teatralização do romance machadiano*. Tese de doutorado, ECA/USP, 1997.

OLIVEIRA, Valdemar de. *Eça, Machado, Castro Alves, Nabuco e o teatro*. Recife: Universidade Federal de Pernambuco, 1967.

PASSOS, Gilberto Pinheiro. *Cintilações francesas: Revista da Sociedade Filomática, Machado de Assis e José de Alencar*. São Paulo: Nankin, 2007.

PEREIRA, Lúcia Miguel. *Machado de Assis: estudo crítico e biográfico*. São Paulo: Edusp, 1988.

PINHEIRO, Gabriela Maria Lisboa. *A construção da comicidade no teatro de Machado de Assis*. Dissertação de mestrado, FFLCH/USP, 2009.

PONTES, Eloy. *A vida contraditória de Machado de Assis*. Rio de Janeiro: José Olympio, 1939.

PONTES, Joel. *Machado de Assis e o teatro*. Rio de Janeiro: SNT/ MEC, 1960.

RIBEIRO, Maria Augusta H. Wurthmann. *Machado de Assis, um teatro de figuras controversas.* Tese de doutorado, ECA/USP, 1989.

———. *Teatro oculto na ficção narrativa de Machado de Assis: o caso da adulteração de um adultério.* Dissertação de mestrado, ECA/USP, 1981.

SCHWARZ, Roberto. *Um mestre na periferia do capitalismo.* São Paulo: Editora 34, 2000.

TORNQUIST, Helena. *O teatro de Machado de Assis e a comédia francesa.* São Leopoldo: Unisinos, 2002.

Martins Pena

AGUIAR, Flávio. "A máscara da melancolia". In: *Antologia de comédia de costumes.* São Paulo: Martins Fontes, 2002.

ARÊAS, Vilma. *Na tapera de Santa Cruz: uma leitura de Martins Pena.* São Paulo: Martins Fontes, 1987.

———. "Relendo Martins Pena". In: PENA, Martins. *Comédias.* São Paulo: WMF Martins Fontes, 2007.

CAFEZEIRO, Edwaldo e GADELHA, Carmem. *História do teatro brasileiro.* Rio de Janeiro: UFRJ/ Funarte, 1996.

COSTA, Iná Camargo. "A comédia desclassificada de Martins Pena". In: *Sinta o drama.* Petrópolis: Vozes, 1998.

FARIA, João Roberto. *Ideias teatrais.* São Paulo: Perspectiva/ Fapesp, 2001.

FLORES, Moacyr. *O negro na dramaturgia brasileira: 1838--1888.* Porto Alegre: EDIPUCRS, 1995.

HELIODORA, Barbara. *Martins Pena, uma introdução.* Rio de Janeiro: Academia Brasileira de Letras, 2000.

HESSEL, Lothar e HAEDERS, Georges. *O teatro no Brasil sob dom Pedro II.* Porto Alegre: EUFRGS, 1979.

HUPPES, Ivete. *Gonçalves de Magalhães e o teatro do primeiro Romantismo.* Porto Alegre: Movimento/ Lajeado/ FATES, 1993.

JATOBÁ, Tânia. *Martins Pena: construção e prospecção.* Brasília: INL, 1978.

MACIEL, Diógenes André Vieira. "Um teatro sobre desclassificados: o nacional-popular como perspectiva de análise da dramaturgia brasileira". In: AQUINO, Ricardo Bigi de e MALUF, Sheila Diab (orgs). *Dramaturgia e teatro*. Maceió: Edufal, 2004.

MAGALHÃES JÚNIOR, Raimundo. *Martins Pena e sua época*. São Paulo: Lisa/ Irradiante, 1971.

MENDES, Miriam Garcia. *A personagem negra no teatro brasileiro*. São Paulo: Ática, 1982.

PAIXÃO, Múcio da. *O theatro no Brasil*. Rio de Janeiro: Moderna, 1936.

PEREGRINO JÚNIOR, João. "Teatro de costumes". In: *Curso de teatro: conferências realizadas na Academia Brasileira de Letras*. Rio de Janeiro: Academia Brasileira de Letras, 1954.

PRADO, Décio de Almeida. *O drama romântico brasileiro*. São Paulo: Perspectiva, 1996.

———. *História concisa do teatro brasileiro: 1570-1908*. São Paulo: Edusp, 1999.

ROMERO, Sílvio. *Martins Pena*. Porto: Chardron, 1901.

SILVA, Lafayette. *Figuras de theatro*. Rio de Janeiro: Freitas Bastos, 1928.

Qorpo-Santo

AGUIAR, Flávio. *Os homens precários: inovação e convenção na dramaturgia de Qorpo-Santo*. Porto Alegre: IEL/DAC/SEC, 1975.

ARANTES, Marco Antonio. *Qorpo-Santo: inovação e convenção*. São Paulo: Edusp, 2009.

BOSI, Alfredo. "Qorpo-Santo, um corpo estranho". In: *História concisa da literatura brasileira*. São Paulo: Cultrix, 1994.

BRASIL, Luiz Antônio Assis. *Os cães da província*. Porto Alegre: Mercado Aberto, 1997.

CAFEZEIRO, Edwaldo e GADELHA, Carmem. *História do teatro brasileiro*. Rio de Janeiro: UFRJ/ Funarte, 1996.

CÉSAR, Guilhermino. "Notas sobre esta edição". In: QORPO-SANTO. *Teatro completo*. Rio de Janeiro: SNT/ Funarte, 1980.

———. "O que era e o que não devia ser". In: QORPO-SANTO. *As relações naturais e outras comédias*. Porto Alegre: Movimento/ IEL/ UFRS, 1976.

CÉSAR, Guilhermino. "Fixação do texto, estudo crítico e notas". In: LEÃO, J. Joaquim de Campos. *Teatro completo.* Rio de Janeiro: MEC/ SNT/ Funarte, 1980.

ESPÍRITO SANTO, Denise (org). *Qorpo-Santo: miscelânea quriosa.* Rio de Janeiro: Casa da Palavra, 2003.

FARIA, João Roberto. *O teatro na estante.* São Paulo: Ateliê, 1998.

FRAGA, Eudimyr. "Um corpo que se queria santo". In: QORPO-SANTO. *Teatro completo.* São Paulo: Iluminuras, 2001.

———. *Qorpo-Santo: surrealismo ou absurdo?* São Paulo: Perspectiva, 1988.

HEEMANN, Cláudio. "Joaquim Alves Torres, precursor do Teatro Social". In: *Teatro social de Joaquim Alves Torres.* Porto Alegre: IEL, 1989.

MAGALDI, Sábato. *Panorama do teatro brasileiro.* Rio de Janeiro: Funarte, 1972.

MARQUES, Alves e VALQUÍRIA, Maria. *Escritos sobre um Qorpo.* São Paulo: Annablume, 1993.

MARQUES, Maria V. Alves. *Escritos sobre um Qorpo-Santo.* São Paulo: Dissertação de mestrado, PUC/SP, 1993.

MARTINS, Leda Maria. *O moderno teatro de Qorpo-Santo.* Belo Horizonte: Editora UFMG/ UFOP, 1991.

PRADO, Décio de Almeida. *O teatro brasileiro moderno.* São Paulo: Perspectiva, 2003.

QORPO-SANTO. *Ensiqlopèdia ou seis mezes de huma enfermidade.* Porto Alegre: Imprensa Literária, 1877.

———. *Teatro completo.* Rio de Janeiro: MEC/SNT/Funarte, 1980.

ROCHA FILHO, Rubem. *O teatro e o inconsciente.* In: *Monografias/1978.* Rio de Janeiro: MEC/SEC/SNT, 1982.

SÁ, Nelson de. "Atores-pacientes 'presentam'". In: NESTROVSKI, Arthur (org). *Em branco e preto: artes brasileiras na Folha, 1990-2003.* São Paulo: PubliFolha, 2004.

SANTOS, Nádia Maria Weber. *Afinal, quem sou eu? Elementos da comicidade na dramaturgia de Qorpo-Santo.* Porto Alegre: Programa de pós-graduação em História da UFRS, 1998.

SILVA, Hélcio Pereira da. *Qorpo Santo: universo do absurdo.* Rio de Janeiro: Colégio Pedro II, 1983.

Agradecimentos

Gostaria de agradecer a algumas pessoas-chave que me ajudaram durante todo o processo de pesquisa. Em primeiro lugar, a Alexandre Mate, Elisabeth Azevedo e João Roberto Faria. Eles foram colaboradores essenciais para que o livro fosse concebido, além de meus verdadeiro cicerones na investigação. Com seus conhecimentos apurados me introduziram e direcionaram, de fato, para esse desafio. Alexandre trabalhou na organização da obra junto comigo e se trata de um velho amigo; por acaso ex-professor. Agradeço ao professor e editor Jacó Guinsburg que foi o primeiro a apontar possíveis direções a seguir. Agradeço a Vanessa Ferrari, editora dessa coletânea e grande amiga, e ao André Conti, o primeiro com quem pude trocar figurinhas e que, como editor da Penguin, também me auxiliou, cortando minhas asas e me instigando como todo grande amigo sabe fazer. Agradeço ao Matinas Suzuki, editor da Penguin e diretor executivo da Companhia das Letras, que foi de fato quem trouxe a ideia à tona. Mais ainda, ele se mostrou um grande companheiro durante todo o processo e, também, com o perigo de parecer redundante, um grande amigo. Agradeço a Luiz e Lilia Schwarcz, meus pais que a vida inteira me mantiveram próximos da cultura e me apoiaram constantemente durante todo o processo, participando de cada etapa e contendo minha ansiedade de marinheiro de primeira viagem. Por fim, mencionando a professora Iná Camaro da Costa pretendo lembrar e agradecer a muitos colegas que me ajudaram nesse projeto, indicando textos. No caso dela, muitos desses documentos possivelmente servirão para os próximos volumes ou projetos em torno da produção teatral.

PEDRO M. SCHWARCZ

Àqueles sujeitos cuja presença (física) não é mais percebida, mas cuja obra permanece pelas mãos de seus trabalhos.

ALEXANDRE MATE

Montaigne

Os ensaios

Tradução de
ROSA FREIRE D'AGUIAR
Introdução de
ERICH AUERBACH

Personagem de vida curiosa, Michel Eyquem, Seigneur de Montaigne (1533-92), é considerado o inventor do gênero ensaio. Esta edição oferece ao leitor brasileiro a possibilidade de ter uma visão abrangente do pensamento de Montaigne, sem que precise recorrer aos três volumes de suas obras completas. Selecionados para a edição internacional da Penguin por M. A. Screech, especialista no Renascimento, os ensaios passam por temas como o medo, a covardia, a preparação para a morte, a educação dos filhos, a embriaguez, a ociosidade.

De particular interesse para nossos leitores é o ensaio "Sobre os canibais", que foi inspirado no encontro que Montaigne teve, em Ruão, em 1562, com os índios da tribo Tupinambá, levados para serem exibidos na corte francesa. Além disso, trata-se da primeira edição brasileira que utiliza a monumental reedição dos ensaios lançada pela Bibliothèque de la Pléiade, que, por sua vez, se valeu da edição póstuma dos ensaios de 1595.

Machado de Assis

Papéis avulsos

Introdução de
JOHN GLEDSON
Notas de
HÉLIO GUIMARÃES

Papéis avulsos, primeiro livro de contos publicado por Joaquim Maria Machado de Assis após a revolução ocasionada por *Memórias póstumas de Brás Cubas*, é integralmente composto por momentos antológicos da ficção curta brasileira. O sumário do volume é por si só impressionante. De "O alienista" a "O espelho", cujo enredo psicológico tem fascinado sucessivas gerações de leitores e escritores, doze clássicos do conto nacional concentram alguns dos melhores personagens e situações do gênio irônico do autor de *Dom Casmurro*.

O livro, com erudita introdução de John Gledson e notas de Hélio Guimarães, oferece a sequência original de publicação dos contos, como indicada por Machado na primeira edição, de 1882. Segundo Gledson, embora a unidade das histórias não seja à primeira vista evidente, com peças tão dissimilares como "A chinela turca" e "A sereníssima república", a estrutura de *Papéis avulsos* permite entrever uma totalidade sutilmente baseada na lógica interna da composição dos enredos, bem como no contexto histórico compartilhado: o Rio de Janeiro escravista e quase bucólico de meados do século XIX, observado por um de seus cronistas mais ferinos e perspicazes.

Nathaniel Hawthorne

A letra escarlate

Tradução de
CHRISTIAN SCHWARTZ
Introdução de
NINA BAYM
Notas de
THOMAS E. CONNOLLY

Na rígida comunidade puritana de Boston no século XVII, a jovem Hester Prynne tem uma relação extraconjugal que termina com o nascimento de uma criança ilegítima, Pearl. Desonrada e renegada publicamente, ela é obrigada a levar sempre a letra "A" de adúltera bordada em seu peito. Hester, primeira autêntica heroína da literatura norte-americana, se vale de sua força interior e convicção de espírito para criar sozinha sua filha, lidar com a volta do marido e proteger o segredo acerca da identidade de seu amante.

Aclamado desde seu lançamento como um clássico, *A letra escarlate* é um retrato dramático e comovente da submissão e da resistência às normas sociais, da paixão e da fragilidade humanas. Com uma heroína de grande ressonância e alcance, que luta por toda a vida contra uma comunidade que a condena e ignora, o primeiro romance de Nathaniel Hawthorne consagrou-se como seu texto mais popular e uma das obras-primas da literatura mundial.

Esta edição traz introdução de Nina Baym, professora da Universidade de Illinois, notas de Thomas E. Connolly e sugestões de leitura.

Esta obra foi composta em Sabon por Alice Viggiani
e impressa em ofsete pela Geográfica
sobre papel Pólen Soft da Suzano Papel e Celulose
para a Editora Schwarcz em maio de 2012

FSC
www.fsc.org
MISTO
Papel produzido a partir de fontes responsáveis
FSC® C019498

A marca FSC é a garantia de que a madeira utilizada na fabricação do papel deste livro provém de florestas que foram gerenciadas de maneira ambientalmente correta, socialmente justa e economicamente viável, além de outras fontes de origem controlada.